安徽省高等学校省级规划教材
普通高校经济管理类应用型本科系列教材

# 服务营销与管理

主　编／余呈先　魏　遥
副主编／雷红霞　陈忠明
　　　　黄　河

中国科学技术大学出版社

## 内 容 简 介

本书以服务为研究对象,结合北美和北欧学派的最新研究成果,以国际学界公认的7P经典理论为核心,对服务营销与管理进行了系统的介绍。本书首先对服务营销进行概述,其次介绍服务营销相关理论,再次阐述服务营销的七个方面,接着简要论述服务营销的管理与绩效,最后介绍服务营销的前沿,如电子服务、体验营销等。本书以规范的知识结构、经典的服务营销理论、精炼的内容和大量的资料呈现了服务营销的原理与实务。

本书可作为高等院校市场营销、工商管理(含其二级学科)、旅游管理、公共事业管理等管理类专业学生的教材,也可作为企业、事业单位培训用书和广大热爱服务营销人士的参考用书。

**图书在版编目(CIP)数据**

服务营销与管理/余呈先,魏遥主编. —合肥:中国科学技术大学出版社,2015.4
ISBN 978-7-312-03674-3

Ⅰ. 服… Ⅱ. ①余… ②魏… Ⅲ. 服务营销—营销管理—教材 Ⅳ. F713.50

中国版本图书馆CIP数据核字(2015)第044306号

| | |
|---|---|
| 出版 | 中国科学技术大学出版社<br>安徽省合肥市金寨路96号,230026<br>http://press.ustc.edu.cn |
| 印刷 | 合肥市宏基印刷有限公司 |
| 发行 | 中国科学技术大学出版社 |
| 经销 | 全国新华书店 |
| 开本 | 787 mm×1092 mm　1/16 |
| 印张 | 16.25 |
| 字数 | 416千 |
| 版次 | 2015年4月第1版 |
| 印次 | 2015年4月第1次印刷 |
| 定价 | 32.00元 |

# 前　言

　　本书得到安徽省高等学校质量工程的支持,被列为省级规划教材。写作本书的动因有三个:第一,起源于对"服务悖论"的思考。服务悖论是指:我们生活在服务经济中,但是在大多数经管类专业的课程设置和学术研究中制造业的视角仍然占据主导地位。而现实中服务在国民生产总值中所占的比重越来越大,对经济结构调整的作用越来越大。第二,在网络经济时代,服务营销的地位越来越突出。在网络环境下,实体产品也需要通过网络营销及其服务才能更充分地到达客户,从这个意义上来说,在这个时代服务营销已经实现了全覆盖。第三,对现有学科结构的反思。现有的学科结构,在讨论市场及营销时,还带有计划经济时代的烙印,以实体产品的营销,或以实体产品营销后的售后服务作为服务营销的重要内容,这样显然有失偏颇,也偏离了国际学界对服务营销的界定。可喜的是,现在越来越多的企业家、咨询顾问、学者、教师、学生开始致力于服务营销实业或研究。

　　本书以服务营销经典理论为基础,架构服务营销与管理的框架。本书共12章。第一章和第二章对服务营销的基本概念与理论进行了概述,并提出了本书的整体理论框架。第三章到第九章主要以7P理论为基础,阐述服务产品、服务价格、服务渠道、服务促销、服务人员、服务过程和服务有形展示。这一部分是服务营销的核心内容。第十章介绍服务营销的管理,从服务营销的计划、组织、领导和控制四个职能层面展开。第十一章介绍服务营销的绩效,从内涵、影响因素和测量方法三个方面展开。第十二章介绍服务营销的创新,主要就服务营销新拓展的领域进行简要介绍,包括电子服务、服务与产品边界消失、服务外包及其他服务的创新等。

　　在借鉴国内外相关教材的基础上,结合学科的最新发展动态,以及中国本土的实际情况和教学需要,我们编写了本书。本书具有以下特色:

**1. 注重基本理论的经典性与规范性**

　　体现在两个方面:一是服务的范围规范。服务营销就是对服务而非实体产品的营销,有些教材把实体产品的售后服务也划归到服务的范围,这样容易使学生误解。二是对营销与管理的规范,许多教材一写就是二十几章,内容与营销专业或管理类专业的其他学科有很多重复,把战略、服务经济、市场、文化、客户关系管理等内容都放了进去,其实偏离了营销的主题与重心。本书专注经典服务营销的7P理论,联系管理的计划、组织、领导与控制四大基本职能。

**2. 强调服务营销的实践性**

　　全书将经典的服务营销理论与大量新的服务营销案例相结合,实用性强。服务营销理论整合了欧美两大学派的主要知识与模型,删减了繁杂而不实用的学术性内容,力求内容精炼、通俗易懂,方便在教学与培训中使用。案例选择注重典型性和新颖性,每章开篇设有导入案例,后面还有分析案例,介绍了国内外服务企业的服务营销与管理实践,使学生了解服务营销理论在实践中的应用,加深对服务营销知识的理解。

**3. 平衡编写体例的一致性与内容的可读性**

编写体例平衡了教与学的关系,方便教师对知识的传授,方便学生对教材内容的掌握与运用。本书后续拟配教学课件、教学大纲、教案范本等,以方便教师在教学时使用。

本书由一批来自全国各大高校的老师共同编写而成,这些老师长期从事相关专业课程的教学与研究工作。本书由余呈先、魏遥任主编,雷红霞、陈忠明、黄河任副主编。具体编写分工如下:余呈先负责第一章、第十一章和第十二章,魏遥负责第二章和第六章,陈忠明负责第三章和第七章,张雪梅负责第四章,雷红霞负责第五章和第九章,黄河负责第八章和第十章,魏遥负责第一到第六章的审稿,余呈先负责第七到第十二章的审稿,余呈先负责全书的统稿和校对工作。在编写过程中安庆师范学院汪婷提供了大量的资料。

本书在编写过程中参考和引用了国内外大量优秀的文献资料,在书中尽量标注了资料的出处,如有未列出的资料和文献,敬请作者见谅,同时向所有被引用资料的作者表示衷心的感谢。本书的出版,要感谢中国科学技术大学出版社的大力支持与帮助。

由于编者水平有限和时间关系,书中存在不当之处在所难免,在此恳请各位专家和读者不吝赐教,以便今后再版时修订。

编　者

2014 年 11 月

# 目 录

前言 ································································································ ( i )

## 第一章　服务营销概述 ································································ ( 1 )
　　第一节　服务的兴起与发展 ················································· ( 1 )
　　第二节　服务的内涵、特点与分类 ······································· ( 7 )
　　第三节　服务营销的内涵与特征 ··········································· ( 16 )

## 第二章　服务营销理论 ································································ ( 22 )
　　第一节　服务产品 ································································· ( 23 )
　　第二节　服务收益 ································································· ( 27 )
　　第三节　服务4C论 ······························································· ( 34 )
　　第四节　服务营销组合 ························································· ( 38 )

## 第三章　服务产品 ········································································ ( 46 )
　　第一节　服务产品的内涵与特点 ··········································· ( 47 )
　　第二节　服务品牌 ································································· ( 50 )
　　第三节　服务产品的质量与管理 ··········································· ( 52 )

## 第四章　服务价格 ········································································ ( 65 )
　　第一节　服务定价特征 ························································· ( 66 )
　　第二节　服务定价策略 ························································· ( 69 )
　　第三节　服务定价方法选择 ··················································· ( 75 )

## 第五章　服务渠道 ········································································ ( 85 )
　　第一节　服务渠道的类型 ····················································· ( 86 )
　　第二节　服务渠道选择 ························································· ( 90 )
　　第三节　服务渠道创新 ························································· ( 93 )

## 第六章　服务促销 ········································································ ( 98 )
　　第一节　服务促销特点 ························································· ( 99 )
　　第二节　服务促销策略 ························································· (103)
　　第三节　服务促销评价 ························································· (113)

## 第七章　服务人员 ········································································ (118)
　　第一节　服务人员 ································································· (119)
　　第二节　内部营销 ································································· (122)
　　第三节　服务人员的管理 ····················································· (126)

## 第八章　服务过程 ……………………………………………………………（140）
### 第一节　服务的流程 ……………………………………………………（140）
### 第二节　服务流程改造 …………………………………………………（147）
### 第三节　服务流程评价 …………………………………………………（149）

## 第九章　服务有形展示 ………………………………………………………（155）
### 第一节　有形展示的内涵 ………………………………………………（155）
### 第二节　有形展示的类型 ………………………………………………（160）
### 第三节　有形展示的设计 ………………………………………………（162）

## 第十章　服务营销管理 ………………………………………………………（167）
### 第一节　服务营销计划 …………………………………………………（167）
### 第二节　服务营销组织 …………………………………………………（172）
### 第三节　服务营销领导 …………………………………………………（176）
### 第四节　服务营销控制 …………………………………………………（182）

## 第十一章　服务营销的绩效 …………………………………………………（192）
### 第一节　服务营销绩效的内涵 …………………………………………（193）
### 第二节　企业维度的绩效评估方法 ……………………………………（199）
### 第三节　服务营销人员绩效评估方法 …………………………………（207）
### 第四节　服务营销绩效评估及对策 ……………………………………（212）

## 第十二章　服务营销创新 ……………………………………………………（221）
### 第一节　服务创新服务概述 ……………………………………………（222）
### 第二节　服务创新的途径 ………………………………………………（229）
### 第三节　网络营销服务 …………………………………………………（235）
### 第四节　体验营销 ………………………………………………………（241）

## 参考文献 ………………………………………………………………………（249）

# 第一章　服务营销概述

了解服务的兴起与发展、概况与表现；理解服务兴起与发展的动因；熟悉服务的特征、服务的类型；掌握服务的概念、服务营销的内涵。

20世纪60年代初，世界主要发达国家的经济重心开始转向服务业，产业结构呈现出从"工业型经济"向"服务型经济"转型的总趋势。目前全球服务业增加值占国内生产总值的60%以上，主要发达国家达到70%以上，即使是中低收入国家也达到了43%的平均水平；在服务业吸收劳动力就业方面，西方发达国家服务业就业比重普遍达到70%左右，少数发达国家达到80%以上。改革开放以来，中国服务业有了长足的发展，1978～2005年的27年间，服务业平均增长速度超过10%，高于同期国内生产总值的平均增长速度。"十五"期间，中国服务业固定资产投资占全部固定资产投资的比例近60%。长期以来，中国主要依靠第二产业带动经济增长的局面正在逐步改变，第二产业和服务业成为国民经济增长的主要拉动力量。但与发达国家相比，我国服务业产值在国内生产总值的比重，服务业劳动就业占全部就业的比重偏低，低于发达国家近30个百分点，且大部分分布于劳动密集型产业，以知识为基础的现代服务业发展更是滞后。在这样的背景下，中国服务业要想上一个新台阶，实现跨越式发展，就必须大刀阔斧地创新服务业体制，从根本上解决服务业发展的瓶颈制约。

## 第一节　服务的兴起与发展

1. 服务与服务业的区别与联系；
2. 服务与大学生活，说说你身边的服务。

## 一、服务兴起与发展的概况

不用深究内涵,凭字面意思就可以知道,服务是服务业的基本职能,服务业是服务的集合与体现。所以服务、服务业在一定语境下是同义语。服务业从来没有像今天这样在不断扩张的世界经济领域中占据着举足轻重的地位。在这个迅速变化的世界中没有任何发展是停滞不前的,技术的发展仍然以激动人心的方式在演进,传统行业要么力图革新以求发展,要么裹足不前终陷衰亡。随着新兴产业的出现,崛起的企业新星不断抢占商业头条,知名的老牌公司或重组或消失。商业竞争愈演愈烈,企业不得不经常运用新的战略与手段,以对消费者不断变化的需要、期待和行为作出响应。有一个结论是众多学者的共识:消费者在市场中的地位越突出,服务营销与服务管理的技巧越重要。

服务业的兴起及在一国经济中的地位与作用的日益重要已成为服务经济社会的重要特征。围绕服务业的相关研究也成为理论关注的重点。当前,无论是从就业比重还是从产值比重来看,所有高度工业化国家的经济都已演变成了"服务经济"。服务业的发展已成为影响一国经济增长、吸纳就业和提高国际竞争力的决定因素。与此同时,经济学对服务业的关注也与日俱增。

服务消费已经成为人们的一种主要消费。随着人们生活水平的提高,可支配收入增加,人们在满足基本需求后,会用一些收入来满足自己的精神层面的需要,如欣赏音乐、旅游,在银行投资理财,在美容美发店美化自己等。同时国际间的服务贸易也不断增多,而且由于服务业的附加值大,消耗资源相对少,各国特别是发达国家越来越注重发展服务业,来获得外汇,增加本国财富或者购买财富的资本。

**【资料链接】1-1**

> 2013年4月10日,世界贸易组织(WTO)在日内瓦总部公布了2012年各成员的贸易量统计数据及2013年全球贸易预测。世界贸易组织(WTO)的报告显示,2012年中国在全球的货物贸易额排名中位列第二,仅比美国少150亿美元。2013年全球贸易处于低位增长,中国贸易地位继续提升。其中中国服务贸易出口1900亿美元,同比增长4%,占全球服务出口的4.4%,居世界第五位;服务贸易进口2810亿美元,占全球服务进口的6.8%,居世界第三位;服务进出口总额4710亿美元,仅次于美国和德国。与上年相比,中国服务出口占比没有变化,进口占比提高0.7个百分点。

## 二、服务兴起与发展的动因

对服务业兴起及其成因的探讨是经济学界服务理论研究的焦点之一。对服务业的研究虽然早在亚当·斯密时期就已涉及,但由于当时服务业发展缓慢并且在经济中处于附属地位,人们对它的研究主要针对它是否具有生产属性。对服务业的兴起及其成因的深入研究是在服务业迅速崛起之后,这其中费希尔(A. G. B. Fisher)、克拉克(C. Clark)、福拉斯蒂埃(J. Fourasti)、鲍莫尔(W. J. Baumol)和富克斯(V. R. Fuchs)等学者进行了开创性的研究,他们为服务业的兴起及成因的研究提供了经典性的文献。

费希尔、克拉克提出了三次产业理论。克拉克在《经济进步的条件》中,提出了劳动人口由农业转移到制造业,再从制造业移向商业和服务业。虽然强调产业转移过程中需求的重要性,但他也认识到生产率的差异也是就业结构转移的重要因素,他认为由于制造业生产率高但需求增长滞后,而服务业生产率增长缓慢但需求增长快,劳动力必然从制造业向服务业转移。福拉斯蒂埃在《二十世纪的伟大希望》中依据各产业间生产率的不同,也把产业划分为三大类:第一产业指生产率增长大约处于平均水平的部门;第二产业指生产率增长较快的部门;第三产业指生产率增长缓慢甚至不增长的部门。鲍莫尔认为,服务业的发展不是来自总需求的变动,而是来自于生产率增长的差异。他提出:当以不变价格衡量时,商品和服务的需求是与收入无关的。由于服务业生产率的增长速度低于制造业的增长速度,如果服务业的工资增长速度与全社会工资增长速度同步,服务业的名义产出必然随着收入水平的提高而提高,但这种增长反映的不是服务需求的增长,而是服务生产技术的滞后。富克斯也认为生产率增长缓慢是影响服务业的决定性要素,但他提出名义的服务业占总产出的比例可能高估服务业的发展,实际的服务业占产出的比重可能低估服务业的发展,真实的情况可能介于二者之间。上述五位学者经典性的研究成果,为服务业兴起及成因的研究奠定了基础。其后的学者在这些分析框架的基础上,对经典文献中的各种观点进行了验证和发展,形成了"需求论"、"供给论"和"分工论"等不同观点。

**(一)需求论**

需求论的研究包括两个方面:一是研究最终需求结构变动对服务业增长的影响;二是研究服务业内部结构的变动对服务业发展的影响。对最终需求结构及其变动与服务业增长的专门研究不多。许多研究实质上是假定最终需求模式是不变的,还有人认为可以用就业结构的变化来反映需求的转变。针对克拉克提出的最终需求结构的变化是服务业扩张的主要原因,格舒尼(J. Gershuny)对最终需求变动与服务业增长之间的关系进行了实证分析。结果表明如果把健康服务和教育支出包括在内,服务支出略有增加;但从家庭支出的比例看,服务需求是下降的。桑默(R. Summers)以产出结构作为各个国家不同收入水平下需求结构的反映,也对克拉克的观点进行了检验。结果表明,当以国内价格计算时,收入和服务业产出份额存在正相关。但当以国际价格(购买力平价PPPs)表示服务业的产出份额时,回归曲线变成水平直线。但随着时间的变化,贫穷国家的服务业比重会逐渐上升,富裕国家的则基本保持不变。除了个人消费需求,其他需求(政府消费、出口)也会影响服务需求的变化。罗森和威尔斯(R. Rowthorn & J. R. Wells)提出一国的贸易特化(trade pecialization)水平是解释发达国家就业结构的最重要因素。这意味着在分析需求因素对服务业发展的影响时,不能仅仅局限于国内需求和家庭消费。

随着服务业的发展,除了满足最终消费的服务业以外,其他服务业也迅速兴起。更多的学者从服务业内部结构变化的角度分析服务业的发展。格舒尼和迈尔斯(I. Miles)的研究表明,满足中间需求的生产性服务业和非市场化的最终服务业需求处于增长的态势,而许多市场化的最终服务需求是下降的。厄夫林(T. Elfring)的研究表明,最终需求的变化只能解释服务业增长的20%～30%;20世纪60年代服务业发展主要源于社会服务需求的增加;20世纪70年代和80年代的发展则主要是由于生产者和个人服务需求的增加。克鲁伯(H. G. Grubel)和沃克(I. A. Walker)将服务业分为消费服务、生产服务和政府服务三种类型。他们的研究表明,生产性服务业占一国名义GDP的份额在28%～33%之间,占本国服务业名义GDP的一半以上,因此,生产服务是服务业的最大组成部分,也是增长最快的组成部分。

## （二）供给论

供给论认为，服务业的发展不是来自总需求的变动，而是来自于服务业和制造业生产率增长速度的差异。但如何合理地测度这种差异是供给论需要解决的难题。格里利克斯（Z. Griliches）指出，对服务业的测度存在一个明显向下的偏差，服务价格的高估是低估服务业生产率增长的主要原因。他同时指出，对服务业整体而言，产出的异质性必然导致测度偏差的存在，并且这种偏差还很难把握，他认为服务业生产率的下降可能是由于我们不能正确地观察和解释历史发展所产生的虚假的结果。高登（R. J. Gordon）认为，服务业生产率及其增长率测度中存在的主要问题是对其他服务业（misellaneous services）的测度。他指出金融、房地产以及其他服务业的生产率增长数据存在问题，认为它们的生产率增长没有出现下降。麦肯锡全球研究所（the McKinsey Global Institute）对服务业生产率进行了国际比较。他们认为美国服务部门生产率较高主要源于管理因素，产出组合的差异、规模经济、资本的密集程度和非管理者的技能对服务部门的生产率影响很小或没有影响。然而，供给论所主张的服务业缺乏效率、成本瑕疵等观点，并没有被麦肯锡的研究所证明。

## （三）分工论

分工论是在总结需求论和供给论的基础上发展起来的，持这种观点的学者认为分工与专业化的发展是现代生产方式变革的主要特征，服务业是分工发展的结果，同时服务业对分工又有促进作用。舒格（S. M. Shugan）从分工的角度详细论述了服务业增长的原因，指出以往经济学家用于解释服务业增长的各项指标或因素的不足。罗森和威尔斯（R. Rowthorn & J. Wells）提出了积极的工业化的观点，即制造领域的生产率提高很快，尽管产出增加，但该部门的就业是下降的，而这并不导致失业，因为服务部门的扩张能充分吸收制造业过剩的工人。Riddle（1986）通过构造一个"经济部门相互作用模型"向我们描绘了服务在分工经济中的独特作用：服务不是边缘化的或奢侈的经济活动，而是位于经济的核心地带。弗朗科依斯（J. Francois）指出，在经济全球化、企业国际化过程中，企业的规模得以扩大，有利于劳动分工进一步深化，使企业获得了规模经济和专业化经济。分工论认为，投入产出法是研究服务业发展的最合适的办法，它能够判定哪一部分服务产出作为制造业的中间投入，哪一部分直接用于最终需求。格里高利和格林哈尔希（M. Gregory & C. Greenhalgh）运用投入产出法对行业间劳动分工和制造业服务外包的程度进行了分析。与传统的观点不同，分析结果表明，服务业生产率等于或超过制造业，但在服务部门之间生产率存在较大的差别。同时，服务业内部分工不断深化，但制造业与服务业之间分工趋势并不明显。

服务业研究的文献显示，西方发达国家的服务业是在"不知不觉"中发展起来的。一方面，服务业在其发展的初期并未引起人们的注意；另一方面，当服务业的发展引起人们关注的时候，服务业已经具有相当的规模和比重。需求论认为最终需求及其结构的变化是服务业发展的主要原因，但一些学者的实证研究并不支持这种观点。虽然从服务业内部结构变动的角度能够解释部分服务业的发展，但总体上看服务业的各种分类还是粗线条的。供给论强调供给因素即制造部门和服务部门在生产率方面的差别是促进服务业不断扩张的原因。但其"成本病"理论是以商品和服务在实际产出中的比重保持不变的假定为前提的。这种假设意味着服务业价格上升幅度高于制造业，这在部分服务业中得到验证，但不是所有的服务业都是如此，并且服务业价格水平高出制造业价格水平的程度还有待进一步研究。分工论试图从产业分工的角度解释服务业的发展。他们运用投入产出分析法所进行的研究表明，制造业向服务业的业务外包是不断上升的，但这种上升并不足以解释服务业就业趋势的变动。这些问题都有待于我们做进一步的研究。

上述是理论层面的分析,从相对具体的视角看,服务业的发展与下列因素息息相关:科学技术的进步和发展是服务业扩张的前提条件;社会分工和生产专门化使服务业独立于第一、第二产业之外;市场环境的变化推动新型服务业的兴起和发展;人们可支配收入的提高,导致消费水平的提高,促进了生活服务业的发展;人们生活方式的变化,如追求个性化,追求绿色环保,喜欢保健与休闲等,也导致了更多服务业的诞生。

**【资料链接】1-2**

> 中国服务市场营销中存在的问题主要表现在三个方面:第一,营销观念陈旧。我国服务业中许多是垄断经营,长期以来养成了"皇帝女儿不愁嫁","反正是国家的,反正工资不受服务质量影响"的观念,银行业、保险业、旅游业、外贸业等都为国家控制,大多数企业没有完整、系统的营销战略,营销策略没有活力。第二,营销方式单一。许多企业缺乏营销知识,竞争方式缺乏,最终导致了市场上的无序竞争。企业不注重形象,信誉差,犯了服务业营销的大忌。第三,营销组织不健全。我国部分服务业长期以来是政府行政部门的附属物,政企不分,许多企业没有设置规范的营销组织机构,没有专门的营销人员。可喜的是这些问题随着市场的演进,也在不停地得到纠正,向积极的方向前进。

### 三、服务业兴起与发展的表现

#### (一)服务业兴起与发展在经济上的表现

世界各国,无论是发达国家还是新兴国家,服务业的规模都在不断扩大。如图1.1所示,可以看出服务业在美国国内生产总值中所占的比例最高,如果考虑政府所做的大多也是服务业,则服务业在美国国内生产总值中的占比将达到80%。

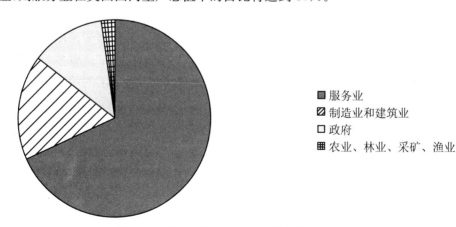

**图 1.1 2004年美国各行业产值占GDP的比例**

资料来源:美国分析调查局2005年5月编制的数据。

和美国一样,在大多数新兴国家和发达国家,服务经济正在迅速增长。图1.2显示了各种经济规模下,各地服务业占其国内生产总值的比例。在大多数较发达国家,服务业占GDP的比重在60%~75%区间内,但是以制造业为主导的韩国(56%)是个例外。开曼群岛位于加勒比海西部,由一些英国管辖的岛屿组成,以旅游业、离岸金融、精选保险业著称。泽西岛、巴哈马群岛和百慕大群岛均由群岛组成,经济结构基本相同,在服务业占经济结构比例方面并不逊色多少。巴拿马的强劲表现(80%)主要是因为巴拿马运河的营运,也反映了相关服务,如集装箱港口、自由港口区以及金融服务、保险和旅游业的发达。在中国经济体中,农业、制造业和建筑业占据主导地位。服务业占比虽然低(33%),但是企业和消费者服务的需求在不断增长,中国政府在服务业基础设施方面大量投资,例如水上航运设施、新建机场枢纽等,特别是随着中国铁路系统的调整发展,可以预料在不久的将来,中国的服务业占GDP的比例会高速、大比例地增长。在相对富裕的国家中垫底的是沙特阿拉伯,因为它是石油主导型经济,所以服务业占比相对较低(24%)。

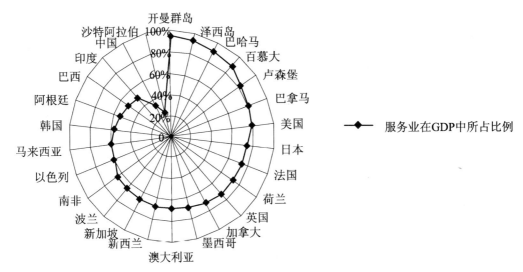

图1.2 服务业在GDP中所占比例

资料来源:国家统计局网站,2005年数据。

### (二)服务业兴起在理论研究上的表现

服务业兴起在理论上表现为服务营销学的发展。随着服务业在西方国家"不知不觉"的兴起和发展,在理论研究方面服务营销学也"不知不觉"地发展起来了。服务营销学的发展源于20世纪60年代关于有形产品与服务产品的争论。1966年,美国的约翰·拉斯摩首次对无形服务与有形产品进行区分,提出以创新的方法研究服务的市场营销。他于1974年出版了第一本服务营销的著作,随后有关服务营销的研究纷纷兴起。从那时起,伴随服务业的蓬勃发展,众多学者投入到对服务营销学的研究中,推动服务营销学的发展经历了四个阶段,表1.1简要列举了这四个阶段的名称、时间、主要研究内容和代表人物或机构。

表1.1 服务营销学发展阶段

| | 名称 | 时间 | 主要研究内容 | 代表人物或研究机构 |
|---|---|---|---|---|
| 第一阶段 | 萌芽阶段 | 20世纪六七十年代 | 研究服务与有形产品的异同,服务营销学与市场营销学的差异,服务的特征 | 约翰·拉摩斯、约翰·贝特森、林恩·肖斯塔克、洛夫洛克、兰吉尔德 |

续表

| | 名称 | 时间 | 主要研究内容 | 代表人物或研究机构 |
|---|---|---|---|---|
| 第二阶段 | 探索阶段 | 20世纪七八十年代中期 | 研究服务的特征如何影响顾客的购买行为，顾客对服务的特质、优缺点以及潜在的购买风险的评估，服务特征对营销战略的影响，服务的分类 | 瓦拉里·A·泽斯梅尔、亚得桑那州第一跨州服务营销研究中心等 |
| 第三阶段 | 突破阶段 | 20世纪80年代后期 | 研究服务营销组合，服务营销中的"人"（顾客和企业员工）所扮演的角色，服务质量，服务接触，服务系统设计，实证方法在服务营销研究中的应用，关系营销学 | 巴巴拉·邦德·杰克逊、格罗鲁斯、詹姆斯·A·菲茨西蒙斯、帕拉苏拉曼、贝里、泽斯梅尔、贝特森 |
| 第四阶段 | 发展阶段 | 20世纪90年代至今 | 围绕7P组合理论的研究，一些特殊的市场营销论题，内部营销，服务企业文化，服务设计与市场定位战略 | 雷蒙德·P·菲克斯、伊夫林·古特曼、比特纳等 |

【资料链接】1-3

中国服务营销的研究起步较晚，大约始于20世纪90年代。在借鉴西方国家理论的基础上，结合中国特点，中国的服务营销理论也获得了长足发展，至今经历了四个阶段：理论导入阶段，主要以服务营销案例的方式介绍服务营销；基础理论研究阶段，探讨基本概念、基本理论，如服务质量、服务企业品牌建设、顾客满意度和顾客忠诚度；内涵拓展阶段，研究了体验营销、内部营销等理论；深入研究阶段，研究服务与环境可持续发展，服务与经济总量增加，服务便利，服务忠诚，顾客参与，各种服务理论视角及其影响因素，服务研究实证化等。与国际服务营销研究相比，我国服务营销研究呈现出领域创新、方法创新、组织创新等多方位的研究创新。

## 第二节 服务的内涵、特点与分类

### 一、服务的内涵

#### （一）基于所有权的思考

那么到底什么叫服务，哪些活动属于服务，服务是什么呢？让我们来做进一步探讨。亚当·斯密在《国富论》中区分了两种不同劳动，一种是"生产性劳动"，一种是"非生产性劳动"。他认为生产性劳动的产物可以在制造出来后储存起来，并用来换取金钱或其他价值物，但非生产性劳动，无论是多么"受人尊敬、多么有用或必要"，创造出来的服务都在其产生之时就消亡了，因此不会创造财富。在这种论调的基础上，法国经济学家让·巴蒂斯特·萨伊辩称,生产和消费在服务上是不可分割的,并创立了"非物质产品"来描述服务。其实,的确在许多服务中,生产和消费是不可分割的,譬如餐饮业,既需要做出饭菜(这是一种生产活动),又需要服务人员热情的态度,让顾客愉快地享用。而且,并不是所有服务行为都是完结后就消亡的,比如我们接受大学教育或其他类型的教育后,我们在社会生活和工作中仍然会受用,有的甚至会终身受用。

学者们经常用所有权的拥有与否,来谈论服务,他们认为只有转移所有权的交易活动对人才有益处,甚至借此宣扬"服务无用论"。其实,从所有权的视角来看,并不一定要拥有所有权才能得益。比如,一个旅行者住了旅馆,享受了旅馆温暖的床铺及其他服务,但是他没有旅馆服务的所有权;一个病人请牙医来帮他装上了精美的义牙,但是他没有拥有牙医所有活动或行为的所有权,后面其他人仍然可以享受完全相同的服务;你参加了新年音乐会,但是你对音乐会没有所有权。以上各种活动,消费者虽然没有得到所有权,但是消费者受益了,那么肯定有人会问,在这些活动中消费者购买的是什么?拿什么来证明顾客所花的钱、时间和精力没有白花?收益是什么?该项服务解决了什么问题?也就是服务的价值在哪里?

克里斯托弗·洛夫洛克和埃弗特·古默森(Christopher Lovelock & Evert Gummesson)认为服务涉及某种工作的租借。服务的客户通过租借使用实物的权利、雇佣员工的劳动和技能或付费使用设施或网络而得到收益。随着时代的进步,租赁实物使用权,视频、音频或网络享受权,或雇佣员工的劳动和技能都可以称之为服务。当客户因得到了想要的经历和解决方法而获益时,价值就创造出来了。为临时使用某物品或为进入某个实体设施而付费,是客户享受使用权的一种方式,因为他们要么买不起,要么没有必要买,要么是用完后没有必要储存起来供下次使用。另外,许多网络系统是个人和大多数企业都无法自行购买并运营的,租赁使用无疑是客户参与这些网络系统的最好方式。从租赁所有权的角度来看,可以把服务分成五类:① 租赁物品。就是在客户不愿意购买的情况下,为拥有对某物的临时使用权而租赁。如游客到中国杭州的西湖租一艘游船观光,农民租一个大型联合收割机解决家里农忙时的人力缺口,租赁婚礼或正式舞会专用礼服等。② 租赁限定的空间或场所。客户在不同私密等级限定下,与其他客户共同获得对某楼房、车辆或其他区域较大空间中特定部分的使用权。比如酒店的客房、飞机的座位、饭店的桌椅、仓库中的贮藏点。这种空间一般根据位置来定价,其目的具有多样性,有的为了看球,有的为了欣赏,有的为了聚会,有的为了体验,有的为了娱乐。空间可能因为位置、大小、前后、形状等而使价格有差别。③ 租赁劳动或技能。客户自己不愿意亲自做或因为缺乏必要的技能、工具或技艺而无法完成某项工作,所以雇佣他人来完成该工作,如家政服务、汽车美容、管理咨询、宠物豢养等。④ 租赁共享实体环境临时进入权限。既可能是室内环境,也可能是室外环境,还可能是两者的结合。例如主题公园、健身馆、动物园、滑雪场、高尔夫球场、收费道路、国际会展中心、博物馆等。⑤ 租赁系统或网络。客户为使用通信功能或获得银行、保险及一些专业化信息而租赁。服务供应商通常根据不同的消费者需求和支付能力,制定进入和使用网络或系统的菜单,供客户选择。

### (二) 服务的定义

通过上面的学习,大家肯定知道服务包含了形形色色的各种活动,有的还非常复杂。"服务"这个词原来与仆人给主人做事相联系,随着奴隶制度的解体,这种涵义用得较少了,虽然世界上少数地区可能还存在这种行为。在字典上对"服务"的解释是这样的:为别人做事,满足别人需要;帮助或有益于他人的行为。约翰·拉斯梅尔(John Rathmell)从广义的角度将服务定义为"行为、事情、表现或努力",并且认为服务与物品相比具有不同的特征——无形性。一般的商品与实体物品紧密相关,是"物件、器具、材料、对象或事物",服务显然需要新的定义。有人主张用简洁干脆的方法来定义,如"能够买卖但不能砸在脚上的东西"。比较幽默,听一遍就能记住,但遗憾的是,它对营销策略的指导与研究没有用处。

服务作为一种营销组合要素,真正引起人们重视的是20世纪80年代后期。这一时期,由于科学技术的进步和社会生产力的显著提高,产业升级和生产的专业化发展日益加速,一方面使产品的服务含量,即产品的服务密集度日益增大。另一方面,随着劳动生产率的提高,市场转向买方市场,消费者随着收入水平提高,他们的消费需求也逐渐发生变化,需求层次也相应提高,并向多样化方向拓展。从西方服务营销兴起的历程也可以看出服务营销起源于有形产品营销中的售后服务这一块,所以中国早期服务营销的研究对象涵盖了实体产品的售后服务和有形的服务。

克里斯托弗·洛夫洛克(Christopher Lovelock)这样界定服务:由一方向另一方提供的经济活动,大多是基于时间的行为,旨在对接受者本身或对象或购买方负有责任的其他资产产生期望中的结果。服务客户用他们的金钱、时间和精力作为交换条件,希望通过使用物品、劳动、专业技能、设备、网络或系统获得价值,但他们通常并不取得所涉及的任何实体因素的所有权。

美国市场营销协会(America Marketing Association)认为:"服务是用于出售或者是同产品绑定进行出售的活动、利益或满足感。"瑞根(Regan)认为:"服务是直接提供满足(交通、房租、旅行、影视欣赏)或者与有形商品、其他服务一起提供满足的不可直接感知的活动。"格隆鲁斯(Gronroos)认为:"服务是指或多或少具有无形特征的一种或一系列活动,通常,但并非一定,发生在顾客同服务的提供者及其有形的资源、商品或系统相互作用的过程中,以便满足消费者的有关需要或解决其相关问题。"

综合上述各种概念,本书这样给服务下定义:服务是自然人或法人直接或凭借某种工具、设备、设施、网络或媒体等向自然人或法人提供的,旨在满足对方某种特定需求的一种活动。服务的生产可能与物质产品有关,也可能无关,会增加其他自然人、法人、商品或其他服务的价值,主要以活动形式表现使用价值或效用。

对这一定义可以做进一步解释:

(1)服务的主体是自然人或法人,也就是说包括个体,也包括企业、营利组织或非营利组织、政府组织或非政府组织等。

(2)服务的客体或对象也如服务的主体一样具有多样性。

(3)服务的媒介或工具,可以是设备、设施、网络、氛围、物品等。

(4)服务过程中不存在产权转移,但是可能有物的使用。

(5)服务可以增加对象的价值或者效用。

(6)服务用于满足服务对象的某种需求。

(7)服务是一种活动,这种活动过程可以由买方卖方共同参加,或者只有其中一方参加。

## 二、服务的特征

### (一)服务与商品的演进

结合服务的概念,我们不难概括出服务的特征。为了方便理解我们不妨以有形的产品或商品为参照物。在社会生活中服务和产品往往是交织在一起的,构成了这个丰富的世界。商品和服务的交织一般有四种状态:① 独立商品。如黄油、牙刷、纸尿裤、鞋子,这些商品没有附带服务;② 依存部分服务的商品。如计算机、Iphone 5S、电视、洗衣机、飞机,这些商品附带售后服务保证,以吸引消费者;③ 依存部分商品的服务。如空中巴士,附带提供午餐、矿泉水、报纸杂志等;④ 独立服务。如歌舞剧、影视欣赏,管理咨询等直接为顾客提供服务,没有附带商品。由此可以绘制商品与服务交织的图谱,见图1.3。

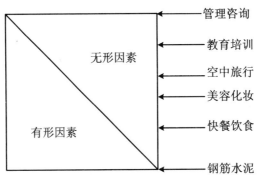

图 1.3　商品与服务演化图谱

### (二)服务的特征描述

在服务业发展的第一阶段末期和第二阶段,对照商品的特征,广大学者对服务的特征及其影响进行了深入研究。格隆鲁斯(Gronroos)认为,服务是非实体的;服务是一种行为或过程;服务的生产、分销与消费在某种程度上同时发生;服务的顾客在某种程度上参与生产过程;服务具有差异性;服务具有产权的不可转移性。营销大师菲利普·科特勒认为,服务具有无形性、不可分性、易变性和时间性。阿德里安·佩恩认为,服务具有无形性、不可分性、不一致性和不可储存性。法国营销学院皮埃尔·艾格利尔和埃里克·兰吉尔德认为,服务具有非实体性、服务企业与顾客关联性、顾客参与性。综合各专家学者的观点,不难发现,有相同之处,也有不同侧重点。相较于商品,服务的特征如表1.2所示。在理解特征时需要注意的是,我们概括的这些特征只能是在大多数情况下成立,由于服务的差异性、复杂性和多样性,它的特征很难用几句话来简单地进行概括,甚至服务几个特征本身也有一定的冲突性。

表 1.2　服务特征的描述

| 商品 | 服务 | 涵　义 | 特征描述 |
|---|---|---|---|
| 有形性 | 无形性 | 服务饮食能够满足人们某种需要的各种行为或表现,人们不能像感受商品那样触摸、感觉、看到服务 | 服务不能用产权进行衡量与转移;<br>服务无法直接感知;<br>服务不方便直接进行演示;<br>服务很难进行专利申请 |

续表

| 商品 | 服务 | 涵义 | 特征描述 |
|------|------|------|----------|
| 可存储 | 不可存储性 | 是指服务无法保留、转售及退还的特性 | 服务不能用容器储存或空间堆放；服务的供应和需求难以同步进行；服务难以进行大规模生产 |
| 标准化 | 差异性 | 服务的构成成分和质量水平经常变化，很难统一界定 | 服务的提供与顾客的满意取决于员工的行动；服务质量受多种影响因素的影响；服务的提供与宣传是否一致无法确定 |
| 分离性 | 不可分离性 | 商品的生产、流通与消费有时间间隔，而服务的生产过程与消费过程是同时进行的 | 服务的生产和消费不可分离；顾客参与并影响服务交易；顾客之间相互影响；员工影响服务的结果 |

### （三）理解服务概念与特征时应注意的几个问题

在理解服务的概念与特征时，还应该注意这些问题：

**1. 正确区分服务产品、客户服务（售后服务）**

服务经济发展的同时，制造业对服务也越来越重视，因为服务也能增加制造业的生产产品的价值，这样一来服务业和制造业的界限在某些场合下就变得模糊了。例如英特尔公司（Intel Corporation）、国际商用机器公司（IBM）、通用电气、劳斯莱斯都在雄心勃勃地转型为服务型企业。特别是在企业文化至上、品牌横行、人力资源成本上升、资源稀缺的形势下，这种情况更为普遍。世界著名的营销专家西奥多·莱维特（Theodore Levitt）指出："世上本没有服务业，只不过是某些行业中服务部分与其他行业相比所占比重更大或更小，其实大家都在从事服务。"制造业也越来越重视这一结论。但是，尽管如此，将服务产品和客户服务区分开来仍然是十分重要的，每家企业都应当有客户服务的方向，但并非每家企业都销售世界贸易组织归类的服务产品。不管你承认不承认，全球范围内已经对服务进行了分类和国家层面的分类、比较、统计与管理。

本书特别将服务营销（即服务本身就是核心产品）和通过服务进行商品营销区分开，只研究前者。当然高品质的服务通常会促进商品的销售，甚至使商品对购买者来说更加有用。许多制造业、农业、自然资源或建筑企业都将营销策略建立在用心服务客户，为核心产品增加附加服务因素的思路上。然而当营销目标在于销售商品（有形的），转移所有权时，这种核心产品仍然是实物产品，即使其附加的服务可能会包括咨询、金融、运输、安装、维修、升级以及拆解和环保处理。这些服务可能表面上是免费的（已经计入实体产品价格中）也可能单独收费。例如空调、洗衣机、冰箱的送货上门、安装和保修。许多制造公司从简单地将实体产品和附加服务捆绑销售发展到重新定制和改良某些元素，使其可以作为独立的服务项目进行营销，这样公司就可以占有新的客户群。另外服务产品和客户服务的区别还与客户本身相关，特别是耐用品，例如名车、名表等。

**2. 正确认识服务的本质**

产品的本质不同。贝里把商品描述为"一件物品，一种器械，一样东西"，把服务描述为"一个行动，一次表演，一项努力"，他很好地抓住了它们之间的差异。把服务看作表演是对服务管理的一个戏剧化的比喻，即把服务传递想象为近似于一个剧本的上演，而服务人员就是演员,顾客就是观众。也就是说,商品是有形的,是一个具体的物质实体或一个实实在在看得见、摸得着的东西;而服务工作本身基本上是无形的。

**3. 顾客的参与和接触情况**

顾客参与服务的生产过程。实施一项服务工作就是对实物设施、脑力和体力劳动这三者的某种组合的产出结果进行装配和传递。通常顾客在创造这个服务产品的过程中会积极参与,如美容院。同时,服务人员作为产品的一部分在高度接触的服务业中,顾客不仅同服务人员发生接触,还可能同其他顾客发生联系。如此顾客就成为产品的一个组成部分。

**4. 服务质量的控制问题**

服务质量通常是难以控制的。生产出来的商品在到达顾客那里之前,可以根据质量标准对它们进行检查。但是服务在生产出来的同时就被消费了,最后的组装就是在产品的实时生产过程中发生的。这样,错误和缺点就很难掩盖,而服务人员和其他顾客的在场又引入了更大的可变性,这些因素使得服务性组织很难控制质量和提供始终如一的产品。而且很多服务不仅服务企业的员工影响服务质量,顾客之间相互的影响也会影响服务的质量,如在电影院看电影,部分顾客大声喧哗,会导致其他顾客无法得到满意的服务。

**5. 顾客评价更困难**

大多数实体商品的识别性品质(search quality)相对较高,如颜色、式样、形状、价格、合适度、感觉、硬度和气味,都是有助于顾客在购买产品前作出决定的因素。甚至有国家或国际标准对实体商品进行监督、控制和评价。相反,其他一些商品和服务可能更强调经验性品质(experience quality),只能在购买后或消费过程中才能识别质量,如口味、处理的容易程度、个人护理。最后,还有可信度品质(credence quality),即那些顾客发现即使在消费之后也很难评价的特性,如外科手术、技术修理,它们是很难观察得到。除非你挨上一刀,动了手术后才有体验,这是一种破坏性体验,显然又是不可能、不可行的。

**6. 储存问题**

服务没有存货。因为服务是一次行动或一次表演,而不是顾客可以保存的一件有形的物品,所以它是"易腐的"和不能被储存的。当然,必要的场地、设备和劳动能够被事先准备好以创造服务,但这些仅仅代表生产能力,而不是产品本身。

**7. 服务传递过程中时间因素的重要性**

许多服务是实时传递的,顾客必须在场接受来自企业的服务。顾客愿意等待的时间也是有限度的,更进一步说,服务必须迅速传递,这样,顾客就不必花费过多的时间接受服务。

**8. 服务的分销渠道不同**

同需要实体分销渠道把商品从工厂转移到顾客手中的制造商不同,许多服务企业要么利用电子渠道(如广播、电子资金转移),要么把服务工厂、零售商店和消费点合并成一个地方。

**【资料链接】1-4**

IBM是大家熟知的计算机和商用机器生产商,但是现在它同样提供服务并从中获得大量现金流。目前它提供的服务有:战略外包、商业咨询、集成技术服务和维修。在2004年该公司凭这四项服务就创造了462亿美元的收入,贡献了116亿美元的净利润,几乎占其当年总收入的一半,总利润的2/5。

根据案例,你可以得出哪些结论,或者引发哪些思考?

## 三、服务的分类

对服务进行分类的益处在于：有利于国民经济统计，有利用阐述相关话题的条理，有利于研究的便利，有利于国际服务贸易交流，有利于规范服务的管理，最重要的是有利于细分服务市场，帮助企业寻找新的服务市场楔入点。基于不同的分类标准，就会产生不同的分类，本书选择三个学术性分类和三个规范分类。

学术性分类包括以下几种：第一方面，服务相关分类法，按照服务的形态进行分类，可以分为规格服务和定制服务。按照其基础来分，可以分为以人为主的服务和以器械为主的服务。按照接触度来分，可以分为高接触度服务和低接触度服务。第二方面，买方相关分类法，按照市场类型，可以分为消费者服务市场、工业服务市场、政府服务市场和农业服务市场。按照购买服务的途径来分，可以分为便利性服务、选购服务、专卖服务和非寻找服务。按动机来分，可以分为工具型服务和表现型服务。第三方面，卖方相关分类法，按照企业的性质来分，可以分为私营营利型服务企业、私营非营利服务企业、国有营利型服务业和国有非营利型服务业。按照服务功能来分，可以分为通信、顾问咨询、教育、金融、保健、保险。按照收入来源来分，可以分为取自市场、市场加捐赠、纯捐赠、税收。

规范性分类，这里分别摘录国家统计局（见表1.3）、世界贸易组织（WTO）（见表1.4）和国际标准化组织（ISO）关于服务业的分类。

表1.3 现代服务业统计分类

| 行业门类 | 行业大类 | 行业名称 | 行业门类 | 行业大类 | 行业名称 |
|---|---|---|---|---|---|
| I | | 信息传输、软件和信息技术服务业 | | 75 | 科技推广和应用服务业 |
| | 63 | 电信、广播电视和卫星传输服务 | N | | 水利、环境和公共设施管理业 |
| | 64 | 互联网和相关服务 | | 77 | 生态保护和环境治理业 |
| | 65 | 软件和信息技术服务业 | P | | 教育 |
| J | | 金融业 | | 82 | 教育 |
| | 66 | 货币金融服务 | Q | | 卫生和社会工作 |
| | 67 | 资本市场服务 | | 83 | 卫生 |
| | 68 | 保险业 | R | | 文化、体育和娱乐业 |
| | 69 | 其他金融业 | | 85 | 新闻和出版业 |
| K | | 房地产业 | | 86 | 广播、电视、电影和影视录音制作业 |
| | 70 | 房地产业 | | 87 | 文化艺术业 |
| L | | 租赁和商务服务业 | | 88 | 体育 |
| | 72 | 商务服务业 | | 89 | 娱乐业 |
| M | | 科学研究和技术服务业 | S | | 公共管理、社会保障和社会组织 |
| | 73 | 研究和试验发展 | | 93 | 社会保障 |
| | 74 | 专业技术服务业 | | | |

### 表1.4 世界贸易组织对现代服务业分类

| 原　　文 | 翻　　译 |
|---|---|
| 1. BUSINESS SERVICES<br>  A. Professional services<br>  B. Computer and related services<br>  C. Research and development services<br>  D. Real estate services<br>  E. Rental/leasing services without operators<br>  F. Other business services | 1. 商业服务<br>  A. 专业服务<br>  B. 计算机及其相关服务<br>  C. 研究和开发服务<br>  D. 房地产服务<br>  E. 出租/租赁服务，不包括运营商<br>  F. 其他商业服务 |
| 2. COMMUNICATION SERVICES<br>  A. Postal services<br>  B. Courier services<br>  C. Telecommunication services<br>  D. Audiovisual services<br>  E. Other | 2. 通信服务<br>  A. 邮政服务<br>  B. 快递服务<br>  C. 电信服务<br>  D. 视听服务<br>  E. 其他 |
| 3. CONSTRUCTION AND RELATED ENGINEERING SERVICES<br>  A. General construction work for buildings<br>  B. General construction work for civil engineering<br>  C. Installation and assembly work<br>  D. Building completion and finishing work<br>  E. Other | 3. 建筑及相关工程服务<br>  A. 一般建筑物的建造工程<br>  B. 一般民用工程建设工作<br>  C. 安装和组装工作<br>  D. 建立和整理工作完成<br>  E. 其他 |
| 4. DISTRIBUTION SERVICES<br>  A. Commission agents' services<br>  B. Wholesale trade services<br>  C. Retailing services<br>  D. Franchising<br>  E. Other | 4. 销售服务<br>  A. 佣金代理服务<br>  B. 批发服务<br>  C. 零售服务<br>  D. 特许经营<br>  E. 其他 |
| 5. EDUCATIONAL SERVICES<br>  A. Primary education services<br>  B. Secondary education services<br>  C. Higher education services<br>  D. Adult education<br>  E. Other education services | 5. 教育服务<br>  A. 小学教育服务<br>  B. 中等教育服务<br>  C. 高等教育服务<br>  D. 成人教育<br>  E. 其他教育服务 |
| 6. ENVIRONMENTAL SERVICES<br>  A. Sewage services<br>  B. Refuse disposal services<br>  C. Sanitation and similar services<br>  D. Other | 6. 环境服务<br>  A. 排污服务<br>  B. 固体废物处理服务<br>  C. 卫生和类似服务<br>  D. 其他 |
| 7. FINANCIAL SERVICES<br>  A. All insurance and insurance-related services<br>  B. Banking and other financial services (excl. insurance)<br>  C. Other | 7. 财经服务<br>  A. 所有保险及其相关服务<br>  B. 银行及其他金融服务（不包括保险）<br>  C. 其他 |

续表

| 原　　文 | 翻　　译 |
|---|---|
| 8. HEALTH RELATED AND SOCIAL SERVICES<br>　A. Hospital services<br>　B. Other human health services<br>　C. Social services<br>　D. Other | 8. 健康与社会服务<br>　A. 医院服务<br>　B. 其他医疗保健服务业<br>　C. 社会服务<br>　D. 其他 |
| 9. TOURISM AND TRAVEL RELATED SERVICES<br>　A. Hotels and restaurants（incl. catering）<br>　B. Travel agencies and tour operators services<br>　C. Tourist guides services<br>　D. Other | 9. 旅游及相关服务<br>　A. 饭店和餐馆（包括餐饮业）<br>　B. 旅行社和旅游经营者服务<br>　C. 导游服务<br>　D. 其他 |
| 10. RECREATIONAL, CULTURAL AND SPORTING SERVICES<br>　A. Entertainment services (including theatre, live bands and circus services)<br>　B. News agency services<br>　C. Libraries, archives, museums and other cultural services<br>　D. Sporting and other recreational services<br>　E. Other | 10. 娱乐、文化和体育服务<br>　A. 娱乐服务（包括戏剧,乐队演奏及马戏团服务）<br>　B. 新闻代理服务<br>　C. 图书馆,档案馆,博物馆和其他文化服务<br>　D. 体育和其他娱乐服务<br>　E. 其他 |
| 11. TRANSPORT SERVICES<br>　A. Maritime transport services<br>　B. Internal waterways transport<br>　C. Air transport services<br>　D. Space transport<br>　E. Rail transport services<br>　F. Road transport services<br>　G. Pipeline transport<br>　H. Services auxiliary to all modes of transport<br>　I. Other transport services | 11. 运输服务<br>　A. 海运服务<br>　B. 运输内部水道<br>　C. 航空运输服务<br>　D. 空间运输<br>　E. 铁路运输服务<br>　F. 公路运输服务<br>　G. 管道运输<br>　H. 所有运输方式的辅助服务<br>　I. 其他运输服务业 |
| 12. OTHER SERVICES NOT INCLUDEDELSE WHERE | 12. 其他未包括的服务 |

在 ISO 9000 标准中,对服务业的范围作了明确的规定,划分了 12 个方面:

(1) 接待服务:餐馆饭店,旅行社,娱乐场所,广播,电视,度假村。

(2) 交通与通信:机场与空运,公路,铁路,海运,电信,邮政,数据通信。

(3) 健康服务:药剂师,医生,医院,救护队,医疗实验室,牙医,眼镜商。

(4) 维修:电器,机械,车辆,热力系统,空调,建筑,计算机维修业。

(5) 公用事业:清洁工作,废物处理,供水,供电,场地维修,煤气和能源供应,消防治安,公共服务。

(6) 贸易:批发,零售,仓储,配送,营销,包装。

(7) 金融:银行,保险,津贴,财产服务,会计。

(8) 专业:建筑设计(建筑师),勘探,法律,执法,安全,工程,项目管理,质量管理,咨询,培训和教育。

(9) 行政管理:人事管理,计算机处理,办公服务。

(10) 技术:咨询,摄影,实验室。

(11) 采购:签订合同,库存管理,分发。

(12) 科学:探索,开发,研究,决策支援。

目前对服务业的研究,比较热门的是把服务业划分为生产性服务业与消费性服务业,两者在经济发展的不同阶段和不同时期,不同国家其作用是不相同的。生产性服务业是指为保持工业生产过程的连续性、促进工业技术进步、产业升级和提高生产效率提供保障服务的服务行业。生产性服务业以外的称为消费性服务业。

生产性服务业是与制造业直接相关的配套服务业,是从制造业内部生产服务部门而独立发展起来的新兴产业,本身并不向消费者提供直接的、独立的服务效用。它依附于制造业企业而存在,贯穿于企业生产的上游、中游和下游诸环节中,以人力资本和知识资本作为主要投入品,把日益专业化的人力资本和知识资本引进制造业,是二三产业加速融合的关键环节。1966年美国经济学家 H. Greenfield 在研究服务业及其分类时,最早提出了生产性服务业(producer services)的概念。生产性服务业 1975 年,Browning 和 Singelman 在对服务业进行功能性分类时,也提出了生产性服务业(producer services)概念,并认为生产性服务业包括金融、保险、法律工商服务、经纪等具有知识密集和为客户提供专门性服务的行业。Hubbard 和 Nutter(1982)、Daniels(1985)等人,认为服务业可分为生产性服务业和消费性服务业,认为生产性服务业的专业领域是消费性服务业以外的服务领域,并将货物储存与分配、办公清洁和安全服务也包括在内。Howells 和 Green(1986)认为生产性服务业包括保险、银行、金融和其他商业服务业,如广告和市场研究,以及职业和科学服务,如会计、法律服务、研究与开发等为其他公司提供的服务。据中国香港贸易发展局认为生产者服务包括专业服务、信息和中介服务、金融保险服务以及与贸易相关的服务。我国政府在《国民经济和社会发展第十一个五年规划纲要》(以下简称:《十一五纲要》)中将生产性服务业分为交通运输业、现代物流业、金融服务业、信息服务业和商务服务业。还有一些学者和机构从服务功能的角度对生产性服务业进行了定义。Gruble 和 Walker(1989)、Coffer(2000)认为生产性服务业不是直接用来消费,也不是直接可以产生效用的,它是一种中间投入而非最终产出,它扮演着一个中间连接的重要角色,用来生产其他的产品或服务。同时,他们还进一步指出,这些生产者大部分使用人力资本和知识资本作为主要的投入,因而他们的产出包含有大量的人力资本和知识资本的服务,生产性服务能够促进生产专业化,扩大资本和知识密集型生产,从而提高劳动与其他生产要素的生产率。

## 第三节 服务营销的内涵与特征

### 一、服务营销的内涵

简要地说,服务营销是企业在充分认识满足消费者需求的前提下,为充分满足消费者需要在营销过程中所采取的一系列活动。服务营销就是服务企业利用价格(price)、渠道

(place)、促销(promotion)、产品(product)、有形展示(physical evidence)、人员(people)、过程(process)等手段培育顾客忠诚,改善与增加服务消费的过程。也可以说服务营销是一种通过关注顾客,进而提供服务,最终实现有利的交换的营销手段。服务营销是以顾客为中心的,服务营销相对于实体产品来说所用的策略,或者说所涉及的因素更多,在4P的基础上增加了3P,使其营销组合的手段更多,内容更丰富。具体来说,相较于商品的营销,服务营销有这些特点:

(1) 供求分散性。服务营销活动中,服务产品的供求具有分散性。不仅供方覆盖了第三产业的各个部门和行业,企业提供的服务也广泛分散,而且需方更是涉及各种各类企业、社会团体和千家万户不同类型的消费者,由于服务企业一般占地小、资金少、经营灵活,往往分散在社会的各个角落;即使是大型的机械服务公司,也只能在有机械损坏或发生故障的地方提供服务。服务供求的分散性,要求服务网点要广泛而分散,尽可能地接近消费者。

(2) 营销方式单一性。有形产品的营销方式有经销、代理和直销多种营销方式。有形产品在市场可以多次转手,经批发、零售多个环节才使产品到达消费者手中。服务营销则由于生产与消费的统一性,决定其只能采取直销方式,中间商的介入是不可能的,储存待售也不可能。服务营销方式的单一性、直接性,在一定程度上限制了服务市场规模的扩大,也限制了服务业在许多市场上出售自己的服务产品,这给服务产品的推销带来了困难。

(3) 营销对象复杂多变。服务市场的购买者是多元的、广泛的、复杂的。购买服务的消费者的购买动机和目的各异,某一服务产品的购买者可能牵涉社会各界各业各种不同类型的家庭和不同身份的个人,即使购买同一服务产品有的用于生活消费,有的却用于生产消费,如信息咨询、邮电通讯等。

(4) 服务消费者需求弹性大。根据马斯洛需求层次原理,人们的基本物质需求是一种原发性需求,这类需求人们易产生共性,而人们对精神文化消费的需求属继发性需求,需求者会因各自所处的社会环境和各自具备的条件不同而形成较大的需求弹性。同时对服务的需求与对有形产品的需求在一定组织及总金额支出中相互牵制,也是形成需求弹性大的原因之一。同时,服务需求受外界条件影响大,如季节的变化、气候的变化、科技日新月异的发展等对信息服务、环保服务、旅游服务、航运服务的需求造成重大影响。需求的弹性是服务业经营者最棘手的问题。

(5) 服务人员的技术、技能、技艺要求高。服务者的技术、技能、技艺直接关系着服务质量。消费者对各种服务产品的质量要求也就是对服务人员的技术、技能、技艺的要求。服务者的服务质量不可能有唯一的、统一的衡量标准,而只能有相对的标准和凭购买者的感觉体会。

## 二、服务营销的特征

服务营销的特征是基于与有形产品的营销的差别而言,这里通过概括服务营销与市场营销的联系与区别,让读者更好的领悟其特征。根据上文服务营销的概念,我们可以知道,理论上来说服务营销属于市场营销,但是由于市场营销的理论脱胎于对商品的销售的研究,所以两者既有联系又有区别。其联系在于两者的共同点,在价格、产品、渠道、促销方面虽然基于各自特征也有一些差别,但不是特别突出,这里就不再一一论述,可以参照市场营销的策略,同时后续章节也有讨论。市场营销以有形商品为主要研究对象,这样服务营销与市场

营销肯定是存在差别的,服务营销与市场营销的差异在于:

### (一) 研究的对象存在差别

市场营销是以产品生产企业的整体营销行为作为研究对象,服务营销学是以现代服务企业的整体营销行为作为研究对象,虽然有教材还把产品的售后服务纳入服务营销的研究范畴,但是本书特别强调这一点,服务营销只研究现代服务业,不研究商品的售后服务这一块,以清晰两者间的界限。

### (二) 注重过程

服务营销加强了对服务过程的研究,由于通常情况下,顾客参与生产过程,服务过程是服务生产与服务消费的统一过程,服务生产过程也是消费者参与的过程,因而服务营销必须把对顾客的管理纳入有效的推广服务、进行服务营销管理的轨道。市场营销强调的是以消费者为中心,满足消费者需求。

### (三) 突出人的研究

服务营销强调人是服务产品的构成因素,故而强调内部营销管理。服务产品的生产与消费过程是服务提供者与顾客广泛接触的过程,服务产品的优劣、服务绩效的好坏不仅取决于服务提供者的素质,也与顾客行为密切相关。市场营销也会涉及人,但人只是商品买卖行为的承担者,而不是产品本身的构成因素。

### (四) 重视有形展示

服务营销要突出解决服务的有形展示问题。服务的无形性要求服务营销学研究服务的有形展示问题。服务有形展示的方式、方法、途径、技巧成为服务营销学研究的系列问题。这是服务营销的主要特色和重点。有形展示与服务企业的文化相关,与服务企业的形象识别相联系,有形展示使无形的服务有了载体和依托,所以显得尤为重要。

服务营销与市场营销的差异不局限于上述几点,因为服务的复杂特性,服务营销与市场营销在对待质量问题上也有不同的着眼点,服务营销与市场营销在关注物流渠道和时间因素上也存在着差异。

**【资料链接】1-5**

> 当你在影院看电影时,你遇到许多和你差不多的观众,你知道他们同样在影响你的满意度。他们的穿着、人数、身份和行为都能强化或弱化企业努力要营造的形象或创造的顾客体验。你是否曾恼怒于邻桌高声打手机抱怨工作问题或是愤怒于电影院里坐在你旁边的家伙和他的女朋友旁若无人地亲吻?你是否曾感激过那个过路人教你如何使用操作复杂的自动售票机?在观看黄梅戏、京剧或体育赛事时,那些戏迷、体育迷的专注与热情常常能加强你的兴奋感。而一些观众粗鲁的表现就会损害你的愉悦心情。
>
> 请分析一下,这给服务营销带来什么启示?或者服务营销的哪个特征需要我们特别关注?

## 三、服务营销的演进

发达国家成熟的服务企业的营销活动一般经历了7个阶段,每个阶段的发展都与经济水平的发展息息相关,每个阶段服务企业的反应不同,对待顾客的方式方法也有差异:

第一个阶段为销售阶段,主要表现为:竞争出现,销售能力逐步提高;重视销售计划而非利润;对员工进行销售技巧的培训;希望招徕更多的新顾客,而未考虑到让顾客满意。

第二个阶段为广告与传播阶段,主要表现为:着意增加广告投入;指定多个广告代理公司;推出宣传手册和销售点的各类资料;顾客随之提高了期望值,企业经常难以满足其期望;产出不易测量;竞争性模仿盛行。

第三个阶段为产品开发阶段,主要表现为:意识到新的顾客需要;引进许多新产品和服务,产品和服务得以扩散;强调新产品开发过程;市场细分,强大品牌的确立。

第四个阶段为差异化阶段,主要表现为:通过战略分析进行企业定位;寻找差异化,制定清晰的战略;更深层的市场细分;市场研究、营销策划、营销培训;强化品牌运作。

第五个阶段为顾客服务阶段,主要表现为:顾客服务培训;微笑运动;改善服务的外部促进行为;利润率受一定程度影响甚至无法持续;得不到过程和系统的支持。

第六个阶段为服务质量阶段,主要表现为:服务质量差距的确认;顾客来信分析、顾客行为研究;服务蓝图的设计;疏于保留老顾客。

第七个阶段为整合和关系营销阶段,主要表现为:经常地研究顾客和竞争对手;注重所有关键市场;严格分析和整合营销计划;数据基础的营销;平衡营销活动;改善程序和系统;改善措施保留老顾客。

**【资料链接】1-6**

到了20世纪90年代,关系营销成为营销企业关注的重点,把服务营销推向一个新的境界。西方经济学家认为:70%的客户流失是服务水平的欠缺,争取一个新客户比维护一个老客户的费用高6～10倍,满足客户的基本需求,便可使营业额增长20%左右,客户的满意度提高5%,营业额就可以增加一倍,客户不满意时,可能有75.3%的人停止或减少购买,每一位投诉的客户身后,有49位不满意没吭声的顾客;投诉后得到迅速解决会有82%的客户重新购买。

资料解析:第一,资料揭示了员工的参与对整个营销活动的重要意义。企业员工是企业组织的主体,每个员工做的每件事都将是客户对企业服务感受的一部分,都将对企业的形象产生一定的影响。应让每个员工都积极主动地参与到企业的经营管理决策中来,真正发挥员工的主人翁作用。第二,企业应关注在为用户提供服务时的全过程,通过互动沟通了解客户在此过程中的感受,使客户成为服务营销过程的参与者,从而及时改进自己的服务来满足客户的期望。企业营销也应重视内部各部门之间分工与合作过程的管理,因为营销是一个由各部门协作、全体员工共同参与的活动,而部门之间的有效分工与合作是营销活动实现的根本保证。

◆**思考题**

1. 古代帝王享受的服务属于我们现在所谈的服务吗?
2. 现代服务业产业的原因是什么?
3. 服务是无形的,所以其中没有有形的东西,对吗?为什么?
4. 世上原没有服务营销,对吗?
5. 服务营销是服务穿上了营销的马甲吗?

**【分析案例】　　四大消费性服务业：提升百姓生活质量**

新华网北京 5 月 6 日电　世界休闲博览会首度在中国召开,沈阳世界园艺博览会爆棚,第九届世界休闲大会将召开……已经历十多个黄金周的中国人,对今年"五一"长假又多了一些新认识、新感受:"休闲"从来没有像今天这样距离老百姓如此之近。随着日益提高的生活水平和拥有更多的闲暇时间,中国百姓对"休闲度假"的质量提出了更高要求。国务院副总理吴仪日前表示,要积极发展休闲服务,不断提高生活质量。按照"十一五"规划纲要,中国将加快发展商贸服务业、旅游业、市政公用事业、社区服务业等四大消费性服务业,强化与休闲密切相关的产业。

商贸流通:让亿万农民家门口逛超市。中国约有一多半人口居住在农村,随着农民收入的增加和生活水平的提高,他们也投入到"休闲大军"之中。切实提高农民生活质量,满足他们的休闲购物需求,是中国努力要解决的一个问题。"十一五"规划纲要在强调建设社会主义新农村的同时,还提出要适应居民消费结构升级趋势,继续发展主要面向消费者的服务业,扩大短缺服务产品供给,满足多样化的服务需求。商务部自 2005 年初开始推行"万村千乡"市场工程,目前已在全国农村建立起 7 万多家标准化农家店(连锁化农村超市),覆盖了接近 1 亿农村人口。商务部市场建设司介绍说,到 2007 年底,将建成 25 万家标准化农家店,覆盖全国 70% 的乡镇和 50% 的行政村,届时将有超过 3 亿农民实现在家门口逛超市。按照部署,国家将鼓励发展所有制形式和经营业态多样化、诚信便民的零售、餐饮等商贸服务。积极发展连锁经营、特许经营、物流配送等现代流通方式和组织形式,合理调整城市商业网点结构和布局。

旅游度假:提升大众化消费品质。中国旅游产业的长足发展,形成了世界上最大的国内旅游市场。目前我国城乡居民平均出游率(国内旅游人次与全国总人口比率)达到 90% 以上,国内旅游已经进入大众化消费阶段。根据部署,"十一五"时期我国将特别注重休闲市场需求,把旅游和休闲结合得更紧密,推动旅游度假区品质的提升。同时,完善黄金周制度,提高假日旅游的组织协调水平。到 2010 年,我国旅游总收入将达到 12700 亿元。为推动国际化旅游目的地建设,2006 年国家旅游局还将创建 5A 级旅游景区。5A 级景区是中国景区级别划分的最高等级标准,在旅游交通、游览、旅游安全等十余个方面对旅游景区提出了严格要求。

市政建设:为居民休闲提供基础服务。当休闲不只是"少数人的特权",而成为大众化的普遍行为时,与休闲相关的产业也必然获得更大的发展空间,而市政公用事业的快速发展,正是休闲产业发展的基础。"十一五"规划纲要提出,加强市政公用事业,其中包括优先发展公共交通,完善城市路网结构和公共交通场站,有条件的大城市和城市群地区要把轨道交通作为优先领域,超前规划,适时建设。积极发展出租车业。加强城市供排水、中水管网改造和建设,增强安全供水能力,扩大再生水使用范围。合理规划建设和改造城市集中供热、燃气设施。根据建设部安排,2006 年我国将调整和优化城镇建设投资结构,引导城镇建设资金主要用于完善和配套现有设施,重点加强城市供水排水管网、燃气管网、供热管网、防灾设施等改造和建设、城市公共交通设施建设、重点流域城市水污染防治设施建设,以及小城镇和农村公共基础设施建设。建设部部长汪光焘表示,建设行政主管部门要加强市场监管,落实特许经营制度的实施,确保公众利益、公共安全,切实提高服务水平。继续推进区域性供水、供气、供热、污水和垃圾处理设施的共建共享。

社区休闲:家门口享受舒适生活。"外面人太多,社区里设施很完善,健身、下棋、打牌都可以,玩得很开心。"北京市崇文区的张健,就在自己社区里过"五一"长假。社区是城市的细胞。近年来,社区休闲方式日益丰富,配套设施日渐完备,健身大厅、棋牌室、图书室、电影院、美容美发中心、洗浴中心、茶馆等纷纷走进社区。人们生活其间,乐在其间。即使在"五一"、"十一"等长假中,留在社区度过假期的人们也不会感到单调、乏味。社区休闲相比旅游等方式,有着价格低、便利等优势,正被越来越多的人所接受。值得一提的是,近年来,我国各级政府和有关部门都加大了对社区服务业的投入。2005年我国城镇已建立各种社区服务设施17万个,其中综合性社区服务中心9705个。民政部等部门已提出,全国要力争在3年到5年内使社区组织工作用房和公益性服务设施有较大的改观,使社区管理服务水平有新的提高。在今后5年内,国家将大力发展社区卫生,加快构建以社区卫生服务为基础,社区卫生服务机构与医院分工协作、双向转诊的城市医疗服务体系。按照"十一五"规划纲要,我国还将重点发展社区卫生、家政服务、社区保安、养老托幼、食品配送、修理服务和废旧物品回收等。理顺社区管理体制,推进社区服务规范化和网络化建设。

**问题**

1. 你认为文中的对服务业的分类合理吗?
2. 从服务营销的角度来思考市政建设,你觉得可以怎样优化?

**应用训练**

1. 列举你在大学生活中所接触的到的1~3种服务,先概括一下它的特征,再看是否与本书中的概括相一致。

2. 通过互联网和图书馆查找资料,概括网络服务的种类,并就其中一项服务描述它的演化与发展。

3. 你觉得大学周围的某家服务机构的营销有什么缺点,你认为怎么改进?

# 第二章　服务营销理论

明确服务产品的概念。了解服务产品的基本特征和生命周期;理解服务的价值;顾客让渡价值和服务利润链;掌握服务4C理论;了解并学会应用营销组合策略。

## 世界进入"服务经济时代"

随着科学技术和企业管理水平的全面提高,消费者购买能力的增强和需求趋向的变化,服务因素在国际市场的竞争中,已取代产品质量和价格而成为竞争的新焦点。世界经济开始进入了"服务经济时代"。在西方发达国家,一些有代表性的企业已通过向顾客提供服务产品,为企业创造了大量的利润。

美国IBM公司公开表示自己不是电脑制造业,而提供满足顾客需求的服务。该公司的总裁说:"我们公司并不卖电脑,而是卖服务"。

美国电话电报公司从1974年开始,一半以上的收入来自向顾客提供服务。1982年美国有10家工业公司脱离《幸福》500家大企业的行列,变成服务性公司。1989年美国波士顿的福鲁姆咨询公司在调查中发现,顾客从一家企业转向与之竞争的另一家企业的原因,10人中有7人是因为服务问题,而不是因为质量或者是价格的缘故。美国的马萨诸塞州沃尔瑟姆市一家销售咨询公司经计算证实,公司服务质量(如合同履约率等可衡量因素)每提高1%,销售额能增加1%。

广义的服务行业是当代社会不可须史离开的一个重要部门,它深入到社会的每个角落,联系着每一个消费者。企业如何为顾客提供全面良好的售前、售时、售后服务,以吸引长久的顾客;随着各种服务业的蓬勃发展,如何在服务领域内提高效率,改善服务质量,不断完善服务实践,深入研究服务理论,已成为当今世界面临的一项重要课题。

思考题:为什么IBM公司的总裁说:"我们公司并不卖电脑,而是卖服务"?

## 第一节 服务产品

1. 什么是服务产品？说说你身边的服务产品。
2. 怎么区分服务产品与实体产品？
3. 借鉴产品生命周期，说说服务产品的生命周期。

### 一、服务产品的定义

有关服务概念的研究首先是从经济学领域开始的，最早可追溯到亚当·斯密的时代。市场营销学界对服务概念的研究大致是从20世纪五六十年代开始的。区别于经济学界的研究，市场营销学者把服务作为一种产品来研究。所以，在市场营销学中服务和服务产品在许多语境下是同义词，由此可以方便地理解服务与实体产品的区别。

1960年美国市场营销协会（AMA）最先给服务下定义为："用于出售或者是与产品连带出售的活动、利益或满足感。"这一定义在此后的很多年里一直被学者们广泛采用，但是其缺点是没有把有形产品与无形服务区分开来，因为有形产品也是用来出售并使购买者获得利益和满足的。菲利普·科特勒将服务定义为："一方能够向另一方提供的任何一项活动或利益，他本质上是无形的，并且不生产对任何东西的所有权问题，它的生产可能与实际产品有关，也可能无关。"1990年，国际标准化组织把"服务"定义为"为满足顾客的需要，供方与顾客接触的活动和供方内部活动所产生的结果"。

事实上，无论AMA的定义还是其他学者的定义都有一定的片面性，即过于强调某些方面而忽视另外一些方面。这主要是因为由于服务作为一种看不见、摸不着的经济活动不易为人们所感知，因而很难准确地对其作出定义。

综合前人的研究，结合服务自身的特色和功能之后，我们给服务产品作如下定义：生产者通过由人力、物力和环境所组成的结构系统来销售和实际生产及交付的，能被消费者购买和实际接受消费的"功能和作用"。

**【资料链接】2-1　　　　菲利普·科特勒**

菲利普·科特勒生于1931年，是现代营销集大成者，被誉为"现代营销学之父"、"营销界的爱因斯坦"。著有《营销管理：分析、计划、实施和控制》（世界上最畅销的市场营销教材）、《营销法则》、《营销模型》、《营销渠道》、《营销整合》、《吸引投资者》、《营销十戒》、《科特勒营销新论》等。科特勒是美国市场营销协会设立的"杰出营销学教育工作者奖"（1985年）的第一位获奖人，还获得过欧洲咨询与销售培训者联合会颁发的"营销卓越贡献奖"。科特勒先后为IBM、GE、AT&T、霍尼韦尔、美洲银行、默克等企业做过营销战略与规划、营销组织和国际市场营销等方面的咨询工作。

### 二、服务产品的基本特征

通过将服务与有形产品进行对比中，可以得出服务产品的基本特征（见表2.1）。

表 2.1　有形产品与服务的区别

| 有　形　产　品 | 服　　　务 |
|---|---|
| 实体 | 非实体 |
| 形式相似 | 形式相异 |
| 生产、分销与消费过程分离 | 生产、分销与消费同时发生 |
| 一件物品、一种器械、一样东西 | 一个行动、一次表演、一项努力 |
| 核心价值在生产过程中产生 | 核心价值在买卖交易过程中实现 |
| 顾客一般不参与生产过程 | 顾客有很强的参与性 |
| 质量是一种技术特性 | 质量是感知的 |
| 可以贮存 | 即时消费,无法贮存 |
| 涉及所有权的转移 | 不涉及所有权的转移 |

【资料链接】2-2　　　　服　务　包

服务包是指在某种环境下提供一系列产品和服务的组合该组合有以下五个特征:
(1) 支持性设施。在提供服务前必须到位的物质资源。如高尔夫球场、医院、飞机等。
(2) 辅助物品。顾客购买和消费的物质产品,或是顾客自备的物品。如高尔夫球棒、医疗设备、食物等。
(3) 信息。由享受高效服务和按其具体要求定制服务的顾客提供的运营数据或信息。如患者病历卡、飞机上的舒适座椅、提前预订顾客的优惠等。
(4) 显性服务。那些可以用感官察觉到的和构成服务基本或本质特性的利益。如补牙后疼痛感消失了、经过修理后的汽车可以平稳行驶等。
(5) 隐性服务。顾客能模糊感到服务带来的精神上的收获,或服务的非本质特性。如无忧汽车维修、贷款办公室的保密性等。
所有这些特性都要由顾客经历,并形成他们对服务的认知。重要的是,服务经理要为顾客提供与他们所期望的服务包一致的整个经历。

## 三、服务的连续谱

美国学者 Shostack 认为,在现实生活中,从高度无形到高度有形之间存在一个连续谱,如图 2.1 所示。

这个连续谱的意义在于:服务和有形产品是有区别的,其区别在有形的程度上,但其划分界限越来越模糊,有形产品有时也具有某些服务特征。服务可以看做是无形性、不可分离性、不可储存性、差异性、所有权不可转让性不同组合变化趋势的一种反映,是服务各种特征的不同组合体。

G·林恩·肖斯塔克从实体产品与服务组合的角度把企业提供给市场的东西分为四类(见图 2.2),而且可以排成一种连续谱系。这四类分别是:

(1) 纯粹的实体产品(如烟、盐、牙膏等)而且不附带明显的服务。销售的标的物是实体物品。

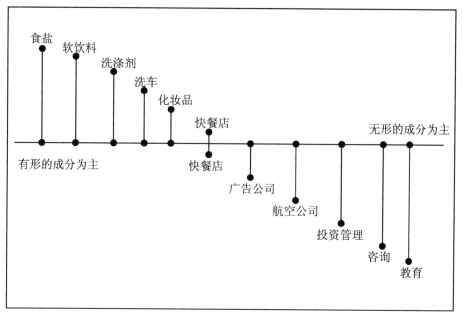

图 2.1 市场实体排列表

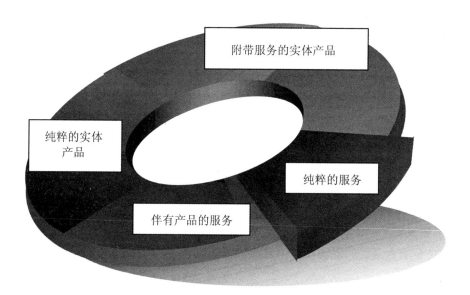

图 2.2 肖斯塔克连续谱

(2) 附带服务的实体产品。所提供的是附带服务的一些产品(如汽车、电视机等),但销售的标的物是实物产品。

(3) 伴有产品的服务。所提供的服务附带有产品或者是服务和产品服务都有(如航空旅行、在医院做手术等),但销售的标的物是一种非实体性的东西。

(4) 纯粹的服务。所提供的是服务(如信息),销售的标的物是一种非实体性的东西。

肖斯塔克的这种分类为我们提供了一种新的观察整个市场并加以管理的途径。这种分类方法曾被许多学者加以采用。

## 四、服务产品的生命周期

服务同一般产品一样具有自己从无到有、自盛而衰的发展过程。全面认识服务的生命周期(图 2.3),并根据不间周期阶段的特征制定相应的营销策略是保持服务产品长盛不衰,也是服务性企业生存活力的必需。由于新服务在产生后的各个阶段会有不同的特点和挑战,所以在各阶段服务的成长速度和规模也不相同。典型的服务产品生命周期曲线走向呈现倒 S 形。可以从销售额和利润两个角度考察,所以表现为两条形态有所差别的曲线,但他们所蕴含的经济本质是相同的。

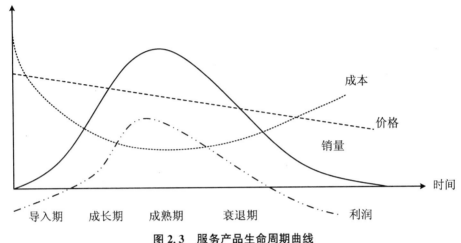

图 2.3　服务产品生命周期曲线

### (一) 引入期

服务的生命周期始于新服务的上市。引入期的长短取决于消费者群体认识新服务并消除主观上的购买风险的时间。与其他阶段相比,引入期销售量小,上升速度慢,企业不得不承担高昂的成本来打开市场大门,所以收益率极低,甚至处于盈亏平衡点以下。最经济的服务目标策略是筛选那些最可能对新服务产生兴趣的潜在顾客,直接向他们推销,通过他们的使用体验和良好口碑来引导市场充分关注和扩大。最常见的引入期营销策略是采用渗透策略。对于市场不熟悉的新服务,低价是降低购买风险的最好方法,这种策略在市场广阔、价格敏感、潜在竞争者众多的市场环境中尤为适用。

### (二) 成长期

如果最初的购买者对新服务保持忠诚,新的购买者在促销和口碑的带动下尝试购买,那么服务需求就开始膨胀,成本因为生产和销售量大大增加而下降,利润开始进入快速上升的阶段,这样服务进入了成长期。受到新服务优先提供者急速增长的收益吸引,越来越多的竞争对手参与其中,市场规模迅速扩大。此时常用的营销策略是尽可能扩大服务网点的数量,便于顾客接近服务;通过增加附加服务、改善服务质量或全新的促销宣传来创造竞争优势,吸引更多顾客。成长期的营销策略目标在于扩大市场份额,在此阶段成本增加的同时会带来销售量和利润不断提升。在成长期末期,其市场地位会相对稳定下来。

### (三) 成熟期

当众多的服务提供商参与到市场中来,彼此之间的促销、价格战此起彼伏时,服务开始进入成熟期。此时稳定而客观的市场份额会给企业带来巨大的销售利润,但其收益在经历过最高点之后开始下滑,原因在于服务企业不得不采取额外的竞争手段来保持市场份额,竞争的结果是强势服务企业通过服务创新开拓利润空间,弱势服务企业则不得不逐渐淡出市场。

### (四)衰落期

进入衰落期,服务的销售市场规模开始缩减。消费偏好的转移、服务技术的过时以及新服务的推出都会导致服务销售量的下降,不过这种下降是缓慢的。原因有以下几个方面,首先服务商可以通过减少提供服务量,全面降价,以继续攫取最后的利润,为推出新服务积蓄能量;其次,处于衰落阶段的服务成本与新服务的综合成本相比较尚有优势,那些不愿承担购买风险的保守顾客仍对其保持忠诚。但此阶段收益率的下降几乎是立竿见影,边际利润微乎其微。如若不扭转经营思路,此类服务便会从衰落走向消亡。

服务的生命周期及其特点为服务企业提高对自身服务的认识,针对服务各阶段灵活采取营销策略,把握市场脉动提供启示和依据。

## 第二节　服 务 收 益

1. 服务为什么能在市场上交易?服务的价值怎么衡量?
2. 顾客购买服务付出了什么,又获得了什么?
3. 怎样获得更多的服务收益?

服务的收益由服务的价值和服务的成本决定,因而要了解服务收益,需要先了解服务的价值和使用价值以及顾客让渡价值等概念。

### 一、服务的使用价值与价值

#### (一)服务的使用价值

**1. 一般功能**

(1) 服务具有满足人的某种物质或精神需要的功能;
(2) 非物质使用价值也是构成社会财富的重要内容;
(3) 非物质使用价值在市场经济中也是交换价值的物质承担者。

**2. 特殊功能**

(1) 节约时间;
(2) 具有密切各部门、各地区经济联系的特殊功能。

**3. 服务产品使用价值的形式**

(1) 服务消费品。分满足精神需要的服务消费品和满足物质需要的服务消费品。
(2) 服务型生产资料。是满足人的生产消费需要的服务产品,分为智力型服务性生产资料和非智力型服务性生产资料。

**4. 服务产品使用价值的特征**

(1) 服务产品具有非实物特征;
(2) 服务产品使用价值具有消费替代性、消费互补性与消费引致性;

（3）服务产品使用价值具有非转移性；
（4）服务产品使用价值具有再生产的被制约性。

### （二）服务的价值与价值量

**1. 市场经济中的服务产品具有价值的原因**

（1）生产服务产品耗费的劳动凝结在非实物使用价值上形成价值实体；
（2）私人劳动和社会劳动的矛盾使生产服务产品的劳动取得社会形式，从而产生价值；
（3）服务产品与实物产品不能按异质的使用价值量进行交换，而只能按同质的抽象劳动量进行交换。

**2. 服务产品的价值量决定**

（1）不变资本 C，包括燃料、物料、辅助材料价值及工具和设施折旧费等。
（2）可变资本 V，这是服务劳动者必要劳动所创造的价值。
（3）剩余价值 M，这是服务业乃至整个社会发展的基础。

**【资料链接】2-3　　　　　　服务效用价值**

服务可创造效用，如果它可以用价格表示出来，并在市场出售，便产生了价值。服务的效用价值的构成：一是要素的价值。服务效用的市场价值取决于提供服务的人力资本、劳动和实物资本等要素的价值。二是其所发挥的功能效用。对于大多数的服务尤其是公共服务与准公共服务而言，其效用价值除了市场价值外，还包括外部正效应。服务效用的正外部性是游离于市场之外的，主要表现为服务在经济中所发挥的功能效应。

## 二、顾客让渡价值

### （一）顾客让渡价值的含义

顾客让渡价值是指企业转移的，顾客感受得到实际价值，一般表现为顾客购买总价值与顾客购买总成本之间的差额（见图2.4）。顾客让渡价值是菲利普·科特勒在《市场营销管理——分析、规划、执行和控制》一书中提出来的，他认为，"顾客让渡价值"是顾客总价值与顾客总成本之间的差额。

**1. 顾客购买的总价值**

是指顾客购买某一产品与服务所期望获得的一组利益，它包括产品价值 $P_d$、服务价值 $S$、人员价值 $P_s$ 和形象价值 $I$，则有 $TCV=P_d+S+P_s+I$。

（1）产品价值

产品价值是由产品的质量、功能、规格、式样等因素所产生的价值。产品价值是顾客需求的核心内容之一，产品价值的高低也是顾客选择商品或服务所考虑的首要因素。要提高产品价值，就必须把产品创新放在企业经营工作的首位。

（2）服务价值

服务价值是指企业向顾客提供满意所产生的价值。服务价值是构成顾客总价值的重要因素之一。从服务竞争的基本形式看，可分为追加服务与核心服务两大类：追加服务是伴随产品实体的购买而发生的服务，其特点表现为服务仅仅是生产经营的追加要素。核心服务是追加服务的对称，核心服务是消费者所要购买的对象，服务本身为购买者提供了其所寻求的效用。核心服务则把服务内在的价值作为主要展示对象。

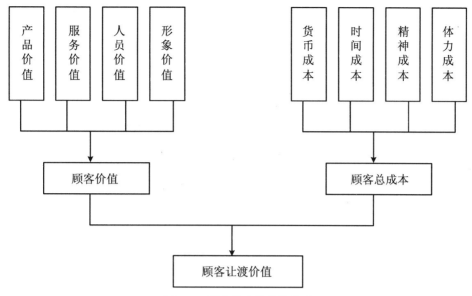

图 2.4　顾客让渡价值的构成

（3）人员价值

人员价值是指企业员工的经营思想、知识水平、业务能力、工作效率与质量、经营作风以及应变能力等所产生的价值。只有企业所有部门和员工协调一致地成功设计和实施卓越的竞争性的价值让渡系统，营销部门才会变得卓有成效。由此可见，人员价值对企业进而对顾客的影响作用是巨大的。

（4）形象价值

形象价值是指企业及其产品在社会公众中形成的总体形象所产生的价值。形象价值是企业各种内在要素质量的反映，与产品价值、服务价值、人员价值密切相关，在很大程度上是上述三方面价值综合作用的反映和结果。

**2. 顾客购买的总成本**

是指顾客为购买某一产品所耗费的时间、精神、体力以及所支付的货币资金等，包括货币成本 $M$、时间成本 $T$、精神 $E$、体力成本 $L$，则有 $TCC=M+T+E+L$。

（1）货币成本。是指顾客在购买服务时需要直接支付的现金的量。

（2）时间成本。时间成本是顾客为想得到所期望的商品或服务而必须处于等待状态的时间和代价。时间成本是顾客满意和价值的减函数，在顾客价值和其他成本一定的情况下，时间成本越低，顾客购买的总成本越小，从而"顾客让渡价值"越大，反之"让渡价值"越小。

（3）精神成本。精神成本是指顾客购买商品时，在精神方面的耗费与支出。精神成本体现为服务产品类别选择，服务产品的知识了解，服务消费的知识储备，服务消费的社会影响力考量等与精神有关的支出与耗费。在顾客总价值与其他成本一定的情况下，精神成本越小，顾客为购买商品所支出的总成本越低，从而"让渡价值"越大。

（4）体力成本。体力成本就是服务消费者在消费时的体力支出。如步行，体力，等待，乘车等。

**（二）顾客让渡价值的意义**

在现代市场经济条件下，企业树立"顾客让渡价值"观念，对于加强市场营销管理，提高企业经济效益具有十分重要的意义。

（1）顾客让渡价值有利于从更宽泛的层面考虑顾客利益。因为"顾客让渡价值"的多少受顾客总价值与顾客总成本两方面因素的影响。其中顾客总价值是产品价值（product value）、服务价值（services value）、人员价值（personnal value）和形象价值（image value）等因素的函数。其中任何一项成本因素的变化均会影响顾客总成本，由此影响"顾客让渡价值"的大小。同时，顾客总价值与总成本的各个构成因素的变化及其影响作用不是各自独立的，而是相互作用、相互影响的。某一项价值因素的变化不仅影响其他相关价值因素的增减，从而影响顾客总成本的大小，而且还影响"顾客让渡价值"的大小；反之，亦然。因此，企业在制定各项市场营销决策时，应综合考虑构成顾客总价值与总成本的各项因素之间的这种相互关系，从而用较低的生产与市场营销费用为顾客提供具有更多的"顾客让渡价值"的产品。

（2）顾客让渡价值有利于差异化人性化地满足顾客期望。众所周知，不同的顾客群对产品价值的期望与对各项成本的重视程度是不同的。企业应根据不同顾客群的需求特点，有针对性地设计和增加顾客总价值，降低顾客总成本，以提高产品的实用价值。例如，对于工作繁忙的消费者而言，时间成本是最为重要的因素，企业应尽量缩短消费者从产生需求到具体实施购买，以及产品投入使用和产品维修的时间，最大限度地满足和适应其求速求便的心理要求。总之，企业应根据不同细分市场顾客的不同需要，努力提供实用价值强的产品，这样才能增加其购买的实际利益，减少其购买成本，使顾客的需要获得最大限度地满足。

（3）顾客让渡价值有利于平衡顾客需求与企业发展之间的矛盾。企业为了争取顾客，战胜竞争对手，巩固或提高企业产品的市场占有率，往往采取"顾客让渡价值"最大化策略。追求"顾客让渡价值"最大化的结果却往往会导致成本增加，利润减少。因此，在市场营销实践中，企业应掌握一个合理的界线，不应片面追求"顾客让渡价值"最大化，以确保实行"顾客让渡价值"所带来的利益超过因此而增加的成本费用。换言之，企业"顾客让渡价值"的大小应以能够达到实现企业经营目标的经济效益为原则。

（4）顾客让渡价值引申了产品的概念，扩大了产品内涵的范畴。产品泛指满足消费者需要与欲望因素的总合。凡是能为消费者提供某种满足的因素都构成了产品的范畴，也就构成了使"顾客让渡价值"最大的产品因素，包括产品本身、相关服务、人员价值和形象价值。企业必须将与顾客让渡价值的相关因素进行综合考虑，以最小的投入创造最大的"顾客让渡价值"。

### （三）提升顾客让渡价值的一般策略

**1. 通过产品创新、提高产品和服务质量增加顾客总价值**

产品或服务价值是由产品或服务的功能、特性、品质、品种等所产生的价值构成，在产品或服务属性性能分析的基础上，对产品或服务价值构成进行创新是增加顾客总价值的根本手段。在市场竞争日益激烈的条件下，企业更要在产品或服务功能的提高上下工夫。企业应在市场需求调研的基础上，通过增加科技投入新产品或服务开发及增加新产品或服务的内在效用，来引导消费者购买。产品和服务质量是顾客需要的中心内容，企业应通过提高产品和服务质量来实现顾客总价值。但企业不应陷入质量越高越好的误区，在社会经济发展不同时期顾客对产品或服务的需求有不同的要求，构成产品质量的要素以及各种要素的相对重要程度也有所不同。企业应在分析顾客需求的共同特点和个性特征基础上增强产品或服务的适应性，从而为顾客创造更大的价值。

在现代营销实践中,消费者选购产品或服务时,不仅注重产品或服务本身价值,而且更加重视产品或服务附加价值,企业的竞争从本质上讲发生在产品或服务的附加层次,正视购买者的整体消费系统,才会为消费者提供更大的购买总价值,进而提高企业的竞争有效性。当然,产品或服务每一项附加服务均需要支付相应的企业成本,当企业为其附加服务提高价格时,应考虑顾客的承受能力,否则适得其反。企业在为消费者提供服务的同时,也在为自己创造着更加宝贵的关系价值。企业这种服务价值理念同样需要设计,应该根据不同产品不同顾客提供个性化、差异化的服务。如宜家的送货服务不是无偿的,它把这份开销从产品价格中剔除了,使那些不需要送货服务的顾客得到了最低的产品价格,而需要送货的顾客只需要付足送货的成本就可以享受这种服务。这样的服务方法,获得了各类顾客的欢迎,得到绝大多数顾客的满意,不能不说是一种成功的服务价值设计。

**2. 通过降低顾客购买总成本实现增加顾客让渡价值**

增加顾客让渡价值的另一方式是通过降低顾客购买总成本来实现。企业降低顾客购买总成本实现的途径有:① 提供低于竞争者价格的相同产品或服务;② 提供与竞争者相同价格但高于竞争者产品或服务性能的产品或服务;③ 提供与竞争者相同质量、相同价格、但提供了更多便利的产品和服务等途径。总之,产品从生产领域到消费领域的过程中,有许多环节影响着买方的价值,企业只要贯彻顾客满意原则,从这些环节中就可发现降低买方成本的有效途径。

我国市场经济发展步伐迅速,加入 WTO 后企业面临市场竞争越来越激烈,全球经济的一体化已无法简单地用爱国情感让国人购买自己的产品或服务,企业提高竞争力的唯一途径就是以顾客需求为核心,建立完善的顾客价值分析体系,将顾客让渡价值理论贯穿于生产和经营活动的各个环节是企业提高竞争力的一个重要手段。多数企业在这方面已有一定尝试,目前所需要的是更加系统地将其贯彻于企业的整个经济活动中,并扩大其应用范围。

## 三、服务利润链

1994 年詹姆斯·赫斯克特教授等五位哈佛商学院教授组成的服务管理课题组提出"服务价值链"模型时提出服务利润链,试图从理论上揭示服务企业的利润是由什么决定的。他们认为:服务利润链可以形象地理解为一条将盈利能力、客户忠诚度、员工满意度和忠诚度与生产力之间联系起来的纽带,它是一条循环作用的闭合链,其中每一个环节的实施质量都将直接影响其后的环节,最终目标是使企业的盈利。

简单地讲,服务利润链告诉我们,利润是由客户的忠诚度决定的,忠诚的客户给企业带来超常的利润空间;客户忠诚度是靠客户满意度取得的,企业提供的服务价值决定了客户满意度;最后,企业内部员工的满意度和忠诚度决定了服务价值。简言之,客户的满意度最终是由员工的满意度决定的。

### (一) 理论价值

服务利润链理论提出,对于提高服务企业的营销效率和效益,增强企业的市场竞争优势,能起到较大的推动作用。主要体现在三个方面:

**1. 服务利润链明确指出了顾客忠诚与企业盈利能力间的相关关系**

这一认识将有助于营销者将营销管理的重点从追求市场份额的规模转移追求市场份额的质量上来,真正树立优质服务的经营理念。

**2. 顾客价值方式为营销者指出了实现顾客满意、培育顾客忠诚的思路和途径**

服务企业提高顾客满意度可以从两个方面入手：一方面可以通过改进服务，提升企业形象来提高服务的总价值；另一方面可以通过降低生产与销售成本，减少顾客购买服务的时间、精力与体力消耗，降低顾客的货币与非货币成本。

**3. 服务利润链提出了"公司内部服务质量"的概念，它表明服务企业若要更好地为外部顾客服务，首先必须明确为"内部顾客"——公司所有内部员工服务的重要性**

服务企业必须设计有效的报酬和激励制度，并为员工创造良好的工作环境，尽可能地满足内部顾客的内、外在需求。

服务创造价值已成为公理。服务究竟如何创造价值，服务利润链的思想认为：利润增长、顾客忠诚度、顾客满意度、顾客获得的产品及服务的价值，员工的能力、满意度、忠诚度、劳动生产率之间存在着直接、牢固的关系。

### (二) 核心内容

服务利润链的核心内容是顾客价值等式，顾客价值＝(为顾客创造的服务效用＋服务过程质量)/(服务的价格＋获得服务的成本)，而与顾客价值等式直接相关的是顾客忠诚循环和员工能力循环。实践证明，服务利润链中存在如下重要关系：① 利润和顾客忠诚度；② 员工忠诚度和顾客忠诚度；③ 员工满意度和顾客满意度。

服务利润链的思想认为：利润、增长、顾客忠诚度、顾客满意度、顾客所获得的产品及服务的价值，员工的能力、满意度、忠诚度、劳动生产率之间存在着直接、牢固的关系，这些都是和服务的利润以及利润的增长有着直接的联系。

从模型我们可以发现，服务利润链由以下几个循环构成，分别是员工能力循环、员工满意度循环、顾客忠诚度循环、企业盈利循环。以企业盈利循环为主线，四个循环之间又相互作用，可以找到以下逻辑：内部高质量的服务，可以产生满意、忠诚的员工，员工通过对外提供高质量的服务，为客户提供了较大的服务价值，接受服务的客户由于满意而保持忠诚，忠诚的客户带来了健康的服务利润。服务利润链模型的评价工具往往是采用平衡计分卡，对每个元素进行记录和评价，再形成一个整体的评价，特别注意的是局部和整体的控制和协调。

### (三) 提高服务利润或收益的途径

**1. 基于员工的内部途径**

（1）提高内部服务质量，增进员工满意度

企业若要更好地为外部客户服务，首先应该将员工看待为内部客户，明确"内部客户"服务的重要性，尽可能地满足内部客户的需求，提供优质内部服务。内部服务质量取决于员工对工作本身满意与否以及员工之间的关系两个方面。工作本身满意取决于其完成预定目标的能力以及在这一过程中所拥有的权力。当员工具备了上述两个条件时，自然会因为达到了预期目标而对工作满意，对企业满意，并最终对企业忠诚。而员工之间的关系，也在很大程度上决定了企业内在服务质量的高低。一方面是员工之间的人际关系，如果同事之间能维持一种和谐、平等、互相尊敬的关系，那么在这样的工作环境中，员工满意度和工作效率就会提高；另一方面是员工之间的相互合作和服务方式，而在相互服务的过程中，尤其应提倡团队精神与合作态度，这样才能提高员工的满意度。

（2）员工满意度促进员工忠诚度

员工的满意度是由岗位设计、工作环境、员工选拔培养、激励机制以及服务工具和技术支持等多方面决定的,员工对自身服务能力的评价会影响其自身的满意度。满意表明员工对企业未来发展有信心,为能成为企业中的一员而感到骄傲,并促使员工自觉担当起一定的工作责任,为企业努力地工作。员工满意能有效提高员工工作效率,降低员工流失率。在服务业企业工作中,员工由于不满意而流失跳槽造成的损失不只是重新招聘、雇用和培训而产生的费用,更是由于生产率的下降和客户满意度的降低导致客户流失的损失,由此产生的不良影响是难以估量的。员工的忠诚取决于员工的满意,因此,培养和提高员工的满意度以提高员工忠诚度及工作效率对以后的发展具有深远意义。

(3) 员工忠诚度是工作效率和服务价值的保证

高服务价值来源于企业员工高保留率和高工作效率,也就是来源于员工对企业的忠诚度。企业员工的工作是服务价值产生的必然途径,而员工的工作效率无疑决定了他们所创造的价值高低,只有高忠诚度的员工才能产生高的服务价值。对企业而言,要培养员工的忠诚度,最重要的是要让员工有归属感、事业成就感,可通过给予员工提供发展的机会,建立员工自我管理团队,让员工享有一定的股权,提供挑战性的工作,对员工无微不至的关怀等措施来实现。让每位员工的优势得以发挥,就能使员工在工作中获得成就感,增强自信心,从而把工作做得更好。企业应加强与员工的公开交流和沟通,促进员工和组织之间互相认同,使员工有信心在为企业工作贡献的同时达到自己的预期目标,最终让职业忠诚同企业忠诚达到完美结合。

**2. 基于价值增加的外部途径**

(1) 高服务价值导致高客户满意度

客户满意度取决于员工的服务质量和提供的服务价值高低,对于客户来说,服务价值可以通过比较获得服务所付出的总成本与得到的总利益来衡量。客户购买产品或服务时,总希望把资金、时间等成本降至最低,而同时又希望从中获取更多的利益,因此,客户所得的价值越大,其满意度越高。企业提高客户满意度可以从两个方面入手:一方面可以通过改进服务,提升企业形象来提高服务的总价值;另一方面可以通过减少客户购买服务的时间、精力与体力消耗,降低客户的货币与非货币成本。

服务质量和客户满意度紧密相关,客户是根据企业服务人员的质量来判断服务质量,从而确定自己是否满意。推行服务质量管理,我们可以适当引进制造业的质量控制原则,时间与动作研究,标准化,装配线作业原则等改善服务质量。也可以聘请相关组织,从局部开始对服务进行 ISO 9000 质量管理体系认证,借助外力形成企业服务的质量管理体系。

(2) 客户满意导致客户忠诚

客户忠诚是由客户满意度决定的,客户满意是一种心理活动,是客户的需求被满足后的愉悦感。企业的一切活动必须以满足客户的需求为出发点,通过比竞争对手做得更好使客户满意,培养其对企业的忠诚,造就稳定的客户,由此扩大销售,增加利润,获到更大和持久的发展。客户忠诚代表客户对企业及产品服务的偏好,如果客户对于企业所提供的产品和服务满意,客户的忠诚度就会随之提高,购买率与对企业的满意度成正比。企业同时还要重视客户作为企业产品"传道者"的作用,满意的客户会转变那些不接受企业产品和服务的人的看法,而不满意的客户则会产生不好的口碑,因此企业应该尽力避免产生不满意的客户。

(3) 客户忠诚导致获利性与成长

服务性企业的利润来源于客户忠诚,客户忠诚度的提高能大大促进企业的获利能力的增强。忠诚的客户所提供的销售收入和利润占据了企业销售收入和利润总额的很高比例。

在服务业企业中,客户忠诚度的小幅度提高就能导致利润的大幅度上升,忠诚客户每增加5%,所产生的利润增幅可达到25%~85%。因此,可以说,忠诚客户的多少在很大程度上决定了市场份额的"质量",它比以实际客户多少来衡量的市场份额"规模"更有意义。

综上可知,服务性企业要想提高服务收益,需要做到以下两点:一是要提高顾客总价值,降低总顾客成本,提高顾客让渡价值;二是要提高内部服务质量,增进员工满意度,促进员工忠诚度,保证工作效率和服务价值,增强客户满意度,促使客户忠诚,最终使本企业获利并长久发展。

**【资料链接】2-4　　　联邦快递的服务营销三角形**

美国联邦快递公司是使三角形三条链很好结合的一个例子。在外部营销方面,联邦快递是行家,它了解自己的顾客。公司经常开展广泛的市场研究,每季度进行2400项的顾客调查,每天都调查顾客的满意度并倾听顾客的意见。公司通过获取广告信息以及员工所做的宣传,有效地向市场传达承诺。互动营销——保持承诺是联邦快递经营战略的核心。发给每位联邦经理人员一本《经理人员指南》,强调:"每一次与顾客接触都是一个展示联邦快递形象的关键时刻。"公司内的一个共同目标是使顾客感到:"这些服务过程中的每一环节都是无懈可击的。"直接提供联邦快递服务的人们(司机、前台人员、业务后勤顾问)都知道达到100%的互动式营销成功的目标。联邦快递公司也知道,除非服务提供者具有提供优质服务所需的奖励支持系统,否则,100%的成功是不可能的。另外,与员工的广泛沟通也是全体员工发挥积极性和创造性的关键。对员工的支持和公平对待换来了联邦快递员工的高度忠诚,并保持对顾客的承诺。

问题:联系"联邦快递公司"的案例,阐述三位一体理论中所描述的六种关系。

# 第三节　服务4C论

目前,服务营销是市场营销的一个新领域,传统的4P营销理论逐渐演变为4C论。

1. 4C理论的主要内容?
2. 4C理论较之4P理论优势具体体现在什么地方?

## 一、4C理论的概述

随着社会经济的不断发展,服务业的快速崛起,传统的4P营销理论已经不能满足服务产品的营销,因此美国著名学者劳特朋在1990年率先提出4C理论,即消费者(consumer)、成本(cost)、便利(convenience)、沟通(communication),4C营销理论以消费者需求为导向,重新设定了市场营销组合的四个基本要素:消费者的需求和期望;消费者所愿意支付的成本;消费者购买的方便性;消费者的沟通。

**【资料链接】2-5**

> 20世纪60年代杰罗姆·麦卡锡(McCarthy)提出了4P理论,即产品、价格、渠道和促销,对市场营销理论和实践产生了深刻影响,然而,随着市场竞争日趋激烈,媒介传播速度越来越快,4P理论也不断地受到挑战。为了寻求一定的市场反应,企业要对这些要素进行有效的组合,从而满足市场需求,获得最大利润,到了20世纪90年代,美国学者劳特朋提出了4C理论,即顾客、成本、方便、沟通。

## 二、服务4C论的内容

### (一) 顾客

主要指顾客的需求和欲望。"4C"理论认为,消费者是企业一切经营活动的核心,企业重视顾客要甚于重视产品。因此,企业必须首先了解和研究顾客,根据顾客的需求来提供产品,建立以顾客为中心的服务观念,而不是先考虑企业能生产什么产品。同时,企业提供的不仅仅是产品和服务,更重要的是由此产生的客户价值(customer value)。

### (二) 成本

顾客成本是指顾客在购买服务时所发生的所有费用的总和。4C营销中的成本是从消费者的角度考虑的。企业首先了解消费者为满足需要与欲望愿意支付多少钱,而不是先给产品定价。"4C"理论认为要考虑生产中的成本,还要考虑消费者购物的成本,包括购物的货币支出,购物的时间花费,体力的耗费以及消费者可能承担的风险(如消费者购买到劣质服务所承担的风险)等。企业对于产品的价格定义,已从过去由厂商的"指示"价格,转换成了消费者的"支持"价格。

由于顾客在购买服务时总希望把有关成本降到最低,同时希望获得最大限度地满足,因此,在成本策略上,服务企业需要考虑顾客在满足需求时愿意承当的最低成本,而不是企业要达到的利润目标,想尽办法为消费者降低这些成本,根据目标市场消费者的特点设计出更能满足消费者需要和对消费者更有利的产品。

### (三) 方便

方便是指购买的方便性。"4C"论以便利取代分销地点,强调企业提供给消费者的便利比营销渠道更重要。首先考虑的是服务过程中如何给顾客带来方便,而不是先考虑销售渠道的选择和策略。在传统的4P营销组合中,企业需要考虑选择何种有效的途径,将产品从生产者转移到消费者手中。在企业与消费者之间,存在多条渠道,一些经销商和个人参与到商品的交换活动过程中,他们共同构成商品流通的环节。而在4C营销组合中,方便策略是指企业在分销渠道上考虑顾客购买服务产品的方便程度即最大限度地便利消费者,更多的考虑顾客的方便,而不是企业自己方便。

由于服务的不可储存性特点,企业在选择和开发分销渠道时,需要考虑尽量减少中间环节,降低服务的成本,吸引消费者来购买服务。比之传统的营销渠道,新的观念更重视服务环节,在销售过程中强调为顾客提供便利,让顾客既购买到商品,又购买到便利。企业要深入了解不同的消费者有哪些不同的购买方式和偏好,把便利原则贯穿于营销活动的全过程,售前做好服务,及时向消费者提供关于产品的性能、质量、价格、使用方法和效果的准确信息。售后应重视信息反馈和追踪调查,及时处理和答复顾客意见。

### （四）沟通

"4C"理论用沟通取代促销，它认为，企业不能单向的劝导顾客，应与顾客加强双向沟通，增进相互的理解，追求企业与顾客的共同利益，与企业建立良好的互惠互利关系，培养顾客的忠诚度。在传统的4P理论中企业强调的是促销即通过各种手段和方式将产品推销给消费者，它是一种单向的劝导行动。在服务营销中，企业关注的不仅仅是服务产品，还包括消费者享受服务时的感受，顾客在享受服务时，不仅仅是被动的接受者，还需要与服务人员进行接触沟通。

在服务营销中，企业以顾客为中心，加强与顾客的沟通，强调顾客在整个过程中的参与和互动，并在参与互动的过程中，实现信息的传递以及情感的联络。有助于企业在服务产品开发前了解顾客的需求和欲望，了解消费者能够支付和愿意支付的成本，从而方便企业的定价，同时了解服务与顾客之间的方便性。同时强调双向沟通，应有利于协调矛盾，融合感情，培养顾客的忠诚度。

【资料链接】2-6　　　　4C营销策略对物流企业的指导作用

> 目前，我国的物流企业存在诸多的问题，例如一切都以自身为中心，对他们的客户重视不够，企业与顾客之间没有很好的利益共享等。物流市场营销与产品市场营销有着很大的差别，4C营销理论要求：① 物流企业瞄准消费者需求，了解、研究、分析消费者的需要，而不是先考虑企业能提供什么样的物流服务。② 物流企业要了解消费者愿意支付的成本。③ 物流企业在提供服务时考虑消费者的便利性。④ 物流企业加强与消费者的沟通，把客户和物流企业双方的利益无形地整合在一起，形成互相需求、利益共享的关系，共同发展。

## 三、服务4C论的优势和不足

### （一）优势

（1）瞄准消费者需求。通过与顾客的双向沟通了解消费者真实的需求，并将此贯穿服务产品开发的始终。

（2）消费者所愿意支付的成本。服务4C论不再是单纯的价格制定，还考虑到消费者为享受该服务所付出的其他成本。

（3）消费者的便利性。考虑到怎样提供服务才能给消费者带来便利。

（4）与消费者沟通。在服务营销中，不再是传统的推式营销模式，将产品销售给消费者，而是通过拉式的营销模式，吸引顾客，寻求企业与顾客的契合点。

### （二）不足

虽然4C论以消费者需求为导向，克服了4P策略只从企业考虑的局限。但是，从企业的营销实践和市场发展的趋势来看，4C策略也有一些不足。

（1）它立足的是顾客导向而不是竞争导向，而中国的企业营销已转向了市场竞争阶段。

（2）4C策略在强调以顾客需求为导向的时候却没有结合企业的实际情况。

（3）4C以顾客需求为导向，对顾客需求的合理性认识不够，适应顾客需求的色彩较浓。

（4）4C策略没有解决满足顾客需求的操作性问题。

## 四、4P 理论与 4C 理论的比较

### (一) 联系

4P 论与 4C 论作为两种营销理论，4C 论是在 4P 论的基础上，根据市场需求的变化而演变过来的，两者都是营销的工具，只不过考虑的角度不一样而已(见表 2.2)。

表 2.2  4P 与 4C 比较

| 类别 | 4P | | 4C | |
|---|---|---|---|---|
| 阐释 | 产品 | 服务范围、项目、服务产品、品牌等 | 客户 | 研究客户需求，据此提供服务产品 |
| | 价格 | 价格、支付方式、折扣等 | 成本 | 客户心理价位 |
| | 渠道 | 直接渠道和间接渠道 | 便利 | 让客户享受第三方带来的便利 |
| | 促销 | 广告、人员推销、公共关系 | 沟通 | 与顾客双向沟通，实现双赢 |

4P 与 4C 是互补的而非替代关系。Customer，是指用"客户"取代"产品"，首先研究顾客的需求与欲望，根据顾客的需求和欲望再去设计、生产和销售顾客真实需要购买的服务产品；Cost，是指用"成本"取代"价格"，不再是单纯的对服务产品贴上价格标签，而是了解顾客为此服务产品所愿意付出的成本，再去制定定价策略；Convenience，是指用"便利"取代"地点"，意味着制定分销策略时要尽可能让顾客方便，而不是首先考虑如何选择分销渠道；Communication，是指用"沟通"取代"促销"，传统意义上的促销实质上是一种推式营销模式，而"沟通"是双向的，它是一种拉式的营销模式，注重说服顾客，吸引顾客购买。

### (二) 区别

从导向来看，4P 理论提出的是自上而下的运行原则，从企业的角度出发，重视产品导向而非消费者导向；4C 理论以消费者为导向。

从营销组合的基础来看，4P 理论是以产品策略为基础，制造商决定制造某一产品后，制定能获得利润最大化的价格，再通过各种分销渠道，到达经销商手中，最后通过促销活动吸引消费者购买。4C 理论是以顾客为导向，根据顾客的需求开发产品，充分考虑服务产品的特点。

从成本的角度来加以定价，遵循方便的原则，加强与顾客的双向沟通，与顾客建立一种良好的互惠互利关系。

从宣传上看，4P 理论注重宣传的主要是产品知识，即产品的特性和功能；4C 理论注重品种资源的整合，注重宣传企业形象和建立品牌，把品牌的塑造建立作为企业市场营销的核心。

从传播来看，4P 理论的传播媒介是大众且取向单同；4C 理论其传播是双向的，选择媒体"细"而且"多"，更加关注"小众媒体"。

综上所述，无论是 4P 还是 4C 本质上是一样的，都是作为营销的一种工具，二者相辅相成，相得益彰，二者是共同撑起生产与消费的两座桥梁，只是我们思考问题的角度不同而已。随着社会的不断发展，顾客的需求是不断变化的，营销理论也需要不断地创新，以适应市场需求。

## 第四节　服务营销组合

1. 较之于以前的4P组合,7P组合的不同在什么地方,请具体分析。
2. 举例说明如何利用有形展示体现服务特点?

### 一、服务营销的组成

服务产品的特征和服务营销的复杂性决定了仅依靠4P营销为主的外部营销来保证服务营销的有效性和高质量显然是难以实现的,服务营销不仅包括外部营销,还应包括内部营销和互动营销。

#### (一) 内部营销

内部营销就是指企业合理高效的选择、训练企业员工,使员工具备良好的为顾客服务的能力,从而为顾客提供满意的服务。内部营销观念的形成与发展使得许多的企业开始重视内部营销过程,注重培养员工为顾客提供高质量的服务的意识。外部营销的成功与否在很大程度上取决于企业的内部营销。企业对内部营销的管理包括员工的态度管理和员工之间的沟通管理两个方面的内容。首先需要对员工为顾客服务的态度进行管理,员工在提供顾客服务时的态度是判断服务质量的标准之一,企业需要时刻关注员工的服务意识,了解员工为顾客服务的动机。其次,企业在向顾客提供服务时,需要大量的信息作支撑,企业的内部人员需要依据这些信息相互沟通,及时改进工作,以便提供更好的服务。

#### (二) 互动营销

互动营销是指企业的职员在提供服务产品与顾客接触时(直接或间接),满足顾客的正常利益诉求的基础上,同时满足其一些个性化的需求,进而促进服务销售的营销方式。所谓的互动,就是双方互相的动起来。在互动营销中。互动的双方一方是消费者,另一方是企业。只有抓住共同利益点,找到巧妙的沟通时机和方法才能将双方紧密地结合起来。互动营销尤其强调,双方都采取一种共同的行为。互动的双方一方是顾客,另一方是企业的员工,二者之间相互沟通达到协调。这就要求企业的员工不仅要有良好的技术能力,而且还要具有与顾客进行有效沟通的能力。因为顾客不仅仅关心所提供服务的技术指标(如医院手术是否成功),还关心服务的功能指标(如医生是否关心患者)。顾客对服务质量高低的判断经常依赖这两项指标。

#### (三) 外部营销

外部营销是指企业为向顾客提供服务,运用4P组合对顾客开展的营销,它包括提供服务产品、定价、渠道和促销等常规性工作。

综上所述,企业进行服务营销活动的目标能否实现,需要将外部营销、内部营销和互动营销结合起来,即将企业、员工与顾客三者联系起来,企业通过对员工的培训,培养其顾客服务意识,员工运用其各种技能向顾客提供满意的服务,培养顾客的忠诚度。总之,服务营销目标的实现比传统意义上的营销要困难。

## 二、服务营销管理过程

服务营销管理过程是指服务企业发现、分析评价、选择和利用市场机会,以实现企业经营任务和目标的过程,这个过程通常有七个步骤组成。第一,服务信息的收集和处理。包括外部环境信息和内部环境信息。第二,企业自身经营优势和劣势、营销机会和威胁分析即进行SWOT分析。第三,企业服务的目标市场的确定。第四,企业营销目标的确定。第五,企业服务营销组合的策划。第六,营销方案的实施和控制。第七,营销方案的评估、检讨与调整。

## 三、服务营销组合的要素

服务营销组合是服务企业依据其营销战略对营销过程的七个要素进行组合和系统化管理的活动。传统意义上的市场营销是企业运用产品、定价、分销及促销等营销组合要素,向顾客提供产品。本质上企业与顾客之间是一种交换关系。随着经济的发展,人们生活水平的提高,越来越重视服务产品。由于服务本身的特征,例如无形性、不可分离性、易消失性、缺乏所有权、差异性,致使原有的营销4P组合在运用到服务营销上时暴露了很多缺点,因此发展服务营销组合势在必行。因此,美国服务营销学家布姆斯(B. Booms)和毕纳(M. Bitner)在传统的4P(产品、价格、分销、促销)基础上又增加了3P即人员、有形展示和过程。

服务市场营销的要素主要是:

### (一)产品

在服务营销中,服务产品作为一种特殊的商品,与实体产品相比,有众多的差异性。服务企业经过市场调查与市场分析,根据自身的资源条件和所处的环境,选择目标市场,进行产品开发,在产品开发的时候要求产品有独特的卖点,把产品的功能诉求放在第一位。同时服务企业必须考虑提供服务的范围、服务项目、服务质量,同时还应注意品牌、服务承诺及保证、售后反馈等。最大限度的满足顾客需求,与顾客建立良好的互惠互利关系。

### (二)价格

价格方面的因素主要包括价格水平、折扣、付款方式、信用等。在服务市场上,由于服务的无形性、不可储存性、差异性导致服务产品的定价策略是动态多变的,企业需要根据不同的市场定位、目标群体,制定出不同的价格策略。服务产品的价格不仅仅是表示产品价格的一个标签,它还反映了该服务产品的质量。由于服务的无形性、易变性等特点,人们在享受服务之前无法准确地评估它的质量,通常是通过价格来判断服务质量的高低。

影响企业定价的因素主要包括成本、需求、竞争三大因素。除此之外企业在研究服务产品的价格策略时,还需要考虑到服务消费单位的界定、行会等团体的政策、服务的需求、成本以及竞争的影响。同时还应考虑顾客对服务产品质量的感觉与需要花费的费用之间的关系,即消费者的心理价位。

### (三)渠道

渠道是企业连接顾客的桥梁,只有通过一定的渠道,企业的服务才可以快速的传递到消费者手中。服务渠道是指企业通过什么样的途径将服务提供给顾客。由于服务产品具有无形性,服务产品营销人员不需要担心存储、运输,服务供应商往往通过更为简单、更为直接的渠道分销其服务产品。

企业寻找合适的服务渠道策略不仅是为了减少中间环节,减少成本,同时也方便顾客对服务产品的购买、享用和收益。企业在制定高效的分销渠道策略时需要考虑到服务场所的位置、可达性、销售渠道的形式以及其覆盖的地理范围,可达性不仅指服务场所便于寻找、到达和停留,还包括传到和接触的方式。服务的渠道方式主要包括服务直销和经由中间商销售。

### (四) 促销

服务促销是指为了提高销售,营销人员利用各种措施和手段把本企业所能提供服务的一切有用信息,诸如服务的内容、方式、特色、价位等,传递给客户,使顾客对服务保持良好的印象,吸引其购买的经营活动。企业的服务促销活动有多种方式,例如广告、人员推销、销售促进、宣传、公共关系等。

由于不同的顾客群体对服务的需求和偏好不一样,服务企业往往需要采用不同的促销策略。企业在制定服务促销策略的时候需要考虑到产品范围、市场范围、受益对象,利用有效促销管理的原则,制定合理的服务促销策略,使促销更好地为服务营销服务,避免人力、财力的浪费。企业在进行促销活动时必须要了解该服务产品的特性,利用它独特的竞争优势吸引顾客,还要考虑到售前服务、售中服务和售后服务。

企业在开发服务产品的促销策略时,市场人员将面临挑战。服务产品不同于实体产品,顾客购买时注重的该服务给顾客带来的满足感,企业必须做到将无形产品有形化。同时还要注重服务人员的素质,为企业树立一个良好的形象。

### (五) 人员

在服务产品提供过程中,人员是不可或缺的因素。这里的人员是指参与服务并影响顾客感觉的所有人员,不仅包括服务人员,也包括顾客本身及其他顾客。服务人员在顾客眼中其实是服务产品的一部分,其着装、仪表、态度、行为都为顾客认识服务提供了依据。其中服务人员的态度极为重要,完全可以影响顾客对服务质量的认知和喜好。企业必须时刻关注服务人员质量的培养与培训,重视服务人员的筛选、训练、激励和控制。

另外,顾客本身也参与和影响服务过程,从而影响服务质量和他们自己的满意度。而顾客与顾客间也是相互影响的,因为顾客对一项服务产品的认知,很可能受到其他顾客的影响。因此,服务营销管理者还应加强对顾客之间相互影响的控制。

### (六) 有形展示

在市场上,服务产品是无形的,不通过有形展示的"纯服务业"很少,消费者在作出消费决策时往往是根据其对服务产品的有形展示的感知来作出是否决策的判断。而这种通过有形因素向顾客展示服务产品的特点、层次等,为顾客购买提供决策依据,称之为服务营销的有形展示。它主要包括有形环境,提供服务时所需的服务设备以及其他实体性信息标志等。有形展示的构成要素如表2.3所示。

表2.3 有形展示的构成要素

| 服务场景 | | 其他有形物 |
|---|---|---|
| 外部设施 | 内部设施 | |
| 建筑设计<br>标志<br>停车场地<br>景观设计<br>周围环境 | 内部装潢<br>配套设施<br>指示标志<br>形态布局<br>内部环境 | 名片<br>门牌<br>收费单<br>员工着装<br>宣传册<br>网页 |

作为服务营销组合的一项重要内容,有形展示起着十分重要的作用。第一,有形展示可以通过感官刺激,向消费者提供服务信息,让消费者感受到无形服务为其带来的利益,刺激消费需求。第二,有形展示有助于引导消费者对服务质量的合理期望。恰当的有形展示有助于使顾客建立起对企业服务的恰当期望,降低实际服务低于期望利益的可能性,从而减少因此带来的不利影响。第三,有形展示可以影响顾客对企业服务产品的第一印象。因服务无形性,顾客购买服务大多凭经验,享受服务时的舒适度和满足感就构成了消费者对该服务产品的印象。第四,成为顾客回忆曾经接受过的服务的有形线索。第五,有形展示可以协助培训服务员工。服务有形化后,更容易被员工理解。

在服务营销中,有形展示具有十分重要的作用,科学进行服务的有形展示,要求企业能够根据目标市场需求的特点和本企业服务的特点,对各种有形性因素进行合理的设计,并保证各种有形因素传达的信息的统一。

### (七) 过程

过程是指与服务生产及消费有关的程序、流程、机制和方式。服务过程也是顾客判断服务质量的重要依据,因而在服务营销过程中必须重视服务表现和服务的传递。在营销的过程中,服务的提供者不仅要明确拟定向哪些目标顾客提供服务,提供哪些服务,而且要设计合理的服务提供的过程,服务提供过程的设计涉及以下几个方面的问题。

(1) 服务应当以怎样的次序、步骤提供?在什么时间、什么地点提供?应当以怎样的速度向顾客提供?

(2) 将服务产品提供给目标顾客时需要考虑到是由本企业来完成整个过程的工作,还是将部分工作外包给其他企业来完成?

(3) 在服务提供过程中,服务提供人员与顾客之间如何进行接触?是由服务人员上门提供服务,还是吸引顾客前来购买服务?

(4) 以怎样的方式提供服务?是根据各个顾客的要求提供个性化的服务,还是向大批顾客提供标准化的服务?

(5) 如何评价并不断改进服务提供过程?如主要由顾客评价,还是由管理人员评价?或是员工之间相互评价?

向顾客提供服务的过程也是一个价值增值过程。在这一过程中,不同部门都在程度不等地为最终更好地满足消费者的需要而作出各自的贡献。企业应围绕着以尽可能低的成本向顾客提供尽可能大的价值这一基本宗旨,优化整个价值增值的过程,确立自身在市场竞争中的优势。

**【资料链接】2-7　　　　　　　新东方的成功**

> 服务营销组合由传统营销组合的4P发展为7P,加入了人员、有形展示、过程三个要素。新东方的成功不仅在于其完善的营销体系,更在于其服务营销方面的成功。在人员方面,经过严格的招聘和面试,并重视对老师理念的培训;在有形展示方面,注重信息沟通,制定合理的价格;在服务过程方面,教师的教学课堂成为其主要的服务过程,老师充满激情,加强与同学间的互动。正是由于合理地运用服务营销组合,新东方才取得如此辉煌的业绩。

## 四、服务营销组合与产品营销组合的比较

服务营销组合与产品营销组合两者既有联系又有区别(见表2.4)。联系:服务营销组合是在产品营销组合的基础上发展演变而来,它们的根本目标都是为了实现产品或服务的销售,只不过在实行营销策略是所使用的组合要素不同而已。

表 2.4 服务营销组合与产品营销组合的比较

| 营销组合 | 4P 组合 | 7P 组合 |
| --- | --- | --- |
| 产品 | 质量、特性、品牌、包装、保证 | 质量、品牌、保证、服务能力、价格、服务环境 |
| 价格 | 定价、折扣 | 定价、折扣、顾客价值观、适应水平 |
| 渠道 | 渠道形态、渠道广度、道路地点、销售区域、库存控制 | 地点、方便性、销售点、运输 |
| 促销 | 广告、个人销售、促销活动、公关活动 | 广告、个人销售、促销活动、公关活动 |
| 人员 |  | 人员组织、培训、奖励、参与度、顾客接触 |
| 有形展示 |  | 性能设计、周围环境、其他有形物品 |
| 过程 |  | 活动流程、步骤数目 |

从总体上来看,产品营销组合侧重于早期营销对产品的关注上,是实物营销的基础,而服务营销组合侧重于后来所提倡的服务营销对于除了产品之外服务的关注上,是服务营销的基础。

从适用范围来说,产品营销组合适用于有形产品市场;而服务营销组合适用于无形产品。

从营销过程上来讲,产品营销组合主要包括产品、价格、渠道及促销,它从产品的诞生到产品定价,然后通过营销渠道和促销手段使产品最终到达消费者手中,在这一过程中,它注重的是怎样将产品销售给顾客,重视结果,忽略了在这样的过程中诸如人员等其他因素。而在产品营销组合上演变而来的服务营销组合增加了人员、有形展示和过程。它考虑到了顾客在消费时所接触的人员,消费发生的过程,注重营销的一些细节。

从所站立的立场来说,产品营销组合是站在企业的角度所提出的,它关注产品的销售而获得利润,忽视了顾客。而服务营销组合更倾向于消费者的一面,注重消费者消费后的感受,它旨在企业与消费者之间建立一种互惠互利的关系。

从营销对象来讲,产品营销组合侧重于产品的推销,注重推的营销策略即将产品推送到消费者手中。而服务营销组合组合侧重于对顾客的说服,使其购买服务,注重拉的策略即通过多种营销组合吸引消费者前来购买服务。

◆思考题
1. 什么是服务产品?怎样描述服务产品的生命周期?
2. 运用顾客让渡价值理论和服务利润链理论,谈谈如何提高服务收益?
3. 如何理解"员工满意度决定客户满意度"?
4. 简述服务营销管理的过程。
5. 服务营销组合具有哪些特殊性?为什么?

6. 服务营销新增三大组合要素的启示。

**【分析案例】 星巴克——浓浓的咖啡香**

星巴克,提起这个名字,就仿佛闻到浓浓的香味,品尝到细腻的卡普蒂诺。按照它的老板舒尔茨的设想,在2002财年,星巴克要新开张1200家,中国作为全世界最具活力的地区,当然也要新开多家。新开张的星巴克当然要迎来更多的饮者,届时它在中国将不再作为情调、品味、身份的另一张名片,而成为中国人"生活的一部分"。

### 一、星巴克的历史

1971年,痴迷烘焙咖啡豆的美国人杰拉德·鲍德温和戈登·波克在美国华盛顿州西雅图的露天农贸市场(Pike Place)开设第一家咖啡豆和香料的专卖店星巴克(Starbucks)公司。1982年,星巴克现任总裁霍华德·舒尔茨毛遂自荐后被任命为零售运营与市场营销部主管,开始与星巴克结下不解之缘。

一年后,舒尔茨来到意大利度假,他发现在意大利到咖啡店喝咖啡已成为意大利人生活中不可缺少的一部分。他们中很多人把咖啡店里作为朋友聚会、消磨时光的最好场所。舒尔茨决心扩大星巴克小店原有的营业范围,把它也建成一个人们消闲娱乐的场所。1986年,舒尔茨离开星巴克,开设了自己的第一家咖啡店,他努力为顾客营造舒适的氛围,坚持把服务当作一门艺术来做,使得他的小店远近闻名。不久波德温和波克想出售"星巴克",舒尔茨用从投资商手里借来的钱买下了4家小店,开始打造他的"星巴克"航母。

作为一家传统的咖啡连锁店,1992年6月26日,在施洛德(Wertheim Schroder)和艾力克斯·布朗(Alex Brown & Sons)两家投资银行的帮助下,转型后的星巴克在美国号称高科技公司摇篮的纳斯达克上市成功(股票简称SBUX)。有了资本后盾的星巴克发展神速,以每天新开一家分店的速度不知疲倦地冲刺。加拿大、英国、新加坡等国家都成了星巴克驰骋的疆场。

至今星巴克已经发展成在32个国家拥有6000多家(至2003年6月)全球连锁店的国际最著名的咖啡零售品牌,2002年被《商业周刊》列入全球100个最知名的品牌。

### 二、品牌与文化的交融

舒尔茨最常说的一句话就是:服务是一门艺术,他相信友好、高效率的服务一定能促进销售。星巴克致力于为顾客创造迷人的气氛,吸引大家走进来,在繁忙生活中也能感受片刻浪漫和新奇。

**1. 用环境塑造品牌**

为了吸引客流和打造精品品牌,星巴克的每家店几乎都开在了租金极高的昂贵地段,星巴克选择在黄金地段开店被有些人看作在"圈地"。从上海淮海中路"东方美莎"到"中环广场",短短1000米的距离,星巴克就圈了四家店。业内人士估计,这个地段每平方米每天的租金应在2美元左右,再加上每家店固定30万美元的装潢费用,星巴克简直是在"烧钱"。但是这种做法是星巴克刻意推行的,它延续了星巴克集团一贯的大兵团作战方法。

**2. 不靠广告维护品牌**

星巴克给品牌市场营销的传统理念带来的冲击同星巴克的高速扩张一样引人注目。在各种产品与服务风起云涌的时代,星巴克公司却把一种世界上最古老的商品发展成为与众不同、持久的、高附加值的品牌。然而,星巴克并没有使用其他品牌市场战略中的传统手段,如铺天盖地的广告宣传和巨额的促销预算。

"我们的店就是最好的广告",星巴克的经营者这样说。据了解,星巴克从未在大众媒体上花过一分钱的广告费。但是,他们仍然非常善于营销。因为根据在美国的经验,大众媒体泛滥后,其广告也逐渐失去公信力,为了避免资源的浪费,星巴克故意不打广告。这种启发也是来自欧洲那些名店名品的推广策略,它们并不依靠在大众媒体上做广告,而每一家好的门店就是最好的广告。

星巴克认为,在服务业,最重要的营销渠道是分店本身,而不是广告。如果店里的产品与服务不够好,做再多的广告吸引客人来,也只能让他们看到负面的形象。星巴克不愿花费庞大的资金做广告与促销,但坚持每一位员工都拥有最专业的知识与服务热忱。只有通过一对一的方式,才能赢得信任与口碑。这是既经济又实惠的做法,也是星巴克的独到之处!

另外,星巴克的创始人霍华德·舒尔茨意识到员工在品牌传播中的重要性,他另辟蹊径开创了自己的品牌管理方法,将本来用于广告的支出用于员工的福利和培训,使员工的流动性很小。这对星巴克"口口相传"的品牌经营起到了重要作用。

### 3. 用文化来提升品牌

为什么文化在咖啡的经营中发挥的作用如此显著?究其原因,因为品饮咖啡,如同中国人品茶一般,代表一种生活的方式和文化的气息,于是星巴克独特的文化营销能够取得成功也就是理所当然的了。星巴克公司塑造品牌,突出自身独有的文化品位。它的价值主张之一是,星巴克出售的不是咖啡,而是人们对咖啡的体验。

星巴克人认为自己的咖啡只是一种载体,通过这种载体,星巴克把一种独特的格调传送给顾客。这种格调就是"浪漫"。星巴克努力把顾客在店内的体验化作一种内心的体验——让咖啡豆浪漫化,让顾客浪漫化,让所有感觉都浪漫化……舒尔茨相信,最强大最持久的品牌是在顾客和合伙人心中建立的。品牌说到底是公司内外(合伙人之间、合伙人与顾客之间)形成的一种精神联邦和荣辱与共的利益共同体。这种品牌的基础相当稳固,因为它们是靠精神和情感,而不是靠广告宣传建立起来的。星巴克人从未着手打造传统意义上的品牌。他们的目标是建设一家伟大的公司,一家象征着某种东西的公司,一家高度重视产品的价值和高度重视员工激情价值的公司。舒尔茨说:"管理品牌是一项终生的事业。品牌其实是很脆弱的。你不得不承认,星巴克或任何一种品牌的成功不是一种一次性授予的封号和爵位,它必须以每一天的努力来保持和维护。"

星巴克认为他们的产品不单是咖啡,而且是咖啡店的体验。研究表明:三分之二成功企业的首要目标就是满足客户的需求和保持长久的客户关系。星巴克的一个主要竞争战略就是在咖啡店中同客户进行交流,特别重视与客户之间的沟通。每一个服务员都要接受一系列培训,如基本销售技巧、咖啡基本知识、咖啡的制作技巧等。要求每一位服务员都能够预感客户的需求。注重当下体验的观念,倡导"以顾客为本","认真对待每一位顾客,一次只烹调顾客那一杯咖啡"这句取材自意大利老咖啡馆工艺精神的企业理念,贯穿了星巴克快速崛起的过程,强调在每天工作、生活及休闲娱乐中,用心经营"当下"这一次的生活体验。

另外,星巴克更擅长咖啡之外的"体验":如气氛管理、个性化的店内设计、暖色灯光、柔和音乐等。就像麦当劳一直倡导售卖欢乐一样,星巴克把美式文化逐步分解成可以体验的东西。星巴克还极力强调美国式的消费文化,顾客可以随意谈笑,甚至挪动桌椅,随意组合。这样的体验也是星巴克营销风格的一部分。

### 三、发展之路

有统计数据表明,目前中国咖啡的年人均消耗量只有0.01千克,咖啡市场正在以每年30%的速度增长。从理论上来说,中国的咖啡市场还有巨大的增值空间。星巴克在以绿茶为主要饮料的国家的初步成功,也说明它的理念可以被不同文化背景所接受。但是,咖啡市场不但是一个成熟的市场,也是一个比较单一的市场,现实和潜在的竞争者众多。

中国内地市场已有的日本真锅咖啡,以及后来进入的加拿大百诒咖啡等无不把星巴克作为其最大的竞争对手,"咖啡大战"的上演已经不可避免。

面对这样的竞争,让习惯喝茶的中国人来普遍地喝咖啡还有很长的路要走。无疑星巴克需要延伸和扩展这种品牌与文化的组合营销模式,并紧随与引导时代的潮流,赋予时尚以品位和高贵,赋予生活以自然和舒适,让人们在体验中得到享受与放松,快乐与满足。沿着这样的道路走下去,星巴克的辉煌将会在中国重新上演,但是这条路有多远,我们还不能有一个的明确的时间界限,但这是一个方向,是星巴克开拓市场的方向,也是中国人改变生活方式的方向。能否占有这个世界最大的市场,品牌与文化的组合营销策略任重道远。

**参考资料:**

[1] "人和"成就星巴克[N].世界经理人周刊,2004-02-23.
[2] 文化营销:从星巴克谈起[EB/OL].中国营销传播网.
[3] 何佳讯,丁玎.星巴克:时尚铸就的品牌传奇[M].跨国公司在中国.

**问题**

(1) 结合案例分析星巴克的营销七要素。
(2) 星巴克为什么对环境如此重视?
(3) 如何理解"星巴克销售的不单是咖啡,而且是咖啡店的体验"?

**应用训练**

在市场经济条件下,医院要通过对医疗市场的分析,寻找自己生存与发展的方向,制定有效的营销战略计划是医院的一项重要职能。针对我国目前医院存在的一些问题例如,医疗服务市场重视不够、医患关系紧张等,使用服务营销的相关知识给医院提一些建议。

# 第三章 服务产品

了解服务产品的内涵;理解服务产品的层次;了解服务产品的特点;掌握服务品牌的概念和特征;理解服务产品质量的内涵;了解服务产品质量的特征;掌握服务产品质量的评价方法;掌握服务质量差距模型。

**IBM 将 IT 服务产品化  解决标准化与个性化难题**

IBM 全球信息科技服务部总经理张烈生在 2007 年战略发展沟通会上指出:中国 IT 服务市场目前服务的价值认定、质量标准、定价机制和价格水平等方面面临挑战。张烈生把 IBM 全球信息科技服务部 2007 年的发展战略归纳成四个数字"4—3—10—1"。

他表示,作为 IT 服务概念的积极实践者和中国企业的最佳协作创新伙伴,IBM 希望通过与业界分享创新的模式和全面的服务,协助中国建立规范、有序的 IT 服务产业环境,并使中国客户从中获取业务价值,支持企业的增长目标。

**1. CIO 4 大挑战**

回顾 IT 服务市场的发展,张烈生认为可分为四个阶段,从最初的售后维修服务,逐步走向基础架构服务、IT 优化服务以及 IT 创新服务。而着眼当前,他指出,中国企业的 CIO 正面临着四大严峻挑战,即:保持 IT 基础结构和业务战略的一致,实现业务的灵活性和业务模式创新;保证信息系统高可用性,使 IT 基础架构适应业务变化,以降低风险,并增强对法律、法规的遵从;优化 IT,以保护 IT 投资,实现 IT 回报最大化;增强 IT,以满足业务复杂性和企业内外协作的需求。

**2. 层服务应对**

为成功应对这些挑战,使 CIO 真正坐在业务与技术相结合的驾驶席上,更有效地推动企业业务的发展,IBM 结合强大的服务能力和丰富的客户实践,可以从顾问咨询、建设实施和运营维护三个层面为 CIO 提供端到端的服务和解决方案。

**3. 10 条服务产品线**

为更好地实施上述端到端的服务,IBM 在"服务产品化"上进行了积极的探索与实践,并积累了深厚的资产:IBM 拥有基于基础架构访问服务、基础架构管理服务和基础架构支持服务三大服务产品群的十条服务产品线,可以通过标准化、自动化、流程化的管理和技能,协助客户更加快速地选择和部署标准的、符合需要的服务和解决方案。张烈生向与会人士介绍了IBM在服务产品化领域的进展。他表示,IBM从全球IT服务市场的发展中洞察先机,确定了服务产品化、标准化的发展趋势,并通过对管理、人员、流程和资产等方面进行变革,积极进行服务产品化的转型。目前,IBM已从全球到中国,全面推出了涵盖从IT策略与基础架构咨询服务、数据中心及智能化集成服务、中间件服务、服务器管理服务、数据与存储服务、网络服务、办公室系统支援与终端设备服务,到企业IT安全服务、业务连续与灾难恢复服务和技术维护与支持服务的10条服务线。张烈生还通过具体的服务产品实例,向与会人士展示了新的产品组合如何更好地利用IBM全球服务的资产和资源,协助客户实现更高的业务价值。

**4. 全球统一执行**

在IT服务领域,人们通常关注的是IT基础架构的建立,而忽略了执行在IT服务链条中的重要地位。张烈生强调了IBM"卓越执行成就客户价值"的理念并指出,IBM拥有全球统一的服务执行体系,业界领先的服务执行方法论和经验丰富的执行团队,可以为全球客户提供一致的、高质量的服务执行。

IBM全球信息科技服务部服务执行中国区总经理李耀波介绍了IBM在IT服务的技能及资源管理和卓越项目执行领域进行的颇多具有独创性的探索。目前,在中国的IT服务执行团队已成为IT服务市场上最优秀的服务机构之一,通过与世界级的流程及团队协同工作,协助客户通过融合业务与技术获得独特竞争优势,并有效地支持了IBM服务业务在中国的高速成长。

资料来源:CNET科技资讯网. http://www.cnetnews.com.cn/2007/0327/383531.shtml.

## 第一节　服务产品的内涵与特点

1. 回忆我们学过的产品的概念。
2. 产品有什么特征?
3. 服务产品,到底是服务还是产品,还是两者兼而有之?

## 一、服务产品的内涵

### (一) 服务产品概念

在服务营销中,要清晰地理解服务产品的概念就必须区分"产品"与"服务",并对"服务产品"进行界定。这对于企业明确服务理念和实施服务管理来说都是具有实际意义的。

在界定服务产品之前,我们首先界定什么是"产品"。广义的产品可以看作是企业为满足顾客需求而为顾客提供的某些价值或利益。按照这一定义,有形的产品和无形的服务都属于这个范畴。在现实生活中,有形的产品和无形的服务是不能完全分开的,大多数企业提供的产品中既包括有形的产品,也包括无形的服务。

菲利普·科特勒把由有形产品和服务组成的产品进行概括,分成了以下四类。

(1)纯有形产品。如糖果、牙膏、煤炭、钢铁等没有附带服务的产品。

(2)附带服务的有形产品。如计算机供货商除了卖有形的计算机之外,还向顾客提供培训和售后维修等多种形式的售后服务活动,这是为了使顾客感到满意、建立口碑、增加顾客数量并使他们能够重复购买。

(3) 伴随少量产品的服务。如在航空公司提供的客运服务中,顾客不但可以得到从甲地到乙地的纯粹的运输服务,还能得到一些有形物品,如食物、饮料、机票等。

(4) 纯服务。如在心理咨询、教育等服务中,顾客获得的价值是无形的。

贝瑞和潘拉苏拉曼认为:在产品的核心利益来源中,有形的成分比无形的成分要多,那么这个产品就可以看作是一种"商品"(即有形产品);如果无形的成分比有形的成分要多,那么这个产品就可以看作是一种"服务"。

其实,区别有形产品与服务产品的一个好方法,就是从顾客的角度推理并回答这样的问题:顾客从购买的产品中得到的利益满足主要来自于产品的物质性,还是来自于无形的活动?例如,速冻食品中包含着人工的服务,但顾客得到的利益满足是和该产品的物质性相联系的,因此,速冻食品应划归于有形产品;再如,报纸提供的信息是以纸张作为载体的,但是读者购买报纸的利益满足来自于报社对信息收集整理的非物质性活动,因此,报纸应划归为服务产品。在回答了这个问题之后,我们意识到,完全的不含物质成分的服务和完全物质性的有形产品是非常少的。许多服务产品可以包含物质的成分,而有形产品中也包含着不同比例的无形服务。至此,我们得知,产品是企业提供的满足顾客需求的不同形式的利益因素的组合。从组成产品的主体内容的形式,产品可以分成两种:一种是有形产品,以有形实体来为顾客创造和提供核心利益,而无形服务只是满足顾客的非核心需求的产品;另一种是服务产品,以无形的服务来为顾客创造和提供核心利益,有形的实体只是满足顾客的非核心需求的产品。有形产品和服务产品只是一个相对的概念,如产品中满足顾客需求的核心来源是有形的,则该产品划归为有形产品;若产品中满足顾客需求的核心来源是无形的,则该产品划归为服务产品。

服务是一个广义的概念,而服务产品是从企业经营内容的角度进行界定的一个相对狭义的概念。在日常生活中,我们通常把"服务产品"简称为服务,如我们经常可以见到这样的宣传"为您提供最有优质的服务",此处的"服务"指的就是服务产品。

### (二) 服务产品的层次

在界定了服务产品的概念后,服务营销管理者应该理解服务产品的五个层次,进一步认清服务的本质。如图3.1所示。

下面用菲利普·科特勒所阐述的关于酒店客房的例子,来具体说明服务产品的五个层次。

对服务产品五个层次的理解由内层到外层依次进行,越内层的越基础,越具有一般性,越外层的越能体现产品的特色。

第一层次是基本层次,是无差异的顾客真正所购买的服务和利益,实际上就是企业对顾客需求的满足。也就是说,服务产品是以顾客需求为中心的。因此,衡量一项服务产品的价值,是由客户决定的,而不是由该产

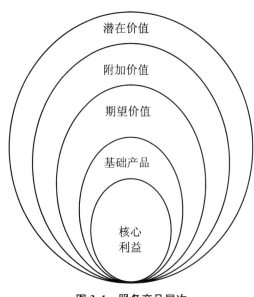

**图 3.1 服务产品层次**

品本身或服务提供者决定的。对酒店客房服务的顾客而言，其真正购买的是"休息与睡眠"。

第二层次是抽象的核心利益转化为提供这个真正服务所需的基础产品，即产品的基本形式。如这个酒店的客房应配备床、衣橱、桌子、椅子、毛巾等。

第三层次是顾客在购买该产品时期望得到的与产品牌密切相关的一整套属性和条件。对旅馆的客人来说，期望得到的是干净的床、香皂和毛巾、卫生设施、电话、衣橱和安静的环境。因为大多数的旅馆都能满足这种最低限度的期望，因此，旅行者在选择档次大致相同的旅馆时，一般会选择一家最便利的旅馆。

第四层次是附加价值，指增加的服务和利益。这个层次是与竞争者产品的差异化的关键。"未来竞争的关键，不在于工厂能生产什么产品，而在于其产品所提供的附加价值。"例如，针对住房客人的大堂免费自助咖啡、快速离店手续、赠送免费服务项目和温馨友好的服务等。

第五层次是潜在价值，指服务产品的用途转变，由所有可能吸引和留住顾客的因素组成。租用酒店套房的顾客可能不仅仅是为了休息，还把房间当作会见商务客人的场所。

## 二、服务产品特点

### （一）服务的无形性

服务产品的第一特性就是无形性，服务就是一个过程、一次行动，而不是一种实物，很多服务看不到，无法触摸的。不但教学、法律咨询和护理等纯服务是无形的，就是零售、餐饮、金融、保险、房地产、旅游、娱乐等行业具有有形（实体）成分的服务，本质上也是无形的。例如酒店的客房环境和服务人员是有形的，但这些实体成分并不是酒店服务的本质，酒店服务的本质是为顾客提供在酒店的住宿感觉和体验，是抽象的、无形的；又如，旅游公司的导游和旅游车等要素是有形的，但这些实体成分也不是旅游服务的本质，旅游服务的本质是为顾客提供一种旅游观光和娱乐体验，顾客最终的感觉也是无形的，是难以衡量的。服务的无形性特征使得服务质量只能是一种主观质量，即顾客感知服务质量，因此服务质量的控制和管理比有形的实体产品质量的控制和管理更加困难。

### （二）服务所有权的非转移性

服务与有形产品最本质的区别在于，在服务交易过程中不存在服务所有权的转移，即顾客购买的只是服务的使用权，而不包括服务的所有权。顾客到饭店接受餐饮服务，服务的结果是顾客消除了饥饿感，味觉得到了满足，但顾客用餐的座位，所使用的餐具的所有权属于饭店，顾客所拥有的只是在用餐时间内的排他性使用权，服务过程结束，这种排他使用权就会丧失。

### （三）服务生产与消费的同步性

有形产品是在售卖之前，在相对封闭的工厂中生产出来的，而服务则是在服务提供者与顾客的互动过程中生产出来的。有形产品的生产和消费是分离的，企业要先生产，然后再将生产出来的产品进行销售，随后顾客购买，消费过程结束。例如，一双在中国制造的皮鞋可以运输到美国等其他国家进行售卖。然而，如果顾客想接受美容服务，就必须亲自到美容院，向美容师提出要求，并积极配合美容师，否则顾客就不能获得美容服务。在顾客进行美容服务消费时，美容师向顾客提供建议，按照顾客的需求提供服务，顾客在享受美容服务的同时也参加了美容服务的生产，顾客和美容师共同决定了美容服务质量。

### (四) 服务的易逝性

与有形产品不同,服务是不可储存的。服务在被生产出来的同时就被消费掉了,而且这两个过程是重叠的。大多数的服务不能像有形产品那样可以存放在仓库。因此,在服务企业中,服务需求与服务供给之间很难平衡,从而会造成服务资源的巨大浪费,甚至会造成严重的顾客流失。例如,飞机在没有坐满乘客的情况下也要准时起飞,其成本和消耗与满员时相差无几,而飞机上的空座位并不能储存起来,从而造成了服务资源的浪费。

### (五) 服务的异质性

服务是一个互动的过程,其中包括顾客与服务人员的互动、顾客与服务设施的互动,以及顾客之间的互动。例如,顾客在饭店用餐时,其接受服务的结果不仅取决于菜品的质量,还取决于服务人员的态度、饭店的内部设施与环境以及其他顾客的表现。因此,服务生产很难标准化,不同的员工,即使按照同一服务标准,所提供的服务也会存在差异;即使同一个员工,在不同的时间所提供的服务也不会完全相同;即便员工提供的服务是完全相同的,但由于顾客自身的差异,顾客对同一服务结果的感知也是不同的。这种差异性会对服务营销产生不利影响,但也为向顾客提供个性化营销创造了前提条件。

服务的每个特性之间是相互联系的,所有的服务都具有这些特性,但有些特性在有些服务中表现得比其他特性更为明显,这主要取决于服务的种类。

## 第二节 服 务 品 牌

按照美国市场营销协会对品牌的定义,"品牌是指一种名称、术语、标记、符号或设计,或是它们的组合运用,其目的是借以辨认某个销售者或某群销售者的产品或服务,并使之同竞争对手的产品和服务区别开来"。西方对服务品牌的关注始于20世纪70年代,在现代产品设计日趋完善和消费市场由卖方市场向买方市场转化的趋势下,消费者在寻求和选购服务的过程中会发现服务还带有超出自身期望的附加利益,这就是通过服务品牌传播的。

### 一、服务品牌的类型

服务品牌类型包括:① 初始化品牌。企业仅限于传播服务产品品牌名称和本企业形象,以提高品牌知名度为重点。② 特征化品牌。企业重点传播或承诺本服务企业产品与竞争对手产品的区别性特征,通过建立和显示服务产品属性优势来巩固品牌的物质基础,塑造品牌属性和利益。③ 形象化品牌。这时品牌传播的重点是对消费者情感具有感染力,以及与消费者的追求相一致的形象,这是目前服务品牌竞争的重要领域。④ 体验化品牌。体验品牌化强调在传递服务即顾客消费服务的过程中为顾客创造和传递高度差别性的、连贯一致的、积极的品牌体验,以服务企业有意识设计的活动或环境为载体,让顾客从对服务的具体感受和经历中获得美妙的享受而对品牌产品深深地喜爱与依赖。体验品牌是企业创建强势服务品牌、实现差别化竞争优势的重要手段,也是服务品牌竞争的新领域。

### 二、服务品牌的重要性

关系营销理论的兴起促使企业开始认识到服务品牌的重要性,品牌已经成为服务组织与顾客之间关系建立的重要的"纽带"。与产品品牌相比,服务品牌理论研究一直处于萌芽与探索之中。产品品牌营销理论随着发达的制造业发展成熟,已有公认的品牌理论模式,为众多企业的品牌营销活动提供了强有力的支援。与之形成鲜明对比的是,服务品牌方面的研究却未引起足够的重视。自服务营销理论诞生以来,学者们的视线大多集中在服务与产品的差别上。尽管众多学者也强调服务品牌的重要性,但实际上研究的并不多。

从概念本质上来看,服务行业的品牌概念与其他行业的品牌概念并没有太大区别,品牌的要点在于它是企业向消费者长期提供的一组特点、利益与服务,并赋予产品以个性、情感与符号象征,使其具有与众不同的特色。在服务业中,品牌与服务产品一样,均是由一系列服务要素组成的,是企业为顾客提供的顾客价值包。但是,品牌塑造对于服务来说更为重要,因为塑造服务品牌不但可以帮助消费者识别服务质量的高低,还是服务企业成功的最主要驱动力之一。服务的品牌塑造比产品的品牌塑造更为关键,因为消费者在购买服务时所面对的情况更复杂,服务品牌的价值是在企业与顾客的互动过程中实现的。总之,与制造类企业相比,品牌对于服务企业而言具有更重要的作用。

服务品牌是消费者进行质量感知、服务产品挑选、信息搜寻与评价的重要依据,品牌是为顾客创造并传递价值,为顾客提供心理满足的形象符号。强有力的服务品牌营销活动可以提高服务的可接近度,加速市场对服务质量的认知与接受程度,增加消费者对服务购买的信任,还可以强化服务的个性特征,履行自己的承诺,通过良性互动来构建与维持和消费者之间的联系。服务品牌对于服务企业来说是一个重要的营销工具,甚至被认为是21世纪服务营销的基石。

## 三、服务品牌的特征

### (一)服务品牌的所有权特性

很多分销企业已经拥有自己的品牌,而且这些中间商品牌在市场上的地位已经超越了制造商品牌。但服务生产商与服务分销商之间的区别基本消失了,因为服务具有生产与消费同时性的特征。

### (二)服务品牌的差异化

企业可以利用服务品牌名称或标志将自己的服务与竞争对手的服务区别开来。不同服务品牌会具有不同的核心特性,有的年轻,有的是高质量的代名词。例如,麦当劳的特性是"青春活力";肯德基象征着"亲情、友情和爱情"。服务企业可以通过与顾客不断地沟通,通过服务传递过程将品牌的核心特性植入到消费者的心智中。

### (三)服务品牌的功能特征

服务品牌也可以成为产品某些功能的象征。如日本的7—11便利店和24小时便利联系在一起。服务品牌的功能化特征对于服务企业来讲非常重要,因为企业可以通过功能化将无形的服务转向有形化,为顾客提供真实、可以度量的服务经历。

### (四)服务品牌的象征特征

在产品市场上,顾客只要一看到特定的品牌,便会知道品牌对于他/她的价值和利益,因为他们可以直接向别人展示他们所购买的产品的品牌,特定品牌则代表着特定价值和利益。同是轿车,奔驰象征着豪华、高档,沃尔沃则代表着安全,而宝马诠释的是舒适。但在服务市场却有所不同,因为即使是在最高级的美容机构做美容,人们在意的可能也只是美容后的效果,至于美容师是谁却没人在意。因此,一些服务企业常常将自己的服务与名人联系在一起,力图通过名人效应将服务的核心价值传递给顾客。比如,某电影明星经常惠顾的美容院等。

#### （五）服务品牌可以降低风险

品牌的重要作用之一就是降低顾客感知风险。在众多的产品和服务中，消费者只会选择自己喜欢和信任的品牌。由于服务具有无形性，顾客对服务风险的识别能力下降，因此，必须借助特定服务品牌的象征意义降低自己的感知风险，从而简化决策的过程。

从上述分析我们可以看出，服务品牌对于消费者的功能主要是"降低"，如降低搜寻成本，降低感知风险等；而对于服务提供者所起的作用主要是"促进"，如促进新服务的推广，使企业获得"溢价"等。

### 四、服务品牌建设难度

#### （一）服务过程和服务结果难以掌控

服务品牌创建是一个全新的课题，服务品牌之间也具有很大的差别，它们最大的区别在于服务传递的过程和结果之间所存在的差异，因此难以掌控。

#### （二）服务品牌需要内化

顾客与组织的每一次互动，每一个关键时刻，每名员工，都是服务品牌个性表达的要素，都要竭力兑现服务品牌承诺。员工了解品牌的内涵比外部顾客还要重要，因为外部顾客对品牌的认知需要内部顾客对品牌的精准诠释，组织应当在服务过程开始之前，有计划地开展对员工的培训，以使他们能够真正理解品牌的内涵和传递给顾客的信息，使员工能够真正地成为企业品牌有效的传递者。

#### （三）服务品牌难以控制

有些服务无法靠组织单独完成，需要其他组织的协助，而企业对这些合作组织是无法控制的。比如，网络商店零售服务受到网上支付系统、网站质量、物流服务质量和送货人员的影响，而网络商店对提供这些服务的企业却没有约束力，但顾客却将这些组织提供的服务看做网络商店不可分割的一部分，会根据网上银行的服务质量和送货人员的服务态度评价网络商店的服务，这无疑会影响服务组织的品牌形象。

正是由于上述原因，服务品牌经营比有形产品要难。由于服务的特殊性，服务企业最好创建整个服务组织的品牌，而不是某个服务产品的品牌，服务企业要宣传整个组织的形象和组织文化，而不是单个服务产品的品牌形象。正因为如此，星巴克宣传的主要是星巴克，而不以某种咖啡作为主打品牌。

## 第三节 服务产品的质量与管理

### 一、服务产品质量

服务质量是迄今为止服务营销管理领域最重要的研究主题，也是顾客感知的关键。在纯服务（如医疗护理、金融服务、教育）的情况下，服务质量是顾客评价服务的主要因素；在无形服务与有形服务混合在一起提供给顾客（如信息技术服务、自动化服务）的情况下，服务质量在决定顾客满意与否也非常关键。本节首先对服务产品质量进行界定，然后介绍服务产品质量的特征，最后介绍了服务产品质量的评价方法。

### (一) 服务产品质量的概念

对服务质量的开创性研究始于 20 世纪 80 年代初,由北欧学者开始,之后由美国市场营销协会资助了长达 10 年。在过去的近 20 年中,学者们对服务质量及其相关问题进行了大量的研究,其中北欧著名的学者 Gronroos(1982)根据认知心理学的基本理论,提出了"顾客感知的服务质量"(customer perceived service quality)概念,它明确了服务质量的构成要素。这个服务质量结构模型是旗帜性的研究成果,之后的关于质量模型的成果大多是它的演变形式,这也标志着服务管理和营销科学的真正诞生。

服务质量是产品生产的服务或服务业满足规定或潜在要求(或需要)的特征和特性的总和。特性是用以区分不同类别的产品或服务的概念,如旅游有陶冶人的性情给人愉悦的特性,旅馆有给人提供休息、睡觉的特性。特征则是用以区分同类服务中不同规格、档次、品味的概念。服务质量最表层的内涵应包括服务的安全性、适用性、有效性和经济性等一般要求。

服务质量是指服务活动的一组固定特性满足要求的程度,它既可以是满足消费者对自己所获得的满足感的评价,也可以是服务提供者对消费者所获得的满足感的评价。前者是从服务消费者的角度来看的服务质量,后者是从服务提供者的角度来看的服务质量。狭义的服务质量仅仅是指服务行业向消费者提供其产品的全过程(即服务完全等同于产品而非产品外延)中所体现出来的质量属性。广义的服务质量包括服务行业的无形产品和实体产品在内的服务活动所体现的质量属性。由此可见,学者们站在不同角度对服务质量的定义也不同。

【资料链接】3-1　　　　质量与服务质量的定义

弄清楚质量与服务质量的含义,对分析服务质量特性具有重要的价值。现在有关质量与服务质量的定义已有较多的解释。

**质量**

美国著名质量管理学家朱兰认为:"质量是由两项因素综合而成的:第一项因素是吸引顾客并满足其需要的特征;第二项因素是免于不良,从而避免顾客的不满。"

国际标准化组织(ISO)对质量的定义为:"产品、体系或过程的一组固有特性满足顾客和其他相关方需求的能力。"

以上对质量的定义表明,无论是产品质量或是服务质量,他们都应满足顾客的需求,都应是一组特性的集合。

**服务质量**

Parasuraman 认为,服务质量是指服务实际是否符合顾客的期望。

1982 年克里斯廷·格罗鲁斯最早提出了顾客感知服务质量的概念,将感知服务质量定义为:"顾客期望的服务质量与顾客实际接受的服务质量之间的差异。"论证了服务质量从本质上讲是一种感知,是由顾客的服务期望与其接受的服务经历比较的结果。服务质量的高低取决于顾客的感知,其最终评价者是顾客而不是企业。

Volevi Lehtinen 认为服务质量包括有形质量、相互作用质量、总体质量三部分。有形质量是指服务过程中有形部分的质量,包括物质资料的质量和设备方面的质量。相互作用质量是指消费者与服务生产组织发生直接联系时经济行为的质量。总体质量是指消费者根据以往对某个服务生产组织的经验和印象,或者根据服务生产组织由于长期经营在大众消费者中所形成的影响,对这个服务生产组织质量的综合评价。

通过以往对服务质量的定义,可以看出,服务质量的评判具有很强的主观性和变动性,服务质量特性具有较强的非定量性和权重的权变性。

### (二)服务产品质量的特征

**1. 服务产品质量的主观性**

有形产品质量的度量可以采用许多客观的标准,这些标准不会随生产者和消费者的变化而变化。如对一部汽车的安全标准、耗油量、排量和刹车性能的评价。而服务质量是一种主观质量,其影响因素比有形产品质量影响因素要复杂。这种主观性主要体现在:

第一,服务质量是顾客感知服务质量,很少有客观的度量标准,顾客是服务质量最终的评判者。

第二,不同的顾客对同一服务提供者提供的相同水平服务的评价会有所不同。例如,不同顾客对酒店的服务会有自己的主观判断标准。有的可能注重价格,有的注重整洁,有的可能看重服务提供者的态度,而有的倾向于在别具特色的酒店入住。

第三,同一顾客在不同的情境也会对服务质量具有不同的认知。例如,对于银行里排号等待取钱或存款的顾客,时间因素是影响顾客对银行服务质量评价重要的决定要素;而对于购买保险和理财产品的顾客,服务质量的可靠性和移情性成为顾客评判服务质量的重要因素。

**2. 服务产品质量的互动性**

服务具有生产与消费的同时性,服务质量也是在服务提供者与顾客互动的过程中形成的,如果没有顾客的参与和配合,或者顾客无法清晰表达服务要求,服务质量就会低下,服务过程也会失败。

**3. 服务产品质量的过程性**

服务质量是一种互动质量,因此,服务过程在服务质量形成过程中起着非常重要的作用,过程质量是服务质量中极其重要的组成部分。当然,这并不意味着结果质量不重要,服务结果是顾客购买服务的根本目的,如果服务结果很差,达不到顾客的预期,再好的服务过程也无法弥补。同样,如果服务结果很好,但服务传递过程很糟,最后形成的顾客感知服务质量也可能是低下的。因此,顾客在对服务质量作出评价时,会从服务结果和服务过程两个方面进行,两者相辅相成。

【资料链接】3-2

顾客乘坐飞机从上海到北京,到达北京后,顾客便得到了他想得到的服务结果。但是,顾客同样关注:飞机是否正点到达?餐饮供应情况如何?空乘人员对乘客的服务要求响应性如何?他们是积极主动,还是只有当顾客提出要求时,才为顾客提供服务?这些问题丝毫不亚于航空服务的服务结果,甚至比服务结果更重要,因为按照顾客的期望,飞机从上海飞往北京,飞行目的地错误,即服务结果出现错误的概率很小,顾客更关心的是他们的飞行过程是愉悦的,还是痛苦的。根据有关统计数据,民航业的服务质量投诉案件,几乎全部与服务过程,而不是与服务结果有关。其中,飞机晚点被列在所有问题的首位。

资料来源:汉斯·卡斯帕尔,皮艾特·V·赫尔希丁根,马克·加勃特,等. 服务营销与管理:基于战略的视角[M]. 北京:人民邮电出版社,2008.

**4. 服务产品质量的整体性**

服务过程的整体性是指顾客对总体服务质量的感知取决于不同服务活动、阶段和过程的积累。互动是服务过程构成的最小单位，不同的活动构成了一定的服务情节，而不同的服务情节组合在一起，则构成了服务的片段。每一个片段，都是一次完整的服务经历，不同的服务经历进一步决定了顾客与组织的关系长度及强度。某个片段总体服务质量的感知由各个情节感知质量决定，而各个情节的感知质量是由各项活动决定的，尽管它们所起的作用不同，但都会对整体服务质量产生影响。

**【资料链接】3-3**

> 顾客到饭店就餐，他所经历的活动包括：停车服务（情节1，具有可视性）；迎接（情节2，具有可视性）；倒茶、点餐（情节3，具有可视性）；菜品的准备与制作（情节4，大多数情况下不具有可视性）；传菜、就餐（包括就餐过程中的各类服务，如续茶、提供餐巾纸、卫生间服务引导等，情节5，具有可视性）；结账、取车离开酒店（情节6，具有可视性）。这6个情节构成了一次完整的就餐服务（片段）。任何一个活动或片段失败，都有可能导致整个服务过程的失败。例如，在情节1中，如果没有停车位，他可能会选择到另外一家酒店就餐。
>
> **资料来源：**克里斯廷·格罗鲁斯.服务管理与营销：服务竞争中的顾客管理[M].北京：电子工业出版社，2008.

**（三）服务产品质量评价方法**

服务质量是顾客感知服务质量，是一种主观质量，因此制造业的传统质量度量方法在服务行业是难以应用的。美国学者帕拉苏曼、泽斯曼尔和白瑞（PZB研究组合）经过多年研究，提出了服务质量度量的SERVQUAL模型，并在全世界范围内得到了广泛的应用。

**1. 服务质量维度**

顾客对不同类型服务评价的标准可能会有所不同。例如，对于法律等咨询服务，顾客最关心的是咨询师的专业知识和技术能力，而且服务结果要比服务过程重要；而对于到主题餐厅就餐的顾客来说，菜肴的味道、餐厅的装潢设计、服务人员的态度则更加重要。因此，对于不同类型的服务，顾客会从不同的维度来进行评价。但PZB（美国学者帕拉苏曼、泽斯曼尔和白瑞）研究组合经过长期研究发现，对于绝大多数行业来说，顾客对服务质量的评价（期望和感知）一般会从有形性、可靠性、保证性、响应性和移情性五个方面来进行。

（1）服务质量的有形性

服务质量的有形性是指纳入顾客评价范畴之中的诸多有形要素，包括服务人员的着装、服务场所的装饰、温度、设施的外观，甚至噪声等。无形的服务需要通过有形要素加以支持。在服务生产过程中，顾客要亲自参与服务的生产，因此，服务环境便成为顾客考量服务质量水平的一个重要因素。

服务质量有形性的概念由PZB等人在此前提出的另外一个概念"有形证据"演化而来，这两个词汇基本可以相互替代。但后来这一概念扩展为服务环境，其含义就发生了比较大的变化，即不仅包括服务的内部环境，也包括服务的外部环境。

（2）服务质量的可靠性

服务质量的可靠性是指服务提供者按照约定，准确、及时、无误地提供服务。内容包括公司服务要及时、准确，保持好的记录，以及在指定的时间内完成服务。可靠性是顾客得以

放心接受企业服务最重要的影响因素,顾客对企业服务可靠性的判断主要基于以下两个因素:

第一,承诺兑现情况。没有兑现的承诺,或者打了折扣的承诺,比没有承诺更为糟糕。因为承诺是导致顾客期望值生成最重要的因素之一,承诺越高,顾客对服务的期望值就越高,因此,履行承诺是顾客对企业服务最基本也是最重要的要求。

第二,有形要素。企业的服务环境要与提供的服务相匹配。例如,满地垃圾、满桌油污的饭店就会使顾客认为饭店根本无法提供卫生、安全和美味的餐饮服务,因为其服务环境与餐饮服务应具备的特性完全不符。

(3) 服务质量的保证性

服务质量的保证性是指顾客期望或感知的,为顾客服务的员工具有的知识、礼节以及表达出自信与可信的能力,集中体现在员工的专业知识能力,特别是与顾客在沟通过程中所体现出来的专业能力和职业操守。一个想要购买 iPad 的顾客,在购买过程中会针对产品的功能、操作方法等与服务人员进行沟通,如果服务人员不了解产品的基本特性,其结果可想而知。

(4) 服务质量的响应性

服务质量的响应性是指员工及时帮助顾客、为顾客提供服务的愿望。服务质量的响应性要求员工必须及时对顾客的服务要求作出"有效"响应,如果无法立即为顾客提供服务,也要使顾客进行有预期的等待,提高顾客感知的服务质量。服务质量响应性指标包括:告知顾客准确的服务时间,不能因为繁忙而对顾客疏忽,时刻准备为顾客提供良好的服务。

员工在服务淡季的服务响应性会比较高,但在服务旺季,服务供给能力无法满足顾客的服务需求,服务响应性会下降。企业可以根据不同季节适度调整员工人数、设施数量和营业时间,提高服务质量的响应性。

(5) 服务质量的移情性

服务的移情性是指在服务过程中给予顾客个性化的关怀。在服务设计和为顾客提供服务时,首先要考虑顾客的利益,以顾客为导向,而不是以管理流程为导向,要最大限度地考虑顾客需求,而不是管理的便利和成本的节约。服务移情性的提升主要靠服务人员树立顾客导向观念,同时也要靠良好的组织文化和顾客自身服务技能水平的提高。

美国服务管理学者 PZB 研究组合在《提供优质服务:平衡顾客感知与期望》一书中为四个行业的服务质量的五个维度进行打分,结果发现:在五个维度中,可靠性是最重要的(32%),其次为响应性(22%),再次为保证性(19%)和移情性,最后为有形性(11%)。

**2. 服务质量的评价及应用**

(1) SERVQUAL 评价方法

SERVQUAL 量表的构成。SERVQUAL 最早诞生于 1988 年,PZB 对这种方法进行了多次的修正。现在大多数学者所应用的主要是 1991 年经过修正的 SERVQUAL,简称"修正 SERVQUAL",其所遵循的基本理论依据是差距理论(dis/confirmation theory),或称"确认—不确认理论":顾客感知服务质量=顾客感知-顾客期望,如果结果大于或等于零,顾客感知服务质量是令顾客满意的,否则为顾客不满意的服务质量。SERVQUAL 量表也是由两张表构成,一张为期望表,一张为感知表。两张表的项目完全一样,都由 5 个维度,22 个问项组成,期望表反映的是顾客对某一类企业的总体性期望,而感知表反映的则是顾客对所要调查的企业的实际感受。具体维度与项目如表 3.1 所示。

表 3.1 服务质量评价方法——修正的 SERVQUAL 量表

| 服务质量维度 | 指　　标 |
|---|---|
| 有形性 | 1. 具有现代的服务设施；<br>2. 服务设施具有吸引力；<br>3. 员工有整洁的服装和外表；<br>4. 公司的设施与其所提供的服务相匹配。 |
| 可靠性 | 5. 公司对顾客所承诺的事情都能及时地完成；<br>6. 顾客遇到困难时，能表现出关心并提供帮助；<br>7. 公司能一次就把工作做好；<br>8. 能准时地提供所承诺的服务；<br>9. 正确地记录相关的服务。 |
| 响应性 | 10. 告诉顾客准确的服务内容；<br>11. 为顾客提供及时的服务；<br>12. 员工乐意帮助顾客；<br>13. 员工不会因为太忙而疏忽回应顾客。 |
| 保证性 | 14. 员工的行为会建立顾客的信心；<br>15. 顾客与公司打交道时有安全感；<br>16. 员工保持对顾客有礼貌；<br>17. 员工有足够的知识。 |
| 移情性 | 18. 给予顾客特别的关怀；<br>19. 为顾客提供个性化的服务；<br>20. 了解顾客的现实需求；<br>21. 优先考虑顾客的利益；<br>22. 提供服务的时间要便利所有的顾客 |

资料来源：PARASURAMAN A, ZEITHAML V, BERRY L L. Refinement and reassessment of the SERVQUAL Scale[J]. Journal of Reatailing, 1991, 67(4): 420-450.

顾客期望和感知的调查应当分别进行，在顾客接受服务之前先进行顾客期望的调查，服务过程结束后，再进行感知的调查。但是在很多情况下，我们无法在不同的时刻获取到同一顾客期望和感知两个数据，因为顾客是流动的，这会无限加大调查成本。因此，很多调查是对期望和感知两个数据在同一时刻先后进行采集，但所得到的数据存在期望和感知的相互映射、相互影响问题。量表一般采用 Likert 5 点或 7 点量表，将顾客对期望和感知的反应控制在一个区间内，而不是一个点上，以更好地反映顾客的心理变化。

SERVQUAL 的应用。在服务企业管理中，SERVQUAL 的应用包括：①了解顾客的期望和质量感知过程，借以提高服务质量。在应用于不同行业时，服务质量的 5 个维度可能会发生变化，要根据行业的特性进行调整。②对同一行业中不同企业的服务水平进行比较分析。利用 SERVQUA 评价方法可以计算出本企业现在的服务水平与其他企业之间的质量差距，改进本企业的服务质量。③发现服务质量维度中营销较大的维度，从而使企业可以寻找到影响服务质量的关键问题，进而采取措施，对其加以提升。④以顾客的 SERVQUAL 评价分数为基础，对其进行分类，从而寻找企业的目标顾客。例如，SERVQUAL 评价分数高、接受服务次数多的顾客更可能成为企业的忠诚顾客。

（2）SERVPERF 服务质量评价方法

克罗宁和泰勒（Cronin & Taylor, 1992）推出了"绩效感知服务质量度量方法"，即 SE-

RVPERF(service performance 的合成词)。SERVPERF 摒弃了 SERVQUAL 所采用的差异比较法,而只是利用一个变量,即服务绩效来度量顾客感知服务质量(performance-based measurement of service quality)。而且在度量的过程中,并不牵涉加权问题,所以在应用上比 SERVQUAL 简单实用了许多。SERVPERF 的问卷设计与 SERVQUAL 并没有什么实质性的区别,采用的问项也基本相同,所以,该评价方法的创新性并没有什么实质性的区别,采用的问项也基本相同,所以,该评价方法的创新性并不是很高,尽管其简易性和实用性都高于 SERVQUAL。

(3)"非差异"评价方法

布朗、丘吉尔和彼德(Brown,Churchill & Peter,1993)认为 SERVQUAL 这种度量方法会导致顾客将以前的服务经历影响带入到期望中来,从而削弱差异比较法的说服力。他们认为最好的方法是直接度量消费者绩效感知和服务期望之间的差异,并将这种顾客感知服务质量评价方法称为"非差异"(non-difference)评价方法。

"非差异"评价方法与 SERVQUAL 和修正的 SERVQUAL 在操作上非常相似,同样是运用 SERVQUAL 量表中的 22 个问项。但是,SERVQUAL 需要对顾客期望、绩效感知和感知服务质量三个方面进行度量,牵涉到 66 组数据;而"非差异"评价方法则只对期望及绩效感知之间的差异进行度量,所运用的只有 22 个数据。从这个角度来说,"非差异"评价方法比 SERVQUAL 要简捷了许多。

在上述度量方法中,SERVQUAL 奠定了基本的理论和方法基础,是许多学者在度量顾客感知服务质量时的首选评价方法。SERVPERF 也以其简捷、方便和高信度而为众多学者所推崇,而"非差异"评价方法的影响则比 SERVQUAL 和 SERVPERF 要小得多。

## 二、服务质量管理

"差距分析模型"(gap analysis model)试图探讨服务质量问题产生的原因并帮助管理者了解应当如何改进服务质量。

### (一)服务质量差距模型

20 世纪 80 年代中期到 90 年代初,帕拉苏拉曼(Parasuraman)、泽丝曼尔(Zeithaml)和贝里(Berry)对服务感知质量进行了深入研究,提出了服务质量差距分析模型(SERVQUAL),如图 3.2①所示。

图 3.2 中,服务质量差距(差距五),表示顾客对服务的期望与顾客对服务的感知之间的差距;质量差距一,表示组织了解的顾客期望与实际的顾客期望之间的差距;质量差距二,表示服务组织制定服务标准与组织了解的顾客期望之间的差距;质量差距三,表示服务组织的服务执行与制定的服务标准之间的差距;质量差距四,表示服务组织对顾客的承诺与服务实际绩效之间的差距。

### (二)服务质量差距管理

根据服务质量差距模型,服务企业要使顾客满意,就要缩小服务质量差距,也就是要缩小质量差距一、质量差距二、质量差距三和质量差距四。

---

① 资料来源:PARASRUAMAN A,LEONARD L BERRY,VALARIE A ZEITHAML. Understanding customer expectation of service[J]. Management Review,1991,32(3):41.

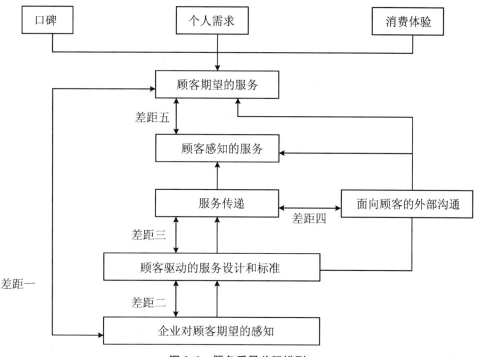

**图 3.2 服务质量差距模型**

### 1. 差距一(顾客感知差距)的管理

感知差距是指管理者对顾客期望的理解存在偏差,也就是由于没有与顾客直接沟通,没有真正理解顾客期望。导致感知差距产生最主要的原因是:市场调研和需求分析信息不准确;缺乏向上的沟通;没有能够留住顾客的策略;缺乏服务补救措施。

不全面的市场研究是造成差距一的一个重要原因。如果管理层或相关管理部门没有获得关于顾客期望的正确信息,那么差距一就会加大。所以,企业必须通过市场研究来获取顾客期望信息,并利用顾客访谈、头脑风暴、调查投诉系统等大量调研工具来接近顾客。

另一个造成感知差距的重要因素是缺少向上的沟通,即虽然一线人员了解顾客的期望,但是管理者与一线员工没有直接的接触,没能及时向员工了解顾客的信息,差距就会加大。所以,对于企业而言,要消除感知差距,管理者必须深入基层,直接与一线员工或者顾客接触,从而掌握相关的信息,或者形成基层员工的定期汇报制度,让一线员工主动向上反映情况。

造成感知差距的第三因素是企业没有能够留住顾客并强化与之关系的策略。企业过多地将精力放在吸引新顾客上,就会忽略老顾客不断变化的需求和期望,从而产生感知差距。如果与顾客的关系牢固,能及时地掌握顾客期望的各种信息,这个差距就会自然弥合。

造成感知差距的最后一个原因是缺乏服务补救措施。即便最好的公司,也难免会出现失误。因此,服务补救对于服务组织至关重要,从补救中更加深入了解顾客的期望是一种减少感知差距的有效方法。这要求企业知道顾客投诉的原因、投诉时的期望、如何制定有效的补救计划等。

### 2. 差距二(服务质量标准差距)的管理

质量标准差距是指服务提供者所制定的服务标准与管理层所认知的顾客期望不一致而

出现的差距。该差距出现的原因可能是：计划失误或计划程序有误；计划管理水平低下；组织目标不明确；计划过程缺乏高层管理者的有力支持。

质量标准差距的大小取决于感知差距的大小。即使服务组织从市场中获取的信息是精确的，第二个差距仍有可能出现。问题的症结在于管理者有时认为顾客期望是不合理的，或者服务自身所具有的可变性会使标准变得毫无意义，因此，设置标准不会达到理想的目标。但设置服务标准并反映顾客期望，就会提高顾客感知的服务质量；相反，如果没有服务标准或者所制定的标准不能反映顾客期望，顾客感知的服务质量就会进一步恶化。

此外，服务质量标准差距也有可能产生于计划工作本身。服务提供者应当参与标准的制定，不能将一线员工从计划制订流程中剔除出去。最理想的是计划制订者、管理者和一线员工相互协调，共同制定有关的服务标准。质量标准要具有一定的弹性，这样雇员在执行标准时才会具有灵活性。

总之，员工与管理层的协调工作是缩减差距二最有效的方法，它比那些僵硬的目标设置和计划程序要有效的多。

### 3. 差距三（服务传递差距）的管理

这个差距是指服务生产与传递过程没有按照企业所设定的标准来进行。其产生的原因包括：服务质量标准过于复杂和僵化；一线员工不赞成这些标准，所以拒不执行这些标准；服务质量标准与企业文化不相容；服务运营管理水平低下；缺乏有效的内部市场营销；服务技术和系统无法满足标准的要求。可以将导致差距三的原因分为三类，即管理和监督不力，员工对顾客需要或期望感知有误，缺乏技术、运营方面的支持。

有多种与管理和监督相关的问题，例如：监督者并不支持鼓励改进质量的行为，或者监督系统与服务标准格格不入。监督和奖励系统的建立与质量计划和服务标准并不相符，这也是差距三产生的内部因素。这种不协调现象极其危险，如果不重要的活动控制得井井有条，甚至还会得到奖励，雇员就会处于一种异常尴尬的局面。控制与奖励系统从一定程度上决定了企业的文化，那些与这些文化不相适应的目标和标准难以得到实施。消除这种现象的方法是改变管理者和监督者对待雇佣的方式，改变相应的计划和奖励机制。还应当对影响公司文化和内部营销的许多大的问题加以关注。

从上表的分析我们可以看出，当员工无法正确地理解服务标准或者是员工不愿意执行这些标准时，员工职责会变得模糊。服务绩效的提高必须依赖科学的服务质量标准，但现行的控制和奖励系统却与这些标准相互冲突，当雇员试图为顾客提供顾客期望的服务质量时，却发现这样做与企业所设定的标准相互矛盾。知道顾客需要什么，但却无法为他们提供相应的服务，员工的服务热情就会被逐渐扼杀掉。

管理者需要对现有的监控系统进行改革，以使它们与服务质量标准相匹配；同时，也应当对员工进行有效的培训，使员工认识到服务绩效必须与企业长远的战略或盈利目标相适应。

员工的态度和服务技巧也有可能造成差距三的产生。这可能由于招募的员工不合格，也许是把员工放到了不合适的位置上，使他们难以按照这些标准提供服务。上述问题的解决方法是提高招聘工作的质量，避免错误决策。

最后，技术或运营系统，包括决策和其他管理系统，与员工之间的相互适应性不好，也会加大差距三。问题的症结可能在员工，但也有可能是运营、技术或管理系统的问题导致了上述问题。也许企业的技术或管理系统对质量改进行为的支撑力度不够，也许这些系统难以达到员工的期望。在这种情况下,要么改变这些系统以使其能够对质量改进系统起到更强有力的支撑作用,要么从另外一个角度入手,提高内部营销和员工培训的水平,使其能适应技术或管理系统的特性。

**4. 差距四(市场沟通差距)的管理**

市场沟通差距意味着市场宣传中所作出的承诺与企业实际提供的服务不一致。该差距产生的原因包括:市场沟通计划与服务运营缺乏一致性;传统的外部市场沟通与运营之间缺乏协调;组织没有执行市场沟通中大力宣传的服务质量标准和规范;过度承诺。我们可以将上述原因分为两类,即一类是市场沟通的计划与执行不力所致,另一类是企业过度夸大和承诺所致。

上述问题的解决途径是建立服务运营、传递和外部市场相互沟通的协调机制。例如,每一次市场推广活动的推出必须与服务生产和传递部门及人员相互协商、相互配合,利用科学的计划手段改善市场沟通的质量,管理监督系统的合理运用对此也会有所帮助。

**5. 差距五(感知服务质量差距)的管理**

感知服务质量差距说明顾客感知或实际经历的服务质量与其所期望的不一致。这种情况出现的原因是:顾客实际接受的服务质量低于其期望的服务质量或出现服务质量失误;负面的口碑;公司或组织形象低下;服务失败。第五个差距也可能是负值,它意味着顾客实际接受的服务质量大于他所期望的服务质量。如果存在差距五,原因可能是上面所说的某一个,或者是几个原因同时出现。

服务质量差距模型能够引导管理者发现服务问题出现的位置,产生问题的原因,解决这些问题的方法。服务质量差距模型是寻找顾客服务质量感知和服务提供者绩效之间不协调现象的一种非常直观而有效的工具。管理者可以通过对差距模型的运用,逐步缩小顾客期望与实际服务感知之间的差距,从而提高顾客感知的服务质量。

◆**思考题**

1. 服务产品有几个层次?
2. 服务产品的特征有哪些?
3. 什么是品牌?服务品牌的特征是什么?为什么说服务品牌管理难于产品品牌管理?
4. 服务质量评价的方法有哪些?各种方法的优缺点是什么?
5. 什么是服务质量差距模型?
6. 如何利用服务质量差距模型提高服务质量?

## 【分析案例】3-1

当顾客第一次访问亚马逊网站时,亚马逊理解顾客期望的战略就开始了。当顾客初次做出购买决策时,企业计算机系统就进行了记录,并基于先前购物者数据库提供同类书籍或音乐。开始时有些提供物或许不甚妥当,但是顾客在亚马逊网站购物的时间越长久,企业识别顾客偏好越精确,提供的建议越适宜。如同图书管理员一样,网站开始及时为你送去电子邮件,通知新书的到来。亚马逊的一大特色就是"你自己的网站",主页历史账单记录着过去购买的东西,顾客对此很感兴趣。

顾客自定义的标准在亚马逊随处可见,从送货到沟通再到服务补救。当你在亚马逊购买产品时,你可以选择送货方式,网站将会告诉你大概的收货日期。标准海运为三至五日，也有可能一两天。网站会表明缺货通知(实时)、已售完数目、续货日期(三周)、可以退货的期限(30天)，以及是否由你来支付运费(如果是亚马逊的原因免付)。

服务绩效是亚马逊卓越之所在。正是由于丰富的海运经验，订单一般都会在承诺的时间之前准确无误地到达。企业的专利"一键式订购"(one-click ordering)使得特殊顾客能够即时购买而不用打开购物车。顾客可以随时查询订单并浏览之前的订单。亚马逊同时要求它的合作者，即那些直接向顾客出售二手书或新书的人也执行亚马逊的标准。通过询问顾客使用商品的感受，亚马逊核实每次购买的绩效，然后在显眼处对此产品进行打分。

网站通过清晰、细心的沟通来保证管理承诺的兑现。事实上每一个页面都可十分方便地阅读和浏览。例如为消除顾客在退货方面的误解，页面清楚地标明了哪些物品可以退货(基本上都可以)、哪些不可以(充气物品、易燃液体、大屏幕电视、包装已打开的CD等)，详细介绍了如何将物品寄回以及什么时候会收到退款。页面会在顾客的购物流程中标示出以前的货物清单以及每一份订单中物品的确切位置。亚马逊的战略已经被顾客欣然接受。美国顾客满意指数(American customer satisfaction index)显示，亚马逊网站的顾客满意度比美国其他任意一家电子零售商都要高。

**资料来源：** 瓦拉瑞尔·A·泽斯曼尔，玛丽·乔·比特纳，德韦恩·D·格兰姆勒.服务营销[M].4版.北京：机械工业出版社，2008.

**问题**

请用服务质量差距模型分析亚马逊的服务质量改进策略。

## 【分析案例】3-2

### 优质服务成就海底捞核心竞争力

海底捞来自四川简阳，创建于1994年，以经营川味火锅为主。短短十多年的时间里海底捞获得了很快的发展，如今，在北京、西安、郑州、上海等城市，都可以看到海底捞的身影。

提到海底捞，最令人津津乐道的是这家火锅店的服务。服务成为了海底捞吸引消费者光临的一大核心竞争力，也是海底捞获得持续发展的一大关键因素。

海底捞的服务不仅仅体现于某一个细小的环节，而且形成了从顾客进门到就餐结束离开的一套完整的服务体系。

海底捞的服务之所以让消费者印象深刻，就在于将其他同类火锅店所存在的普遍性问题通过服务的形式予以了很好的解决，比如说在就餐高峰的时候，很多火锅店都需要排队等位子，而一般的火锅店都是让顾客在那里"干等"，很少提供相关的服务，这样难免会让一些心急的顾客流失。

而海底捞就不同，它会在顾客等候的时候提供一些让人感觉很温暖、很温馨的服务，如免费为顾客送上西瓜、苹果、花生、炸虾片等各式小吃，还有豆浆、柠檬水、薄荷水等饮料，同时，顾客在等待的时候还可以免费上网，甚至女士可以在等待的时候免费修理指甲等等。

正因为如此,很多顾客甚至很乐意在海底捞排队等位置,这也无形中形成了海底捞的一个服务招牌,从而有效地挽留住了客源。

看起来是十分小的事情,但这个时候却让顾客感觉到了海底捞的不同之处,不让等候的顾客流失,也有效地提升了海底捞的营业额。

除了等位服务之外,在点菜、就餐期间,海底捞也无处不体现出服务的细节。如客人点菜期间,很多顾客为了面子,特别是在请朋友吃饭的时候,或许点很多的菜品,换成一般的餐饮店,客人点的菜越多越好,但海底捞的服务员会对客人进行善意的提醒,让客人感觉很温暖,面子上也过得去,让顾客感觉到店家为自己着想,更增添了对海底捞的好感度。

同时,在就餐期间,海底捞也会提供比较细致周到的服务,如多次为顾客更换热毛巾、为女士提供发夹防止头发掉落、为顾客提供手机套,防止手机进水、为顾客提供就餐围裙等等,总之都是一些小细节,但这些细节组合起来就形成了一套服务体系。

另外,海底捞在店内建立了专供儿童玩乐的场所,这样做是让带有儿童前来就餐的父母能够专心用餐,而不用担心小孩破坏就餐的氛围,甚至海底捞的服务员还可以带这些小孩玩,喂饭给小孩吃,充当起了这些孩子的临时性"保姆"。

在卫生间,海底捞设有专人,客人洗手后会立刻递上纸巾,让顾客感觉仿佛到了星级酒店一样,这与很多火锅店一比较,顾客的感受自然不同。

就餐后,海底捞和其他的餐饮店的做法一样,会送上一个果盘,但如果客人提出要求说再要一个,海底捞的服务员也会热情地为你送上。

虽然有些服务会增加一点点海底捞的运营成本,但这种付出是值得的,与稳定的顾客源、不断扩大的忠实消费群及品牌的美誉度相比,这种投入产出是十分合算的,这也正是海底捞的聪明之处。

从顾客进门等候到就餐完毕,海底捞的服务贯穿其中。虽然很多的餐饮店在其中的某一个环节上也做到了如海底捞一样的服务,但是没有形成系统性、制度化,因此,海底捞的服务才会显得更加突出,而这也是餐饮企业在服务上需要借鉴与学习的。

海底捞优质的服务成为其核心竞争力之一,成为海底捞的特色招牌之一。更为重要的是,海底捞的服务建立起了一整套完善的体系,给顾客留下了深刻的印象,说到海底捞,很多人都会说,服务不错。海底捞服务品牌赢得了顾客的认可,并且形成了口碑效应,很好地为品牌加分。

**问题**

1. 海底捞的优质服务体现在哪些方面?
2. 海底捞的等待服务对顾客期望和顾客感知有哪些影响?
3. 从顾客差距的角度论述海底捞的核心竞争优势。

### 一、实训目的

1. 通过实践活动理解服务产品与有形产品概念的区别。
2. 了解服务产品的特点。
3. 掌握服务产品质量评价的方法。

## 二、实训内容

选择学校所在地的几家星级酒店,以小组为单位参观所选择的酒店并与相关管理人员进行交谈,熟悉该酒店所提供的服务产品,并了解酒店服务质量评价的方法。

## 三、实训组织

1. 把班级同学分为若干小组,每组选出一位组长。
2. 小组组长带领组员参观酒店,并和管理人员交流,了解相关信息。
3. 由组长负责组织小组研讨,集中本组成员的研究成果,制作成PPT,并准备好演讲。
4. 每组推荐一人上台演讲,演讲结束后,其他同学可以向本组成员提问,教师引导学生参与研讨。

## 四、实训步骤

1. 各小组制订实训执行计划,并做相关准备。
2. 小组成员分工合作,分别按计划完成各自承担的任务。
3. 组长组织小组成员讨论,并按实训内容要求完成实训报告的撰写,同时制作PPT。
4. 教师根据安排的实训课时,组织各小组向全班同学交流其成果。
5. 每一小组报告完毕后,教师组织其他同学针对陈述组的实训内容提问。
6. 最后,教师对各组进行点评,并记录实训成绩。

# 第四章　服 务 价 格

了解服务定价的概念、特点；掌握服务定价的影响因素；掌握服务定价的策略；理解服务定价的方法。

## 西南航空公司的定价策略

按乘客里程数，1994年西南航空公司在美国所有航空公司中位列第八，总营运收入达26亿美元，实现净收入1.793亿美元。这已是该公司连续22年实现赢利，创下过去20年中美国航空业的记录。作为公司董事长、首席执行官和创始人之一的赫布·凯莱赫这样描述西南航空公司的成功："高质量加低价格等于价值，再加上员工的敬业精神就等于不可战胜。"

1971年6月18日，西南航空公司成立，致力于提供独特顾客服务的短途、定点、低票价、高频次航线。起初，只有3架波音737，航线限于达拉斯、休斯敦和圣安东尼奥3个城市，现在该公司拥有199架波音737，服务对象包括美国中西部、西南、西部地区的44个主要城市。以可获座位里程计，59%的运营量在西部，22%在西南（德克萨斯、俄克拉荷马、阿肯色和路易斯安娜），19%在中西部。

除了1985年和1993年分别收购Muse和Morris两家航空公司外，西南航空公司一直依靠内部发展，不断完善和坚持航空业所熟知的"西南模式"。这个模式的核心是重视顾客服务和营运，创造性营销及兑现对员工的承诺。该模式给西南航空带来了极大的活力。西南航空致力于为客户提供短距离、低票价、直达、高频次的营运服务。作为短途直达的航空公司，西南航空的重点是当地交通，而不是采用中心辐射系统中转和中途停站的方式。这样做的结果是，80%的乘客无须中转飞行。1994年，乘客平均单程飞行距离是506英里，平均飞行时间仅为一个小时多一点。西南航空从调查中发现，短距离旅行的乘客更关心航班时刻表和班次数量。这意味着应该使飞机的飞行时间最大化，在地面时间最小化，尽可能使飞机抵达至下次起飞之间的时间缩短。事实上，从飞机抵达至下次起飞的时间看，西南航空有一半飞机为15分钟，另一半为20分钟，而美国航空业的平均时间是55分钟。其结果是，西南航空的飞机每天可飞10班，比平均水平高出两班。

西南航空的经营方式在另外一些方面也与其他公司存在很大差异。

（1）该公司通常使用的是小城市机场或大城市中的非繁忙机场，如达拉斯市的拉夫菲尔德机场和芝加哥市的中部机场。这些机场不像大机场那样拥挤,因而可以大大缩短停机时间。使用这些非枢纽的辅助机场,也就意味着西南航空不向其他主要航空公司转运行李。实际上,西南航空即使在少数几个枢纽机场也不与其他航空公司进行行李转托运,如洛杉矶国际机场。

(2) 在机票预订及座位安排方面,西南航空与其他大航空公司也不同。西南航空没有加入计算机机票预订系统,乘客和票务代理需要与西南航空直接联系。这样,只有不到一半的机票是通过票务代理出售的(大多数公司为90%),西南航空因此每年可以节省3000万美金的代理佣金。与其他公司相反,西南航空也不提供座位确认服务。凯莱赫曾说:"我们会保留您的座位,只不过不确定您是2C还是38B。"公司发放可重复使用的编号登记卡来识别顾客和决定登机顺序。先办完登机手续的乘客优先登机,每批30人,分批登机。

(3) 西南航空的航班上一般只提供饮料和零食。最主要的零食是花生,104年共提供了约64 000 000包花生,只有在长途飞行的航班上才提供正餐。

(4) 西南航空只采用波音737客机,并且全部设置为经济舱,不设头等舱、商务舱等。其他大航空公司一般都用多种飞机,如空中客车、波音、麦道。采用单一机种大大降低了飞机的维护和保养费用。西南的机群在各大航空公司中是最年轻的,仅为7.6年,1995年又新购25架波音飞机投入运营。1994年,西南航空由于飞机机械故障而导致航班延误或取消的比例不超过1‰,连续多年被评为世界最安全航空公司。

西南经营模式的综合效果在成本方面体现得非常明显。1994年,西南航空公司每可获座位里程的成本为7.08美分,在全美各主要航空公司中是最低的。

**思考:**请你总结一下西南航空的定价策略。

# 第一节 服务定价特征

1. 价格是人们日常生活中接触最频繁的,也是最常见的,那么定价究竟有什么意义呢?

2. 我们在本章主要讨论的是服务产品的定价,那么它与有形商品的定价有什么不同呢?

3. 对于服务产品定价,我们可以采取哪些方法和策略呢?

## 一、价格的意义

在所有的营销变数中,价格关系到公司能否获利,而企业的获利能力又是决定企业成败最直接的因素。那么基于以下几点因素,使得定价问题更显重要。

(1) 技术日新月异:产品生命周期日益缩短,使产品可获利的期间缩短,往往在错误的定价决策未来得及修正前,产品就已过时,造成相当大的损失。

(2) 新产品的泛滥:企业不断创新,提供类似功能的产品也日增,市场细分也日益模糊,定价若有不当,往往很快会被其他产品或品牌取代。

(3) 外货的竞争:在考虑汇率、相对物价水平等因素后,市场定价日趋复杂,稍有不慎将会丧失市场先机。

（4）法规的规范：公平交易法规通过后，企业的定价不再随心所欲。国际间的反倾销法、保护关税，也是企业定价时考虑的重要因素。

（5）消费者意识抬头：近年来兴起许多与保护消费者有关的团体或组织，常会对企业的定价造成约束。

综合以上五点，定价对于企业来说越来越重要，而随着第三产业的兴起和蓬勃发展，服务产业成为了GDP的重要组成部分，对国民经济的发展做出了巨大的贡献。而在定价方面，有关有形产品定价的概念和方法一般来说均适用于服务产品定价。不过，服务产品定价有其自身的特殊性。

## 二、服务定价的特点

对于购买者而言，服务价格传达着服务价值的信息。购买者希望用自己的购买力换取至少等值的服务效用。但顾客的价值判断要在获得服务好处与满意的综合感受之后才能得出。所以，更多的消费决策是在对价格信息的感受基础上直接作出的。但与有形产品的价格相比，服务价格具有明显的特殊性。

### （一）多样化的服务价格术语

服务行业的复杂性决定了价格术语的复杂性：在保险服务中，价格称为保险金；银行服务的价格称为手续费和利息；运输服务中的价格称为运费等等。这些术语也是在市场交易中约定俗成的。

### （二）多样化的定价目标

很多竞争性的服务企业会像所有有形产品的生产商那样将利润最大化作为价格策略的目标指向。利润是竞争性企业追求的最终目标，把利润作为企业战略目标，制定价格也就有了明确的方向。当然，那么时间长短的区别会直接带来定价的差异：如果将利润最大化置于短期目标的营销规划中，那么高价位的撇脂战术就会受到企业的青睐；而中长期的利润最大化目标则会使定价原则更倾向于阻止竞争对手的进入，或是迅速占领所在的细分市场。

然而服务业要比产品制造业复杂得多。制造业的定价至少要在市场上实现盈亏平衡，但事实上，服务业中有不少企业并不在乎在盈亏平衡点以下长期经营。这种价值理念上的差别，决定了服务业中的价格目标和定价原则会偏离利润最大化，从而向多样化目标发展。

**1. 投资回报或滚动发展目标**

一些服务企业，特别是资本密集型的公共事业服务机构，多由国家财政投资兴办并拨款经营，所以这类服务企业的定价原则是在把成本摊在国家拨款中的基础上进行适当的加成定价。它的管理目标是分期偿还国家投资，并用积累的部分利润进行设备更新、技术改造等二期投资，以实现滚动发展。

**2. 市场份额目标**

与有形产品相比，由于服务业的个性化强、需求分散、需求波动大等特点，服务业的规模效益更难实现。所以为了达到规模生产的目的，不少服务企业在相当长的时间内会将市场份额目标作为定价的首要指导原则。基于服务业高固定成本、低边际成本的生产特点，在市场目标引导下，起初低于成本的定价会随着市场份额的不断提升而使高昂的固定成本不断得到摊销，最终实现服务增值。

**3. 社会效益目标**

对于那些以提供社会公益服务为己任的服务组织来说，它们往往以覆盖一定比例的成本,或完全以细分市场顾客平均收入水平所能承担的价格作为定价标准,比如食堂、大众健身运动场、普通公园等等。而另外一些国有的服务行业,为了社会或国家的整体利益,也可能制定低于成本或低于行业平均水平的价格。比如,为了配合国家优先发展旅游业的政策,在旅游节、旅游月中,航空公司、铁路客运公司等纷纷降低票价来配合整个旅游促销活动。

**4. 满意度目标**

服务企业的长远发展依赖于顾客忠诚度的不断提高,而顾客忠诚又来自顾客对服务的满意。所以不少服务企业会以顾客满意度作为定价目标,为不同的顾客提供多样化、个性化的服务。正是在满意度目标的指引下,服务市场上出现了大众服务与高档服务并存的态势。

**(三) 多样化的定价策略**

这是服务价格方面最重要的特殊性。服务产品不同于有形产品的显著特征,对服务产品的定价有很大的影响。并且,在不同的服务形态和市场状况中,这些特征所造成的硬性也不同,也就造成了服务产品定价策略的多样化。对定价造成影响的服务业特征可分为以下五类:

(1) 对于有形产品而言,其生产成本与价格之间的关系式再明显不过了。但服务产品的无形性则使得服务产品的定价远比有形产品的定价更为困难。虽然大多数顾客在选购产品时很自然地检查产品,并根据其质量和自身的经验判断价格是否合理,但是,在选购服务产品时,顾客却不能客观地、准确地检查无形无质的服务,第一次得到某种服务的顾客甚至不知道产品里面到底包含哪些内容,再加上很多服务产品是按各类顾客的不同要求,对服务内容做适当的添减,使得顾客只能猜测服务产品的大概特色,然后同价格进行比较,但对结论却缺乏信心。这就解释了为什么服务产品的价格上限与下限之间的定价区域一定要比有形产品的定价区域宽,且最低价格与最高价格的差距极大。这种例子在管理咨询、医疗和美容行业比比皆是。因此顾客在判断价格合理与否时,他们更多的是受服务产品中实体要素的影响,从而在心目中形成一个"价值"概念,并将这个价值同价格进行比较,判断是否物有所值。

所以,企业定价时所考虑的也主要是顾客对产品价值的认识,而并非产品的成本。一般来说,实物成分愈高,定价往往愈倾向于使用成本导向方式,而且也愈倾向于采取某种标准;反之,实物成分愈低,则愈多采用需求导向定价,而且价格也愈缺少标准可循。服务产品的非实体性也意味着提供服务比提供实体产品要有更多的变化,服务水平、服务质量等都可以依照不同顾客的需要而调整配合。因此,价格必然也可以经由买主和卖主之间的协商来决定。

(2) 服务的不可贮存性及服务的需求波动大,导致服务企业必须使用优惠价及降价等方式,以充分利用剩余的生产能力,因而边际定价政策得到了普遍应用。例如,在航空旅行和旅游团体定价中就很常见。但经常使用这种定价方式,往往会加强顾客的期待心理,他们可能会故意不消费某种服务,因为他们预期以后必然会降价。为防止这种现象,服务业就需要给予提前订购服务的顾客以优待性特价。

(3) 顾客往往可以推迟或暂缓消费某种服务,甚至他们可以自己实现某些服务的内容,类似的情况往往导致服务卖主之间更激烈的竞争。当然这也可能提高某些市场短期内价格的稳定程度。

(4) 如果服务是同质性的,那么价格竞争就有可能很激烈。不过,行业协会或政府管制部门,往往规定收费标准,防止不正常的削价。一般来说,越是独特的服务,卖方越可以自行决定价格,只要买主愿意支付。在这种情况下,价格可以用来当做质量指标,而提供服务的个人或公司的声誉,则可能形成相当的价格杠杆;另一方面,服务质量具有很高的差异性,服务与服务之间没有统一的质量标准作比较。往往是顾客要求得越多,则其得到的也就越多,而价格则没有什么变化。基于这种原因,一些顾客往往会偏爱于某个企业。这种情况为企业选择细分市场和指定价格策略提供了决策依据。

(5) 服务产品与提供服务的人的不可分离性,使得服务受地理或时间因素的限制。同样,消费者也只能在一定的时间和区域内才能接受到服务,这种限制不仅仅加剧了企业间的竞争,而且直接影响其定价水平。

## 第二节　服务定价策略

定价不仅是一门科学,更是一门艺术。服务企业在确定了服务定价的目标之后就需要选择合适的服务定价策略。

### 一、服务定价目标

#### (一) 追求利润最大化目标

追求利润最大化,即公司追求一定时期内可以获得的最高利润。利润来自价格与销售额,利润最大化并非意味着价格最高。在这一目标下,企业决定价格时就要考虑以何种价格销售可以使利润最大化。公司与产品在市场享有较高声誉,在竞争中处于有利地位时,追求利润最大化是可行的。但市场变化万千,产品日新月异,科技飞速发展,任何公司或产品不可能永远处于领先地位。所以在更多的情况下,企业把追求利润最大化作为一个长期的定价目标,而为了保全自己、减少风险,或囿于能力不足,把追求适当利润作为短期目标,"适当"的水平则随产量、投资者的要求和市场可接受程度等因素的变化而有所变化。

#### (二) 实现预期的投资回报率目标

投资回报率即投资收益率,就是一个企业把它的预期收益水平规定为投资额的一定百分比。定价时一般在总成本费用之外加上一定比例的预期盈利。这样企业要实现估算,服务定什么样的价格,每年销售多少,多长时间才能达到预期收益水平。一般来说,预期收益率要高于银行利率。采用这种定价目标的企业应具备两个条件:第一,该企业具有较强的实力,在行业中处于领导地位;第二,采用这种定价目标的多为新服务、独家服务以及低单价高质量的标准化服务。

#### (三) 提高市场占有率目标

市场占有率是公司经营状况和产品竞争力状况的综合反映。较高的市场占有率可以保证公司产品的销路,便于公司掌握消费需求变化,形成公司长期控制市场和增加价格的能力,并为提高公司盈利率提供了可靠保证。事实上,紧随着市场占有率的往往是高盈利率。提高市场占有率比提高盈利率意义更为深远,正因如此,提高市场占有率通常是公司普遍定价目的。以低价进入市场,开拓销路,逐步占领市场是以提高占有率为目标时普遍采用的方法。

#### (四) 实现销售增长率目标

在其他条件不变的情况下,销售增长率的提高与市场份额的扩大是一致的。因此,追求一定的销售增长率也是企业的重要目标之一,特别是在新产品进入市场以后的一段时期内。但由于竞争激烈的市场经常变化,市场份额的高低更多地取决于公司与竞争对手的销售对比状况,而且,销售增长率的提高也不必然带来利润的增加,因此,公司应结合市场竞争状况,有选择地实现有利可图的销售增长率。

### (五)以适应竞争、拓展客户群为目标

大多数企业对竞争者价格都很敏感,定价之前会多方搜集资料,把自己服务产品的质量、特点与竞争者的服务进行比较,然后做出抉择:以低于竞争者的价格出售,还是以与竞争者相同的价格或是高于竞争者的价格出售。当市场存在领导者价格时,新的服务提供商要进入市场,只能采用与竞争者相同的价格。一些小企业因生产、销售费用较低,或一个企业着意扩大市场占有率,定价会低于竞争者。

## 二、服务定价策略的类型

### (一)新产品定价策略

顾客一般对刚上市的新产品的情况了解不多,因此企业开发的新产品能否在市场站住脚,并给企业带来效益,定价就显得十分重要。企业在新产品投入市场时,可以在以下三种定价策略中间做出选择。

**1. 撇脂定价策略**

所谓撇脂定价策略是在市场上以远高于成本的价格投放新服务,以求得在短期内获取厚利,尽快收回投资的战略。这一定价策略就像从牛奶中撇取所含的奶油一样,取其精华,所以称为撇脂定价。这种定价策略的目标对象是那些收入水平较高的先锋顾客,他们勇于尝试新事物,并且有足够的支付能力。利用高价产生的厚利,企业在新服务上市之初即能迅速收回投资,减少了投资风险,这就是撇脂策略的根本好处。采用此策略有利于企业获取丰厚的利润,掌握市场竞争及新产品开发的主动权,同时可以提高产品的身价,树立企业的良好形象,为企业调整服务价格留有余地,有利于企业调整市场需求。当然,撇脂策略也存在缺陷:一是高价服务的需求规模毕竟有限,过高的价格不利于拓展市场,也不利于占领和稳定市场,容易导致新服务开发失败;二是高价高利会导致竞争者的大量涌入,仿制品、替代品迅速出现,从而迫使价格急剧下降。此时若无其他的有效策略相配合,则企业苦心经营的高价优质形象可能会受到损害,失去一部分顾客;三是价格远远高于价值,在某种程度上损害了顾客利益,容易招致公众的反对和顾客抵制,诱发公共关系问题。因此,撇脂定价策略适合新产品在最初投入市场时采用,而不适合长期采用。

**2. 渗透定价策略**

这是与撇脂定价相反的一种定价策略,即在新产品上市之初将价格定得较低,以吸引大量的购买者,提高市场占有率,然后随着份额的提高调整价格,降低成本,实现盈利目标。利用渗透定价策略有两个前提条件:第一,新服务的需求价格弹性较大;第二,新服务存在着规模经济效应。采用这种定价方法有两个优点:首先,低价可以使服务尽快为市场所接受,并借助大批量销售来降低成本,获得长期稳定的市场地位;其次,微利阻止了竞争者的进入,增强了企业自身的市场竞争能力。但缺点是本利回收期较长,价格变化的余地小,难于应付骤然出现的竞争和需求的较大变化。

**3. 适中定价策略**

又称为温和定价策略,它既不是利用价格来获取高额利润,又不是让价格制约占领市

场。是种价格战略尽量降低价格在营销手段中的地位,重视其他在市场上更有效的手段。当不存在适合于撇脂定价或渗透定价的环境时,例如,当顾客对价值极其敏感时,不能采取撇脂定价,同时竞争者对市场份额极其敏感,不能采用渗透定价的时候,公司一般会采用此战略。

虽然与撇脂定价或渗透定价相比,适中定价法缺乏主动进攻性,但这并不意味着正确执行它就很容易或不太重要。适中定价没有必要将价格定得与竞争者一样或者接近平均水平。从原则上讲,它甚至可以是市场上最低的或最高的价格。与撇脂价格和渗透价格类似,适中价格也是参考产品的经济价值决定的。当大多数潜在购买者认为产品价值与价格相当时,即使价格很高也属适中价格。

### (二)心理定价策略

心理定价策略是指运用一些心理学原理,根据不同顾客购买和消费服务时的心理动机来确定价格,引导顾客采用本企业服务的定价策略。

**1. 声望定价法**

这是指服务企业根据自己所提供的服务在顾客心目中的声望高低来制定相应的服务价格。因为服务的质量很难形成统一客观地判断标准,所以在顾客心目中,价格在一定程度上就成为服务质量的标志。服务企业可以根据自己在业内的声望制定相应的价格。低价可以刺激消费,打开低端市场份额;高价对应高质优质服务,同样可以吸引目标市场。服务企业在利用声望定价时必须根据自己的服务种类和市场的接受程度等因素,避免一意孤行,造成市场反应冷淡。例如新东方学校凭借其一流的教学师资考证水平以及在培训行业的极高知名度和美誉度,对其培训服务的定价相对于行业培训的一般水平来说较高,但每年依旧受到为数众多的求学考证者的垂青。

**2. 招徕定价法**

招徕定价也被称为牺牲定价,即采用低于服务市场通用的价格来吸引顾客尝试购买和消费产品,这实质上是利用消费者"求廉"的消费心理。有些服务企业就是利用顾客的这种心理,有意降低自己的某些服务产品价格,以此来吸引顾客上门,从而带动其他服务的消费,提高收入。

**3. 整数定价法**

对于那些无法明确显示服务质量的商品,顾客往往会通过其价格的高低来判断其质量的好坏。但是,在整数定价方法下,价格的高并不是绝对的高,而只是凭借整数价格来给顾客造成高价的印象。整数定价常常以偶数,特别是以"0"做尾数,如高档会所会定价1800元,而不会定价1799元。利用这种高价效应,可在顾客心目中梳理高档、高价、优质的服务形象。

整数定价法适用于需求的价格弹性小、价格高低不会对需求产生较大影响的服务,如星级宾馆、高级文化娱乐城等,由于其消费群都属于高收入阶层,同时也愿意接受较高的价位。

**4. 尾数定价法**

又称非整数定价,是指利用消费者数字认知的某种心理,尽可能在价格数字上不进位,而保留零头,使消费者产生价格低廉和卖主经过认真的成本核算才定价的感觉,从而使消费者对企业服务产品及其定价产生信任感,促进销售服务量的增加。

### (三)折扣定价策略

折扣定价策略是指在基本价格的基础上,通过让利于顾客来促进服务销售的定价策略。

服务业营销采用这种方式可以达到两个目的:第一,折扣是对服务承揽支付的报酬,因为如此才能促进服务的生产和消费的产生。例如,付给保险经纪人的佣金或单位委托顾问服务的支付。第二,折扣也是一种促销手段,它可鼓励提早付款、大量购买或高峰期以外的消费。

**1. 现金折扣**

指对按约定日期付款或提前付款的顾客给予一定的现金折扣。其作用是:① 减少信用成本和呆账;② 减轻对外部资源的依赖,减少利率风险,加速资金周转;③ 能有效地对渠道成员进行控制,增强企业竞争力。采用现金折扣一般要考虑三个因素:折扣比例、给予折扣的时间期限、付清全部款项的期限。在西方国家,典型的付款折扣期限表现为"3/20,net60"。其含义是在成交后20天内付款,买者可以得到3%的折扣;超过20天,在60天内付款不予折扣;超过60天付款就要加付利息。提供现金折扣相当于降低价格,所以企业在运用这种手段时要考虑本企业的服务是否具有足够的需求弹性,保证通过需求量的增加时企业获得足够利润。

**2. 数量折扣**

数量折扣是卖方因买方数量大而给予的一种折扣,但其数量不可超过因批量销售而节省的费用额。其目的是鼓励大量购买或集中购买。数量折扣有非累进折扣和累进折扣两种形式。非累进数量折扣是规定顾客每次购买达到一定数量或购买多种服务达到一定的金额所给予的价格折扣。其目的是鼓励顾客批量购买,促进服务产品多销、快销,所以这种折扣方式也被称为一次性数量折扣。累进折扣是规定在一定时间内,购买总数超过一定数额时,按总量给予一定的折扣,其目的是鼓励顾客经常向本企业购买,成为可信赖的长期客户。

数量折扣的促销作用非常明显,企业因单位服务利润的减少完全可以从销量的增加中得到补偿。此外,销售速度加快,企业资金周转次数增加,交通费用下降,产品成本降低,从而导致企业的盈利水平上升。运用数量折扣的难点在于如何确定合适的折扣标准和折扣比例。如果太高会让大多数顾客因无法享受到折扣而感到失望,太低又不能起到鼓励顾客购买和促进企业销售的作用。因此,企业应结合服务特点、销售目标、成本水平、需求规模等因素来制定科学的折扣标准和折扣比例。

**3. 功能折扣**

中间商在服务分销中所处的环节不同,其所承担的功能、风险和责任也不同,企业据此给予的不同折扣称为功能折扣。功能折扣比例的确定主要考虑中间商在分销渠道中的地位、对服务销售企业的重要性、购买批量、完成的促销功能、承担的风险、服务水平等因素。功能折扣的结果是形成购销差价和批零差价。

**4. 季节折扣**

有些服务的提供是连续的,而其消费却具有明显的季节性。为了缓解供需矛盾,服务企业变回采用季节折扣的形式,在淡季购买服务的顾客给予优惠,是企业的生产和销售在一年四季都保持相对稳定的状态。最典型的例子就是旅游区在旅游的淡旺季会采取不同的价格体系来吸引顾客,提高游览观光的游客数。

**(四)差别定价策略**

差别定价策略即根据"顾客支付意愿"而制定不同的定价策略,在经济学上也被称为价格歧视。主要运用于以下两种情况:① 对建立基本需求,尤其是高峰期的服务最合适;② 用以缓和需求的波动,降低服务易消失性所带来的不利影响。

差别定价的形式包括:时间、价格的差异(如公用事业及电话服务在假期使用的价格);

顾客支付能力差异(如管理顾问咨询、专业服务业、银行贷方利率);服务的品种差异(如银行推出的信用卡与储蓄卡);地理位置差异(如剧院的座位定价差异)。

采用差别定价法的条件在于市场"可以根据价格进行细分的"。但是使用差别定价法可能会产生以下问题:第一,顾客可能延缓购买,一直等到差别价格的实施;第二,顾客可能认为采用差别定价的服务属于"折扣价格",并认为这是一种理性现象。

基于以上原因,有些服务企业故意拒绝使用差别定价法而干脆采用单一价格制度,不论在任何时间、地点或顾客有什么样的支付能力,对所有的顾客都采用相同的价格。

### (五) 关系定价策略

关系定价策略适用于服务商和顾客之间有持续接触的交易,是一种考虑顾客终身价值、基于市场导向的定价方法,它能够刺激顾客多购买本公司的服务而抵制竞争者提供的服务。一般来说,关系定价策略可以采用长期合同和多购优惠两种方式。

**1. 长期合同**

营销人员可以运用长期合同向顾客提供价格和非价格刺激,以使双方建立长期合作关系,或者加强现有关系,或者发展新的关系。这种策略可以从根本上转变服务企业与其顾客的关系,它能将一系列相当独立的服务交易转变为一系列稳定的、可持续的交易。每个交易都提供了有关顾客需求方面的信息,由此公司可获得认识与效率方面的利益。同样,顾客也可随着关系的深入发展而从中获益。来自长期合同的可观、稳定的收入使服务企业可以集中资源来拉开与竞争对手的差距。

**2. 多购优惠**

这个策略的目的在于促进和维持顾客关系。它包括同时提供两个或两个以上的相关服务。价格优惠确保集中相关服务一次购买比单独购买要便宜。服务提供者将从多购优惠政策中获取三个方面的利益。首先,多购能降低成本。大多数服务企业的成本结构是:提供一种附加服务的成本比单独提供第二种服务所付出的成本要少。其次,吸引顾客从一个服务企业购买相关的多种服务,使顾客可以节省时间和金钱。最后,多购优惠能够有效增加一个服务企业与它的服务对象之间联系点的数目。这种联系越多,那么公司获取顾客信息的途径越广,了解顾客的需要与偏好的潜力也会越大。这种信息如果能充分有效地利用,将会有助于公司与顾客发展长期的关系。

### (六) 组合定价策略

现实生活中面临的定价服务产品的情况并非可以一言以蔽之,如专业咨询服务、酒店客房出租等可以按时间收取费用,运输企业根据距离收取费用。但是服务企业往往面临更复杂的情况,尤其是怎样对某种成为产品组合一部分的服务进行定价。主要有以下几种方法。

**1. 服务线定价法**

服务线定价是根据购买者对同样产品线不同档次产品的需要,精选设计几种不同档次的产品和价格线。在此之前,企业就必须在细分市场的基础上确保自身能够满足现代市场的多种需要。尤其是顾客对价格比较敏感的服务行业,服务线定价是企业必然要采用的策略。如某酒店的商务套房定价998元,豪华套房定价1799元,贵宾套房定价2199元,这样,不同的顾客会按照自己的需求来选择不同的产品。事实上,在很多行业,运用高、中、低价格会让顾客联想高、中、低三个档次的质量,顾客可以据此按照自己喜欢的价格点来进行消费。

**2. 特色定价法**

也称为非必需附带品的定价策略,即企业在以较低价格提供主要产品的同时,还提供具有吸引力的较高价的非必需附带品与之相配,依靠销售它们来增加利润。这种方法会给顾客一个较低的印象和更大的选择余地。如某餐馆菜美价廉,但酒水价格却是商场的几倍之多,而且规定客人不能自带酒水。那么餐馆就可以从食品收入中弥补成本,同时从酒水中获取利润。

### 3. 必需附带品定价方法

也称为附带产品定价法,采用这种方法利润主要来自附带品。软件公司经常运用这种方法,它可以将开发出的软件低价卖出甚至无偿赠送,但是会从不断升级的程序中获取利润。

### 4. 两部分定价法

实质上这属于价格歧视的一种具体运用,即将价格分为固定费用部分和变动费用两部分,在一定范围内用固定价格,超出该范围加收变动费用。服务企业常采用这种方法:移动电信公司会收取固定的月租费,然后再按时间计价收费;游乐园有门票费,但入园后玩某些项目会另外收费。

### 5. 捆绑定价法

即将数种服务(两种以上产品的捆绑)或服务特征(一种产品基本服务与扩展服务的捆绑)组合在一起,以低于分别销售时支付总额的价格销售,从而最大限度地吸引各具特征的顾客。捆绑定价法可以使顾客花较少的钱买较多的服务内容;使商家的相对较高的固定成本被更多的顾客来分担,因此该方法在服务业中被广泛使用。比如 KFC 的甜筒一个 3 元,5 元 2 个等等。

【资料链接】　　　　　**DHL 的全球差别定价**

DHL 是全球著名的邮递和物流集团 Deutsche Post DHL 旗下公司,主要包括以下几个业务部门:DHL Express、DHL Global Forwarding、Freight 和 DHL Supply Chain。

**1. 服务项目**

包裹:具有商业价值或需要申报的物品,如样品、零部件、磁带、录像带等。包裹长、宽、高不超过 175 厘米,重量不超过 50 千克。

文件:无商业价值或无须申报的物品,如商业信函、合同、计算机打印输出。

DHL 提供的免费增值服务:电子跟踪,24 小时客户服务,送达证明。

在亚洲、欧洲为客户的零配件、设备提供保税仓库,提供行业咨询,与欧洲主要 5 国海关联网,缩短清关时间等。

**2. 客户类型**

全球合同客户:大型跨国公司。

"成熟客户":能准确预测未来运输情况。

"零散客户":对价格敏感。

目前 DHL 公司价格政策:国家区域经理全权负责定价。

定价原则:一般比竞争对手价格高 20%～40%,针对不同客户采取不同价格。

**3. 价格**

定价基础:服务(文件或包裹),质量,起讫地。由于不断增加的清关、处理、包装、文书工作,包裹价格高于文件价格。

价格结构：每月服务费、折扣、半公斤基价。
折扣根据以往的运送件数确定。
价格谈判：一般签订2年运输合同，15%正式合同；折扣率在35%以内销售代表可以决定；折扣率在50%以内销售经理可以决定；折扣率在60%以内区域销售总监可以决定；折扣率在60%以上需主管销售副总裁批准。

**4. 主要竞争对手**

DHL的主要竞争对手如表4.1所示。

表4.1 DHL的主要竞争对手基本情况

| 公司名称 | 总部驻地 | 主要市场 | 业务市场 |
|---|---|---|---|
| 联邦快递 | 美国 | 美国市场 | 目前通过收购及竞争性价格渗透进入国际文件和包裹快递市场 |
| TNT | 荷兰 | 欧洲市场 | 目前转向重型货物及散货拼装以促进业务增长 |
| UPS | 美国 | 美国市场 | 传统产品（服务）为包裹速递，主要以价格而非运达时间取胜。通过拼装来降低成本 |

**5. 价格策略**

价格领导战略：全部市场高价以提供超级增值服务。
市场反应战略：根据客户类型和竞争压力不同各国家独立定价。
全球统一定价。
不同的市场具有不同的需求弹性，价格承受能力不同，应采取市场反应定价策略。
差别定价：包裹、文件差别定价；不同行业差别定价；跨国公司价格。
折扣方式：按照件数、重量、营业额；按照实际情况或预计情况。
不同地区运行成本不同，不同地区客户文化、社会环境不同，应采取灵活的价格结构（取件费、折扣方法等因地制宜）。

# 第三节 服务定价方法选择

服务企业在制定价格时必须考虑到服务定价的主要依据和影响因素，再选择相应的定价方法。

## 一、服务定价的主要依据

影响定价的因素是多方面的，按照价格理论，影响服务定价的主要因素有成本、需求和竞争三个方面。在此，我们对每一主要因素进行分析研究。

### （一）成本因素

任何服务企业都不能随心所欲地制定价格，某种服务产品的最高价格取决于市场需求，最低价格取决于这种产品的成本费用。同时，服务营销人员必须了解服务产品的成本及其随时间和需求的变化。对于服务产品而言，其成本可以分为三种，即固定成本、变动成本和准变动成本。固定成本是指不随产出而变化的成本,在一定的时期表现为固定的量,如建筑物、服务设施、家具、工资、维修成本等。变动成本是指随着服务产出的变化而变化的成本,如临时职员的工资,电费、运费、邮寄费用等。在很多服务性行业中,固定成本在总成本中所占的比重较大,比如航空运输和金融服务等,其固定成本的比重高达60%,因为他们需要昂贵的设备和大量的人力资源。准变动成本是指介于固定成本和变动成本之间的那部分成本,它们既同顾客的数量有关,也同服务产品的数量有关,比如,清洁服务地点的费用、职员加班费等。这种成本取决于服务的类型、顾客的数量和对额外设施的需求程度,因此对于不同的服务产品其差异性较大。

在产出水平一定水平的情况下,服务的成本等于固定成本、变动成本与准变动成本之和,而服务企业在制定价格战略时必须考虑不同成本的变动趋势。经验曲线(experience curve)有助于营销人员认识服务行业的成本行为,是经济学理论在市场营销中的重要应用。经验曲线是表示在一种产品的生产过程中,产品的单位成本随着企业经验的不断积累而下降的曲线,这里的经验指某些技术的改进。正是由于改进了操作方法、使用先进的工艺设备、经营管理方法的科学化而形成规模经济效应,才导致企业成本的不断下降。经验曲线是企业降低产品成本的有效分析工具。

### (二) 需求因素

市场营销理论认为,产品的最高价格取决于产品的市场需求,最低价格取决于该产品的成本费用。在最高价格和最低价格的幅度内,企业能把产品价格定得多高,则取决于竞争者同种产品的价格水平。可见,市场需求、成本费用、竞争产品价格对企业定价有着重要的影响,而需求又受价格和收入变动的影响。因价格与收入等因素而引起的需求的相应变动率,就叫做需求弹性。这里我们主要讨论需求的收入弹性和价格弹性。

**1. 需求的收入弹性**

需求的收入弹性是指因收入的变动而引起需求的相应的变动率。有些服务产品的需求收入弹性较大,意味着消费者货币收入的增加导致该产品的需求量有更大幅度的增加,一般来说高档服务产品,如养生保养会所的情况就是如此。有些服务产品的收入弹性较小,比如一些生活必需的服务产品,最常见的例子就是理发。也有的产品的需求收入弹性为负值,即随着消费者货币收入的增加将导致该产品的需求量减少,比如一些较低端的服务场所,这些收入提高了的顾客可放弃这些劣质的服务,转而进入高档服务场所享受高质的服务。

**2. 需求的价格弹性**

价格会影响市场,在正常情况下,市场需求会按照与价格相反的方向变动(见图4.1)。价格提高,市场需求就会减少;反之,市场需求就会增加。所以,需求曲线是向下倾斜的,这是供求规律发生作用的表现,此时的价格弹性是负值。同时菲利普·科特勒指出,显示消费者身份地位的商品的需求曲线有时也会是向上倾斜的。比如高档会所提价后,其消费量却可能增加,此时的价格弹性为正值,当然如果价格提得太高,其需求和销售也会减少。

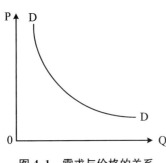

图 4.1 需求与价格的关系

在现代市场营销学的寻找理论(search theory)中进一步解释了需求的价格弹性。该理论认为,顾客对价格的敏感度取决于顾客购买时选择余地的大小。可选择的余地越小,则需求越缺乏弹性；反之，需求弹性越大。而可选择余地的大小又取决于顾客对服务有关信息和知识的获得程度以及他们对服务特征的认知，这些特征包括可寻找特征、经验特征和可信任特征。如果顾客能够根据可寻找特征评价服务，顾客的选择余地就比较大，则服务需求就有较高的弹性。不过对大多数服务而言，他们更多拥有的是经验特征和可信任特征。不过价格是一种可寻找特征，所以价格往往是顾客衡量高低的一个指标。当价格作为顾客唯一服务价值的指标时，需求和价格的关系就发生了改变。如图所示，价格过低，人们就会怀疑其价值；价格过高，又超过了人们的承受能力，只有适中的价格才能带来最大收益。

### （三）竞争因素

市场竞争状况直接影响着企业的定价。在服务产品较小、市场竞争激烈的情况下，企业在价格方面的活动也相应缩小。市场竞争所包含的内容很广。比如，在交通运输行业，企业之间的竞争不仅仅有不同品种之间的竞争，而且在不同运输工具之间、顾客对时间和金钱的利用方式之间也都存在着竞争。总而言之，凡是服务产品之间区别很小且竞争较强的市场，都可以建立相当程度的一致价格。此外，在某些市场背景下，传统和惯例可能影响到价格（如广告代理的佣金）。

而对于企业来说，在市场上除了从竞争对手那里获得价格信息外，还要了解它们的成本状况，这将有助于企业分析、评价竞争对手在价格方面的竞争能力。无疑，向竞争对手全面学习，对于企业非常重要。服务企业要借鉴竞争者如何确定其成本、价格和利润率，这将非常有助于企业制定适合自己的价格。

## 二、服务定价方法

企业在制定价格策略时还要考虑到企业的市场营销战略。整体性市场营销战略，意味着企业在市场营销组合中，任何策略的制定和贯彻执行都要同企业的市场营销战略目标相一致。价格决策也不例外。企业在确定服务产品价格时，应当考虑以下三个因素。

第一是产品的市场定位。市场定位是指服务产品所试图要占有的地位，以及在消费者心目中与竞争者相比较之"目前占有的地位"。显然，价格是影响服务产品市场定位的市场营销组合中的一项重要的要素。有形产品可以凭借其产品的实体特征在市场上占据一席之地，而服务产品定位所依靠的则是一些无形的特征。

第二是服务产品的生命周期阶段。服务产品的价格也与其生命周期有关。例如，在引入一种新产品时，企业可用低价政策去渗透市场，并在短期内快速争得市场占有率。另一种办法是，企业一开始就采用高价政策，在短期之内尽量攫取利润。这种策略只有在没有直接竞争者以及存在大量需求的情况下才能采用。

第三是价格的战略角色。定价决策在实现企业整体目标的过程中具有战略性地位。因而，任何单个产品的定价决策都要同企业的战略目标相一致。例如，一家新开的旅游公司为了树立良好的市场形象，可能有意采用低价位政策来争取较大的市场占有率，虽然这意味着一段期间企业无利可图。需要指出的是，任何价格政策都必须能配合市场营销组合的其他要素，以更好地实现战略目标。服务业使用的定价方法主要有下面几种。

### （一）成本导向定价法

成本导向定价法是一种主要以成本为依据的定价方法，根据服务成本的形态以及在此基础上的核算方法的不同，成本导向定价法可以分为成本加成定价法、边际成本定价法、盈亏平衡定价法以及投资回报率定价法等。

**1. 成本加成定价法**

所谓成本加成定价是指按照单位成本加上一定百分比的加成来制定服务产品销售价格,加成的含义就是一定比例的利润。所以成本加成定价公式为:

$$P = C(1+R)$$

式中,$P$ 为单位产品售价;$C$ 为单位产品成本;$R$ 为成本加成率。

在正常情况下,采用这种方法可以使服务企业获得预期的盈利,但这种方法不适用于对市场变化需要表现出高度适应性和对供求变化灵活应对的企业。如果企业处于激烈的市场环境,或是企业的服务组合比较复杂,则不宜采用这种方法。一般而言,成本加成定价方法在有形产品性较强的领域如餐饮业、零售业比较常见。

**2. 边际成本定价法**

边际成本定价法是把单位服务变动成本与可接受价格的最低界限作为定价依据的定价方法。当价格高于边际成本时,企业的服务收入除完全弥补变动成本外,尚可用来弥补部分固定成本,甚至可能提供利润。此种定价方法的意义在于:在保持固定成本不变、企业总收入不减少的情况下,可以通过增加服务销售量来降低价格,以低价格策略增强服务的市场的竞争能力。

**3. 盈亏平衡定价法**

使企业经营达到盈亏平衡、收支相抵的情况下的价格所对应的销量就被称为盈亏平衡点,而在盈亏平衡点下制定价格的方法就称为盈亏平衡点法。使用该方法的前提是科学地预测销量和已知固定成本、变动成本。以盈亏平衡点确定价格只能使企业的生产耗费得以补偿,而不能得到收益。因此,在实际应用中,该点所对应的价格一般作为企业的最低限度,再加上单位产品目标利润后才作为市场价格。但是在企业间开展价格竞争或应对供过于求的市场时,企业会运用此方法。

**4. 投资回报率法**

投资回报率法是指服务企业为了确保按期收回投资并获得利润,在总成本中加入预期投资回报率来确定价格的方法。这个价格不仅包括单位产品分担的投资额,还包括单位产品分摊的固定成本和变动成本。

成本导向定价法的优点是简单、易行,容易保证企业利润的实现。但由于相对脱离了市场,制定的价格很可能不符合市场需求状况,价格过高会抑制需求,过低则会受到竞争者的排挤,同时损失企业利润。

**(二)需求导向定价法**

需求导向定价法也称为顾客导向定价法,是一种以市场需求强度及消费者感受为主要依据的定价方法。其特点是灵活有效地运用价格差异,使平均成本相同的不同服务的价格随市场需求的变化而变化,不与成本因素发生直接关系。需求导向定价法包括感受价值定价法、反向定价法和需求差异定价法三种具体的方法。

**1. 感受价值定价法**

所谓"感受价值",也称"理解价值"或"认知价值",是指顾客对某种服务价值的主观判断,感受价值定价法就是企业根据购买者对产品的感受价值来制定价格的一种方法。该方法与现代市场定位观念相一致,企业在为其目标市场开发新产品时,在质量、价格、服务等方面都需要体现特定的市场定位观念。因此,首先要决定所提供服务的价值和价格;之后,要顾及在此价格下所能销售的数量,再根据这一销售量决定应提供的服务总量、投资及单位成本;接着,管理人员还要计算在此价格和成本下能否获得满意利润,如能获得满意利润,则继续推广这一服务产品,否则,就要选择放弃。

感受价值定价的关键在于准确地计算产品所提供的全部市场感受价值。企业过高或过低的估计感受价值都会导致服务营销的失败,为了准确地把握市场感受价值,必须进行营销研究。

**2. 反向定价法**

反向定价法也称为逆向定价法,是指企业依据消费者能够接受的最终销售价格,计算自己从事经营的成本和利润后,逆向推算出产品的批发价和零售价。这种定价方法不以实际成本为依据,而是以市场需求为定价出发点,力使价格为消费者所接受。在现实中,分销渠道中的批发商和零售商多采取这种定价方法。

**3. 需求差异定价法**

所谓需求差异定价法,就是指服务价格的确定以需求为依据,首先强调顾客需求的不同特性,而将成本补偿放在次要的位置。这种定价方法,通常对统一服务在同一市场上指定两个或两个以上的价格,或使不同价格之间的差额大于其成本之间的差额,其优点是可以使企业定价最大限度地符合市场需求,促进服务销售,有利于企业获取最佳的经济效益。根据需求特性的不同,需求差异定价法通常有以用户为基础的差别定价(即根据不同的用户和顾客以及付款能力定价);以地点为基础的差别定价(即不同的地理区域收取不同的价格);以时间为基础的差别定价(即在不同的时间收取不同的服务费);以交易条件为基础的差别定价(即不同形式的服务定不同的价格)等四种形式。

由于需求差异定价法针对不同需求而采用不同的价格,不仅满足了顾客需求,而且为企业谋取了更多的利润,因此在实践中被广泛中应用。但是,需求差异定价法并不是万能的,它的实施必须具备一定的条件。

(1)从购买者方面说,购买者对服务的需求有明显的差异,需求弹性不同,市场能够细分,不会因差别价格而导致顾客反感。

(2)从企业方面来说,实行不同价格的收入要高于统一价格的收入。因为差别定价只是获取利润的一种手段,所以企业必须进行供求、成本和盈利分析。

(3)从竞争状况来说,在本企业实行高价策略的市场范围内,竞争者不可能制定低价。这可能是企业已垄断市场,竞争者极难进入;也可能是服务需求弹性小,低价不会对顾客需求产生较大的影响;还可能是顾客的品牌忠诚度。

**(三) 竞争导向定价法**

竞争导向定价法,即是在竞争激烈的市场上,企业通过研究竞争对手的生产条件、服务状况、价格水平等因素,依据自身竞争实力,参考成本和供求状况来确定服务价格。其特点是:价格与服务成本和需求不发生直接关系;服务价格应根据竞争者的价格变化而做出调整,而并非以服务成本和市场需求的变化为依据。当然这里所提到的依据竞争者作出调整,并非是指完全保持一致,在其他营销手段的配合下,企业服务产品的价格可以高于或低于竞争者的价格。此种定价方法适用于服务标准化或市场上只有少量同类服务提供者等,主要包括随行就市定价法和产品差别定价法。

**1. 随行就市定价法**

随行就市定价法是指企业按照行业的平均现行价格水平来定价,利用这样的价格来获得平均报酬。采用这种定价方法的原因是:在垄断竞争市场条件下,任何一家企业都无法凭借自己的实力在市场上取得绝对优势。采用这种定价方法可以避免竞争特别是价格竞争带来的损失。同时,采用随行就市定价法,企业就不必全面了解顾客对不同价差的反应,从而节约了时间。

采用随行就市定价法,最重要的就是清楚"行市"。在实践中,行市的形成有两种途径:一是在完全竞争的环境里,各个企业都无权决定价格,通过对市场无数次地试探,相互之间的一种默契而将价格保持在一定水准上;二是在垄断竞争条件下,某一部门或行业的少数几个大企业首先定价,其他企业参考定价或追随定价。事实上,随行就市定价法是一种防御性的定价方法,它在避免竞争的同时,也抛弃了价格这一竞争的利器。

**2. 产品差别定价法**

产品差别定价法不同于随行就市定价法,产品差别定价法是一种进攻性的定价方法。它是指企业通过不同的营销努力,使同种同质的服务在顾客心目中树立起不同的形象,进而根据自身特点,选取低于或高于竞争者的价格作为本企业提供服务的价格。

采用产品差别定价法的企业,首先必须具备一定的实力,在某一市场或某一区域内占有较大的市场份额,顾客能够将企业产品与企业本身联系起来。其次,在质量大体相同的情况下,尤其对于定位为"质优价高"形象的企业来说,实行差别定价只能在一定限度内,因为它必须支付较大的广告、包装和售后服务方面的费用。因此,从长远来看,企业只有提高产品质量,才能真正赢得顾客的信任,才能在竞争中立于不败之地。

**【资料链接】　　　　联邦快递:"10＋2"挑弄价格战**

近年来,国内物流界接连发生了"地震":荷兰跨国物流商TNT以"购买式"兼并华宇物流公司;联邦快递以4亿美元收购了与大田合资的快递公司。这被业内认为是外商独资化举动的一个开始。

因合作而分享资源,又因分手而独享资源,成为外资物流巨头"中国攻略"的路线图。这一循序渐进的选择途径并不像看起来那么简单。对绝对话语权的追求,早已彰显出其寻求掌控权力以及垄断利益的意图。外资物流巨头独立后,更是步履轻盈,进而一边攻城略地、抢占核心城市,一边与航空公司签署"城下之盟",垄断航线,布下"天罗地网"。

目前美国联邦快递在我国的服务网络已经覆盖了220个城市,并计划未来几年再增加100座城市;敦豪公司(DHL)已经建立了中国最大的快递服务网络,覆盖全国318个城市。目前四大外资公司已经垄断了我国国际快递市场80%的份额。

**1. 当金牌也玩价格时**

进入6月,我们可以在各地报纸上看到之前少见的联邦快递"价格战"广告。即在国内一些城市之间"次日达"最低为9.6元,加2元可升级为"次早达"。这对那些热爱金牌服务的用户是特大喜讯,而对中国邮政的EMS及诸多民营快递无疑是晴天霹雳。

笔者之前曾对中外快递有过深切体会,还写过一篇小博文"傲慢龟与勤快兔"。比如,在年初从石家庄发深圳的快件,联邦快递的"次日达"为60元,而现在为20元。同样的快件EMS 22元,3天左右到达。太有竞争力了,这让我惊喜不已。

当金牌企业也玩价格时,低端企业将无还手之力,地盘尽失。一直靠品牌打天下的洋快递,一旦占据金字塔顶的高端市场之后,会无一例外地向下进军,蚕食更大的中低端市场地盘。扩张中还是依仗品牌力发威。

### 2. "降价+提速"双管齐下

联邦快递中国区总裁陈嘉良表示,联邦快递的优势不是价格,而是"限时"和"时效",如没有准时到达就会退款,瞄准的也是对时效性和可靠性要求更高的客户群。

而一年时间,联邦快递的递送费已多次下调,去年10月,其从北京到上海的次早达运价就从135元降为60元。如今,联邦快递新的资费价格已与国内民营快递接近,甚至更低。

据了解,国内与联邦快递运送模式类似的民营快递公司顺丰快递(同样用包机递送快递)"次日达"的收费是每公斤20元,比联邦快递最新的价格还高2元。而邮政EMS"次早达"的收费是起重500克20元,每续重500克6元,每件另加收5元特殊服务费,也就是说1公斤需要31元,远远高出联邦快递的价格。

而且,联邦快递这一价格不是临时的价格,做出价格调整是吸引更多希望使用快件的客户了解并享受联邦快递的服务。陈信孝透露,目前客户的确得到拓展,联邦快递国内快递的货量已是一年前推出服务时的三倍以上。

除降价举措,联邦快递还进一步加强了其"时效"优势,将国内限时"次早达"的服务从最开始的19个城市拓展到了40多个城市,而"隔日达"服务可以覆盖全国200多个城市,以后还将不断拓展二三线城市。另外,"次早达"的时间也从第二天的中午12点提速到上午10点30分,截件时间则延长到了晚上9点。

值得注意的是,目前联邦快递开始更多向楼宇投放广告,业内分析这也与其降价策略和客户定位的变化有关。联邦快递已经将目标客户伸向更多大众。

### 3. 进来的都是鲨鱼

我国快递业的年增长速度已经连续20多年保持20%的水平,这个速度超过了同期GDP平均每年8%的2倍。据统计,全国从事快递服务的法人企业已达到2422家,从业人员达到22.7万人,2007年我国快递行业的收入达380亿元,增长速度超过25%,高于第三产业的平均水平。在未来经济发展预期良好的前提下,物流快递行业的市场蛋糕为众多企业所垂涎。

几年来,外资快递巨头在华扩张紧锣密鼓:对内资企业实行合作、并购、控制"三部曲",步步为营控制资源;抢占核心城市,垄断航线,布下天罗地网,掌控快递业命脉。

**资料来源**:高韬.联邦快递:"10+2"挑弄价格战[EB/OL].中金在线,2008-06-27.

◆思考题

1. 服务产品与有形产品相比,其在定价方面有什么特点?
2. 服务定价有哪些目标?
3. 新产品定价有哪些策略?如何理解这些服务定价策略?
4. 简述确定服务定价的主要因素,详细阐述其中的需求因素。
5. 心理定价策略包括哪些常用技巧?

【分析案例】

## 我国航空客运价格的形成机制及定价策略

航空运输产品的服务特点和航空运输生产过程的特殊性共同决定了影响航空客运价格的基本因素。

### 一、确定航空客运价格的基本方法及其特点

航空运输企业在制定客运价格时,常采用以下一种或几种基本方法。

**1. "成本+利润"定价法**

在航空运输企业中,一旦机型、航线、航班时刻确定下来,就可以根据企业的直接运营成本、间接运营成本估算出每一个航班的"座公里成本"或"吨公里成本",加上公司期望的合理利润,形成基本的客运价格。这一方法简单明了,有利于企业成本补偿并获取相应利润,缺点是没有考虑到企业在特定情况下面对的竞争和同一服务对不同消费者具有不同价值这一事实。

**2. 边际成本定价法**

边际成本定价法根据由于运输量增加而直接导致的成本确定价格。这种定价方法广泛应用于短期供给弹性低、固定成本高的行业。因为航班一旦起飞,其剩余的座位就浪费了。因此,在航班起飞前的很短一段时间内,通常将剩余机票以略高于边际成本的价格出售给候补旅客,即票价略高于每位旅客增加的餐饮、燃油、离港等费用。候补票不能确保旅客在某一航班上的座位,旅客必须提前到达机场等候,航班上有空位时才可以登机。如果没有剩余座位,旅客可以得到退款或者等候下一次航班。

**3. 需求导向定价**

航空客运价格的上限取决于旅客对运输价值的判断。运输价值是指航空运输企业生产的产品——运输所带给顾客的效用。航空运输价值通常取决于运输距离、服务对象、服务地点、服务时间等因素。成功的需求导向定价就是基于有效的市场分割,以达到每一细分市场的价格最大化。

(1) 针对不同运输距离的定价

虽然运输距离越长,航空运输的单位成本越低,但长途运输的单位价格(座公里/吨公里价格)可高于短途运输。航空公司通常又把这一部分价格差额间接地补偿给短途运输,因为短途航空运输的(座公里/吨公里)成本较高,而服务价值相对较低。

(2) 针对不同类型顾客的定价

大多数航空公司都提供多种运价与服务组合,以满足不同类型顾客的需要。商务旅客常常需要临时作出旅行决定,随时购票,并愿为此支付较高的票价;非商务旅客一般愿意选择较低的票价,并遵守提前几周订票的要求,放弃灵活变更行程的方便;还有的旅客希望享受更低的票价,愿意冒险到机场等待临起飞前的候补机票。

(3) 针对不同消费地点的定价

航空运输企业可以在对顾客服务价值大的地方收取较高的价格。在航空运输中,对不同的航线常常收取不同的单位价格;甲地到乙地的市场与乙地到甲地的市场的定价政策也可能不同,因为两地各自的经济水平、竞争程度和顾客购买行为可能是有差异的。

（4）针对不同生产时间的定价

航空运输服务经常面对不均匀需求，表现为需求的日变化、周变化、年变化、季节变化、周期性变化或随机变化。因此，针对时间的差别定价既与需求大小有关，又与生产成本有关。航空公司对需求高峰期航班收取较高费用；对需求低谷期的航班会提高票价折扣，或采取一些提供额外服务的促销措施。

**4. 基于竞争者的定价**

基于竞争对手的定价方法主要有两种：一是与竞争对手采取不同的价格定位，服务不同的细分市场。这种定位应是航空运输企业市场营销组合策略的一部分，要与其他营销要素相互协调。如低成本航空公司的营销定位是服务简单、成本低廉、价格便宜；而一些大型航空公司采用的是服务网络宽、到达目的地多、方便舒适、价格较高的营销定位。二是当一个航空公司的目标市场与竞争对手相同时，价格通常作为获得短期竞争优势的战术手段。

**5. 政府管制下的定价**

价格管制一般针对价格歧视、不合理运价和不合理的价格变动。如航空公司或航空公司联盟为了将竞争对手驱逐出市场，占有更高的市场份额而采用的"掠夺式"价格。

我国民航运输现在实行的是政府指导价，分成3个层次：在独家直飞的省内航线完全实行市场价格；旅游城市票价是放开下限、管住上限；多数的航线实行以政府基准价为基础，在上浮25%、下浮45%的幅度内自主确定价格。

## 二、航空客运价格的形成机制及定价策略

第一，制约航空旅客运输价格的基本市场因素是服务成本和服务价值。航空运输企业可以通过降低运输成本或提高服务价值来形成自己的价格优势和竞争优势。同时，航空运输生产特点决定了其成本在一定时期内是相对稳定的，企业可以通过实现收入最大化来达到利润最大化。

第二，市场竞争力量会使航空旅客运输价格暂时偏离正常范围。由于电子商务技术的发展，竞争对手之间价格响应的速度越来越快，对价格的影响也越来越大。

第三，航空运输企业在一定的时期和环境下，需要采取特殊的价格手段以达成特定的组织目标，也会导致航空旅客运输价格短期内偏离正常范围。

第四，由于航空运输先销售后生产的特点，边际成本定价是处理航班剩余运力的重要手段。

第五，价格管制在市场经济体制还不完善的情况下是必需的，完全市场化的航空客运价格形成机制应与民航运输企业的性质、市场进入机制、破产退出机制相匹配。

阅读完案例请思考：航空运输业的定价模型体现了哪些定价策略和定价方法？在学习完本章关于服务产品定价的相关知识，并结合相关理论，你认为我国航空业定价哪些地方需要改进和完善？我国航空客运业价格形成机制应向哪个方向改革？对此，你有什么样的建议？

随着我国高校的发展，高校相关产业的发展也发展迅速，而由高校产业发展带动的相关

行业的发展速度也是非常惊人的。在各高校的周围,总是会伴随着很多企业、店铺,如快餐店、美发店、书店、网吧和眼镜公司等等。可以说他们的发展完全依赖于学校的发展。可见,高校的发展对一个城市的经济发展起着举足轻重的作用。试以你所在大学周边的某家美发店或网吧等服务业为例,对其进行实地调查,并结合理论说说其经营者定价方法和策略的优缺点,并就不足之处提出针对性的意见和建议。

# 第五章 服务渠道

掌握服务渠道的几种类型;熟悉服务渠道的几种选择;了解服务渠道的创新。

### 奥克坦尔通讯公司销售有术

与AT&T和北方电讯这样的通讯巨头竞争对奥克坦尔通讯公司来说不能不说是一个巨大的挑战。但是,道格拉斯·查恩斯认为公司的使命远不止于此。"我们要使顾客接受有声邮电的观念并试用它,一年前人们还会对建议他们在别人有声信箱里留言表示愤慨,今天他们反而会因为别人没有这样的有声信箱感到不便,这是一个巨大的社会变革"。

1990年,有过24年通讯工作经验的查恩斯接任奥克坦尔通讯公司的总经理,自此以后,成立10年的以加利福尼亚的梅尔皮斯坦为基地的奥克坦尔通讯公司发展迅速,目前已占有声邮电市场的22%的份额,并且还在继续增长。

为了进一步促使美国公众接受有声邮电的观念及其各种应用方式,奥克坦尔通讯公司每年要举办40次以上的顾客讨论会,展示一些满意客户的说明书,有时甚至与竞争对手一起开讨论会。这一切都为了激发公众对有声邮电的兴趣,带动公司的销售额上涨。

奥克坦尔通讯公司利用多种市场营销工具推销产品:直销邮件,电话直销,目标营销,顾客表扬录像带,讨论会。

奥克坦尔通讯公司利用前两种直销方式为政府服务,以利传播。公司在销售部、营销部和将近600人的顾客支持组织之外,还有设在本土和加拿大、澳大利亚、新加坡等地的独立分销机构。在欧洲,奥克坦尔通讯公司的几个全权代表分部的国际销售额正在快速上升,占公司收入的40%。奥克坦尔通讯公司在产品销售成绩的不断提高中,已经成为与AT&T、北方电讯齐名的大的电信公司。其总裁格拉斯在该公司的产品营销中,采用了独特的手段来激发公众对该公司产品的兴趣,从而带动公司的销售额上涨。

# 第一节 服务渠道的类型

1. 导入案例中用了哪些营销手段?
2. 这些营销手段的优缺点是什么?

服务渠道是促使服务产品顺利到达顾客手中,被使用或消费的一整套相互依存、相互协调的有机系统组织。它包括如何把服务交付给顾客和服务应该在什么地方、什么时间进行,它弥合服务产品和其使用者的缺口。在服务营销中,企业为了获得竞争优势,应该寻找并制定适宜的交付服务方法和地点的渠道策略,方便顾客对服务产品的购买、享用和受益。服务渠道按照其到顾客手中是否经过中间商,可分为直销服务渠道、经由中介机构的分销服务渠道和结合型服务渠道3种,如图5.1所示。

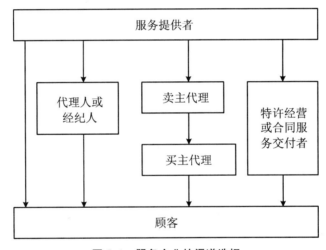

图 5.1 服务企业的渠道选择

## 一、服务渠道分类

### (一) 直接渠道

直销是最适合服务产品的配送形式。直销可能是服务生产者经过选择而选定使用的销售方式,也可能是由于服务和服务提供者不可分割的原因。当服务企业选择直销时,经营者的目的往往是为了获得某些特殊的营销优势:

第一,对服务的供应与表现,可以保持较好的控制,若经由中介机构处理,往往造成失去控制的问题。第二,以真正个人化服务方式,能在其他标准化、一致化以外的市场,产生有特色服务产品的差异化。第三,可以从顾客接触时直接反馈回关于目前需要的变化及其对竞争对手产品内容的意见等信息。例如,有些投资顾问机构或会计师事务所,可能都会有意地限制客户的数量,以便能提供个别服务。

但是,如果因为服务和服务提供者之间的不可分割性(如法律服务或某些家务服务)而选择了直销,那么,服务提供者可能面临如下问题:

一是，针对某一特定专业个人的需求（如著名的辩护律师）情况，公司业务的扩充便会遇到种种问题。二是，采取直销有时便意味着局限于某个地区市场，尤其是在人的因素所占比重很大的服务产品中，更是如此，因为，此时不能使用任何科技手段作为服务机构与顾客之间的桥梁。

### （二）间接渠道

服务公司最常使用的渠道是通过中介机构，中介的责任是间接的，它负责销售，生产者负责生产。销售者可以为生产做贡献，但是责任要分清，并一定要告之消费者。中介可以是独立于服务生产者的，可以是代理，保险公司这类典型最多；也可以是零售商，旅行社和银行的代售信用卡和共同基金的机构就是这类典型。服务业市场的中介机构形式很多，常见的有下列五种：

**1. 代理**

一般是在观光、旅游、旅馆、运输、保险信用、雇佣和工商业服务业市场出现。

实际上，代理代替服务的生产企业与潜在购买者进行接触。代理收集订单，将其转交给生产者，再以各种方式得到付款。最常见的报酬方式是确定按照销售的一个百分比提成。使用代理的主要好处是：① 比直接销售投资更少，风险更小。② 潜在购买者喜欢在购买主要服务的同时能选择其他辅助服务，而代理可以满足他们的这种要求。代理可以适应某一地区或某一细分市场的顾客的特殊要求。③ 服务生产者不一定了解市场，特别是一个新市场，其成功往往要靠一个对当地人熟地熟的好代理。④ 在某些国家的某些服务不允许服务的外国生产者与本国顾客直接接触，必须通过某些得到授权的代理人，这类许可经常是发给本国的自然人或法人的。⑤ 有时候，要销售一种性质复杂的服务，就需要了解一些生产者不一定了解的事物，服务企业可以雇佣职业水平高的人员，但是成本太高，而销量不一定高。例如，银行在新区开设的分行要销售金融服务，需求较低，离总行又较远，不如找当地代理更合适。

代理的职能相当于服务生产企业的一线人员。潜在购买者找保险公司的代理打听各种信息，实际上就已经开始了服务过程，这些代理就是服务的组成部分。如保险，保险代理签署各类保险合同：火灾、盗窃、民事责任、意外伤害、疾病保险。服务（对于顾客的好处）是由保险公司总部管理：核查、理赔、付款等。实际上代理就是总部的零售点。

**2. 代销**

专门执行或提供一项服务，然后以特许权的方式销售该服务。以时下流行的网络代销为例。网店代销，又名网店代理。网店代销基本上分虚拟物品代销和实物代销两种。代销是指某些提供网上批发服务的网站或者能提供批发货源的销售商，与想做网店代销的人达成协议，为其提供商品图片等数据，而不是实物，并以代销价格提供给网店代销人销售。一般来说，网店代销人将批发网站所提供的商品图片等数据放在自己的网店上进行销售，销售出商品后通知批发网站为其代发货。销售商品只从批发网站发出到网店代销人的买家处，网店代销人在该过程中看不见所售商品。网店代销的售后服务也由批发网站行使。

网店代销可以免费为网店提供货源，方便了一些想开店但没有资金的初级卖家，这是它的最大好处，但越来越多的代销网站只注重销量，不怎么注重管理渠道，导致代销容易造成各个代销客户之间恶意竞争，影响正规卖家的利润，同时容易对产品品牌造成不利影响。目前在代销的基础上，国内已经有一些网站开始发展分销渠道，分销作为销售渠道的重要一环,有别于代销,它将对整个销售渠道及过程进行严格控制和管理。

### 3. 经纪

在某些市场,服务必定或因传统惯例要经由中介机构提供才行,如股票市场和广告服务。经纪人,按我国《辞海》说法,是为买卖双方介绍交易以获取佣金的中间商人。1995年10月26日国家工商行政管理局颁布《经纪人管理办法》指出:"本办法所称经纪人,是指依照本办法的规定,在经济活动中,以收取佣金为目的,为促成他人交易而从事居间、行纪或者代理等经纪业务的公民、法人和其他经济组织。"一般地讲,经纪人系指为促成他人商品交易,在委托方和合同他方订立合同时充当订约居间人,为委托方提供订立合同的信息、机会、条件,或者在隐名交易中代表委托方与合同方签订合同的经纪行为而获取佣金的依法设立的经纪组织和个人。有汽车经纪人,明星经纪人,文化经纪人等。

**【资料链接】5-1    个体演出经纪人**

> 以从事营业性演出的居间、代理活动为职业的个体演出经纪人,应当依法到工商行政管理部门办理注册登记,领取营业执照,并在文化主管部门以及工商局合同科备案。我国开始实行新修订的《营业性演出管理条例》,从2005年9月1日起,在法律上认可了个体演出经纪人的存在,并对他们给予法律上的保护和支持。曹方振适时地抓住了这个机会,于2005年10月到北京朝阳区文化委员会审批窗口正式申请个体演出经纪人注册备案,成为了国内众多非法律承认的个体演出经纪人中第一个吃螃蟹的人,同时也在一定意义上承担起了一个演出经纪领域拓荒者的责任。

### 4. 批发商

在批发市场的中间商有"商人银行"等。在服务领域,批发商似乎不多。一个成批购买连锁旅店床位的旅行社再转手将床位卖给旅客,换取一定利润,它实际就是服务的批发商。同样一家保险公司就一个大航空公司的所有飞机签署保险合同,然后再转卖给其他公司,这也可以看成一种代理。这种情况很少被看做是"大买主",但是对服务的购买者来说是第一责任人。如果预订的旅店床位卖不出去,旅行社要将其归还给旅店。

### 5. 零售商

包括照相馆和提供干洗服务的商店等。代理是靠自己的介入实现服务的生产者与顾客之间接触的,而零售商则是独立经营的。零售商与顾客和服务生产者之间的关系都是直接的,但不使两者相接触,因此情况不同。这种中介承担所有的买卖责任。顾客知道面对的是替生产者经营的中介。这类中介仅限于销售服务的使用权,顾客也并不认为服务的质量要由中介负责。如果到报亭买电话磁卡,销售者和电话经营者的区别是显而易见的。如果到电话亭里打电话,拨号码、占线、线路有干扰,打电话者肯定不认为这是报亭的责任。但是如果到电信公司分设机构买一个电话秘书机,秘书机若不好用,消费者当然认为电信公司和秘书机的制造商都有责任。

顾客的感受有复杂的标准。最有效的政策就是以信息进行介入。很多情况都取决于顾客对服务的了解程度。没有人认为,因为旅行社出售了机票,它就一定因大雾造成飞机停飞的责任人。但是如果旅行社对旅客提供的起飞时间错误,或者没有向信息中心正确输录预订机票的旅客姓名等数据,这就是旅行社的责任问题。如果没有及时通知购票人航班取消或者延误的消息,也可以看做是旅行社的责任。自动销售机是将生产与销售责任分离开的最好方式。

销售点经常是独立企业,但是使用服务生产者的招牌(例如打字服务社使用佳能打印机)应该很清楚,零售商承担买卖生产的所有责任。不应忘记,在服务中,潜在购买者购买的也是信任,招牌不应是欺骗。以下列出适用于各种服务业的中介机构的可能组合型态,但这只是服务业渠道结构可能有的组合形态,而不是所有的可以组合型态:① 金融服务业。银行对个人及公司所提供的广泛服务范围领域包括现金账户、存款账户、信用、金融顾问咨询、不动产规划、现金贷放,以及许多可以利用的金融产品。当然,大多数的消费者是直接和银行来往,但通过中介机构的情况也很普遍。目前信用卡被广泛使用,银行便在接受信用卡为付款的卖主(如零售店)和处理信用单的信用卡公司之间扮演清算中心的角色。因此,银行和卖主都由于提供此项服务所担任的角色而获取佣金。另外一个例子是,雇主将资金通过往来银行支付工资或薪水给员工,而员工则可通过其他的银行领取,因为银行之间有资金转移的合作关系。② 保险服务业。直销保险一向很通行,但也可经由商店、代理商、经纪人或多重中介机构的合并服务来销售保险。有些商业公司,如合作社就可拥有自己的保险公司。另外,有些服务销售者,如旅行社,可能替一些保险公司向顾客提供旅游保险服务。而经纪商往往替好几家保险公司从事工作,再保险业分销渠道上,经纪商是极重要的中介机构。自动售货机用来销售保险的情况(如在飞机场)已愈来愈多,许多工作场所的团体保险也极普遍,如保险代理商签立团体保险保单给雇主,以为其员工投保(如工作意外险)等等。③ 旅馆饭店。虽然在传统上都是使用直接方式销售其服务,但近年来,旅馆和大饭店使用间接渠道销售服务的现象,已日益增多。如家酒店,汉庭快捷酒店等都采用连锁加盟的方式。

## 二、服务渠道的发展

最近几年来,服务分销渠道有了很多新的发展,大致以独立渠道和结合渠道两种方式发展。

### (一)独立服务渠道

独立渠道的兴起,是为了满足特定需要,而无需与另外的产品或服务相关联。因此,一家顾问公司或一家旅行社,不与其他公司联合,且与其他公司分开经营,即属独立服务公司的例子。不过独立服务公司当然也可以利用其他的中介机构。

### (二)结合型服务渠道

结合型服务渠道,是服务结合在一个销售某一产品的渠道之中。结合型服务渠道一般是通过下述形式发展而来的:

**1. 收购**

服务是整体产品组合的一部分(如对耐用消费品采购的融资)。

**2. 租用**

服务在另一家公司的设施中提供和营运,如特许权使用人必须给付租金或者将营业额抽成给出租的公司。

**3. 合同**

这是两家或两家以上的独立公司,以某种契约方式,合作营销一项服务。

**【资料链接】5-2　　北京银行社区支行将增至 50 家**

北京银行零售业务战略转型工作再次取得新进展。该行在世纪城支行推出社区银行个人金融服务模式品牌——"社区金管家"。北京银行副行长、来自 ING 集团的侯德民在发布仪式上表示,北京银行将增设 30 家社区支行,届时北京银行将建立 50 家社区支行。截至目前,北京银行在北京地区已经建立近 20 家社区支行,这些新型网点重点服务于周边社区内的居民和中小企业。

**资料来源:** 周鹏峰.2009 年北京银行社区支行将增至 50 家[N].上海证券报,2008-10-22.

## 第二节　服务渠道选择

### 一、服务渠道定位的意义

营销活动的核心是使产品或服务被使用或消费,从而为组织带来经济利益。而营销渠道正是促使产品或服务顺利地被使用或消费的一整套相互依存的组织。因此服务渠道决策是组织面临的最重要的决策,其所选择的渠道将直接影响所有其他营销决策。因此,服务渠道的设计应该充分考虑各种限制性因素,制定出适合组织产品或服务特性的营销渠道,促进组织营销目标的实现。总的来说,服务渠道设计的限制因素包括以下方面:产品或服务的不同特性,如产品概念、定价、目标人群、使用方法等;现有渠道的特性,如进入成本、发展性、商业信誉、专业性等;销售地区的经济环境,如人均收入、景气指数等;以及组织的营销规划,如销售预算。服务渠道的定位是与服务企业营销战略和竞争战略相联系的一项重要决策。成功的定位将从战略层面出发,使企业在环境适应、竞争地位、需求管理和规模效益等经营要素上取得全面进步。

**1. 环境适应**

环境适应是指服务企业对外在经济条件改变的反应能力。因为定位决策牵涉到企业大量资金的投入,因此网点位置的选择将大大影响到企业能否对未来的经济、人口和竞争态势变化保持良好的反应能力。

**2. 竞争地位**

竞争地位是指服务企业相对于竞争对手的状态。成功的定位可以通过率先形成的便利的服务体系和市场认知度而设置一种无形的进入障碍。而在市场繁荣前,获得并保持最佳位置,更是能够人为地创造一种竞争优势,从而有效地打击竞争对手有利地点的争夺。

**3. 需求管理**

需求管理是指企业对服务需求的数量、质量和实践的控制能力。服务固有的属性——生产能力的有限性、低弹性和服务的不可储存性,决定了服务企业往往很难引导需求,控制需求,但是,服务企业可以通过在不同的市场群体周围定位的策略来达到控制需求的战略目的。

**4. 规模效益**

服务企业可以通过在众多定位点提供相同或相似的服务,获得规模经济效益。多点定位和服务标准化策略能使优质的服务得到迅速复制,这是企业扩张的一种常用策略。当然,多点定位也可能引发邻近的网点相互争夺业务、浪费经营资源的风险,但是基于理想的成长模式规划的定位策略,将有助于风险的规避。

## 二、服务渠道选择的标准

一旦服务企业的决策层认定有必要建立分散的网点,就需要进一步考虑网点数量和地址选择的有效标准。具体从以下几个方面看:

**1. 营销战略和竞争战略**

这是决定服务企业是否采取多点定位最根本的参照标准。

如果一家服务企业在营销和竞争战略上采取全球扩张、主动竞争的态势,那么它的网点数量和地址选择的标准自然就是基于全球范围的多点定位和全球出击的策略;如果只希望在某一区域内逐步扩张,那么它的网点定位标准就可能是以重点地区的重点网点为中心,采取梯度扩张的策略。

**2. 竞争对手的网点分布**

这是影响服务企业网点定位和地址选择的重要条件和标准。在竞争策略上采取抗衡、同步竞争策略的服务企业往往把网点设置在竞争对手网点的邻近区域甚至附近,比如肯德基和麦当劳两大快餐店,网点遍布全球,数量庞大,竞争十分激烈。几乎所有能看到肯德基的地方附近就有麦当劳。

虽然许多服务是无形和不可分割的,且多数情形下直接销售是合适的渠道,但是服务还是可以由许多种其他渠道选择来提供。选择什么样的渠道来配送服务,主要依赖于市场的特殊需求和服务自身的本质。

服务的多种渠道选择,包括:

(1) 直接销售,如会计和管理咨询服务;
(2) 代理人或经纪人,如保险代理、房地产代理和旅行代理;
(3) 卖主和买主的代理人和中间商,如股票经纪人等;
(4) 特许经营或承包服务交付者,如快餐、轿车服务和干洗业。

事实上,很多服务企业都采取多种渠道销售。有的用若干中介针对同样的目标顾客群销售同样的服务;有的通过同样的渠道针对不同的目标顾客群销售同样的服务;有的针对同样的目标顾客群通过不同的渠道销售不同的服务。

## 三、服务位置的选择

服务业渠道选择问题中,有关服务所在位置的选择是一个极为重要的方面。不论以什么渠道型态去获取顾客,中介机构的位置,也就是服务业公司应设置在什么地方,都是很重要的。银行、会计师事务所、法律顾问公司、餐厅、干洗店等服务业公司面临的位置决策,与销售实物产品的公司没什么两样。

### (一) 选择服务位置的依据

位置是企业做出的关于它在什么地方经营和员工处于何处的决策。对服务来说,位置的重要性取决于相互作用的类型和程度。服务提供者和顾客之间具有三种相互作用方式:

顾客来找服务提供者,服务提供者来找顾客,服务提供者和顾客在随手可及的范围内交易,当顾客不得不来找服务提供者时,服务业的位置就变得特别重要。如餐馆的位置就是顾客光顾的主要理由之一。因此,选择适宜的地点成为一个关键的问题。服务提供者能够来找顾客时,假定顾客在足够近的地方得到了高质量的服务,坐落位置就变得不那么重要了。服务提供者和顾客在随手可及的范围内交易时,位置是最无关紧要的。在这种情况下,这些地方装备了有效的邮递和电子通讯,便不关心服务供应者的实际位置在什么地方,如电话、保险等。

服务业位置的重要性依据服务业类型而各有不同,但有几个问题是共同的,这是服务提供者在进行服务位置决策时必须考虑的,它们包括:

(1) 市场的要求是什么?如果服务不在便利的位置提供,是否会导致服务采购或利用的延迟?不良的位置是否会造成顾客做出自己动手而无需服务的决定?可及性与便利是选择服务(如选用银行)的关键性因素吗?

(2) 服务业公司所经营的服务活动的基本趋势如何?其他竞争者的势力正在渗入市场吗?

(3) 服务业的灵活性有多大?它是基于技术还是人员?这些因素如何影响所在位置以及重置位置决策的灵活性?

(4) 公司有选取便利位置的义务吗(如保健等公共服务)?

(5) 有什么新制度、程序、过程和技术,可用来克服过去所在位置决策所造成的不足?

(6) 补充性服务对所在位置决策的影响性多大?顾客在消费时是在寻找服务体系还是服务群落?其他服务机构的位置是否加强已做出的任何位置决策?

由于许多服务业公司认识到位置的重要性,因此,目前在服务营运上更注重系统化方法的运用。服务营销人员全面系统地考虑这些问题将有助于做出正确的位置抉择。

### (二) 服务位置的确定

位置的重要性根据所要营销的服务性质不同而有所差异。例如,上门修理服务业的紧急水电修理服务,其服务表现者的位置,与顾客的利用决策过程没有太大关系。而快递业的位置选择与服务对象的利用有很大关系。一般来说,服务业可依其所在位置分为与位置无关的服务、集中的服务和分散的服务,相应地服务位置确定也各不相同。

**1. 与位置无关的服务业的位置确定**

有些服务业,如住宅维修、汽车抛锚服务及公用事业等,其所在位置是无关紧要的。因为,这些服务都要在顾客的处所实现。因而服务设备的所在位置比服务表现的特定地点较不重要。但是,这种服务最重要的是,当顾客需要服务的时候,服务如何能具有高度的可得性及可及性。就此意义来说,所在位置就不只是实体上的邻近而已。当然实体上的邻近对于某些服务业公司是重要的,因而必须发展分支事务所,以接近客户(如广告代理、建筑师),为了服务能使顾客顺利地取得,重要的一个因素是传送系统,通过此系统可使顾客的召唤能获得迅速的反应。

**2. 集中的服务业的位置确定**

有些服务经常是集中在一起的,主要原因是供应条件和传统两项因素。此外,促成集中现象的原因还有:由于某些点的地位关联、需求密集度低,顾客移动的意愿、邻近核心服务的补充性服务的历史发展以及需求导向的不重要。

**3. 分散的服务业的位置确定**

分散的服务业所在的位置取决于市场潜力。有些服务业由于需求特性及其服务本身的特征，必须分散于市场中，但是，有时是机构可以集中（如企业顾问），但服务营运是分散的（如顾问走访特定客户）等。

**【资料链接】5-3　　　　德邦怎样布置网点**

> 网点建设方面，德邦坚持营业网点自建策略，为客户提供优质、可靠、及时的服务。德邦有自己的一套网点建设评分机制，对该区域人流量，交通运输条件，商业发达程度，已有物流企业，工业企业数量等等，建立一套评价指标，赋值，打分，综合考虑。每家营业网点的开设都会根据这套机制严格评定，得分达到基准分的地方才可以开店。

# 第三节　服务渠道创新

创新是发展的不竭动力，随着服务业市场的发展，不断有新服务分销方法出现。主要表现如下。

## 一、租赁服务

许多个人或公司已经或正在从拥有产品转向产品的租用或租赁。采购也正从制造业部门转移至服务业部门。这就意味着许多销售产品的公司，增加了租用和租赁业务。同时，新兴的服务机构也纷纷投入租赁市场的服务供应。在产业市场，目前可以租用或租赁的品种包括：汽车、火车、厂房和设备、飞机、货柜、办公室装备、制服、工作服、毛巾等等。在消费品市场，则有：公寓、房屋、家具、电视、运动用品、帐篷、工具、绘画、影片、录像等。还有些过去是生产制品的公司，开发了新的服务业务，提供其设备作为租用和租赁之用。

（一）出租者的利益

对于出租者，可以获得如下利益：

（1）扣除维持、修理成本和服务费用之后的所得，可能高于卖断产品的所得。

（2）租赁可以促使出租者打开市场，否则因其产品的成本因素，根本进不了市场。

（3）设备的出租可以使出租者有机会销售与该设备有关的产品（如复印机和纸张）。

（4）租用协定可协助开发及分销新产品，并为客户提供购买、拥有产品而引发的各种补充性服务。

（二）租用者的利益

对于租用者，可以获得如下利益：

（1）资金不至于套牢在"资产"上，因而这些资金可以用来从事其他方面的采购。

（2）在产业市场，租用或租赁可能比拥有物品更能获得租税上的利益。

（3）物品能够租用的话，要进入某一行业或某一市场所需的资本支出，总比其物品必须购买者为少。

（4）租用者可以获得新设计的产品，这样也可以减少购置过时产品与遭受式样改变的风险。

(5) 在某种情况下对于一种产品只是有季节性或暂时性需求时,租用设备就比拥有设备更为明智和经济。

(6) 在多数租用条例规定下,服务上的问题,包括维护、修理、毁坏等,都是由别人负责。

(7) 租用可以减低产品选用错误的风险并减少购买后考虑的问题。

## 二、特许经营

在一般情形下,特许经营是一家企业以协议方式授予一定数量的销售点,销售各种产品或服务的权利。企业可以提供服务的技术诀窍、营销服务、商标、设施和零售店的建筑,换取销售总额中的一定百分比。而零售者则提供自己的资本和服务,管理销售,支付各种费用给该企业。

特许经营可分成两种:一是垂直的特许经营,即生产者授予销售者向潜在购买者出售服务的独家经营权。另一是横向特许经营,即生产者(授权者)几乎要规范销售点的一切,从布局到招牌,从人员培训到经营程序。

### (一) 特许经营必备条件

在服务领域里,特许经营是很普通的,如饭馆、旅店、房地产公司等。这种经营模式的必备条件为:

(1) 必须订立包括所有双方同意条款的一纸合同。

(2) 特许人必须在企业开张之前,给予受许人各方面的基础指导与训练,并协助其业务的开展。

(3) 业务开张之后,特许人必须在经营上持续提供有关事业营运的各方面支持。

(4) 在特许人的控制下,受许人被允许使用特许人所拥有的商业名称、定型化业务或程序以及特许人所有商誉的相关利益作为经营资源。

(5) 受许人必须从自有资源中进行实质的资本性投资。

(6) 收许人必须拥有自有的企业。

### (二) 特许交易的特征

以下是特许权交易常见的特征:

(1) 一个人对一个名称、一项创意、一种秘密工艺或一种特殊设备及其相关联的商誉拥有所有权。

(2) 此人将一种许可权授予另一个人,允许使用该名称、创意、秘密工艺及其相关联的商誉。

(3) 包括在特许合同中的各种规定,可对受许人的经营进行监督和控制。

(4) 受许人应付权利金或者为已获得的权利而付出某种补偿。

### (三) 特许经营的好处

由于特许经营方式可以带来很多好处,因而很可能变成服务营销上更重要的一个环节。

特许人可获得的好处有:

(1) 体系的扩展可在某种程度上摆脱资金和人力资源的限制。

(2) 可激励经理人在多处所营运,因为他们都是该一事业的局部所有权人。

(3) 特许经营是控制定价、促销、分销渠道和使服务产品内容一致化的重要手段。

(4) 营运收入的一种来源。

受许人可获得的好处有:

(1) 有经营自己事业的机会,而且其经营是在一种经测试证实过的服务产品观念指导下的。
(2) 有大量购买力作为后盾。
(3) 有促销辅助支持力量作为后盾。
(4) 能获得集权式管理的各种好处。

顾客可获得的好处是:能得到服务产品质量的若干保证,尤其是在全国性特许经营运营的情况下,更是如此。

### 三、综合服务

上面所说的特许经营的增长,也显示出服务业部门的另一个现象,即综合公司体系与综合性合同体系正在持续发展,并已开始主宰某些服务业领域。例如,在大饭店和汽车旅馆方面,综合体系如假日饭店、希尔顿饭店都愈显其举足轻重的地位。在观光旅游方面,许多服务系统正在结合两种或两种以上的服务业,譬如:航空公司、大饭店、汽车旅馆、汽车租赁、餐厅、订票及订位代理业、休闲娱乐区、滑雪游览区、轮船公司等等。目前有些大型的服务业公司,正通过垂直和水平的服务渠道系统,控制了整体的服务组合,提供给旅游者和度假的人。综合一直被认为是一种制造业的体制,现在已经变成许多现代化服务业体系上的一种重要特色。

◆思考题
1. 服务分销渠道有哪些几种类型?
2. 如何扩展服务分销渠道?
3. 怎样实现服务分销方法的创新?

【分析案例】　　　　骑 游 西 湖

骑车游西湖甚至杭州,既可以代步,又可以走走停停,尽览美景,分外惬意。杭州部分酒店经营此项业务,但都要求是本店入住旅客。杭州市政府提供自行车租赁业务,公共自行车租赁服务点达800处,西湖等景区附近有30多个点,并且可在任意一个租赁点还车。

方法:杭州公交IC卡A卡(成人优惠卡)、B卡(学生优惠卡)、C卡(老年优惠卡)、D卡(普通卡)及T卡(一卡通)和已开通公交功能的市民卡,在所持卡的电子钱包区内存入200元公共自行车租用信用保证金及租车资费。无公交IC卡的市民和中外游客,可在各固定标准式公共自行车租用服务点及杭州公交IC卡发售、充值点,凭本人身份证及有效证件,

缴 300 元现金后(其中 200 元为租车信用保证金,100 元为预存资费),办理杭州公共自行车租用 IC 卡(Z 卡)。

退卡:Z 卡可以根据持卡人要求办理退卡,退卡时需持卡及购卡时使用的有效证件及《IC 卡申领登记单》,经核实证件、卡号,所退 IC 卡完好无损时,即可按以下规定退卡:

(1) 凡在最后一次刷卡租车起 10 天内(含)退卡的,可在各有人值守的固定标准式公共自行车租用服务点和公交 IC 卡发售中心办理,全额退还信用保证金和卡内资费。如 IC 卡已损坏,应先按规定办理换卡后,再办理退卡手续。

(2) 距最后一次刷卡租车 10 天以上退卡的,退卡时,IC 卡维护费按每卡每月(不足一月按一月计算)0.5 元收取,余额退还。

(3) 普通卡(D 卡)、T 卡退卡时,退还卡内余额的 90%,并收取卡内余额 1‰ 的手续费。各类优惠月卡在当月 10 日(含)前办理退卡的,退还卡内余额的 50%,20 日(含)前办理退卡的,退还卡内余额的 20%,并收取卡内余额 1‰ 的手续费,21 日后卡内余额恕不退还,对提前充入的次月金额,收取 1‰ 手续费后全额退款。优惠期(季)卡按月扣除已过月份(含退卡当月)的月卡金额,退还剩余月份余额,并收取 1‰ 手续费,每月 21 日后不办理退卡。各类优惠卡内电子钱包区退卡方法与普通卡(D 卡)同。

换卡:非人为原因,造成 IC 卡不能正常使用的,可在其无租车行为时,至杭州公交 IC 卡发售中心办理免费更换;因持卡人弯折、烘烤、打孔、浸水等原因造成损坏的,需支付新卡 25 元维护费。

遗失:Z 卡遗失时,租车者可至各有人值守的公共自行车服务点或杭州公交 IC 卡发售中心办理报失手续。Z 卡不具备挂失功能,办理报失时,卡内电子钱包区内资费无法退还,但卡内信用保证金在无租车行为时,报失 24 小时后,可依照杭州公交 IC 卡退卡或补卡,将信用保证金退还或转入补办的新卡。若卡遗失时存在租车行为的,应先在各有人值守的租车服务点办理还车手续,现金结清租车费用。以上手续须凭申领时的相关凭证和有效身份证件,到杭州公交 IC 卡发售中心办理。

费用:1 小时之内免费;1 小时以上 2 小时以内 1 元;2 小时以上 3 小时以内 2 元;3 小时以上每小时 3 元。

优惠:凡乘公交车,在公交车 POS 机上刷卡乘车起的 90 分钟内,租用公共自行车的,租车者的免费时间可延长为 90 分钟,同时计费结算时间也相应顺延。

北线、南线、环湖 3 条线路供你选。

2010年起9月16日起,推出3条黄金旅游线,为中外游客旅游、健身提供方便。这3条旅游线,在每个景点附近都设置了免费单车服务点,方便游客租还车。

北线游:龙翔桥——学士路——少年宫——平湖秋月——岳庙——灵隐。全程7.7公里,骑行时间半小时,如果加上游玩时间,估计在2小时左右。

南线游:龙翔桥——延安路——涌金门——钱王祠——柳浪闻莺——长桥——苏堤南口——花港西门——动物园——六和塔——九溪。全程10.4公里,骑行时间1小时,游玩时间估计在2.5小时左右。

环湖游:龙翔桥——学士路——少年宫——岳庙——杭州花圃——花港西门——苏堤南口——长桥——柳浪闻莺——延安路——龙翔桥。这条线路最长,骑行距离达12.4公里。

杭州公共自行车服务时间:

从4月1日起,杭州公共自行车服务时间由原来的6:30～20:00时,调整为6:00～21:00时。为了给广大市民和中外游客提供更便捷的公共自行车服务,公交集团还将在服务结束后,再延长半小时还车服务,将还车时间延至21:30。假如广大市民和中外游客想在21:30之后还车,可以去24小时服务点归还。

**问题:**

请结合上述案例和教材内容,谈一谈租赁服务给出租者及租用者带来的好处。

经过市场调查和查阅资料,说说苹果公司的服务渠道。

# 第六章 服务促销

了解服务促销的目标;理解有形产品促销和服务促销的差异,了解产生差异的原因;熟悉各种不同的服务促销策略的优点以及工作任务;掌握影响服务促销设计的因素及有效促销管理的原则;熟悉各项促销策略的评价方法。

## 理发店的悲与喜

促销成功案例如下:某理发店推出这样一个服务促销活动:顾客一个月来店内洗发十五次,免费为其烫发一次。通过这样的促销活动,可达以下几个目的。① 我们可以将免费烫发的价位定于300~500元,借此可以改变往后顾客烫发的消费习惯,提高其消费水准。② 缩短消费周期。顾客可能原先三个月烫一次头发,因为店内赠送免费烫发而缩短烫发周期,变成两个月烫一次头发。③ 老客人带新客人。活动设计不限本人来洗头,而一个顾客一个月洗不到十五次,因此,旧客人会带朋友、家人来店洗头,这些人就成了新的客源。④ 增加设计师的知名度及理发店的知名度。老客人如果对设计师服务满意,他带来的客人,必定会指名要某某设计师服务,如此即可增加知名度。推行这个活动时,可能要透过媒介作宣传(传单等),如此,会造成商圈的震撼,通过口耳相传,无形中店的知名度也会跟着提高。⑤ 这样的活动,势必会动员到店内所有的人力,客人来店洗头的次数增加,店内会更忙,但为了达到促销的目的,服务品质反而必须更加细腻。烫发虽免费,却反而要比平常更用心,全体动员之下,必然可以激励士气,达到增加团队精神的效果。⑥ 整个活动做下来,员工技能必然有所提升。

许多人也许会质疑,免费送一次烫发,可能会造成店内的亏损,得不偿失。其实不然,因为顾客不会因为你免费送他一次烫发而减少烫发的次数,他可能由原先的一年烫发四次变成一年烫发五次。此外,老板仅需多负担烫发水及助理奖金费用,金额在50~80元,花费如此少的成本却可收极大的效益,因顾客来洗头的次数大幅增加,所得的利润远远高过烫发的成本。进行这样的活动,老板无须顾虑成本,反而可以提升业绩,设计师的业绩得以成长,助理的奖金可望增加。

促销失败案例如下:烫发打六折。原以为可以提升业绩的打折活动,具有以下几个缺失:① 减少店内收入。烫发原先定价可能是200元,因为打六折的关系,变成120元,店内少了80元收入。② 打折产生不了吸引力。对于老顾客来说,绝不是因为打折才来店里烫头发,他很可能是原本就想烫头发,对于新客人来说,打折的吸引力不大,因为,类似这样的打折活动实在太多了。③ 消费水准下降。原先客人可能习惯烫200元的头发,现在只需付120元,如此一来,他的消费习惯可能会变成烫120元的头发,消费水准就此下降。④ 周期延长。客人原本每经过一段时间就需要来店烫头发,但因店里每年定期举办促销打折活动,客人会刻意等到打折期再烫头发,无形中烫发的周期就会延长。

通过这两个促销活动的比较,可以看到促销活动如果设定失当,不仅无法达成促进销售的目标,而且极可能会导致反效果。但是,如上述"烫发打六折"的案例,也并非完全行不通,若能掌握几项要件,依然可以化阻力为助力,化负面为正面,达到提升业绩的目标。

(1) 提高顾客的消费水准。顾客原先习惯烫200元,这时可建议他改变为500元。用这种提高消费单价的方式,来平衡打折的损失,这样店内的收入才不会减少。

(2) 必须要老客人生新客人,即客人带客人来店消费。在打折期间,必须设法让老客人带新客人来,如此,这个活动的推行才有意义。

(3) 不要预先告知顾客。如果打折的消息预先让顾客知道了,很可能顾客会等到打折的时候才来烫发,消费周期因此延长。如果客人来到店内才知道现在是打折期间,很可能会提前烫发,而缩短了消费周期,如此一来,打折促销的目的才能达成。

打折活动如果无法掌握上述三个要点,即注定了失败的命运,还不如不推行,免得得不偿失,过去许多发廊推行的打折促销成功,有的却失败,原因就在于此。此外,打折促销可能会让当月客源急速增加,前后两个月的客源却明显减少,这是推行打折活动时所必须谨慎顾虑的问题。

比较这两个促销活动的不同,并分别思考他们在进行促销方案设计时考虑了哪些因素,预期会有什么样的效果?

在当今激烈的市场竞争环境中,各种服务企业要想在市场中站稳脚跟,必须主动地采取强有力的措施来强化顾客对本企业服务产品的理解和认知,并积极购买和消费其服务。这就需要服务企业在服务促销的战略选择以及具体的策略选择方面不断地进行调整。服务促销是指为了提高销售,加快新服务的引入,加速人们接受新服务的沟通过程。促销对象不仅限于对顾客,也可以被用来激励雇员和刺激中间商。而服务促销的成败,对服务企业形象和服务产品的销售至关重要。本章,我们将学习服务促销的特点以及在进行促销时可以选择的不同策略,最后我们还会谈到对于服务促销的评价。

## 第一节 服务促销特点

在学习服务促销的特点之前,我们先来搞清楚什么是服务促销、服务促销的目标、服务促销与有效沟通的关系等一些相关概念。促销是企业与消费者进行的沟通,是企业在现存消费者和潜在消费者中进行的,旨在影响消费者购买行为的所有行动。企业将产品或服务的有关信息进行传播,帮助消费者认识商品或服务所能带来的利益,诱发消费的需求,激发他们的欲望,促进他们采取购买的行动,最终实现销售目的。服务促销的含义是指以合适的时间,在合适的地点、用合适的方式和力度加强与消费者的沟通,促进消费者购买其服务的行为。

## 一、服务促销目标与 AIDA 概念

服务促销的促销目标与产品营销大致相同,其主要的促销目标是:
(1) 建立对该服务产品及服务公司认知和兴趣;
(2) 使服务内容和服务公司本身与竞争者产生差异;
(3) 沟通并描述所提供服务的种种利益;
(4) 建立并维持服务公司的整体形象和信誉;
(5) 说服顾客购买或使用该项服务。

任何服务促销的最终目标都是促使消费者购买某种服务。实现促销目标过程的一个经典的模型称为 AIDA 概念。字母缩写代表注意(Attention)、兴趣(Interest)、愿望(Desire)和行动(Action)——消费者参与促销信息的阶段。

这个模型认为消费者对促销信息的反应顺序是:认知、影响以及行动。首先,促销经理通过在(在人员推销中)进行问候和接触,或者通过(在广告和营业推广中)高音量、特别对比、醒目的标题、动作、鲜艳的色彩等吸引人们的注意,进而通过解释服务的特性如何来满足消费者的需求和愿望。最后,可以通过提供某种特殊的服务或通过推销人员的宣传来引发消费者的购买行为。

该模型没有解释所有促销活动是如何影响购买决策的。该模型提出可以在消费者从一个阶段到下一个阶段的进程中衡量促销的有效性。然而,AIDA 模型各阶段的顺序以及消费者是否会经历所有阶段是人们争论已久的话题。但是,如果不考虑阶段顺序和购买进程,则 AIDA 概念通过建议有效的促销策略对服务营销人员大有好处。

## 二、服务促销与沟通

在服务营销活动中,顾客不仅需要知道核心服务的存在,还需要获取服务的地点、时间、价格和针对他们需求的种种建议信息。因此,能否和顾客进行有效沟通将直接决定前期服务营销活动的成败。服务的无形性给沟通带来了较大困难。研究者发现了沟通中存在的四个潜在难题,即语言、非语言行为、价值观和思维过程的差异。在这四种差异中,因语言的差异产生的难题最显而易见因而也最容易克服。非语言行为会影响服务质量。我们每个人都能感受到各种非语言线索的存在,而这些线索主要提供给我们有关感觉方式的信号。在服务交易中,顾客的感觉是关键的信息。在跨文化的条件下,这些非语言线索通常比较难以了解且容易被误解。笑、皱眉头、沉默、插话、语气、用双手递名片等等,所有这些非语言行为都能预示服务提供者与顾客之间的关系。对服务人员理解顾客非语言行为的能力训练是保证服务效率和顾客满意的一个关键。显然,服务人员不可能被训练成顾客非语言行为的"词典",关键是识别出那些重复发生的问题并制定出适当的管理战略和训练方案。

沟通组合有助于界定和生动表现一个服务企业的个性特征。并且突出其服务的特色和竞争优势。对于服务业来说,有效沟通可以使那些原本无形的服务获得有形的支持,并把后台的生产活动表现出来。显现那些一度被掩盖起来的优势和资源。它还能提供信息和教育顾客,帮助顾客做出明智选择,以便保证他们能够从所消费的服务中获取更多的价值。

促销与沟通(二者通常简称为促销)是针对顾客而专门设计的。它是营销组合中的一个要素,综合运用各种促销工具,是服务企业具有战略意义的重要工作。以迪士尼公司为例,

它的许多促销措施都对其服务的整体价值提升有所贡献。除了对其顾客进行不同的信息传播，迪士尼的促销还令该组织光彩照人，对顾客充满诱惑，从而扩大顾客对其提供的服务的需求。

### 三、服务促销与有形产品促销的差异

下面我们就来介绍一下服务促销与有形产品促销的差异，希望大家通过对本节内容的学习可以识别出服务促销的特点。

有形产品的服务在促销上有许多类似点，这种类似表现在：① 促销在整体营销中的角色；② 建立各种有效促销方式的问题；③ 促销执行管理的问题；④ 为了完成促销目的而使用的各种各样的方法和媒体；⑤ 可利用的协助促销的组织团体。

与此同时，有形产品促销和服务促销也存在着显著不同，这些差异可分为两类。

#### （一）由服务的行业特征造成的差异

服务行业因类型不同，各具特点，因此要找出所有类别的共同差异不是一件容易的事。下面列举的各项因素旨在说明为何产品和服务的促销之间会有区别。

**1. 营销导向的不足**

有些服务业是产品导向的，因而不清楚营销措施对业务有多大程度的帮助，只把自己当做服务的生产者，而不是提供顾客需要的企业，这类服务业的经理人未受过专业化营销训练，也缺乏相关的营销技术，当然更不清楚促销在整体营销中扮演的角色。

**2. 专业和道德限制**

在采取某些营销手段和促销方法时，可能会遇到专业上和道德上的限制。传统和习俗可能阻碍某些类型的促销的运用，甚至被认为"不适当"或者是"品味太差"。

**3. 服务企业规模小**

许多服务企业的规模都很小，不认为自己有足够的能力和实力在营销或者在特别的促销活动方面进行投入。

**4. 竞争的性质和市场条件**

许多服务企业并不需要扩展其服务范围，因为在现在的经营条件下，企业所拥有的业务已经用足了生产力，甚至是已经超出了自己的生产力。处在这种状况的企业普遍缺乏远见，不认为在目前状况下，促销努力可以维持稳定的市场地位，并且具有长远的意义。

**5. 对于可用的促销方式所知有限**

服务企业对于可利用的、广泛多样的促销方式可能知之甚少，可能只会想到大量广告和人员推销方式，而根本想不到其他各种各样适当、有效而且可能花费更少的促销组合。

**6. 服务本身的性质，可能会限制大规模使用某些促销工具**

服务的种类、特定服务业的传统，以及在某些服务种类中对某些促销方法的限制，使得许多促销方法不能自由发挥。例如：广告代理服务企业就极少会使用大众媒体广告。

#### （二）由服务本身特点造成的差异

从顾客的观点来看，针对产品促销和服务促销的差异的调查研究很少，但在不多的调查报告中显示：买主对于两种促销的反应有许多类似之处，但还是存在很大的差异。相似的部分与下列因素有关：

**1. 顾客态度**

顾客态度是影响购买决策的关键。服务业的非实体性是营销上的一项重要因素，顾客

在购买时,往往是凭着对服务与服务表现者或提供者的主观印象,而这种对主观印象的依赖,在购买有形产品时则显得没有那么重要。一般来说,服务被视为比有形产品更为个性化的产品,并且顾客对于自己所消费的服务往往没有那么容易会感到满意。

**2. 购买的需要和动机**

在购买的需要和动机上,制造业和服务业大致相同。不论是通过购买有形产品还是购买服务,同类型的需要都可以获得满足。不过,有一种需求对有形产品和服务都是很重要的,那就是"个人关注的欲求"。凡能满足这种"个人关注的欲求"的服务销售者,必能使其服务与竞争者之间产生差异。

**3. 购买过程**

在购买过程中,制造业和服务业的差异较为显著。有些服务的购买被视为有较大风险,部分原因是买主不易评估服务的质量和价值。另外,顾客也往往会受到其他人,如对购买和使用有经验的邻居和朋友的影响。而这种在购买决策过程中容易受他人影响的现象,对于服务营销而言,有比较大的意义,尤其是在服务的供应者和其他顾客之间,有必要发展形成一种专业关系,以及在促销努力方面建立一种口碑传播的方式。这两种做法,势必促使各种服务促销努力更为有效。

对于组织顾客来说,在其资本设备购买过程和服务购买过程之间存在着显著的不同,一项调查发现,组织对服务的购买通常与下列事项有关:

(1) 涉及的组织层级较资本设备购买过程小;
(2) 涉及的同一层级的部门数也较资本设备购买为少;
(3) 涉及的组织人数较多;
(4) 涉及的意见沟通比资本设备购买多。

这项调查结果显示:组织在服务购买上,受到的各种社会性影响力在正式和非正式的两方面都不太大。不过从另一方面看,较低的多样化程度就可能会大大减少影响购买的选择机会。

该调查证实:在购买实务上,非实体性是主要的影响要素,并认为由于一项服务的非实体性,卖方的声誉就变成投标清单的重要考虑因素。另外,在某些情况下,潜在买主必须以商谈的方式解释和回答购买问题。确属所需的细节,都必须经过双方探讨,因为要写出一项服务的严格规格通常非常困难。

**(三) 促销组合方式运用的差异**

无论是有形产品促销还是服务促销,最基本的促销工具是广告、人员推销、销售促进和公关宣传,然而在实际运用中,它们的重要性却有所不同(见表6.1)。表中的重要性由上到下,依次减弱。

表6.1 促销组合的运用差异

| 消费品促销 | 行业用品促销 | 服务促销 |
| --- | --- | --- |
| 广告 | 人员推销 | 人员推销 |
| 销售促进 | 销售促进 | 广告 |
| 人员推销 | 广告 | 销售促进 |
| 公共宣传 | 公共宣传 | 公共宣传 |

有形产品促销具体分为消费品促销和行业用品促销。对于消费品来说，主要强调非人员推销，这是因为目标市场太分散，而广告的特性(有效培养顾客的意识，大量提供企业及产品信息)决定了它在消费品促销中的最重要作用，人员推销则是行业用品促销的主要方式，行业用品市场的特性(例如，顾客地域的高度集中与大的单次购买量)决定了人员推销的重要性。特别当有形产品是为特殊的行业顾客设计，而且在销售计划和实际购买之间有一段相当长的时间时，人员推销更加重要。销售促进在这两个市场中具有同等重要程度，但这并不意味着广告在产业用品市场促销中不重要，而人员推销在消费品市场促销中不重要，这只是一个重要程度相对强弱的问题。[①]

对于服务业而言，由于更多地强调互动性，销售人员与顾客接触频繁。服务越复杂，就越需要提供准确信息，回答顾客的各种问题，讨论其他可行的方案，因此，对于大多数服务行业来说，人员推销的沟通作用最重要。人员推销是刺激潜在服务购买者消费服务的最佳手段，随着服务的个性化发展，这种趋势还在不断加强。同时，广告也是服务业的重要促销工具，特别是由于互联网近年来的高速发展所带来的网络广告的兴起，它对吸引注意力和刺激购买兴趣的作用不容忽视。在服务业中，销售促进和公关宣传则起着相对来说比较次要的作用。

## 第二节　服务促销策略

促销策略是指企业如何通过人员推销、广告、公共关系和营销推广等各种促销手段，向消费者传递产品信息，引起他们的注意和兴趣，激发他们的购买欲望和购买行为，以达到扩大销售的目的。企业将合适的产品，在适当地点、以适当的价格出售的信息传递到目标市场，一般是通过两种方式：一种是人员推销，即推销员和顾客面对面地进行推销；另一种是非人员推销，即通过大众传播媒介在同一时间向大量消费者传递信息，主要包括广告、公共关系和销售促进等多种方式。这两种推销方式各有利弊，起着相互补充的作用。

服务促销组合的构成要素可以从广义和狭义两个角度来考察。就广义而言，市场营销组合中的各个因素都可归入服务促销组合，诸如服务的质量、价格等都传播了某些信息。就狭义而言，服务促销组合只包括具有沟通性质的促销工具。主要包括各种形式的广告、服务现场展示、劝诱工具(竞赛、奖券、消费代金券)以及宣传等。一个服务组织的促销措施，可以包括其中的任何一项要素或涵盖全部几项要素，各要素之间也有多种组合方式。作为促销工具，每一个都有或多或少的可取之处，当一个服务组织的目标发生变化时，它的促销组合也会发生相应的变化。因此，营销人员应该针对不同促销工具的优势和特点进行有效的促销。

### 一、人员推销

人员推销是指服务企业通过推销人员直接向顾客进行推销，说服顾客购买其服务产品的一种促销方式。这种方式尽管古老但是却十分有效，在现代市场上仍占有着其他促销方式无法取代的地位，发挥着重要作用，始终是现代企业开拓市场不可或缺的重要手段。

---

① 郭国庆.营销理论发展史[M].北京，中国人民大学出版社，2009.

## (一) 人员推销的优势和特点

### 1. 信息传递的双向性

人员推销是一种双向沟通的促销形式。在推销过程中,一方面,推销人员必须向顾客宣传介绍服务产品的形式、质量、功能等,为顾客提供有关服务产品信息,达到促进销售的目的;另一方面,推销人员还必须通过与顾客的交谈,了解顾客对企业及所推销服务产品的态度、意见和要求,在推销过程中不断地收集和反馈信息,为企业的经营决策提供依据。

### 2. 推销目的的双重性

人员推销的目的不仅是为了推销服务产品,还要帮助顾客解决问题,与顾客建立长期合作关系。因此,它具有推销商品和建立合作关系的双重目的,并且这二者是相互联系的。

### 3. 满足需求的多样性

人员推销活动中,不仅要通过推销商品,满足顾客对服务商品的使用价值的需要,而且通过宣传介绍产品,满足顾客对产品信息的需要;通过售前、售中、售后的服务,满足顾客对服务和技术方面的需要;通过文明经营、礼貌服务,满足顾客心理精神上的需求。

### 4. 推销过程的灵活性

人员推销过程中,买卖双方当面洽谈,易于形成一种直接、友好的相互关系。推销人员可以通过交谈和观察,掌握顾客的购买动机,有针对性地从某个侧面介绍服务产品的特点和功能,抓住有利时机促成交易;可以根据顾客的态度和特点,有针对性地采取必要的协调行动,满足顾客的需要;如果顾客对于服务有什么不满意,推销人员还可及时发现,进行解释,解除顾客的疑虑,清除顾客的不满意感。

### 5. 推销成果的有效性

人员推销过程是推销人员将服务产品"推"给顾客的过程,通过面对面的查看服务质量、议价、谈判来达成交易,使促销人员和顾客之间建立起长期的关系,比非人员推销更具有人情味,因而常能当成场成交,成功率较高。

正如广告一样,人员推销的原则、程序和方法,在服务业和制造业的运用大致类似。例如,销售工作必须予以界定;应该招募合格的推销员并加以训练;应该设计并执行有效的奖酬制度;对销售人员必须予以监督和管理等。虽然各种主要项目的工作大致类似,但在服务市场上,这些工作和活动的执行手段则与制造业市场有很大的差异。其中一个显著的差异是,在某些服务业市场,服务业者可能必须雇用专门技术人员而不是专业推销人员来推销其服务。另外一个差异则与服务业特征(如非实体性)所造成的广告上的问题一样,这些特征也使得对推销人员的资格有不同的要求。例如,对人寿保险业中顾客"如何看待服务的购买"、"购买服务时的行为"以及"购买服务与有形产品有何不同"等观点的调查,反映出推销服务比推销有形产品更加困难。

推销产品和推销服务的差异如下[①]:

(1) 顾客对服务购买的看法

① 顾客认为服务业比制造业缺乏一定的质量;② 购买服务比购买有形产品的风险高;③ 购买服务似乎总有比较不愉快的购买经验;④ 服务之购买主要是针对某一特定卖主为考虑对象;⑤ 决定购买一项服务时,对该服务企业的了解程度是一个重要因素。

---

① WILLIAM R. GEORGE, MYERS T A. Life underwriter perceptions of differences in selling and services[J]. CLU Journal, April, 1981:44-49.

(2) 顾客对服务的购买行为

① 顾客对于服务不太作价格比较;② 顾客对于服务的某一特定卖主给予最多关注;③ 顾客受广告的影响较小,受别人介绍的影响较大。

(3) 服务的人员推销

① 在购买服务时顾客本身的参与程度很高;② 推销人员往往需要花费很多时间说服顾客作出购买决策。

虽然这项研究报告是关于人寿保险服务业的,但其调查结果与已发表的其他服务业的营销调查报告相同。可见服务营销中人的接触的重要性和人的影响力已经被普遍认同。因此,人员推销与人的接触已经成为服务业营销中最受重视的因素。还有调查报告显示,服务购买所获得的满足往往低于对有形产品购买的满足。此外,购买某些服务往往有较大的风险性。因此,服务业比制造业更应该采取一些降低风险的策略。总之,以上调查结果对于服务企业促销措施的取舍和调整必将有所帮助,而对于人员销售则更有帮助。这些调查结果肯定了一件事情,即服务业市场的正式销售人员比产业市场的更重要。而所谓的推销人员定义则是较为广义的,其责任也较为重大。

**(二) 人员推销的原则**

在服务业背景下,服务业的人员推销有许多指导原则。

(1) 发展与顾客的个人关系。服务企业员工和顾客之间,良好的个人接触,可以使双方之间相互满足。服务企业以广告形式表达对个人利益的重视,必须靠市场上真实的个人化关心来协助实现。

(2) 采取专业化导向。在大多数的服务交易中,顾客总相信卖主有提供预期服务结果的能力。在顾客的心目中,销售人员必须是一个地道的专家。

(3) 利用间接销售。以下三种间接销售形式可以采用:① 推广和销售有关产品和服务,并协助顾客更有效率地利用现有各项服务,以创造引申需求。例如,航空公司可销售"假日旅游服务",例如,新加坡航空公司以及旗下全资区域子公司胜安航空,与新加坡樟宜机场集团(CAG)合作推出假日旅游超值套餐,展现新加坡最精彩一面。新加坡过境随意行,为新航及胜安航空的旅客提供更为优惠的酒店、交通及主要游览景点套餐选择。新加坡过境随意行套餐包括酒店住宿、免费的机场与酒店间接送服务、新航观光巴士无限制乘坐以及14个主要景点的免费门票比去年新增6个。旅馆业销售"当地名胜游览",电力公司销售"家电产品"以提升用电量。② 利用公断人、意见领袖与见证人以影响顾客的选择过程。在许多服务业,顾客必须依赖他人给予协助和建议,如保险代理业、旅行社、投资顾问、管理顾问咨询等。③ 自我推销。这种方式在某些专业领域,使用的相当普遍,包括较为非正式的展露方式,例如对公众演讲、参加社区事务、参与各种会议讨论等。

(4) 建立并维持有利的形象。有效的市场营销依赖于良好形象的创造和维持,人们和公司虽然会发展成各种各样的形象,但市场营销活动(如广告、公共关系)所试图达到的,是要发展出一种希望被人看到的个人或公司的形象,而且要与顾客心目中所具有的形象相一致。消费者对企业及其员工的印象,将直接影响他们的惠顾决策。形象建立和形象维持在服务营销上是一个重要因素。推销人员的礼仪、效率、关心度和销售技巧,都会影响或提高公司的既有形象。

(5) 销售多种服务而不是单项服务。在推销核心服务时,服务企业可从包围着核心服务的一系列辅助性服务中获得收益。同时,这也使顾客采购时,较为简易、便利并省去很多麻烦。假期承包旅游服务就是一个明显的案例,即一系列的多种服务可以从顾客的立场合并而成为只需要一次购买的服务。

(6) 使采购简单化。顾客对服务产品,在概念上可能不易了解。其原因,可能是顾客并非经常购买(例如住房),也有可能是因为顾客利用服务是在某种重大情感压力之下(例如使用殡仪馆服务时)。在这类情形下,专业服务销售人员应当使顾客的采购简单化。也就是说,以专业方式照顾并做好一切处理工作,并告诉顾客服务进行的过程即可,尽量减少对顾客的要求。

【资料链接】　　　　招商银行推出生意一卡通

为应对来自其他银行激烈的竞争压力,招商银行于1995年7月推出的新的促销方案——"一卡通",被誉为我国银行业在个人理财方面的一个创举;截至2005年底,累计发卡量已近4000万张,卡均存款余额逾5000元,居全国银行卡前列。

近日,面向全国广大小微企业主、个体工商户正式推出了全新小微企业贷款产品——"生意一卡通"。作为招商银行小微贷款品牌"生意贷"全面升级推出的创新产品,"生意一卡通"是国内首创,集融资、结算和生活于一体的小微企业专属金融服务工具,在"一卡通"借贷合一平台的基础上,将小微企业贷款与配套金融服务相结合,实现借款、还款的网上自主办理,金融增值服务的一站式体验,为小微企业经营者搭建了一个全面、便捷的金融服务平台。此次招商银行"生意贷"升级,不仅在小微企业贷款品种、担保方式上有了新的突破,推出了全额抵押、配套加成、交易流量以及信用等更多担保方式和相应产品。更为重要的是,深入挖掘广大小微企业主在贷款融资和生意经营上的金融需求,以小微贷款为核心,综合设计了"生意一卡通"这一小微企业综合金融服务解决方案。

"生意一卡通"具有以下四大特色:

**1. 特色之一——"一卡在手,借还两易"**

通过"生意一卡通",小企业经营者在获得授信额度后,可实现借款、还款的一卡办理,并利用贷款的"循环使用"和"周转易"功能,实现贷款提用和受托支付一体化。借款时,在向交易对手支付货款的同时,就完成了贷款提用的流程,想借就借,简便快捷;而要还款时,则可根据经营资金周转的需要自主灵活确定贷款期限,想还就还。

**2. 特色之二——"网上电话、远程借贷"**

通过"生意一卡通",小微企业的借款、还款、支付结算均可通过电话、网上银行及pos机刷卡等电子渠道,7×24小时即时办理,快速到账,无须审批,不跑银行,方便快捷,大大提高了小微企业业务办理效率。

**3. 特色之三——"按天计息、汇款免费"**

使用"生意一卡通"贷款,在循环额度内随时可借款、还款,贷款期限自主确定,按天计息,不使用不收息,既保证了企业经营资金的充裕流动性,又最大程度节约利息支出。此外,网上汇款全免费服务,还将帮助小微企业最大限度地降低财务成本。

**4. 特色之四——"增值服务,全面体验"**

"生意一卡通"在为小微企业经营者提供贷款资金周转业务服务的同时,还为小微企业提供包括存款结算、转账汇款、工资代发、财富管理等综合金融服务,更可享受商旅预订、折扣优惠等增值金融服务。其中包括"出行易"服务的"出差赔你等"(在飞机误点超过

2小时可获得200元赔偿)、特惠商户的"吃饭消费有折扣"等优惠,全面享受招商银行提供的特色增值服务。

"生意一卡通"让广大小微企业经营者感受到了招商银行提供的"易"、"快"、"省"、"全"的全面金融服务。"易"——"生意一卡通"一卡在手,就可轻松完成借款、还款、支付等复杂的银行业务。"快"——"生意一卡通"让小微企业获得贷款融资的效率更高,手续更便捷,方式更灵活,解决了小微企业经营者融资急的问题。"省"——客户可根据企业经营财务状况,结合企业经营规划,利用贷款授信额度"循环使用"和贷款"周转易"功能实现网上办理借款、还款,节约贷款利息,同时网上汇款全免费等服务,也将帮助企业最大限度地降低财务成本。"全"——小微企业可通过生意一卡通享受借款、还款、支付结算、财富管理、商旅服务等一站式金融服务,感受招商银行提供的无微不至的金融呵护。

资料来源:成都商报.http://www.sina.com.cn,2012-6-6.

招商银行为什么可以取得促销的成功?

## 二、服务广告

广告可以通过其使用的媒介将信息迅速传达给顾客,为他们提供有价值的信息、有说服力的论点和强有力的论证。广告是组织向顾客传递信息的主要手段,并且常常是一个组织促销工作的基石。

### (一)服务广告的指导原则

由于服务业所具有的特征,即生产和消费的无形性、多样性和不可分割性等,使得顾客在购买服务时面临各种困难,并承担较大的风险。因此服务广告必须有自己独特的、并且可以为促销目标服务的指导原则。

**1. 使用明确的信息**

服务广告的最大难题在于,要以简单的文字和视听形象传达所提供服务的领域、深度、质量和水准。有些服务广告可以使用图像或符号等来协助传递信息,但有些必须更加详尽地解释其服务(例如专业服务业),然而这么做的结果很可能会形成冗长的广告而影响广告效果,从另外一个方面来看,也会相应地增加成本。广告代理商因此面临的问题是:如何创造出简明精炼的广告语和相关形象,更加贴切地把握服务内涵的丰富性与多样性。

**2. 强调服务的利益**

能引起消费者注意力的有影响力的广告,应当强调服务的利益而不是强调一些技术性细节。强调利益才符合营销观念,也与满足顾客需要有关。不过,需要注意的是服务企业所强调的利益应该与消费者寻求的利益一致。因此服务广告中使用的利益诉求,必须建立在充分了解顾客需要的基础上,只有这样,才能确保广告的最大有利影响效果。

**3. 只宣传企业能够提供与顾客能够得到的允诺**

使用服务可获得利益的诺言应当务实,而不应提出让顾客产生过度期望而公司又无力实现的允诺。服务企业必须能保证自己有能力实现在广告中的诺言,这对于劳动密集企业较为麻烦,因为这类服务业的表现往往因服务传递者的不同而异。这也意味着有必要使用一种可以确保实现的最低一致性标准(minimum consistent standards performance)的方法。对不可能完成或维持的服务标准所做的允诺,往往造成对员工的不当压力(比如旅馆服务业和顾问咨询服务业)。最好的做法是,只保护"最起码的服务标准",如果能做的比标准更好,顾客通常会更高兴。

**4. 对员工做广告**

服务业雇用的员工很重要,尤其是在人员密集服务业以及必须由员工与顾客互动才能满足顾客的服务业更是如此。因此,服务企业的员工也是服务广告的潜在对象:"由于顾客购买的服务是由员工表现出来的,因此服务广告者不仅要关心如何激励顾客购买,而且更要激励自己的员工去表现。"

**5. 在服务生产过程中争取并维持与顾客的合作关系**

在服务广告中,营销者面临两项挑战:一是如何争取并维持顾客对该服务的购买;二是在服务生产过程中获取并保持顾客的配合与合作。这是因为在许多服务业中,顾客本身在服务的生产与表现中扮演着相当积极的角色。因此,构思周密的广告总能针对在服务生产过程中如何争取和维持顾客的配合与合作的问题。

**6. 注重口碑传播**

口碑传播是一项营销者所不能支配的资源,对于服务企业及服务的购买选择,却有着较大的影响。服务广告必须注重这一沟通方式的效果,可使用的具体方法有:

(1) 说服那些满意的顾客,让他们把自己的感觉告诉其他人。
(2) 制作一些资料供顾客转送给非顾客群。
(3) 针对意见领袖(opinion leaders)进行直接广告宣传活动。
(4) 激励潜在顾客去与现有顾客进行沟通交流。

**7. 提供有形线索**

服务广告发布者应该尽可能使用有形线索作为提示,才能增强促销努力的效果。这种较为具体的沟通展示可以变成非实体性的化身或隐喻。知名的人物和物体(如名人和建筑物)经常可用来为服务提供服务本身无法提出的"有形展示"。

**8. 发展广告的连续性**

服务企业可以通过在广告中持续连贯地使用象征、主体、造型或形象,克服服务业的两大不利之处,即非实体性和差异化。英国的航空公司成功的"fly the flag"标语广告,就得益于连续性的使用。有些品牌和象征变得非常眼熟,顾客甚至可以从象征符号中辨认出是什么公司。一项对于服务企业使用的各种广告主题的研究调查发现,有些主题最突出,即效率、进步、身份、威望、重要性和友谊。

**9. 解除顾客购买后的疑虑**

购买产品和服务的顾客,经常会对购买行动的合理性产生事后的疑虑。就是俗话所说的"后悔"。对于有形产品可通过对产品客体的评估解除疑虑,但对于服务业则不能如此。因此服务营销中,必须在对买主保证其购买选择的合理性方面下更多的工夫,并且应该鼓励顾客将服务购买和使用后的利益转告给其他人。而广告也是达到此目的的一种手段。不过,最好也最有效的方式是在购买过程中,顾客与服务企业人员接触时,得到体贴的、将心比心的、合宜的和彬彬有礼的服务。这时人员推销方式就显示出其重要性了。

**(二) 服务广告的任务**

服务广告的主要任务是:

**1. 创造公司形象**

包括说明公司经营状况、各种活动,服务的特殊之处,公司的价值等。

**2. 展示公司个性**

塑造顾客对公司及其服务的了解和期望,并促使顾客能对公司产生良好的印象。

**3. 建立顾客认同**

公司的形象和所提供的服务应与顾客的需求、价值观和态度息息相关。

**4. 引导员工行为**

服务业所做的广告有两种诉求对象,即顾客和公司员工,因此服务广告也必须能表达和反映公司员工的观点,并让他们了解,唯有如此,才能让员工支持与配合公司的营销努力。

**5. 支持业务代表推销**

服务业广告能为服务业代表的更佳表现提供有利的背景。顾客若能事先就对公司和其服务有良好的印象,则对销售人员的工作有很大的帮助。

### 三、公共关系

#### (一)公共关系的特点

服务和有形产品的公共工作没有明显的差异,但在争取报纸期刊评论版面的方式上,公关目标及公关工作对于服务业的重要性方面可能有所不同。不过竞争性公关的内容及诉求都是相同的,而且都具有以下三个显著特点:

**1. 可信度**

新闻特稿和专题文章往往比直接花钱买的报道具有更高的可信度。

**2. 解除防备**

公关是以新闻、活动等方式表达,而不是以直接销售的方式,更容易被潜在顾客或使用者所接受。

**3. 戏剧化**

公关工作可以使一家服务企业或一种服务在沟通中得到戏剧化的效果,以加深相关受众的印象和了解。

#### (二)公共关系的任务

公共关系的任务通常被认为是在各种印刷品和媒体上获得不付费的报道,以促销或"赞美"某个产品或服务。目前,随着公关宣传的日益增长,它还有助于完成以下任务。

**1. 协助新任务的启动**

公关宣传能够帮助组织树立一个良好的形象,进而容易使其以一种令人信服的方式向社会推荐新型或风险型的产品或服务,比如,媒体评论与宣传是电影、戏剧等推出新项目的首选手段。在其他服务行业中,宣传在新服务早期接受过程中也会扮演类似角色。

**2. 建立并维持形象**

成为积极的新闻素材能帮助服务企业树立良好的品牌形象。如果服务组织能够作为技术领先者或顾客服务冠军被提及,将有助于在顾客心目中形成高品质、高信誉的形象。

**3. 处理危机**

如果反应及时、处理得当,公共关系能抵消诸如飞机坠毁或食物中毒等事件的负面宣传效应,帮助企业渡过灾难性危机。

**4. 加强定位**

步入成熟期的组织,通过媒体的经常报道或组织精心策划的公关宣传,有助于顾客保持认知和加强定位。沃尔玛的"天天低价"之所以能如此深入人心,与其公关宣传密不可分。

### (三) 公共关系的工具

**1. 内部刊物**

这是企业内部公关的主要内容。企业各种信息载体,是管理者和员工的舆论阵地,是沟通信息,凝聚人心的重要工具。

**2. 发布新闻**

由公关人员将企业的重大活动、重要的政策以及各种新奇、创新的思路编写成新闻稿,借助媒体或其他宣传手段传播出去,帮助企业树立形象。

**3. 举办记者招待会**

邀请新闻记者,发布企业信息。通过记者的笔传播企业重要的政策和产品信息,传播广,信誉好可引起公众的注意。

**4. 设计公众活动**

通过各类捐助、赞助活动,努力展示企业关爱社会的责任感,树立企业美好的形象。

**5. 企业庆典活动**

营造热烈、祥和的气氛,显现企业蒸蒸日上的风貌,以树立公众对企业的信心和偏爱。

**6. 制造新闻事件**

制造新闻事件能起到轰动的效应,常常引起社会公众的强烈反响。

**7. 散发宣传材料**

公关部门要为企业设计精美的宣传册或画片、资料等,这些资料在适当的时机,向相关公众发放,可以增进公众对服务企业的认知和了解,从而扩大企业的影响。

### (四) 公关工作的四项重点决策

(1) 建立公共关系目标;
(2) 选择合适的公共关系的信息和工具;
(3) 执行公关计划;
(4) 评估公共关系效果。

这四个重点决策对所有的服务企业都是必要的。许多服务企业都很重视公关工作,尤其是营销预算较小的小型服务企业。公关的好处在于它是获得展露机会且花费较少的方法,而且公关更是建立市场知名度和消费者偏好的有力工具。

## 四、销售促进

销售促进是针对某一事件、价格或顾客群的营销活动,通过提供额外利益鼓励顾客或营销中介做出直接的反应。销售促进对于服务人员特别重要,因为它属于一种短期因素,能用来加快服务的推进、吸引顾客注意力和激励他们迅速采取行动。

### (一) 采用销售促进的原因

服务企业在使用销售促进这一促销工具时,通常出于下面的考虑。

**1. 需求问题**

特别是在需求波动且闲置产能的情况下。

**2. 顾客问题**

(1) 使用该项服务的人不够多；

(2) 购买服务的量不够大；

(3) 购买/使用之前的选择需要协助；

(4) 在付款方面有问题。

**3. 产品问题**

(1) 新服务正在推出；

(2) 没有人知道或谈起该服务；

(3) 没有人在使用该服务。

**4. 中间机构问题**

(1) 经销商对公司销售的服务未给予足够的注意；

(2) 经销商对公司销售的服务未给予足够的支持。

**5. 竞争问题**

(1) 竞争强烈而密集；

(2) 竞争的趋势更加激烈；

(3) 新服务开发也相互竞争。

与有形产品的销售促进相比，服务企业采用销售促进时应该考虑的特殊因素有两点：其一，由于服务的特征造成的问题，例如，服务不能储存。因此，在销售促进措施的使用上，必须要有所注意，如使用高峰折扣定价技巧，平衡服务的数量。其二，某些服务业本身专有的特殊问题，例如，某些销售促进手段的使用，可能涉及道德的限制，或者某一专业团体会认为有些方式太过于冒险。因此，在实践中，销售促进往往经过"伪装"或在其他促销手段的名义下进行。

**（二）销售促进的优点**

**1. 调整需求和供应的波动周期**

比如，为保证航空公司和旅馆都有稳定的顾客流，两者可以共同推出一项具有吸引力的假期服务捆绑销售，并以低价格和优质服务来吸引顾客，填充那些可能出现空闲的座位和房间。

**2. 形成强有力的防御手段**

销售促进也可被服务企业用作强有力的防御手段。例如，当某一航空公司通过降低票价来争取客源时，其他竞争者可能会紧急跟进，否则就会面临顾客大量流失的风险。

**3. 形成新的服务特色**

经过认真选择的销售促进手段，可以为服务注入新的内容。有奖销售或竞猜的激情，降价以及特卖的刺激，都能提升顾客对服务的整体感觉。在某些情况下，销售促进甚至能制造轰动效应，帮助组织从竞争者中脱颖而出。最为大家所熟悉的就是麦当劳快餐推出的游戏促销。

**（三）销售促进的技术方法**

服务销售人员可以采用六种促销技术来增加顾客对服务的兴趣，刺激他们进行购买。这些方法包括样品赠送、价格/数量促销、优惠券、未来折扣补贴、礼品赠送和有奖销售。

**1. 样品赠送**

它给了顾客一个免费使用服务的机会。比如，信用卡公司可以向信用卡持有人提供信用卡保护计划中的一个月免费试用。

**2. 价格/数量促销**

这种方法如果被顾客理解为短期促销而不是鼓励持续的大额订购,那么应该在一个有限的时间内采用,而不宜作为长久之策,如航空公司像商务旅行人员提供特定航线上的多年通行证,条件是他们在某一特定的时间范围内与航空公司签约。

**3. 优惠券**

这种销售促进的方法主要有三种形式:其一,直接降价,与最初购买者同来的一个或多个顾客可享受折扣或费用减免,或在基本服务的基础上提供免费或有价格折扣的延伸服务(如在每一次洗车时都提供免费的喷蜡服务)。其二,是将优惠券印刷在报纸或者期刊上,或者通过直邮方式发送给顾客。其三,中间商成功地把各种优惠券组合成优惠券薄销售,激励购买者使用大量各种各样的服务,包括餐厅、酒吧、电影院和其他服务供应商。

**4. 未来折扣补贴**

它被竞争性的航空公司、酒吧和汽车租赁公司广泛用来保持那些频繁外出旅行人员的品牌忠诚度,他们在加入某一特定的常客计划之前必须签约。

**5. 礼品赠送**

它是一种为了给短暂易流失的服务增加有形要素而提供的特殊促销方式。例如,银行和保险行业提供的服务很难进行差别化,在美国,这些行业就广泛采用礼品赠送。

**6. 有奖销售**

这种方式引入了机会这一要素,如抽签中奖。它可以被用来有效地增加顾客对服务经历的参与和兴奋感,最终目标是为了鼓励顾客增加对服务的购买和使用。

根据促销对象的不同,网上促销策略可分为:消费者促销、中间商促销和零售商促销等。本书主要是针对消费者的网上促销策略。

## 五、促销新工具——利用互联网进行服务促销

### (一)网上折价促销

折价亦称打折、折扣,是目前网上最常用的一种促销方式。因为如今网民在网上购物的热情远低于商场超市等传统购物场所,因此网上商品或者服务的价格一般都要比传统方式销售时要低,以吸引人们购买。比如我们经常看到好多团购网站经常在网上进行折价促销,在这类例子当中,美容美发店以及航空公司最为典型。

### (二)网上变相折价促销

变相折价促销是指在不提高或稍微增加价格的前提下,提高服务的品质数量,较大幅度地增加产品或服务的附加值,让消费者感到物有所值。由于网上直接价格折扣容易造成降低了品质的怀疑,利用增加商品附加值的促销方法会更容易获得消费者的信任。

### (三)网上抽奖促销

抽奖促销是网上应用较广泛的促销形式之一,是大部分网站乐意采用的促销方式。抽奖促销是以一个人或数人获得超出参加活动成本的奖品为手段进行商品或服务的促销。

### (四)积分促销

积分促销在网络上的应用比起传统营销方式要简单和易操作。网上积分活动很容易通过编程和数据库等来实现,并且结果可信度很高,操作起来相对较为简便。积分促销一般设置价值较高的奖品,消费者通过多次购买或多次参加某项活动来增加积分以获得奖品。例如,被大家熟知的电信公司经常在网上营业厅推出这样的活动:积分兑换服务业务,通过这项

业务可以保留很多的老顾客继续购买其服务,也会吸引新的顾客,实际上也是一种促销形式。

### (五) 网上联合促销

由不同商家联合进行的促销活动称为联合促销,联合促销的服务可以起到一定的优势互补、互相提升自身价值等效应。如果应用得当,联合促销可起到相当好的促销效果,如网络公司可以和传统商家联合,以提供在网络上无法实现的服务。

以上五种是网上促销活动中比较常见又较重要的方式,其他如节假日的促销、事件促销等都可从以上几种促销方式进行综合应用。但要想使促销活动达到良好的效果,必须事先进行市场分析、竞争对手分析以及网络上活动实施的可行性分析,与整体营销计划结合,创意地组织实施促销活动,使促销活动新奇、富有销售力和影响力。

服务企业是现代很多企业中的一种特殊形式,服务企业的促销策略和其他传统企业有很多类似之处。简单地说,服务促销策略就是如果一个服务企业打算进行促销活动,那么它依据自身的条件所作出的促销方式的选择(可能是一种促销方式也可能是几种促销方式的组合)。现代服务企业运用促销组合来接触中间商、消费者及各种公众;中间商也可以运用一套组合来接触消费者及各种公众;消费者彼此之间、消费者与其他公众之间则进行口头传播;同时,各群体也对其他群体进行沟通反馈。

## 第三节 服务促销评价

本节我们要学习怎样对服务促销进行评价,对于服务促销的评价可以理解为对于服务促销策略、组合的选择的评价,也就是说我们要考虑服务促销策略过程的合理性以及服务促销策略的目标是否达成,或者多大程度的达成目标。当然对于服务促销进行评价的目的不仅仅在于单纯地评价一个服务促销策略,更重要的是我们要能从一次促销活动中学到其优点,改正其不合理的地方以指导以后的促销活动。在实际进行服务促销的评价过程中,我们需要了解的内容有:影响促销设计的因素、有效促销管理的原则以及各种具体的促销策略的评价方法。一个服务促销活动只有当其在进行选择促销策略、组合时考虑到各项影响促销设计的因素,并且符合有效促销管理的原则时才是有效的服务促销。

### 一、影响促销设计的因素

在选择了一项服务促销方式后,营销人员面临着具体促销活动的设计问题。一般而言,以下六个要素是营销人员设计促销活动时必须考虑的。

#### (一) 产品范围

这一项解决的是应当对哪些特定的服务或者辅助性的商品进行促销的问题。如果促销的目的是防卫性的,就应当对那些面临竞争压力的服务进行促销,如果促销的目的是吸引顾客,就可能是对那些低风险、低价格的服务进行促销,以吸引顾客,不然,他们就会成为其他服务交叉销售的对象;如果目的是在竞争对手中主动进攻,就可能要照这样一种产品(如6个月的储蓄存单)进行促销,它可以让服务营销人员与顾客建立一种更长期的关系。

#### (二) 市场范围

这个因素考虑的是促销活动是在所有市场上进行还是在有选择的市场上进行。考虑到所存在的价格歧视问题,服务营销人员在这方面比有形产品的营销人员拥有更多的弹性空间。尽管一个酒店连锁集团可以通过开展定期的全国性的促销活动来建立统一的企业形象,但是也应看到,在单个市场上存在着开展不同水平的价格促销的需要。此外,服务营销人员可以把一次促销活动限制在某一特定的消费人群范围内。

与顾客之间有着会员关系的服务企业能够追踪每一个顾客对服务的使用情况,并且以使用服务的数量、时间、地点和其他使用类型为标准来开发细分市场。市场细分方案也可以把企业首次签约或以后续约时收集的顾客概况作为依据。

### (三) 促销价值

这是指服务营销人员设计促销计划时必须考虑提供给顾客什么样的价值与形式。一些促销活动(尤其是数量或价格促销)提供给顾客的是一定的现金价值,即以较低的价格提供同样的服务;另外一些促销活动提供给顾客的是一种延迟价值,通常与所促销的服务价格没有联系,即以同样的价格提供更多的服务。

服务营销人员在决定提供给顾客的价值形式和水平时,必须考虑顾客的偏好、成本与促销目标。当顾客对服务的使用差异很大时,可以提供不同价值的奖励。以飞行的里程数、入住酒店的天数、信用卡应付款项的金额水平作为依据的促销活动就是很好的例子。

任何促销活动都包含着一定的价格折扣。服务营销人员应当认识到顾客对此的反应可能随促销种类的不同而不同,但不可能是线性的。例如,10%的价格折扣的促销所带来的销售量的增加不一定是5%的价格折扣所增加的销售量的两倍。

### (四) 促销时间

设计促销活动还应该明确的一个问题就是时间。什么时候?多长时间?频率多少?这是关于促销的三个重要问题。任何促销的时间长度都应该考虑目标顾客的购买周期、企业提供的促销价值以及竞争对手的压力。以平衡需求为目的的服务促销时间的设定,应当减小而不是加剧销售的周期性变化。此外,在促销活动中引入"出其不意"这个要素是有利的。这样精明的顾客就不会因为等待一次预期的促销活动而推迟购买。

### (五) 受益对象

由于促销是用来影响或者强化顾客行为的,因此,选择正确的细分市场就显得尤其重要。有时候,不一定是服务的使用者本人付钱,商务旅行人士使用的酒店和交通服务就是如此。向那些每天不享有固定津贴的人提供价格折扣产生的吸引力可能有限,因为节省的钱并不属于个人。航空公司和酒店已经通过常客计划对这种情况作了巧妙的应对,因为常客计划奖励的是旅行者个人而不是公司;但有的公司坚持认为所有的空中常客奖励都属于公司,应用于将来的商务旅行。

### (六) 竞争防卫

最后一个要素是设计一种能够提供独特竞争优势的促销活动,许多服务企业在设计促销活动时发现很容易被对手模仿。因此,需要设计一种防卫竞争的促销活动,例如活动非常复杂以至于无法迅速模仿,或者与一个或多个著名企业进行排他性联合促销,这样其他企业就不可能直接复制这种计划。

## 二、有效促销管理的原则

随着服务竞争的加剧,服务营销人员对服务促销的运用正在迅速增加。为了使促销更好地为企业的整体营销服务,避免人力、物力、财力的浪费,营销管理者必须考虑以下促销管理的原则。

**1. 规划促销策略**

服务营销人员需要对服务促销活动进行详细规划,应该有计划的选择对哪些服务,在什么时间、什么地点在哪些市场上促销,促销的目标以及使用的促销技巧和手段,而不是仅仅依靠采取无差异的促销作为对竞争者的反应,从而确保促销活动的统一协调性和多样性。

**2. 限制促销目标**

服务营销人员应该正确看待促销的效果,不应该过分夸大一次促销活动可能实现的目标。如果服务促销人员在一次促销活动中强调达到多个目标,往往会适得其反。任何一次既定的促销活动都应当有选择性地集中于一两个目标,以使其产生最佳效果。

**3. 限制促销时间**

服务营销人员希望每一次促销活动都能引发特定顾客的即刻购买行为,这就要明确限定活动的截止日期。例如,航空公司的机票在进行促销时一般都会有明确的活动截止日期。无限期的促销不但会降低消费者的购买积极性,而且还会被竞争者效仿,从而可能成为服务供给的一个组成部分,这样促销就成为一个永久性的成本中心而不是收益来源了。

**4. 联合促销**

服务营销人员通过同时对几种自有服务进行促销组合或加入其他企业的力量,常常能够有效地利用它们的促销资源并设计出影响更大、效果更好的促销活动方案。市场消费和游乐园消费的联合,常常会给顾客带来惊喜,并且双方都可以从中盈利。

**5. 搭配促销**

随着越来越多的企业对促销活动的利用,关于促销的噪音日益增加。服务企业可以通过搭配使用几种促销技巧来制造爆炸性的活动。

**6. 激励分销渠道**

最有效的促销能够通过激励销售渠道中各方(顾客、促销人员、中介机构等)来同时创造"推"和"拉"的效应。例如,服务企业可能针对顾客采取抽奖活动,同时对于其他两方则提供着相似主题的奖品结构和销售竞赛活动。

**7. 平衡创新与简易的关系**

服务促销活动的设计应该既考虑创新性,以便从众多的促销活动中脱颖而出,吸引顾客的目光,又必须考虑简易性,使其容易被顾客理解与尝试,最终有利于服务企业的发展。

**8. 评价促销效果**

服务营销人员必须衡量每次促销活动产生的效果,比较促销前后销售量的差异,检验是否达到了原先既定的促销目标,如果与计划产生差异并要分析产生差距的原因,为将来的促销活动积累经验与基础。

在实际管理工作中,当促销职能成营销部门常规工作时,人们往往只记得通过促销把商品卖出去或者把服务推销出去,而忘记促销是为了突显商品或服务的价值。消费者需求是多方面的,既是理性的,也是感性的,服务促销活动需要满足客户的这种心理需求。促销管理也与一般管理有相通性,需要明确目的、制订计划、过程管理、结果评价。缺少一个环节,都会造成促销的浪费和无效。

## 三、服务促销策略的评价

在对各项服务促销策略进行评价时,一般会考察服务促销的方案是否合理有效,以及促销活动成本与收益的关系等要素,也就是服务促销方案评价和服务促销效果评价。

### (一) 促销方案评价

对促销方案的评价是指要评价一个服务促销方案整体的设计是否合理、在预期时间内是否达到服务促销目标、对于各种服务促销组合的运用比例是否合理、以及在执行某项服务促销方案时的具体行动是否及时有效等等。概括地说就是评价促销目标、评价促销方法、评价促销要素、评价行动计划。在具体的评价过程中就要考虑该项促销方案有没有参考我们在上一个知识点所讲的多种影响促销设计的因素,以及这个方案在整体上是否符合有效促销管理的原则。

### (二) 促销效果评价

分为市场评价指标和经济效益评价,其中市场评价指标又有以下三种具体的指标:销售额/量,参与者人数,试用者人数。经济效益评价最常用的工具是促销利润评价,促销利润评价除了可以显示促销活动的效益和促销工具的价值以外,还有一个很重要的作用,即它能为服务企业的经营决策提供依据,直到企业的经营活动,使服务企业的经营管理数量化。

当然我们对服务促销策略进行评价的目的不仅仅在于只是考察以上一些因素,以及一些指定的标准。更进一步,我们需要对评价的结果进行记录,比如说,在进行评价促销目标时,我们要考察目标是否达成、在多大程度上达成、若是和预期促销目标有差距则要分析为什么没有达成的原因、或者在以后的促销活动中应该采取什么措施来减少差距的产生。这种作用就如同管理学中所说的控制职能的作用,在评价的基础上找出原因、分析原因、最终会促成服务促销目标的达成。

◆思考题

1. 服务企业应如何与消费者进行有效沟通?
2. 服务促销与有形产品促销有哪些差异?
3. 服务业促销组合策略有哪些?
4. 服务业人员推销的特点及推销人员的任务是什么?
5. 服务业广告促销策略的目标是什么?
6. 公共关系的作用是什么?
7. 服务业有效促销管理的原则有哪些?
8. 进行促销设计时需要考虑哪些因素?

【分析案例】　　妇科医院对不断变化的市场机会做出的反应

妇科医院是妇女健康基金会的一个分支,也是美国最大的妇婴专业医院之一,每年接生婴儿近7000人。该医院的远景规划是:"到21世纪,妇女健康基金会将成为向众多妇女儿童提供多种服务的地区性组织。"该医院为各年龄段的妇女提供保健服务。服务范围包括:产科、妇科、理疗、母体胚胎医学、妇科肿瘤学、乳腺科、普通外科、儿科心脏病学、生殖学、遗传学、放射医学以及很多其他学科。随着人口出生率的降低以及主要目标市场的育龄妇女年龄越来越大,医院已将经营策略转向提供健康保健方面。工作重点也由基本的产科接生转向提供更加广泛的服务。目前的重点包括治疗各个年龄段妇女疾病的妇科以及有关新生儿,尤其是难产儿的照顾、养育、疾病治疗的近代生物学科。

这种战略的变化在促销方面的体现是一项GNY(妇科)手术宣传。这项宣传有两个目标,每个目标针对不同的群体。消费者目标是提高人们对妇女医院提供的GNY手术及手术经验的注意,使妇女们选择该医院进行手术。医院的目标是提醒进行 GNY 手术的医生,妇女医院将继续为妇女病人,尤其是 GNY 手术,提供最高质量的服务设备和人员。宣传预算有 70000 美元用于电视、8000 美元用于广播、15000 美元用于印刷品。安排了两个阶段的媒体宣传,第一阶段持续六个星期,然后间隔一个月,接下来是持续四个星期的第二阶段。

促销宣传的创意战略围绕:① 妇科医院在满足各个年龄段妇女健康保健的需要方面拥有丰富的经验;② 在过去的 28 年中,妇科医院的专家为成千上万名妇女提供 GNY 手术;③ 医院的医护人员给予手术妇女术前、术中和术后的特殊照顾;④ 使用最具影响力的语言清楚直接地发送信息。总之,这项宣传的目的是促使妇女得出这样的结论:"我为什么不在妇女医院做 GNY 手术呢?"促使医生得出这样的结论:"我为什么不建议妇女到这家医院做 GNY 手术呢?"

**问题**

1. 通过这篇材料我们能够看出服务促销具有哪些特点?
2. 这项促销活动所选择的促销组合是什么?这种组合合理吗?
3. 该促销活动在实施的过程中满足了哪些原则?
4. 促销工具的选择是否适合宣传的目标?
5. 如果你认为该企业的促销策略不合理,给出自己的意见。并为该企业设计一个合理的促销方案。

**应用训练**

在实际生活中找出一个自己感兴趣的服务企业,例如,航空公司、餐饮业某饭店、身边的某个理发店或者校园里的移动、电信、联通营业厅等。利用本章所学知识为这个服务企业设计一个促销策略,在设计这个促销策略的同时要考虑到本章所提及的各种因素。并且和老师同学交流,让其他人评价自己的促销方案并给出意见。

# 第七章 服务人员

理解服务人员的特点;掌握服务人员的类型;理解并掌握内部营销的概念;了解内部营销的重要性;了解内部营销活动的实施;理解服务人员管理的内容;了解服务人员的培养与选拔。

## 不同的服务 不同的感受

Greg 自认为他计划得万无一失,他为从机场到火车站留出了两个小时的时间。从机场到火车站,乘公共汽车只需 30 分钟,两个小时显得绰绰有余。即使是飞机稍微晚点一会,他仍然有一定的时间余量。可是不幸的是,Greg 乘坐的飞机比预定的时间迟到了近一个小时,当 Greg 狂奔至汽车站时,发现他刚好错过了上一辆汽车,而下一辆汽车要等 20 分钟以后才发车。然而,当 Greg 用绝望的声音向汽车调度员解释其困境后,意想不到的事情发生了。汽车调度员告诉 Greg,他本人也曾遭遇过类似的困境,故他申请了一辆备用汽车并建议司机将 Greg 先生直接送到火车站。幸亏汽车调度员的同情与及时处理,Greg 在发车前 5 分钟到达了火车站。Greg 牢牢记住该公共汽车公司的名字,发誓一定要将这次经历告诉他人,将他所得到的伟大的服务传播给大众。

请把 Greg 的经历与 Cindy 的经历作一对比。Cindy 走进她的财务计划人的接待室,比约定的时间提前了 10 分钟。财务计划人的秘书正专注地与朋友在电话里聊天,当 Cindy 表明自己的来意后,她厌烦地瞪了 Cindy 一眼,冷冰冰地抛出一句"Portfolio 先生一会儿就会见你"后,就继续与她的朋友聊天。Cindy 挪开等候区域长椅上的报纸和杂志,腾出一个位子坐下。10 分钟过去了,20 分钟过去了,30 分钟也过去了。偶尔,Cindy 也用目光与秘书交流一下,希望她能处理一下这件事情,至少也应对此次耽搁做出解释或道歉。当 Cindy 自己站起来去倒一杯咖啡时,秘书竟然忘了给她递只杯子。尽管 Cindy 不愿偷听,但她还是听了一些秘书在电话里的评论,评论夹杂着对 Portfolio 先生的尖锐评价,还不时介入一些亵渎与不敬。最后,Cindy 终于厌倦了如此无限期的等待,且秘书的通话内容也令她极为不舒服,Cindy 走近秘书,再次质问此次耽搁的原因。秘书丝毫未掩饰对再次被打断的不满,冲 Cindy 叫道:"他会尽快来见你的"。尔后,又继续其有趣的聊天。Cindy 忍无可忍,恳求道:"您知道大概什么时间可以吗?"不悦的秘书连眼皮都没抬一下,挖苦道:"我怎么知道,我仅在这儿工作。"Cindy 转身就走,再也没回来过。

Greg 与 Cindy 所经历的一切，皆生动形象地表明：顾客对服务组织的感知或反映，受到服务员工的极大影响。

**资料来源**：杜兰英，芦琼莹.服务营销[M].武汉：华中科技大学出版社，2011:259-260.

服务营销组合中"人"的要素应得到特别的强调。服务性行业是人的产业，人是任何服务营销策略及服务营销组合中一个不可缺少的要素。服务企业人员素质的重要性明显超过了生产制造业，自然应受到企业的高度重视。应把人员看做营销组合中的一个独立元素，把适宜程度的关心指向他们，激励和奖励他们作出企业所希望的贡献，使其行动最大化推进企业服务营销计划。

# 第一节 服务人员

## 一、服务人员的概念

服务人员在所有服务企业的服务生产与营销中，扮演了一个相当独特的角色，尤其是在没有实物产品作为证物，顾客仅能从员工的举动和态度中获得企业印象的情况下，更具有很深刻的含义。服务业公司与制造业公司的一大区别是，顾客所接触的服务业人员的主要任务是实现服务，而不是营销服务。在工业产品市场，顾客与操作层次的接触很少，对于整个产品的提供，顾客不可能有任何责任。但在服务企业，向顾客提供服务的过程就是生产过程，顾客需要与员工同时参与。服务企业的绝大多数员工，都与顾客有某些形式的直接或间接的接触，他们的态度对服务质量有很大影响。制定一项顾客服务政策，需要企业全体员工对顾客服务作出承诺，还要了解顾客究竟需要什么服务。建立顾客忠诚，有赖于全体员工的高度责任感和合作精神，因为它直接影响顾客对产品的态度和接纳程度。

从传统意义上讲，似乎只有与顾客直接打交道的员工才会对顾客产生影响。实际上绝非如此。提供服务及负责对外工作的员工常常与顾客打交道，通过留意、帮助顾客，他们能得到顾客的信任与尊重。他们的确是在直接为建立顾客忠诚作贡献。而从事技术工作的员工则不然。他们很少能见到顾客，更别说与顾客交谈了。但是如果他们能将本职工作做好，确保顾客购买的产品运转良好，顾客们就会满意并且再次合作。可见，技术人员同样对建立顾客忠诚作出了贡献。否则，就会对顾客产生负面影响。例如，若电信的通信传输网检修维护不及时，经常使顾客的电话通信联络出现故障，就会损坏电信企业的整体形象。因此，这些服务人员有效地完成其工作任务就很重要。高效的工作有赖于对顾客需求的高度重视，必须让技术人员也充分了解到个人贡献与让顾客满意之间的联系，并告诉他们如何才能使顾客满意。

## 二、服务人员的类型

### （一）按接触顾客频繁程度和员工参与常规营销活动的程度分类

把员工看作营销组合的一个元素，本质上讲是对员工既影响营销任务又影响顾客接触这一不同作用的认识。以接触顾客频繁程度和员工参与常规营销活动的程度为基础的分类方案。将服务人员分为接触者（contactor）、改善者（modifier）、影响者（influencer）、隔离者（isolated）。如图7.1所示。

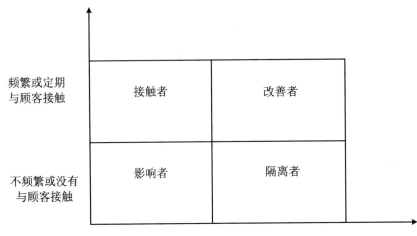

图 7.1　服务人员类型

（1）接触者频繁地或有规律地接触顾客，并且典型地经常参与常规营销活动。他们占据服务企业许多职位，包括销售和顾客服务。无论他们是否参与营销战略的策划与执行，他们都需要很好地领会企业营销战略。他们应该受到良好的培训、准备和激励，以负责的方式日复一日地去服务顾客。招聘他们的基础应该是对顾客需求响应的潜力，并在这个基础上被评估和奖励。

（2）改善者是像接待人员、信贷部门的电话总机员那样的人员。他们在很大程度上不直接参与常规营销活动，虽然如此，他们仍频繁地与顾客接触。因此，他们需要对机构的营销战略有明确的观念，并应能够在对顾客需要响应上发挥作用。他们在服务业务中起着特别但不是唯一的重要作用。改善者需要增强适应顾客需要和发展顾客关系的能力，因此培训和监督特别重要。

（3）影响者属于营销组合中的传统元素，不常或没有与顾客接触。但是，他们是机构营销战略实施的组成部分。他们包括那些在产品开发、产品研究等方面起作用的人员。招聘影响者时应该找寻那些能发展一种对顾客反应的意识潜力的人员。影响者应该根据顾客定位的业绩标准被评价和奖励，提高顾客接触水平的机会应该纳入他们行动计划。

（4）隔离者实行各种支持功能，他们既不频繁和顾客接触，也不进行常规营销活动。但是，作为支持人员，他们的行动严重影响机构行动的成绩。属于此类的员工包括购买部门人员、人事和数据处理部门人员。这些人员需要感受到一个事实，就是内部顾客和外部顾客一样都有必须要满足的需求。他们需要了解公司的整个影响战略以及他们如何为交付给顾客价值的质量作贡献。

### （二）按企业内部市场的观点分类

内部员工的管理是否有成效，关系到企业战略目标的实现。为了系统、充分地认识服务企业内部人员的结构与特点，可依企业内部市场的观点，将服务企业的内部员工细分为两个层面：核心层员工和辅助层员工。各层次的活动如何进行应取决于顾客需要，这将决定一个企业相对竞争能力的高低。

**1. 核心层员工**

核心层员工是指以各种形式直接与顾客接触的员工。企业与他们的关系是最重要的内部关系,核心层的员工与企业的目标和利益关系最为密切。企业的一切方针、政策、计划、措施,只有首先得到核心层员工的理解和支持才有可能实现。这些人的技术、工作质量和服务对于顾客是否认知企业,对于企业是否能留住老顾客具有绝对影响。如果服务人员态度冷淡或粗鲁,就等于破坏了为吸引顾客而做的所有营销工作。如果他们态度友善而温和,则可提高顾客的满足和忠诚度。企业目标要想获得实现,就必须让核心层员工掌握企业的经营理念和营销战略,并使员工充分共享企业的信息,从而积极引导员工参与到企业的决策中去,让员工有机会对企业的营销方案提出自己的意见。核心层员工与企业主体有着共同的利益,面临共同的外部公众,需要解决共同的整体发展问题,具有一荣俱荣、一损俱损的紧密联系。核心层员工积极性、创造性的激发有助于企业营销活动的顺利进行,使企业得以加速推进经营目标的实现。

核心层的员工是企业形象的重要体现。核心层的员工,常常代表企业进行各种经营活动,因而最直接地反映了企业形象和声誉。企业形象一方面表现为企业对社会的责任和贡献程度;另一方面则表现为企业风格、企业精神、企业凝聚力等。由于企业核心层员工的荣誉感、自尊心、责任心和进取心会对企业的生产和经营行为产生很大的影响,因此这一内在的推动力能使企业的关系营销取得真正的绩效。

**2. 辅助层员工**

辅助层员工是为企业的基本活动提供相关支持的员工。他们与企业之间的各种联系,对竞争优势也具有重要的影响作用,辅助层员工关系影响企业的经营活动效率。企业营销效率的高低在部分程度上取决于辅助层员工的紧密配合,辅助部门的团结一致、齐心合作有利于企业战略计划的落实与执行,从而提高企业经营效益。但是,如果企业内部矛盾重重,部门之间互相设置障碍,员工关系十分紧张,则必然导致企业人心涣散,最终成为一盘散沙。例如,财务部门员工的工作速度会影响到企业每个环节,因此必须尽力优化部门间员工的合作。最好的财务部门正在建立一种新型关系,这种关系建立在向企业其他部门提供信息价值的基础上。企业的财务人员测评整个企业的经营业绩,提供用以经营决策的信息,从而为实现企业的目标作出贡献。一方面,财务部门必须与业务部门融合,财务部门的员工参与业务运作,凭借自己的财务专长和业务判断能力,发挥不同凡响的作用,而不是把自己看做是一个独立的流程。另一方面,财务部门的员工必须重视企业的内部顾客,以服务为导向可以使财务部门的员工认识自己的许多职责,然后尽己所能去协助其他部门更好地经营企业。除此之外,财务部门的员工在销售结算时也不可避免地与顾客或企业的其他公众发生关系等。

**【资料链接】7-1     微笑再微笑**

飞机起飞前,一位乘客请求空姐给他倒一杯水吃药,空姐很有礼貌地说:"先生,为了您的安全,请稍等片刻,等飞机进入平稳飞行后,我会立刻把水给您送过来的,好吗?"15分钟后,飞机早已进入了平稳飞行状态。突然,乘客服务铃急促地响了起来,空姐猛然意识到:糟了,由于太忙,她忘记给那位乘客倒水了!当空姐来到客舱,看见按响服务铃的果然是刚才那位乘客。她小心翼翼地把水送到那位乘客跟前,面带笑容地说:"先生,实在对不起,由于我的疏忽,延误了您吃药的时间,我感到非常抱歉。"这位乘客抬起左手,指着手表说道:"怎么回事,有你这样服务的吗?"空姐手里端着水,心里感到很委屈,但是无论她怎么解释,这位挑剔的乘客都不肯原谅她的疏忽。

在接下来的飞行旅途中,为了弥补自己的过失,每次去客舱给乘客服务时,空姐都会特意走到那位乘客面前,面带微笑地询问他是否需要水,或者别的什么帮助。然而那位乘客余怒未消,摆出一副不合作的样子。

临到目的地前,那位乘客要求空姐把留言本给他送过去,很显然,他要投诉这名空姐。此时空姐心里很委屈,但是仍然不失职业道德,显得非常有礼貌,而且面带微笑地说道:"先生,请允许我再次向您表示真诚的歉意,无论您提出什么意见,我都将欣然接受您的批评!"那位乘客脸色一紧,嘴巴准备说什么,可是却没有开口,他接过留言本,开始在本子上写了起来。

等飞机安全降落,所有的乘客陆续离开后,空姐以为这下完了,没想到,等她打开留言本,却惊奇地发现,那位乘客在本子上写下的并不是投诉信。相反,这是一封热情洋溢的表扬信。

是什么使得那位挑剔的乘客最终放弃了投诉的呢?在信中,空姐读到这样的一句话:"在整个飞行过程中,您表现出真诚的歉意,特别是你的12次微笑,深深地打动了我,使我最终决定将投诉信写成表扬信!你的服务质量很高,下次如果有机会,我还将乘坐你们这趟航班!"

资料来源:百大英才网. http://wm.baidajob.com/article—88050.html.

# 第二节 内部营销

内部营销是一种把员工当成消费者、取悦员工的哲学。企业在内部营销上花的每分钱和每分钟对其外部关系都会产生倍增的价值。内部营销的实质是在企业能够成功地达到有关外部市场的目标之前,必须有效地运作企业和员工间的内部交换,使员工认同企业的价值观,使企业为员工服务。

## 一、内部营销理论

### (一) 内部营销的概念

内部营销这一术语始于内部市场的概念。因为营销工作者在真正对外部现有顾客或潜在顾客开始实施营销前,必须确保企业内部员工理解并接受外部营销活动以及企业提供的服务内容。

内部营销是在服务意识驱动下,通过一种积极的、目标导向的方法为创造顾客导向的业绩做准备,并在组织内部开展各种积极的、具有营销特征的、协作方式的活动及其过程。在这种过程中,处于不同部门和过程中的员工的内部关系得以巩固,并共同以高度的服务导向为外部顾客和利益相关者提供最优质的服务。

内部营销的重点在于组织中各个层级之间应建立良好的内部关系,这样,在与顾客接触的员工、参与内部服务过程的支持员工、团队领导以及各级经理的头脑中才会有服务导向和顾客导向思维。但仅有思维方式是不够的,还要有足够的技能和支持系统,因为它们也是内部营销的一部分。

### （二）内部营销的两个方面

内部营销牵涉两个具体的管理过程，分别是态度管理和沟通管理。

**1. 态度管理**

必须对所有员工的态度及他们的顾客意识和服务意识产生的动机进行管理，这是一个致力于在服务战略中占得先机的组织实施内部营销的先决条件。

**2. 沟通管理**

经理、主管、与顾客接触的员工和支持人员需要各种信息以完成他们的工作，这些信息包括工作规定、产品和服务特征以及对顾客的承诺（如在广告中做出的承诺和销售人员做出的承诺）等。他们同样需要与管理层就其需要、要求、对提高业绩的看法及顾客需要等内容进行沟通，这是内部营销的沟通管理。

如果企业想有良好的业绩，态度管理和沟通管理是必需的。企业展开了沟通管理，但经常将其视为单向发生。在此种情况下，内部营销管理通常以活动的形式进行。企业会给员工派发内部宣传品和小册子，并举办内部会议，在会上给与会者口头或文字的信息，但基本上没有什么沟通。经理和主管并不认为他们有必要进行反馈、双向沟通，对员工认同或鼓励。员工虽然得到了许多信息，但其中很少有鼓励。当然，这意味着他们接收的大量信息对他们本身没有什么重要的影响。组织内部缺乏态度上的必要转变和针对优质服务及顾客意识的激励措施，因此，员工无法得到有益的信息。

如果识别出并考虑到内部营销中关于态度管理的实质和需求，内部营销就成为一个持续的过程而不是一次或一系列活动，每个层级的经理和主管的作用就会更加积极。这样公司就会取得更好的营销效果。

总之，一个成功的内部营销过程需要态度管理和沟通管理的支持。态度管理是一个持续的过程，而沟通管理可能更像是一个包括在恰当时机出现的信息活动的独立过程。但是内部营销的这两个方面也存在相互影响的关系。从本质上说，员工可以共享的大多数信息对态度有重要影响。例如，与顾客接触的员工在事先得到广告活动通知后对于兑现广告所做的承诺会有更积极的态度。总经理和各个部门经理、主管和团队领导的任务就是一起进行态度管理和沟通管理。

### （三）内部营销的目标

内部营销的目的在于：创造、维护和强化组织中员工（不管他们是与顾客接触的员工或支持人员，还是团队领导、主管或经理）的内部关系，更好地促使员工以顾客导向和服务意识为内部顾客和外部顾客提供服务。实现上述目标的前提是员工要拥有必要的知识技能，并能获得各层管理人员、系统和技术的支持。具体来讲，内部营销有五个目标：

（1）确保员工顾客导向和服务意识的行为能够得到激励，能使员工成功地履行兼职营销人员的职责。

（2）吸引、留住优秀员工。

（3）在组织内部和网络组织中的合作伙伴之间彼此提供顾客导向的内部服务。

（4）为提供内部服务、外部服务的人员提供充足的管理和技术支持，使他们顺利履行兼职营销员的职责。

（5）创造内部环境和实施内部活动，使员工乐于进行兼职营销工作。

## 二、内部营销的重要性

内部营销是一个不断与员工分享信息，并且认可他们所做出贡献的过程。这一持续的过程是构建健康企业文化的基础。总体而言,内部营销的重要性可以概括为四个方面。

### (一) 内部营销有助于激发创新精神

服务企业通过提高对内部顾客——员工的服务,激发员工对服务工作的热爱与对外部顾客服务的热情,使员工从被动工作变为主动工作,从单纯地被管理变为积极参与到管理过程中,这必然会提高员工主动服务的意识,充分发挥自身主观能动性,致力于改进服务流程和进行服务创新工作。

### (二) 内部营销有助于减少内部矛盾

在服务营销过程中,需要不同部门的共同协作,各个部门处于工作流程的不同环节,内部营销通过有效沟通可以减少工作中的误解,从而减少内部各部门之间的矛盾。

### (三) 内部营销有助于提高工作效率

内部营销要求员工为顾客服务,或者为服务顾客的员工服务,这会使各部门员工提高内部服务意识,在服务企业内部营造出平等、和谐、互助的工作氛围,减少人际关系摩擦及不同服务环节的推诿扯皮现象,从而提高整体工作效率。

### (四) 内部营销有助于推进企业文化建设

内部营销强调员工满意度的重要性,强调对员工价值的认同,这会增强员工的荣誉感和归属感,自觉维护企业的对外形象,并信守企业的对外承诺。而且内部营销的信息沟通可以使员工及时了解企业的经营战略,当所有员工都响应企业经营的战略并相互合作时,企业文化才真正能深入人心。

## 三、内部营销的三个层次

在下列三种情况下,企业需要引入内部营销①。

### (一) 需要在企业创建服务文化和服务导向时

当服务导向和对顾客的关注成为组织中最重要的行为规范时,企业中就有服务文化存在。将内部营销和其他活动一起应用是一种培育服务文化的有力手段。在此情况下,内部营销的目标有:① 帮助各类员工理解和接受企业目标、战略、战术,以及产品、服务、外部营销活动和企业的流程;② 形成员工之间良好的关系;③ 帮助经理和主管建立服务导向型的领导和管理风格;④ 向所有员工传授服务导向的沟通和互动技巧。

实现第一个目标是至关重要的,因为员工必须认识到服务、服务导向、顾客意识及自己承担兼职营销人员职责的重要性。做不到这一点,员工就无法了解企业所要达到的目标。第二个目标同样重要,因为企业建立与顾客及其他方面良好的外部关系的基础是组织内部的和谐气氛。由于服务导向的管理手段和沟通、互动技巧是建立服务文化的基础,因此第三个和第四个目标也是非常重要的。

### (二) 需要员工保持服务导向时

内部营销在保持服务文化方面十分重要。服务文化一旦建立,企业就必须以积极的方式去维护,否则,员工的态度很容易就发生变化。在保持服务导向时,内部营销的目标包括:①确保管理手段能够鼓励和强化员工的服务意识和顾客导向;②确保良好的内部关系能够得到保持;③确保内部对话能够得到保持并使员工收到持续的信息和反馈;④在推出新产

---

① 克里斯廷·格罗鲁斯.服务管理与营销:服务竞争中的顾客管理[M].韦福祥,等,译.3版.北京:电子工业出版社,2008.

品、新服务及营销活动和过程之前,要将其推销给员工。

这里最重要的内部营销事项莫过于每一个经理和主管的管理支持,管理风格和手段在这里至关重要。当主管把目光集中在为顾客解决问题而不是强调企业的规章制度时,员工会觉得十分满意。

由于管理层无法直接控制服务过程和服务接触中的关键时刻,因此企业必须开发和保持中间控制。可以通过创造让员工感到能指导自己的思想和行为的企业文化来实行间接控制。在这个持续不断的过程中,每一个经理和主管都要参与进来。如果他们可以鼓励自己的员工,服务文化就有可能持续下去。经理和主管有责任维系良好的内部关系。

### (三) 需要向员工进行服务及营销相关内容的介绍时

在企业规划和推出新产品、服务或营销活动时,如果没有在内部员工中做足够的推广工作,则需要开展内部营销以系统地解决问题。相反,如果无法知道企业发生了什么,对新产品、服务或营销活动不甚了解,或者要从报纸、电视广告甚至顾客那里才能得知企业新服务及广告活动时,无论是与顾客接触的员工还是支持人员都无法表现良好。有利于新产品、服务和外部营销活动及过程的内部营销目标包括:①使员工意识到并接受即将开放以及推向市场的新产品或新服务;②使员工意识到并确保接受新的外部营销活动;③使员工意识到并接受新方式,即应用新的技术、系统、程序来控制营销内部或外部关系及公司互动营销业绩的不同任务。

## 四、内部营销活动的实施

内部营销是一个持续的过程,需要组织管理层的持续关注。下面列举几种必须进行的内部营销活动。

### (一) 员工培训

不管是内部还是外部培训,都是内部营销计划中最重要的构成部分。培训任务的类型包括:建立服务战略与服务营销观,识别每个员工在内部营销、外部营销中的地位和作用;培育、强化有利于服务战略和提高兼职营销绩效的态度;在员工中培养和强化沟通、销售与服务技巧。培训和内部沟通支持是内部营销沟通管理方面的主要工具,他们属于态度管理过程。

### (二) 管理支持和内部对话

内部营销过程中仅有培训项目是远远不够的。为了实现过程的持续性,各层管理者的作用非常重要,管理者必须具有自己的领导风格,而不单单是管理和控制。管理支持可以分为:通过日常的管理活动延续正式的培训项目;将鼓励员工视为日常管理任务的一部分;让员工参与规划和决策过程;在正式或非正式的信息交流中与员工实现双向沟通;建立公开和积极的内部文化。

### (三) 人力资源管理

成功的内部营销从招聘开始。这就要求有恰当的工作描述,并将一线服务员工和支持人员视为兼职营销员。组织可以用工作描述、招聘程序、职业生涯规划、工资与红利系统、激励计划以及其他人力资源管理工具实现内部营销的目标。

### (四) 外部沟通

企业的广告和各种推广活动进行之前,必须先将其介绍给员工,并在员工的协助下开展这些活动,这样可以使员工更加积极地兑现其作出的承诺。

### (五) 开发系统和技术支持

企业通过开发顾客信息数据库和有效的服务系统、技术，为顾客接触的员工提供优质服务是内部营销的重要目标。信息技术和内联网的开发为内部营销提供了有效支持系统。通过数据库、网址或电子邮件，员工和内部过程可以快速地联系起来，组织内部会由于彼此间的相互依赖产生归属感，从而对内部关系有积极的影响。

### (六) 内部服务补救

服务补救最早由哈特等人（1990）提出，是指企业在服务出现失败和错误的情况下，对顾客的不满和抱怨作出的补救性反应。其目的是通过这种反应，重新建立顾客满意和忠诚。服务补救是一种管理过程，首先要发现服务失误，分析失误原因，然后在定量分析的基础上，对服务失误进行评估并采取恰当的管理措施予以解决。

对于与顾客直接接触的员工来说，充满怨气的顾客可能会使员工感到气愤甚至是羞辱。顾客的不安、感到的愤怒，内部员工也同样会感受到，再加上强大的工作压力，员工有时会不堪重负。因此，企业必须主动帮助员工解决此类问题，也就是实施内部服务补救。管理人员在内部服务补救中具有决定性的作用。

## 第三节 服务人员的管理

全球型企业，如迪士尼、李维斯和英国航空，都在致力于发展"全面客户体验"（total customer experience）计划。比如，搭乘飞机旅行的"体验"，是从乘客考虑出行开始，一直到旅行归来向别人谈论这件事为止。在这次经历中，从飞机驾驶员到地勤人员、空中服务员都占有一席之地。沿途的每个"关键时刻"，不只是这个极复杂的产品服务体系中的一环，更是这一连串沟通过程中的一个重点。如果稍有变化，整个体验过程就跟着走样。所以，在体验过程中，谁是顾客的对象？答案是每个人。又是谁构建了这种体验？答案仍然是每个人。这样一来，传统的客户服务理念无法适应新的要求，企业需要以新的思路来提供品质优良的产品及服务，以便满足时下精明而又非常在意品质的顾客。那么，这种新的思路和想法又从哪儿来呢？它来自于企业的服务人员。

### 一、服务人员的重要性

在顾客眼中，提供服务的员工也是服务产品的一部分，企业员工的形象和举止处于顾客的密切注视之下，顾客对服务企业的感知受到服务人员的极大影响。对服务企业来说，服务人员的管理，包括服务态度、服务技巧、服务质量以及相关的培训等，都是提高顾客服务体验的有效手段。因此，对服务人员进行管理是服务企业成功的重要保障。服务人员对企业的重要性主要体现在以下几方面：

#### (一) 服务企业的员工是企业信守承诺的重要媒介与支撑

著名的服务营销专家格罗斯在其研究过程中，提出了服务营销的三角理论，如图 7.2 所示[①]。

服务营销三角理论认为，企业、顾客和服务提供者是三个关键的参与者，服务企业要想

---

① 资料来源：GRONROOS C. Relationship marketing logic [J]. Asia-Australia Marketing Journal, 1996, 4(1):10.

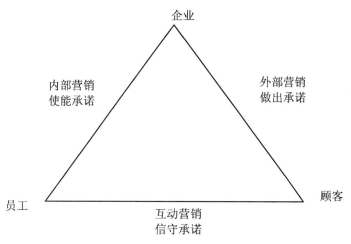

图 7.2 服务营销三角形

在竞争中获得成功,就必须在这三者之间开展外部营销、内部营销和互动营销,这三种类型的营销活动相互影响、相互联系,共同构成了一个有机的整体。从三者的功能来看,外部营销是企业对所传递服务或产品设定顾客期望,并向顾客做出承诺;内部营销是企业要保证员工有履行承诺的能力,保证员工能够按照外部营销做出的承诺提供服务或产品;互动营销是指顾客与组织相互作用,以及服务被生产和消费的一瞬间,企业员工必须信守承诺。从服务营销三角形可以看出,在企业向顾客做出承诺后,承诺的实现必须依赖于企业的员工,只有员工积极地为顾客提供服务,才能持续不断地信守承诺,实现顾客满意,确保企业获得顾客的青睐。

### (二)员工影响顾客满意度和企业利润

1994年,哈佛商学院的赫斯克特、撒赛和施莱辛格等五位教授组成的服务治理课题组在经历了20年对上千家服务企业跟踪、考察和研究的基础上提出了服务利润链模型。该模型指出了员工满足、顾客满足和企业利润之间存在着一定逻辑关系。服务利润链模型如图 7.3[①]所示。

服务利润链的逻辑内涵是:企业获利能力的增强主要是来自于顾客忠诚度的提高;顾客忠诚度是由顾客满意度决定的;顾客满意度是由顾客认为所获得的价值大小所决定的;顾客所认同的价值大小最终要靠企业员工来创造。所以,追根溯源,员工才是企业竞争力的核心。服务利润链理论明确地指出了满意的员工能够产生满意的顾客,所以,企业的员工影响到顾客满意度和企业的最终利润。

### (三)员工行为直接影响到服务质量

**1. 服务人员直接影响服务的可靠性**

在以人为基础的服务中,服务人员的可靠性就意味着服务的可靠性。如果一位医生精神恍惚,那么他的诊断质量在病人看来就很不可靠。所以服务企业应该重视员工状态的稳定性,并加强对员工服务行为的监督和控制。

---

① 资料来源:HESKETT J,JONES T,LOVEMAN G,et al. Putting the service profit chain to work [J]. Harvard Business Review,1994,72(2):164-174.

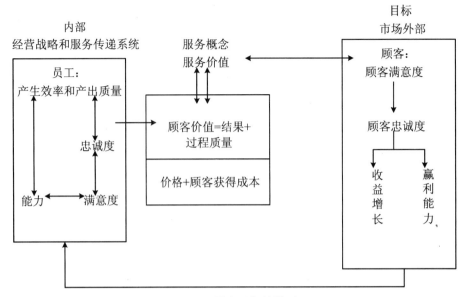

图 7.3 服务利润链模型

**2. 服务人员直接影响服务的响应性**

一名反应迟钝的西餐厅服务员,肯定无法适应不同顾客多变和多样化的需求。服务企业应该筛选头脑灵活、反应快的一线服务人员,并向他们适当授权,使他们有能力及时解决顾客的问题。

**3. 服务人员直接影响服务的安全性**

一名律师缺乏经验并对委托人流露出不耐烦的态度,会使客户对律师事务所的服务质量感到不放心、不安全,以至于敬而远之。服务企业应该选择具有一定服务资质、经验和能力的员工为顾客服务,并且培养他们对顾客的谦恭态度。

**4. 服务人员直接影响服务的移情性**

除了投入脑力和体力外,服务工作还要求服务人员投入感情。热情、敏感和富于同情心的员工,使顾客感觉到在服务企业中他们是独特的个体。因此,服务企业应尽量招募和筛选感情密集型劳动者,让他们承担一线服务工作。

**5. 服务人员直接影响服务的有形性**

服务人员本身就是服务的一种有形表现。服务人员的仪表、穿着、打扮、表情、姿势、动作乃至化妆品的气味等,都会影响顾客对服务质量的感知。服务人员应具有整洁的仪表和优雅的风度。

**(四) 服务人员是服务营销的人格化**

服务人员就是服务的重要组成部分。实际上,许多服务主要就是直接向顾客提供人员,如保姆、美容、律师事务、学校和医院等。这些服务机构的服务质量在很大程度上取决于服务人员。即使不直接提供人员的服务,人员因素也是主要的,如银行的自动取款机要保持正常的服务必须有人加以维护。

因为服务人员是服务机构的化身。制造业公司的化身是它们的实物产品,而服务机构提供的主要是无形产品。在顾客眼里,服务人员就是服务机构本身,服务人员代表着服务机构,服务人员的行为、素质和形象直接影响顾客对服务企业的感知,服务人员的一言一行都影响到整个服务企业的形象,客观上具有整体意义。同时,由于服务的无形性和不可分割性,使得服务生产与服务提供同时发生,顾客经常把服务人员的表现作为评价服务质量的重要依据。因此,服务人员本身就是服务的一部分,也是企业服务营销的人格化。

【资料链接】7-2

在目前人才竞争愈演愈烈的情况下,留住人才是每个经理人和人力资源工作者的重要职责。如果一个对公司或部门很关键的人把辞职报告摆到你的办公桌上,你才意识到他的重要性,那已为时太晚。通常,一个人做出辞职的决定是要经过长时间的考虑、考察和论证,一旦提交辞呈,意味着他已经与另一家公司签了聘书,这时一般人不会因为公司的挽留而动心,因为他与另一家公司已经有了契约关系。其实一个人离开公司前的1~3个月(对于经理人可能会长达6个月)里,一定会表现出不同以往的言语或行为,如果你仔细观察,就可以发现异常动向,提前采取稳定人和留人的措施。

**1. 对工作的积极性和主动性突然下降**

一个一贯积极主动的人,突然变得消极被动,对什么事情都无所谓,这是很危险的信号。当一个人决定离开的时候,已经是"人在曹营心在汉",因此出于职业道德的约束,会继续做好已经启动的工作,但不会做任何需要长期的承诺的事情。

**2. 对公司的态度骤然变化**

原来对公司牢骚满腹、意见多多,突然变得沉默寡言,别人议论公司也不参与。当一个人对公司有抱怨有意见的时候,他暂时不会离开,因为他还对公司抱有希望,希望有所改善。但是当他已经决定离开了,他对公司的改善也就不抱希望,或者是无所谓了。

**3. 表现低调**

在各种场合,表现得比过去低调,开会不发言、讨论不讲话、有任务不主动请缨、有矛盾不卷入。为了淡出公司,他不会再主动请缨担当任何新的项目,也不会启动长期的工作项目。

**4. 工作纪律散漫**

并非所有人会这样。但在低级岗位的员工中会见到。一个一贯遵守工作纪律的人,突然出现一些迟到、早退、上班聊天、上网等小毛病。既然要走了,在这个公司的表现就不那么重要了。但是,职业化的经理人往往能做到善始善终,一是职业素养使然,二是对于经理人,可能会有背景调查,会影响他能否拿到下一家公司的聘书。

**5. 休长假**

申请休息一两个星期以上的假期。外企由于工作紧张,很少有能够休息10天半个月而工作不受影响的情况。如果一个岗位可以空缺那么长时间,老板就要质问,公司是否需要这个岗位?但是对于要走的人,一方面为了个人的跳槽,如到外地考察、准备和参加面试等,另外因担心个人的带薪假可能在离开时得不到公司补偿,因此会长时间休息。

**6. 经常离开办公室接打手机**

跟对方公司的人事部或猎头通常是通过手机联系的,接到这样的电话,该员工会神秘地快速离开办公室,走到僻静的场所接听。一般是安排面试、参观公司等事项。

**7. 到HR询问有关年终奖金和休假的政策**

各公司对于年终奖和带薪假有不同规定。例如有的公司规定,发放奖金时已经离职的人无权获得奖金;遗留未用的带薪假以工资补偿;而另一些公司则规定,凡是工作到上年度12月31日的人,来年2～3月发奖时,仍有资格享受年终奖。

**8. 作淡出的准备**

有职业道德的人,为了降低自己离职对现雇主的不利影响,会开始辅导自己的属下,把工作移交给称职的部下,把自己从各种长期课题和项目中脱离出来,以便能毫无牵挂地离开。否则,现公司可以以项目未完成为由而拖延他的离开。如果不顾一切地逃脱,给现公司造成损失,会损害自己在业内的名誉。

**资料来源:** 张建. http://club.ebusinessreview.cn/blogArticle-120541.html.

## 二、服务人员管理

服务人员管理一般包括以下几个方面:

### (一) 服务人员的选聘

管理人员必须认真筛选服务人员,招聘到适合服务岗位的人员。对服务人员招聘的投资并不是成本,而是一项必需的投资,任务测试和角色扮演等方法都可以用来寻求称职的服务人员。此外,除了需要考虑服务人员的技术和专业知识,还应该测评他们的服务价值导向。一线服务工作需要员工的情感付出,挑选员工时应尽量选择能够应对情感压力的应聘者。

### (二) 服务人员的培训

服务人员需要进行必要的技术、技能与知识培训才能提供优质服务。同时,加强培训,可以增强服务人员的服务意识,帮助员工掌握沟通技能、营销技能和服务技能。最初的培训内容通常是对各种资源和标准流程的熟悉,比如如何做记录,如何使用数据库等。随后,进一步的培训内容就要涉及如何处理顾客抱怨,如何推销服务,以及如何提高绩效。当员工掌握整个服务过程后,企业还要允许他们进行创新。

### (三) 服务人员授权

企业要想对顾客需要作出快速反应并作出及时的服务补救,就必须授权给服务人员。授权增强了服务人员的决策自由权,从而增加服务人员对工作的热爱与热情,并会将热情融入到为顾客服务中。

### (四) 服务人员绩效考核

科学客观的绩效考核依据是服务人员绩效评估的前提。例如,以顾客满意为依据,员工就会努力使顾客满意;反之,如果以服务的顾客数量为依据,员工就只会关注操作过程和量化指标。企业可以根据360°绩效考核法评估服务人员的绩效,还可以辅以现场观察法对服务人员进行评价。

### (五) 对服务人员进行奖励

对一线服务人员进行合理的奖励,恰当的奖励会强化员工正面行为的重复。奖励可以是货币形式(如奖金或红包),也可以是非货币形式(如月度最佳员工奖或专属停车位),还可以征求服务人员的意见,询问他们希望获得哪些奖励,从而使员工更加忠诚于组织。

## 【资料链接】7-3　　管理接触性员工的理论模型

Hartline & Ferrell(1966)在前人研究的基础上建立了一个管理接触性员工的理论模型(见图7.4),并通过实证研究证明了该模型的有效性。我们也可以通过这一模型发现管理接触性员工的有效方法。

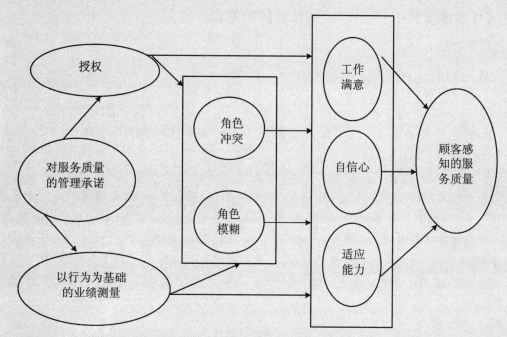

**图7.4　管理接触性员工的理论模型**

资料来源:HARTLINE M D,FERRELL O C. The Management of customer contact service employees:an empirical investigation[J]. Journal of Markerting,1996,60:52-70.

模型中影响顾客感知服务质量的变量分别为:工作满意、自信心、适应能力、角色冲突和角色模糊。其中,工作满意、自信心、适应能力直接对顾客感知的服务质量产生积极的影响;角色冲突和角色模糊这两个因素直接对工作满意、自信心和适应能力这三个因素造成负面影响,从而间接地与顾客感知质量形成了负相关的关系。此外,自信心对工作满意有积极的影响,对适应能力也有积极的影响,而角色冲突则会干扰员工在工作中获得有效的信息,从而导致角色模糊。由于这五个变量是影响接触性员工行为和态度的主要因素,因此,对接触性员工的管理可通过对这五个变量施加影响来实现。

模型中同时还列出了影响五个变量的三种管理行为:授权、对服务质量的管理承诺和以行为为基础的业绩测量。合理的授权是管理接触性员工的重要方法;对服务质量的管理承诺是指在选择企业战略和战术行为时要有质量意识,具体到接触性员工管理方面,企业应该充分考虑接触性员工对内部服务质量的感知;以行为为基础的业绩测量是根据员工的行为过程而不是行为结果来对他们的工作进行评价,测量业绩的主要指标是员工工作的努力程度、友善程度、团队精神、顾客导向程度以及解决顾客所提出问题的能力等,而不是销售额、利润、服务次数等指标。

**资料来源**:寿志钢.内部营销理论的拓展研究[D].武汉:武汉大学,2005.

◆思考题

1. 如何理解服务人员的重要性？
2. 如何认识内部营销？
3. 如何理解服务人员管理的过程？

## 【分析案例】7-1　　　　西尔斯的内部营销

### 一、实施背景

商业巨人西尔斯是财富500强公司，1998年在全球拥有2000家商场和超过300000名员工。1992年，西尔斯遇到了历史上最大的危机：亏损39亿美元，其中近30亿美元来自商业部门。同时由于西尔斯自20世纪80年代大举进军保险、金融服务、房地产等行业，因此，在自己的主业——零售业上的发展已经大大落后于其他竞争对手，如沃尔玛等。

1992年9月，阿瑟·马提内芝(Arthur Martinez)开始领导西尔斯的商业部门。在他上任的100天内，开展了一项广泛的计划，包括对企业形象重新定位、出售剥离经营不善的部门等。到1993年，西尔斯重新获得了7.52亿美元的利润。但阿瑟·马提内芝认为，这一成绩仅停留在表面。如果不在组织中引入新的观念和战略，并使员工真正理解他们将在新战略中扮演的角色和起到的作用，由成果所带来的兴奋感一旦过去，员工很快又回到原来的习惯中去。因此，公司面临的任务是从解决短期的生存转变到追求长期的卓越。

### 二、转变

西尔斯的转变计划执行之初，要求每一个高层管理人员写一份关于在5年内西尔斯会达到何种目标及如何达到的"新闻故事"(news story)。这些故事在1994年3月的会议上被归纳为4个主题："顾客"、"员工"、"财务表现"和"革新"(后来又加上"价值")。然后组成工作小组，分别对这些主题的含义进行深入研究。

在这样一个过程中，各小组都运用了大量的员工调查和顾客调查。比如，"员工"小组对26个员工群体做了调查，研究了所有关于员工态度和行为的数据，包括历年对每一个员工所做的70个问题的问卷调查。"价值"小组调查了80000名员工并搜集了西尔斯员工心目中认定的6个核心价值：诚实、正直、尊重个体、团队精神、信任和顾客导向。"革新"小组提出了一个在员工中产生"百万点子"的建议。"顾客"小组花费了数月时间倾听员工和顾客建议……研究其他公司的最佳做法，思考如何成为世界一流并建立测评和目标，最后他们对"变向何处"有了答案：把西尔斯变成购物的快乐之所，并为给顾客提供杰出服务而雇佣和保持最好的员工。

这些从顾客和员工搜集的信息形成了西尔斯的愿景声明："西尔斯——吸引人购物之所、吸引人工作之所、吸引人投资之所"，并就这一愿景目标提出了最初假设的次目标和评价指标，见表7.1。

表7.1 西尔斯的愿景目标及其评价指标

|  | 吸引人工作之所 | 吸引人购物之所 | 吸引人投资之所 |
|---|---|---|---|
| 次目标 | 提供个人发展的环境 | 提供巨大价值的大商业公司 | 总收入增长 |
|  | 支持新点子和革新 | 用最好的人为顾客提供最好的服务 | 主营业务收入增长 |
|  | 授权和团队建设 | 购物的快乐之所 | 有效的资产管理 |
| 评价指标 | 个人发展和进步 | 顾客忠诚 | 生产率提高 |
|  | 被授权的团队 | 顾客需要得到满足 | 总收入增长率 |
|  |  | 顾客满意 | 每平方米销售 |
|  |  | 顾客保留 | 资金周转率 |
|  |  | 营业利润 |  |
|  |  | 资产回报率 |  |

下一步是组成新的小组并聘请外部专家把这些指标发展成为可计量的"员工—态度—利润"的模型。这将解决诸如"投资于培训销售员的知识可以在多大程度上有利于顾客的保留和形成良好的口碑"、"努力建设兼职人员又如何"之类的问题。

对下属商场的测试、分析和研究发现,员工的态度好坏不仅决定了为顾客服务的好坏,还决定了员工流动率的高低以及员工是否向自己的家人、朋友和顾客称赞西尔斯。从1994年中到1995年底,西尔斯的管理人员产生了一个模型,并先后对它做了三次修改。一些原来假设的指标得到了修正,比如员工问卷的70个问题中有10个问题被认为是最能反映员工满意和顾客满意之间的相关性。最后形成了被称为TPI(total performance indicator)的测评指标体系和"员工—顾客—利润"模型(如图7.5所示)。

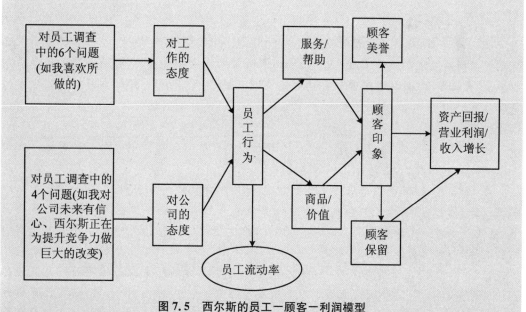

图7.5 西尔斯的员工—顾客—利润模型

## 三、实施

西尔斯认为,TPI不是一个完美的系统,但它可以帮助了解原来不了解的很多关系,并促使管理人员做出决策。比如模型显示,员工态度提高5%将使顾客满意度提高1.3%,而这会最终导致收入提高0.5%。当不了解某一商场的未来经营状况,但调查到员工的满意度提高了5%,而这一地区商业总收入增长5%,那么西尔斯的管理人员将有信心使该商场的收入提高5.5%。西尔斯还采取了以下几项措施。

(1) 发起名为"学习图"(learning map)的教育运动。比如让员工来了解1美元在公司中流动并最终产生3美元的全过程。

(2) 改变管理者领导方式。通过360度测评和开办西尔斯大学对管理者进行培训等,使管理者更多地关注自己的下属。

(3) 以TPI为依据调整奖励和分配方式。

(4) 大量搜集TPI的指标数据。比如顾客如果愿意打一个免费电话并回答24个问题,其下次在西尔斯购物时将得到5美元的折扣。

## 四、实施结果

独立调查显示,尽管零售业的平均顾客满意度下降,但西尔斯的员工满意度提高了4%,顾客满意度也提高了4%,而这为西尔斯带来了2亿美元的额外收入。

**资料来源:**吴晓云.服务营销管理[M].天津:天津大学出版社,2006:292-294.

**问题**

1. 如何理解西尔斯的"员工—顾客—利润"模型?
2. 西尔斯是如何进行内部营销的?
3. 西尔斯的内部营销会给员工和顾客带来哪些影响?

## 【分析案例】7-2　　　　员工第一!向星巴克学服务

### 一、星巴克简介

1971年4月,在美国的西雅图帕克市场(PikePlace),星巴克第一家店正式开业。星巴克创始店所有装置都是手工打造,一面墙的木头架上陈设咖啡器具;另一面墙面用来展示咖啡豆,大概有30多种咖啡豆,当时,星巴克只卖咖啡豆,不卖一杯杯煮好的咖啡。不过有时候也会现场泡煮,供顾客试喝,并装在陶杯中,以便让顾客逗留久一点,聆听专人解说的咖啡经。

1972年年底,他们在华盛顿大学校区附近开设了第二家店。创办人与顾客分享咖啡知识的做法一炮打响,并培养了一群忠实顾客。

在1983年以前,星巴克店里没有咖啡座,他们主要把咖啡豆当成商品,一袋袋卖给顾客,让他们带回家享用。直到1983年时任星巴克市场部经理霍华德·舒尔茨去了趟米兰,被米兰咖啡馆里的气氛所感染,受到启发,产生使星巴克从出售咖啡豆转变到出售咖啡饮品、喝咖啡体验的想法。

1987年3月,由于经营不善,鲍德文和波克决定卖掉星巴克在西雅图的店面及烘焙厂。舒尔茨得知星巴克求售,就毫不犹豫地买了下来。1987年8月18日,新星巴克诞生了,从此,星巴克跳出原有的框架,开始出售咖啡饮品,并逐渐从西雅图宁静的咖啡豆零售小店,转变成国际性连锁店。

1987年10月芝加哥第一家星巴克咖啡馆开张营业。1990年星巴克已经成为了芝加哥市景及文化的一道风景线,以至于很多当地民众还以为星巴克是在芝加哥发迹的。1990年,星巴克开了30家,1991年开了32家,1992年则一口气开了53家。这些店面全是直营店而非加盟店,全由星巴克公司自有资金经营。

1991年星巴克成为全美第一家为兼职员工提供股票选择权的私人企业。1992年星巴克在纳斯达克挂牌上市,分店上升到165家。1997年星巴克与日本SAZABY Inc.合资,在日本开店,此时全球分店数为1015家。1998年星巴克陆续在海外建立分店,包括中国、新加坡、瑞士、德国等60多个国家。2004年全球分店已达8600多家。

## 二、发展成长之道

### 1. 差异化的市场定位

星巴克从一家小小的咖啡豆零售店成长为一家大型国际咖啡连锁店的历程正得益于其准确的市场定位。星巴克将自己定位为独立于家庭、工作室以外的"第三空间",它的目标市场是一群注重享受、休闲,崇尚知识的富有小资情调的城市白领。同是"第三空间"的概念,星巴克在海外和中国的定位有着很大的不同。在海外,星巴克"第三空间"概念的落脚点是"您的邻居"——是其家庭客厅的延伸、价廉物美的社交场所、工作和家庭之外的第三个最佳去处,而绝非白领阶层的专属。在西装革履的金融区,在花花绿绿的黑人区,都可以看到它的踪影。而在中国,星巴克的目的是为中产阶级提供一个风格清新的时尚社交场所。人们可以关注别人,也同时被人关注。在星巴克,人们在购买咖啡的同时,也买到了时下在中国非常需要的一种东西:一种体验、一种生活方式。

### 2. 准确的商圈选择

在商圈选择上,除了区域的人流与经济外,还要考虑将其和咖啡店的经营品种、价位、装修规模、档次联系起来,确定开店的地点;要了解与当地风土民情和生活模式的契合性,综合考虑当地的人口变数及其他一些变数,预测所选地区未来的发展。此外,还要考虑同业的竞争实力,最终决定经营的重点。

### 3. 独特的店堂设计

星巴克的店堂设计与众不同,它创造了遍及全美的统一外观,同时每间店堂的设计又不失自己的风格。星巴克利用风格来体现美感,当顾客看到的、感觉到的、体验到的东西和谐地糅合在一起时,他们就会被这种美感所吸引。无论顾客是否欣赏艺术,一样会被这种美感所吸引,因为它一方面创造了和谐,另一面也创造了对比。不管怎样,这些统一的视觉系统非常引人注目。

## 三、顾客服务战略

### 1. 以顾客为本

优秀的顾客服务应该具备情感性。良好的顾客服务措施或体系必须是企业发自内心的,是诚心诚意的,心甘情愿的。企业销售、服务人员在提供顾客服务时,必须真正地付出感情,没有真感情的顾客服务,就没有顾客被服务时的真感动,没有真感动,多好的顾客服务行为与体系也只能是一种形式,不能带给消费者或顾客美好的终生难忘的感觉。星巴克在对顾客进行细分的基础上,将咖啡产品的生产系列化和组合化,根据不同的口味提供不同的产品,实现一种"专门定制式"的"一对一"服务,真正做到真心实意为顾客着想。星巴克还将咖啡豆按照风味分类,让顾客可以按照自己的口味挑选喜爱的咖啡。口感较轻且活泼、香味诱人,并且能让人精神振奋的是"活泼的风味";口感圆润、香味均衡、质地滑顺、醇度饱满的是"浓郁的风味";具有独特的香味、吸引力强的是"粗犷的风格"。这种对于产品的"深加工",从根本上提高了产品的"附加值",使顾客"对咖啡的体验"成为有源之水、有本之木。

**2. "神秘顾客制度"**

这种制度是用以监督管理服务企业终端的重要武器。它并非星巴克的专利,在肯德基也有类似的制度。肯德基品控部门主管人员从社会上招募一些整体素质较高但与肯德基无任何关系的人员,对他们进行专业培训,使他们了解肯德基的食品的温度、重量、色泽及口感标准,以及服务五部曲是什么,对每位顾客的服务时间应该是多少,等等。这些检查人员在接受培训后,开始以一般顾客的身份不定期地到餐厅购餐,并按全世界统一的评估表要求进行打分。其评估的内容详细到如:"当你进来的时候,迎宾的人,不管他是在门口还是在柜台,有没有用眼光与你接触,有没有面带笑容。"由于从各厅经理、一般员工到公司总经理都不认识这些检查人员,所以这些神秘的检查人员就被称为"神秘顾客"。这些"神秘顾客"来无影,去无踪,而且没有时间规律,使分店经理及雇员每天战战兢兢,如履薄冰,丝毫不敢疏忽,不折不扣地按总部的标准去做。这些神秘顾客的检查结果直接关系到员工及管理人员的奖金水准,因此餐厅没有一个人员抱有侥幸心理来对付一天的工作,而是脚踏实地地做好每一项工作。在星巴克,"神秘顾客"是为了检查"为顾客煮好每一杯咖啡"的服务标准而建立的一种考评机制。就是除了通常的理论知识考察和实际操作考察外,他们委托某个具有考察能力的公司,秘密派人扮作顾客,来到星巴克分店进行消费,其间对员工的服务、技能、环境氛围等进行全方位考察,然后结合业绩综合考量,才决定某店的服务质量如何、某店员能否升迁等。在星巴克,许多普通店员、资深店员、见习主管、主管及店长,均是通过这种方式一级级考察晋升。

**3. 互动式服务**

星巴克深深知道每一个进入店中的顾客是最直接的消费者,应该努力使之成为常客,为此星巴克对其服务人员进行了深度的培训,使每个员工均成为咖啡方面的专家,就这样开始了和顾客的深度互动,其工作人员和顾客可以一起探讨有关咖啡的各类知识,包括种植、挑选、品尝,还讨论有关咖啡的文化甚至奇闻轶事,回答顾客的各种询问。顾客逐渐有了这样一种感觉:自服务和环境氛围之外,还可以得到很多有关咖啡方面的经验,并以此为据向自己的朋友和家人讲述。而服务人员也借此机会把从顾客身上了解到的兴趣爱好、问题反映给公司,从而使得公司得到最准确的资料,使公司得以更有效地制订销售策略。这种互动使得双方关系更加密切。不仅如此,星巴克在与顾客的互动上更具有独到之处。例如,星巴克的柜台一定摆放在离门口不远的地方。星巴克要求员工,当顾客进店,吧台服务员再怎么忙,都要回头与顾客眼神接触,笑着说欢迎光临。一些星巴克分店还在放糖、牛奶的吧台上,放一张让顾客提意见的信函。上面写着"让我们做得更好"。只要顾客回函,星巴克都一一给予答复,并记录在案,且适时邀请他们参加公司组织的活动。星巴克建立了熟客俱乐部,主要吸引自发加入的会员。星巴克与这些会员大部分是通过网络沟通的,会员每月会收到星巴克的资料。星巴克在进入上海两周年之际,曾做了一次咖啡体验的征文活动,结果是,通过这个俱乐部,在很短的时间内就征得1000多篇文章。星巴克还通过开设免费的咖啡讲座与顾客沟通,仅2002年在上海就讲了140多场。通过将培育品牌的权力授予员工,通过员工与顾客的良好互动,星巴克成功地将其咖啡之道传递给了顾客,而顾客则通过口碑相传再将大量的潜在顾客吸引进星巴克的各个分店。

### 4. 自助式服务

星巴克十分强调它的自由风格。因此它采用的是自助式的经营方式,顾客在柜台点完餐,可以先去找个位置稍加休息,也可以到旁边的等候区观看店员调制咖啡,等顾客听到服务生喊自己点的东西后,就可以满怀喜悦地去端取。在用品区有各式各样的调味品,如奶糖、奶精、肉桂粉以及一些餐具,可以自行拿取。自助服务让消费者摆脱了长长的等候队伍,减少了等候时间,并给了他们更多的控制权。让星巴克如此吸引人的正是这份自由的体验。由于采用自助式消费方式,来到店里的顾客不会被迎面一声"请问您需要什么"而弄得失去心情,而是自行走到柜台前,选取自己所需的饮料和其他小食,吸管、糖等也是自取。在完成了点单之后,侍者会迅速地端上所需咖啡,并报以一个淡淡的微笑。星巴克很多事情都是在淡淡中进行的,咖啡的淡淡清香,店内淡淡的音乐,体验中的淡淡休闲……这些都是星巴克所特有的。

### 5. 顾客关系

随着市场竞争的日益激烈,企业对顾客关系的关注急剧升温。尤其是经济一体化和电子商务的迅猛发展,使得企业的管理趋势发生了重要的转变,企业从以产品为中心的模式向以顾客为中心的模式转变。随着企业与企业之间产品无差异化竞争程度的逐步提高,企业在努力追求以科学的管理理念和先进的信息技术来创造全方位的顾客沟通与顾客满意。研究表明:2/3 的成功企业的首要目标就是满足顾客的需求和保护长久的顾客关系。相比之下,那些业绩较差的公司,这方面做得就很不够,他们把更多的精力放在降低成本和剥离不良资产上。星巴克认为他们的产品不单是咖啡,而且是咖啡店的体验,而体验与人有密切关系,所以星巴克把顾客关系当成公司的一种资产,与顾客建立良好的"关系"成了星巴克战略的核心部分。

星巴克完善的顾客关系管理体现在以下几个方面:一是星巴克特别重视在咖啡店中同顾客的交流,特别重要的是咖啡生同顾客之间的沟通。每一个咖啡生都要接受 24 小时培训——顾客服务、基本销售技巧、咖啡基本知识、咖啡的制作技巧。咖啡生需能够预感顾客的需求,在耐心解释咖啡的不同口感、香味的时候,大胆地进行眼神接触。

二是顾客在星巴克消费的时候,收银员除了品名、价格以外,还要在收银机键入顾客的性别和年龄段,否则收银机就打不开。所以公司可以很快知道顾客的消费时间、消费了什么、金额多少、顾客的性别和年龄段等,除此之外,公司每年还会请专业公司做市场调查。星巴克的"熟客俱乐部",除了固定通过电子邮件发新闻信,还可以通过手机传简讯,或是在网络上下载游戏,一旦过关可以获得优惠券,很多消费者就将这样的讯息,转寄给其他朋友,产生一传十、十传百的效应。星巴克也通过征求顾客的意见,加强顾客的关系。每个星期总部的项目领导都当众宣读顾客反馈卡。星巴克一位主管说:"有些时候我们会被顾客所说的吓一跳,但是这使我们能够与顾客进行直接的沟通。"当星巴克准备把新产品发展成为一种品牌的时候,顾客关系是星巴克考虑的因素。他们发现:顾客们建议将新产品改良成为另一种。顾客们能够看到一种新产品或服务与星巴克品牌的核心实质的关系。

### 四、内部服务

星巴克的成功主要得益于对"关系理论"的重视,特别是同员工的关系。后来,舒尔茨写道:知名的品牌和尊重员工很具竞争力并且使我们挣了很多钱,两者缺一不可。星巴克不论进入哪个市场,都从不在媒体上打广告。星巴克完全依靠员工做行销。这在消费品中,找不到第二个例子。"星巴克没有高科技、没有专利权。"舒尔茨很了解星巴克的特质,"成功完全建立在员工与企业的关系上。"星巴克营业收入的85%是来自与消费者面对面接触的门市,员工与消费者每一次互动,是品牌印象最大决定因素,员工士气一低落,就会影响消费者感受到的品质。所以,星巴克把原来用于广告的支出用于员工的福利和培训。1988年,星巴克成为第一家为兼职员工提供完善的医疗保健政策的公司。1991年,星巴克成为第一家为员工(包括兼职员工)提供股东期权的上市公司。虽然实际上许多员工在拿到股票之前就离职了,但这项措施对员工很具有鼓舞作用。星巴克还给予员工很多教育训练,让大家有能力成为星巴克的咖啡大使。星巴克以实施"员工关系"计划培养出了忠实的员工,而员工也就服务出了高度忠实的顾客。高盛分析师指出,星巴克有十分之一的顾客一天上门消费两次,在零售店中是相当惊人的成绩。这才是星巴克的真正优势,让它几乎没有竞争对手。星巴克还通过有效的奖励政策,创造让员工交流和合作的环境。因为所有的员工都拥有期权,他们同样被称为"合作伙伴"。即使星巴克公司总部,也被命名为"星巴克支持中心"——说明管理中心的职能是提供信息和支持,而不是向基层店发号施令。星巴克公司通过权力下放机制,赋予员工更多的权力。各地分店也可以作出重大决策。为了开发一家新店,员工们团结于公司团队之下,帮助公司选择地点,直到新店正式开张。这种方式使新店最大限度地同当地社会接轨。创造"关系"资本,跨越企业内部障碍,实现文化、价值观的交流,成为了创造企业关系资本的基础。

总之,作为服务行业,需要的是标准与规范,需要的是执行,优秀的顾客服务来自于卓越的员工,"员工第一"才有"顾客第一",通过服务情景的塑造,提升服务设施与关注服务细节,塑造服务差异化,进而提升了服务质量。

**资料来源:** 中国管理传播网.员工第一,向星巴克学服务[EB/OL].http://manage.org.cn/Article/200703/44770_2.html.

**特别说明:** 同学们也可以看一下第二章关于星巴克的历史、品牌与文化的交融、发展之路等,进一步了解星巴克。

**问题**
根据以上资料,分析星巴克是如何进行内部营销的?

应用训练

### 一、实训目的

通过本章实训,让学生了解服务人员的概念及作用,了解服务企业对内部员工进行营销的重要性,进而让学生深刻理解内部营销的概念,理解内部顾客管理和内部营销的重要性,掌握内部营销实施的过程。

### 二、实训内容

1. 每组独立选择服务企业,了解企业服务人员管理情况。

2. 了解服务企业内部营销实施的情况。

### 三、实训组织

1. 把班级同学分为若干小组,并选一位担任组长。
2. 每组到所选择的企业了解企业服务人员管理情况,企业内部营销实施情况。
3. 由小组长组织小组研讨,集中本组成员的研究成果,制成PPT。
4. 每组推荐一人上台演讲,其间师生可以向该组同学提问,教师引导学生参与研讨。

### 四、实训步骤

1. 每组独立收集相关资料,并主动联系相关企业了解情况。
2. 小组独立讨论,汇总本组意见。
3. 撰写实训报告,设计制作PPT。
4. 各组代表进行PPT展示,班级同学参与讨论。
5. 教师对各组表现进行评价,并给出实训成绩。

# 第八章 服务过程

掌握服务流程及其设计的规律、方法;熟悉服务流程改造及其方法;了解服务流程评价的主要指标体系。

您是否有过排队的经历?是否给您造成了诸多不便?排队等待成了我们生活的一部分。在银行的柜台,在火车站的售票口,在超市的收银台,都有排队现象。现代快节奏的生活使得人们对时间赋予更高的价值,人们不愿意浪费更多的时间去等待,顾客们不仅要求优质的服务,而且要求速度快捷。而提供服务者也不愿意浪费时间成本,了解服务的流程并对服务流程进行改造、评价,才是实现高效率、高质量的服务的前提和保障。

## 第一节 服务的流程

在服务型企业中,企业给顾客提供服务体现为一个过程,这个过程与生产有形产品的企业在运营逻辑方面有很多不同,这也是顾客价值的生产与传递过程。Gummesson(1985)认为顾客价值通过服务流程得以实现,流程中存在的等待、浪费、无效的环节无疑是对顾客价值的一种浪费,这种过程是在顾客与提供者、有形资源的互动关系中进行的,服务是由一系列或多或少具有无形性的活动所构成的过程。需要说明的是流程与过程在英文翻译时是同一个单词,而依据中国的文字理解流程与过程既有联系又有区别。联系上可以说流程是过程的重要组成部分,过程是流程的整合同时还包含其他机制、程序等。两者的区别在于:① 流程更为专业,用在物理学、热力学、机械学、经济学与管理等方面,过程更为普通与常用,过程的用法可以在各学科,各种口语表达中;② 流程是一个连贯的过程片段,流程中的事件间隙短而过程可以有中断,更重视输入与输出,中间可以是黑箱。当然在实际运用中人们没有太多的区分两者,在一定语境下两者是同义语,基于上述观点,本章我们主要探讨服务流程。服务流程的设计与执行是服务型企业运营质量的关键环节,对于服务流程的评价应该是基于顾客导向。服务过程的管理,为保证提供的产品或交付后的服务满足消费者的需求,对服务的实施过程进行有效控制,使服务满足合同规定要求,确保顾客满意。

# 一、服务流程的概念与特点

## （一）服务流程的概念

流程的本意是指水流的路程。后来用在经济与管理学上。用在工艺上指工艺程序,从原料到制成品的各项工序安排的程序。用在生产安排上指流水线,也就是流程的一种说法。用在经济学领域指由两个及以上的业务步骤,完成一个完整的业务行为的过程;用在事件描述上指事物进行中的次序或顺序的布置和安排。

流程是指系统将输入转化为输出的过程,流程直接关系到一个系统的运作效率、成本和质量,对系统竞争力有重要影响。Berry(1985)等人研究的服务质量模型中揭示出服务流程的运营过程同时也是顾客感知服务、获得满足感的过程。清华大学技术创新研究中心的蔺雷、吴贵生认为:服务流程是服务企业向顾客提供服务的整个过程,以及完成该过程所需要素的组合方式、时间与产出的具体描述。Zeithamo(1985)认为服务流程与有形产品的生产过程不同,主要表现为服务过程的无形性、生产和消费的同时性、服务过程的异质性和易逝性。通过这些过程,企业的资源与顾客实现了互动,而正是这些互动过程,创造了服务的价值。

基于学者们对服务流程的概念的界定,可以看出,服务流程就是服务企业借助于有形资源与无形资源,将自身能力转化为顾客价值、并传递给顾客的过程,是识别、传递、创新、实现顾客价值的过程,服务流程是服务分析系统设计的基础。

## （二）服务流程的特点

由于服务是一个涉及消费者的互动过程来完成的,服务流程的核心是消费者的实时体验。企业与顾客是服务流程的共同参与者,也是价值的共同创造者。因此服务流程与生产有形产品的流程有着根本的不同特点。

### 1. 服务流程中顾客与服务企业的互动性

顾客是服务流程的参与者,在整个流程中需要与服务企业的人员、设备、技术资源接触。顾客与服务人员的信息沟通、与服务组织中各种物质和技术资源的相互作用、与服务组织规章制度间的相互作用,这些互动的结果会直接影响顾客感知到服务质量。同时顾客的价值观、专业素质及态度、行为也会反作用于服务流程,成为服务流程成功的关键影响因素。

### 2. 生产流程与消费流程的不可分离性

制造流程是一个相对比较封闭的系统,消费者通常不会参与到有形产品的生产过程,顾客的消费过程发生在产品生产完工之后。服务流程有别于制造流程,服务的生产流程与消费流程同时进行。在此过程中,一系列资源与顾客产生互动,以帮助顾客生成自己需要的价值。顾客与服务企业在同一个空间中完成了服务的生产流程和消费流程。这就决定了服务流程的质量更加难以通过预先制定标准加以控制,服务流程的质量主要取决于当时的服务情景、员工的业务素质、顾客的参与状态。

### 3. 服务流程设计及执行过程的差异性

制造流程的每一个环节往往都可以进行标准化的设计,以确保产品质量的稳定性和实现大规模生产。而服务流程要想进行高度标准化设计则存在一定难度。由于顾客的需求千差万别,大多数情况下高度标准化的服务流程难以满足顾客的个性化需求。另外,即使相同的服务流程设计,由于不同服务人员的技术水平、服务态度及其努力程度有所差异,也会导致服务流程执行过程中的差异性。服务流程相比制造流程更强调流程的柔性。服务流程设计及执行过程的差异性是流程柔性的充分体现。

**4. 服务流程影响因素的多样性和复杂性**

与制造流程相比,服务流程是一个更为开放的系统。服务系统的输入是顾客的需求,顾客的需求受到其个人偏好、价值观、行为特点的综合影响,因此服务企业难以对顾客需求做出准确的预测。服务过程中还会受到当时的服务场景、服务员工、顾客及其他顾客等多方面因素的影响,输出结果的评价更多取决于顾客消费前的预期及消费过程的感知以及顾客价值观、偏好等多方面综合判断的结果。服务流程产品的无形性及影响因素的多样化和复杂化,使得对服务流程的控制难度加大。

## 二、服务流程设计

服务流程管理是任何一个服务企业必定会涉及的一个重要问题。服务流程不仅关系到服务企业的正常服务运转、人员安排、设施布置、时间要求等具体环节,而且还关系到对整个企业的运作成本、工作效率、服务形象、顾客认同等方面的影响。因此,一个流畅、有效、标准和弹性的服务流程对服务企业来说影响意义巨大,对服务流程的管理是服务企业管理领域中极其重要的方面。

服务流程管理的核心是服务流程设计。服务流程设计是一项富有创造性和科学性的工作,目的就是为服务企业提供一种为市场接受,能充分利用企业资源,发挥企业活力,独具竞争优势,符合科学和人性的服务系统。服务流程设计涉及很多方面,包括网点定位、设施设计和布局、服务人员工作内容、质量监督保证体系、顾客参与点和参与程度、服务生产控制等。服务流程的设计并非一成不变,服务系统运转同时也伴随着设计的修改。

服务流程设计始于从服务企业战略目标的高度分析服务系统的结构性方案。这一过程是要从整体的角度为流程设计进行定位。一般而言,为服务流程设计定位可以从多样性程度、服务作用对象和顾客参与程度几个方向来探讨,从而制定适合本企业的服务流程。

### (一) 类别与性质

从多样化程度来看,服务系统可定性为标准化服务(多样化程度低)和个性化服务(多样化程度高);服务系统作用的客体一般认为包括实物、信息和人,因此服务作用对象可划分为实物处理、信息提供和顾客服务;而按照顾客参与程度,又可以分为无参与、间接参与和直接参与(直接参与又按与服务人员的接触性分为自助服务和交互服务)。

### (二) 服务流程设计取向

标准化服务具有如下特点:在范围有限的服务项目中集中形成专业化大规模生产,从而获得成本和质量优势;对工作人员技能要求简单基本;服务重复性大,自动化程度高。用标准代替人员决策实现了服务质量的一致和稳定。服务流程设计中基于这种标准化思路的设计方法称之为生产线法。

相对于标准化服务,个性化服务则要求更大的灵活性和判断力,强调服务供需双方的信息沟通,服务过程无固定模式,很难进行严格意义上的流程设计和管理。因此,需要高度专业化、具有高度分析能力并具有更大自主权的员工来弥补非程序化带来的决策困难。

针对不同的服务客体,流程设计有不同的原则可循。如服务作用对象是有形实物,则确定该实物的所有权关系至关重要;若服务客体是顾客,安全无损则是首要原则;若服务客体是企业提供的辅助物品,高效率、低损耗则更为重要,同时辅助物品的库存、质量和传递方面设计给予应有的重视;对于以提供信息和形象为中心的服务,当信息集成作为后台行为时,可形成标准化作业,随着信息形成面从后台移向前台,流程设计也越发复杂。

对于以顾客为服务对象的服务行业,服务过程涉及身体形态变化(如美容、理发等)或空间位置变化(如公交、电梯)。流程设计中应该强调专业化技巧来实现并通过沟通技巧让顾客了解这些变化为其带来的利益。当然,由于顾客对这类服务必须亲身经历,所以服务网点的选择、设施的布置都需要进行专门设计。

### 【资料链接】8-1　　　某餐厅服务人员服务流程

总体流程:站立迎宾→迎客带位→拉椅让座→接挂衣帽→征询茶水→斟倒茶水→增减餐位→确认菜单→征询酒水→撤杯花、筷套→递送毛巾→上凉菜→起热菜→斟倒酒水→上菜服务→分餐服务→超值服务→大盘折小盘→更换餐具(骨碟、烟缸)→更换毛巾→清理台面→上主食→上餐后果盘→打包→结账→送客→收台。

## 三、服务蓝图法

顾客常常会希望提供服务的企业全面地了解他们同企业之间的关系,但是,服务过程往往是高度分离的,由一系列分散的活动组成,这些活动又是由无数不同的员工完成的,因此顾客在接受服务过程中很容易"迷失",感到没有人知道他们真正需要的是什么。为了使服务企业了解服务过程的性质,有必要把这个过程的每个部分按步骤地画出流程图来,这就是服务蓝图。服务蓝图是详细描画服务系统的图片或地图,服务过程中涉及的不同人员可以理解并客观使用它,而无论他的角色或个人观点如何。

### 【资料链接】8-2　　　　　服 务 蓝 图

20世纪80年代美国学者G.Ly等人将工业设计、决策学、后勤学和计算机图形学等学科的有关技术应用到服务设计方面,为服务蓝图法的发展做出了开创性的贡献。制定蓝图在应用领域和技术上都有广泛的应用,包括后勤工业工程、决策理论和计算机系统分析等。

服务蓝图直观上同时从几个方面展示服务:描绘服务实施的过程、接待顾客的地点、顾客雇员的角色以及服务中的可见要素。它提供了一种把服务合理分块的方法,再逐一描述过程的步骤或任务、执行任务的方法和顾客能够感受到的有形展示。

#### (一)服务蓝图的主要构成

蓝图包括顾客行为、前台员工行为、后台员工行为和支持过程。绘制服务蓝图的常规并非一成不变,因此所有的特殊符号、蓝图中分界线的数量,以及蓝图中每一组成部分的名称都可以因其内容和复杂程度而有所不同。当你深刻理解蓝图的目的,并把它当成一个有用工具而不是什么设计服务的条条框框,所有问题就迎刃而解了。

顾客行为部分包括顾客在购买、消费和评价服务过程中的步骤、选择、行动和互动。这一部分紧紧围绕着顾客在采购、消费和评价服务过程中所采用的技术和评价准则展开。

与顾客行为平行的部分是服务人员行为。那些顾客能看到的服务人员表现出的行为和步骤是前台员工行为。这部分则紧围绕前台员工与顾客的相互关系展开。

那些发生在幕后,支持前台行为的雇员行为称作后台员工行为。它围绕支持前台员工的活动展开。

蓝图中的支持过程部分包括内部服务和支持服务人员履行的服务步骤和互动行为。这一部分覆盖了在传递服务过程中所发生的支持接触员工的各种内部服务、步骤和各种相互作用。

服务蓝图与其他流程图最为显著的区别是包括了顾客及其看待服务过程的观点。实际上,在设计有效的服务蓝图时,值得借鉴的一点是从顾客对过程的观点出发,逆向工作导入实施系统。每个行为部分中的方框图表示出相应水平上执行服务的人员执行或经历服务的步骤。4个主要的行为部分由3条分界线分开。如图8.1所示。

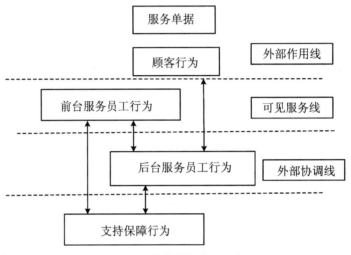

**图 8.1 简单服务蓝图示意**

第1条是互动分界线,表示顾客与组织间直接的互动。一旦有一条垂直线穿过互动分界线,即表明顾客与组织间直接发生接触或一个服务接触产生。

第2条分界线是极关键的可视分界线,这条线把顾客能看到的与看不到的与服务行为分开。看蓝图时,从分析多少服务在可视线以上发生、多少在以下发生入手,可以很轻松地得出顾客是否被提供了很多可视服务。这条线还把服务人员在前台与后台所做的工作分开。比如,在医疗诊断时,医生既进行诊断和回答病人问题的可视或前台工作,也进行事先阅读病历、事后记录病情的不可视或后台工作。

第3条线是内部互动线,用以区分服务人员的工作和其他支持服务的工作和工作人员。垂直线穿过内部互动线代表发生内部服务接触。

蓝图的最上面是服务的有形展示。最典型的方法是在每一个接触点上方都列出服务的有形展示。

**(二)服务蓝图的基本步骤**
**1. 识别需要制定蓝图的服务过程**

蓝图可以在不同水平上进行开发,这需要在出发点上就达成共识。如快递蓝图,是在基本的概念水平上建立的,几乎没有什么细节,基于细分市场的变量或特殊服务也没有列出。也可以开发这样一些蓝图,描述两天的快递业务、庞大的账目系统、互联网辅助的服务,或储运中心业务。这些蓝图都与概念蓝图具有某些共同的特性,但也各有特色。或者,如果发现"货物分拣"和"装货"部分出现了问题和瓶颈现象,并耽误了顾客收件的时间,针对这两个步骤可以开发更为详细的子过程蓝图。总之,识别需要绘制蓝图的过程,首先要对建立服务蓝图的意图做出分析。

**2. 识别顾客(细分顾客)对服务的经历**

市场细分的一个基本前提是,每个细分部分的需求是不同的,因而对服务或产品的需求也相应变化。假设服务过程因细分市场不同而变化,这时为某位特定的顾客或某类细分顾客开发蓝图将非常有用。在抽象或概念的水平上,各种细分顾客纳入在一幅蓝图中是可能的。但是,如果需要达到不同水平,开发单独的蓝图就一定要避免含糊不清,并使蓝图效能最大化。

**3. 从顾客角度描绘服务过程**

该步骤包括描绘顾客在购物、消费和评价服务中执行或经历的选择和行为。如果描绘的过程是内部服务,那么顾客就是参与服务的雇员。从顾客的角度识别服务可以避免把注意力集中在对顾客没有影响的过程和步骤上。该步骤要求必须对顾客是谁(有时不是一个小任务)达成共识,有时为确定顾客如何感受服务过程还要进行细致的研究。如果细分市场以不同方式感受服务,就要为每个不同的细分部分绘制单独的蓝图。

有时,从顾客角度看到的服务起始点并不容易被意识到。如对理发服务的研究显示,顾客认为服务的起点是给沙龙打电话预约,但是发型师却基本不把预约当成服务的一个步骤。同样在透视服务中,病人把开车去诊所、停车、寻找透视部门也视为服务经历。在为现有服务开发蓝图时,在这一步骤可以从顾客的视角把服务录制或拍摄下来,这会大有益处。通常情况往往是,经理和不在一线工作的人并不确切了解顾客在经历什么,以及顾客看到的是什么。

**4. 描绘前台与后台服务雇员的行为**

首先画上互动线和可视线,然后从顾客和服务人员的观点出发绘制过程、辨别出前台服务和后台服务。对于现有服务的描绘,可以向一线服务人员询问其行为,以及哪些行为顾客可以看到,哪些行为在幕后发生。

**5. 把顾客行为、服务人员行为与支持功能相连**

下面可以画出内部互动线,随后即可识别出服务人员行为与内部支持职能部门的联系。在这一过程中,内部行为对顾客的直接或间接影响方才显现出来。从内部服务过程与顾客关联的角度出发,它会呈现出更大的重要性。

**6. 在每个顾客行为步骤加上有形展示**

最后在蓝图上添加有形展示,说明顾客看到的东西以及顾客经历中每个步骤所得到的有形物质。包括服务过程的照片、幻灯片或录像在内的形象蓝图在该阶段也非常有用,它能够帮助分析有形物质的影响及其整体战略及服务定位的一致性。

尝试设计教育培训、餐饮服务、医疗服务等行业的服务蓝图。

**(三) 服务蓝图的作用**

服务蓝图具有直观性强、易于沟通、易于理解的优点,对于企业开展服务营销活动具有重要意义,主要表现为以下几个方面:

(1) 建立服务蓝图的过程就是企业从顾客的角度重新认识所提供服务的过程。例如企业可以思考:顾客是怎样产生对该服务的需要的想法的? 在最终选择本公司的服务前,顾客做了哪些选择和比较? 顾客是高度参与服务过程呢,还是几乎不参与? 从顾客的角度来看,服务证据是什么? 这些思考可以促进企业更好地满足顾客的需要,而不仅仅是提供服务。

(2) 通过建立服务蓝图,研究恰好在可见性线上下两侧的那些前、后台接触员工行为,我们可以发现是谁、何时、如何同顾客接触,接触的频次是多少,是只有一个员工向顾客负责,还是顾客依次接受不同的员工? 这有助于增强员工的顾客意识和顾客导向,从而有助于提高服务质量。

(3) 服务蓝图揭示了组成服务的各要素和提供服务的步骤,这有助于理解内部支持过程和非接触员工在服务提供过程中的角色和作用,从而激发他们为顾客提供高质量服务的积极性和主动性;也有助于明确各部门的职责和协调性,从而有效地克服了部门之间的藩篱和隔阂,避免部门主义。

(4) 蓝图中的外部相互作用线指出了顾客的角色,以及在哪些地方顾客能感受到质量;而可见性线则促使公司谨慎确定哪些员工将和顾客相接触,是谁向顾客提供服务证据,哪些东西可以成为服务证据,从而促进合理的服务设计,明确质量控制活动的重点。

(5) 服务蓝图有助于识别失败点和服务活动链的薄弱环节,从而为质量改进努力指明方向。

## 【资料链接】8-3　　　　服务蓝图常见问题

**1. 绘制什么服务过程?**

绘制什么服务过程依赖于组织或团队的目标。如果目标未被准确定义,识别过程将非常艰难。需要提出的问题有:为何要绘制服务蓝图? 我们的目标是什么? 服务过程的起点和终点在哪里? 我们是关注整个服务、服务的某个组成部分还是服务的一段时间?

**2. 能把多个细分市场绘制在一张蓝图上吗?**

一般来说该问题的答案是"不"。设想各个细分市场具有不同的服务过程或服务特征,则两个不同细分市场的蓝图会大不一样。只有在一个非常高的水平上(有时称之为概念蓝图)才可能同时绘出不同细分市场的蓝图。

**3. 谁来绘制蓝图?**

蓝图是团队工作的结果,不能在开发阶段指定个人来做这一工作。所有有关的方面都要参与开发工作或者派出代表,包括组织内各职能部门的雇员(营销、运营、人力资源、设备设计部门),有时也有顾客。

**4. 描绘现实的服务过程蓝图还是期望的服务过程蓝图?**

如果正在设计一项新服务,显然从绘制期望的服务过程开始极为重要。但是在进行服务改进或服务再设计时,首先从绘制现实服务过程入手非常重要(至少在一个概念水平上绘制)。一旦小组了解到服务实际如何进行,修改和使用蓝图即可成为改变和改进服务的基础。

**5. 蓝图应包括例外或补救过程吗?**

如果例外事件不多,可以在蓝图上描绘比较简单、经常发生的例外补救过程。但是这样会使蓝图变得复杂、易于混淆或不易阅读。一个经常采用的、更好的战略是在蓝图上显示基本失误点,有必要时,为服务补救过程开发新的子蓝图。

**6. 细节的水平应该如何?**

该问题的答案也依赖于最初开发蓝图的目的或意图。如果目的大体在于表达总W的性质,那么,概念蓝图不需要太多细节。如果蓝图要用于诊断和改进服务过程,那就要更加详细些。由于有些人比别人更加重视细节,该问题经常被提出,需要蓝图开发团队给予解决。

**7. 应使用什么符号?**

在这一点上,还没有公司通用或认可的蓝图符号词汇。最重要的是符号要有明确定义、使用简便。如果蓝图要在组织内部共同使用,这些符号更应是团队内和组织各部门间常用的才行。

**8. 蓝图要包括时间和费用吗?**

蓝图的用途很广泛。如果蓝图的使用目的是减少服务过程中不同的时间,时间就一定要被包括进来,对费用开销或其他与该目的有关的问题也一样。但是并不提倡把这些东西加入蓝图,除非它们是中心问题。

# 第二节 服务流程改造

## 一、服务流程改造的概念

哈默与钱皮于1993年合著的《再造企业:企业改革宣言》中第一次明确地提出了企业业务流程再造(BPR)的概念,其创新之处在于它是对前人关于流程管理思想、组织管理思想以及信息技术对组织的影响等理论和方法的一种集成,强调以业务流程为改造对象和中心,以关心客户需求和满意度为目标,利用先进的制造技术、信息技术及现代化的管理手段,最大限度地实现技术上的功能集成和管理上的职能集成,以打破传统的职能型组织结构,建立更新的过程型组织结构,从而实现企业经营在成本、质量、服务、速度和环境等方面的巨大改善,极大地提高企业的市场反应速度及市场适应能力。

流程改造管理是结合"业务流程重组"(business process reengineering,BPR)和业务流程改进(business process improvement,BPI)管理学理论而提出的,它既可"改",也可"造"。"改"则是继承BPI理论原理,主张在原有流程的基础上进一步改进,可以"小改":针对某一局部流程进行优化;也可"大改":对整个业务流程进行大幅度的变化和调整;而"造",则是从头开始,重新审视企业目前的现状,在一张白纸上重新设计流程,从根本上考虑产品或服务的提供方式。流程改造管理融合"BPR"和"BPI"管理思想,可改可造,甚至边改边造,在改进的过程中重组,在重组之路上继续改进。

服务流程改造,是指一种从根本上考虑和彻底地设计企业的服务流程,使其在成本、质量、服务和速度等关键指标上取得显著提高的工作设计模式。目标是提高顾客满意度。服务流程再造一般发生在现有流程无法满足客户需求,或者为了更好提高客户体验的时候针对着客户需求专门设计工作流程。目标是为了设计出能够满足客户需要的流程。

## 二、服务流程改造的基本原则

### （一）顾全大局

执行流程改造管理是一个系统工程，改造这一系统工程必须坚持全局原则。在流程改造是要有战略眼光，要有整体眼光，不能因为某一个细节的美观、舒适、成本、效益等而损害了系统的功能，长远的利益，企业的文化，公司的总体利益。当服务企业遇到局部与全部，个人与集体，小数与多数，短期与长期，战略与策略发生冲突时，就必须有顾全大局的精神，有时候甚至要牺牲一些个人短期利益而图长远与长久。

### （二）删繁就简

执行流程改造管理，应该在可能的情况下，删繁就简，精兵简政。服务业的服务对象也就是消费者的特质，在繁与简的选择上无疑是简。这种心理上的诉求，其实就是给服务企业提出的要求。消费者快速地得到需求满足，减少消费的非必要构件，直达核心是服务企业的必做功课。

### （三）适度放权

就是将决策权和处理权下放给具体执行工作的人，让执行工作的人自我管理、自我决策。MBL公司保单申请程序的重建，就体现了这一原则。服务业更多的是场景，是服务人员面对消费者，而服务业同时也是管理者较少的扁平型管理结构，这种治理结构下，管理者一定要学会放权，给服务员工更多的决定权，如优惠，安排座位，服务价格的浮动幅度等，在服务员工熟悉掌握流程的基础上，给予他们更多的权力，既是服务人员管理的一种技巧，也是服务现场的服务沟通便利和服务效率提高的有效途径。

## 三、服务流程改造策略

服务流程改造管理是必然的，在企业内部展开企业流程改造管理的策略主要有：

### （一）流程改造管理"目标单位"的锁定

流程改造管理是一个大规模的工程，不可能瞬息之间在所有部门同时展开。

（1）流程改造管理本身就是为了效率提升、成本节约和系统优化，总会触及一些部门的利益，如果同时在各个部门推动，涉及的面太广，不利于接受，如果控制不好，就会衍生出更多的问题，削弱流程改造管理的影响力，严重时可能导致整个计划的"流产"。

（2）流程改造管理若选择现在运行良好、赢利较多的单位进行，单位本身需求不够强烈，主动性差。他们还没有意识到改革的迫切性，当从上到下没有改革意识和革新需求时，推动改革往往是被动的、带有强迫的，成效不大，有可能还会有抵触的情绪，给企业流程再造形成障碍，使得整个计划无法推行。

鉴于以上两种原因，流程改造管理之前，改造目标的选定尤为重要。选择哪些单位展开呢？其一，单位业绩在全集团各个事业群、事业处中排名最差的，这样的单位很迫切地想改变，为生存而战，需求强烈；其二，选择组织臃肿、冗员充斥、直接间接比小、"派系林立"的单位进行。这些单位已经问题重重，迟早要解决，本身问题多多、浪费严重，革新成效在这样的单位中能很快体现（如果策略对路），有利于提高团队的流程改造管理激情，为在其他单位进行成果复制做好铺垫；其三，选择组织涣散、没有执行力、消极拖延的单位进行。这样的单位已经是企业的包袱，必须解决之，而流程改造管理中牵扯到"换将"和"换血"，在已经表现很差的单位推动，能尽快地结束一些不合格管理者和组织成员的岗位，为企业节省成本，同时，可以将流程改造管理风险降到最低的可控制范围——这样单位中不合格人员较多,可以有效避免或降低"误伤"。

以上重点讨论了企业流程改造管理中的"目标锁定"——改造单位选择问题,为革新流程做了准备和铺垫。

### (二) 爆破和建立标杆

按照上述基准选择好企业流程改造管理的目标单位之后,就要进行"定点爆破"和"标杆建立"。

"定点爆破"解决的是目标单位的当下问题,小系统的运作必须有一定的特殊性,同时投入足够的资源、重点解决。

"标杆建立"是要确立最佳的组织模式和流程体系,将"目标单位"改造成效率最佳的"标杆单位",以利于当下成果的推广和传承,及企业流程再造总体目标的实现。

### (三) 模式复制、推广与固化

当在"目标单位"中实现了流程优化和系统化,就要将成果进行复制和延伸,改造企业其他单位组织的流程与系统。虽然相对于选定的"目标单位",其他单位问题没有严重到生存的危机,但如果没有在问题发生前就解决掉问题,企业将重蹈"目标单位"的覆辙,失去竞争力,而当问题发生后再去解决,消耗的资源和成本往往很大,而且会带来很深的负面影响,防患于未然比解决现有问题更加重要和迫切。

如果"目标单位"被"定点爆破"流程改造管理成功,就应该将成果在企业内推广,以避免产生同样的系统和流程问题,将成果进行复制、推广和固化,才是企业流程再造真正意义上的实现。

## 第三节 服务流程评价

建立一套完善的服务流程评价指标体系,对于提升服务型企业的服务质量以及实施服务创新都具有十分重要的意义,研究服务流程的实施效果,找出流程中存在的不足。

### 一、基于顾客价值的服务流程评价指标的构建原则

构建一套静态和动态相结合的服务流程评价指标体系,从顾客价值识别、顾客价值传递、顾客价值创新三个维度,应遵循以下原则:

#### (一) 科学性原则

测评指标体系是理论与实际相结合的产物,对客观实际抽象描述越清楚、越简单,其科学性就越强,它必须是对客观实际的抽象描述。

#### (二) 可操作性原则

由于服务的无形性及服务流程执行过程的差异性,无法像有形产品的生产过程那样便于监测和控制,因此,建立的服务流程指标体系应该具有可操作性和可测量性。

#### (三) 全面性原则

由于顾客价值是一个较为抽象的概念,影响的因素较多,所以在服务流程评价的指标选择上应该尽可能地全面。

#### (四) 顾客导向原则

顾客是价值评判的主体,也是企业存在和发展的基础,由于服务流程是顾客价值生成、传递和实现的过程,所以顾客的需求应该是企业努力的方向。为使企业有存在的价值,拥有竞争力,企业必须使其提供的产品或服务得到顾客的信赖。

### 二、基于顾客价值的服务流程评价指标体系构建

服务流程是顾客价值识别、传递、生成的过程,服务质量及顾客满意的实现则依赖于企业服务流程能力。按照层次分析法的思想,将服务流程绩效评价的指标体系分为目标层、准则层和指标层三个层次。对服务流程的剖析和评价需要从以下三个方面进行:识别顾客价值的能力指标;传递、生成顾客价值的指标;创新顾客价值的指标。基于此,服务企业的流程评价指标体系的目标层就是服务企业的流程改善,或者流程的效率得到提升,准则层可以分为学习能力、流程运营、价值创新三个,指标层就是对三个准则层进一步的细分或者对三个准则层的具体化。三个准则层中的学习能力反映了服务企业是否善于判断和识别顾客的关键需求,是识别顾客价值的关键要素;流程运营体现的是服务流程中满足顾客需求的效率、效果和柔性,体现了顾客价值传递和生成能力;顾客价值创新是对服务流程中的顾客价值要素进行改变、创造、组合,提供完全新型而优越的顾客价值的能力。

#### (一) 学习能力

学习能力反映服务企业在以往经验和活动的基础上开发或者发展相应能力和知识,并将这些能力和知识应用于服务流程活动的改善和优化,是判断和识别顾客价值的关键能力。Sinkula、Baker 和 Noordewier 从市场信息的角度出发,提出从"学习承诺""共同愿景"和"开放的心智"三个层面来衡量组织学习观念。Hult 和 Ferrell 从"团队导向""系统导向""学习导向""记忆导向"四个层面来衡量组织学习能力。已有评价指标从学习观念、团队文化、组织行为的角度来评价,忽视了现代信息技术对组织学习的促进作用。员工教育与培训、知识积累与转移、IT 及信息技术、团队及组织文化,是学习能力指标的四方面内容。

(1) 员工教育与培训。良好的职业能力和素养,可以从新技术与知识培训、对员工个人学习的鼓励和支持、员工价值观培养等指标进行评价。可以提高服务人员对顾客价值主张的准确判断和及时反应。

(2) 知识积累与转移。该指标反映服务流程中成员之间知识的共享程度、对已有知识经验的储存传递、从外部吸收新知识提升流程质量的情况。

(3) IT 及信息技术。为顾客创造更多价值的重要工具,是提升服务流程效率,它被称为流程管理的"使能器"。评价内容包括远程通讯、数据库、信息系统应用基础设施情况、流程中信息系统的参与和支持等方面。

(4) 团队及组织文化。团队及组织文化是流程学习的催化剂,开放性、平等性、鼓励创新性和进取性是良好组织文化的特点,评价内容包括共享组织的愿景和信息、开放的交流和雇员参与决策。

#### (二) 流程运营

流程运营指标体现的是服务流程中满足顾客需求的效率、效果和柔性,体现了顾客价值传递和生成能力。Davenport 从流程时间的减少、流程成本的降低、顾客满意度、良好的协调管理以及员工的知识和技能水平的提升等方面来评价流程绩效。Hammer 和 Champy 从成本、质量、服务和速度这四个绩效测量指标评价流程运营绩效。Ray M. Haynes 在《服务的

生产率平衡》一书中使用效率和效益两个评价指标对服务流程进行了评价,认为服务提供商注重流程的效率而顾客更关心服务过程中获得的效益。

服务流程运营指标旨在反映服务流程中传递、生成顾客价值的效果和效率。具体包括:

(1) 服务流程成本。流程成本包括作业成本、资源成本,降低流程成本既可以提高服务企业的效益,也能够降低顾客购买成本从而提高顾客价值。

(2) 服务流程的效率。包括服务活动的速度、顾客等待时间、价值增值活动的比率。

(3) 服务流程的质量。可以从流程的可靠性、柔性、保证性方面进行评价。

(4) 顾客满意。顾客在接受服务过程中所产生的满足状态,可以从顾客重复消费次数、投诉率等指标来评价,是一种心理状态,具有主观性。

### (三) 价值创新

价值创新指标是对服务流程中的顾客价值要素进行改变、创造、组合,提供完全新型而优越的顾客价值的能力指标。Cooper 和 Kleinschmid 通过要素分析,从财务绩效、机会窗口、市场影响三个方面对企业的创新结果进行评价。Voss 对服务过程创新绩效从竞争力、品质、有效性等方面进行衡量。Cordero 从整体业务绩效、技术绩效和商业绩效三个角度评价服务创新绩效。已有指标主要从企业战略和市场竞争的角度进行评价,对内部运营中的价值创新行为关注较少。

借鉴已有学者的研究结果并结合服务流程特点,从以下四个方面来评价:

**1. 智能化设计及应用**

评价指标包括服务预定系统、自助服务系统、智能评价系统等。智能化设计及应用是服务业价值创新的主要工具和途径。

**2. 资源利用与整合**

包括企业对潜在资源的挖掘和扩充能力,服务流程中企业现有资源的有效利用与整合。有效的资源利用可以提升顾客价值的同时降低流程的成本。

**3. 内部组织管理**

该指标评价服务流程中价值创新的管理支持系统,组织管理创新是顾客价值创新的一个源泉。

**4. 流程变革与创新**

该指标从服务流程中的活动可以体现出企业未来的战略设想,体现企业服务传递系统中顾客价值创新的方向和途径。

基于顾客价值的服务流程评价指标体系如表 8.1 所示。

### ◆思考题

1. 服务流程的概念是什么?
2. 服务流程的特点是什么?
3. 服务蓝图的主要步骤是什么?
4. 服务蓝图的主要作用是什么?
5. 服务流程改造的概念是什么?
6. 服务流程改造的基本原则是什么?
7. 服务流程改造的策略是什么?
8. 服务流程评价指标体系的构建原则是什么?

表 8.1 基于顾客价值的服务流程评价指标体系

| 目标层 | 准则层 | 指标层 | 备注 |
| --- | --- | --- | --- |
| 服务效率提高 | 学习能力 | 员工教育与培训 | 1. 为了提高评价的准确性与相对客观性,各个指标在实际应用过程中还可以进一步细分,指标层甚至还可以运用类似的方法进行循环。<br>2. 方法运用需要注意的是,要先进行无题纲处理。 |
| | | 知识积累与转移 | |
| | | IT 及信息技术 | |
| | | 团队及组织文化 | |
| | 流程运营 | 服务流程成本 | |
| | | 服务流程的质量 | |
| | | 顾客满意 | |
| | | 服务流程效率 | |
| | 价值创新 | 智能化设计及应用 | |
| | | 内部组织管理 | |
| | | 流程变革与创新 | |
| | | 资源利用与整合 | |

## 【分析案例】8-1　　福特:重塑应付账款流程

20世纪80年代初,美国汽车业处在一片萧条之中,福特的最高管理层仔细研究了应付账款部以及其他许多部门,希望找到削减成本的办法。仅在北美地区,应付账款部就雇佣了500多人。管理层认为,通过实现流程合理化和安装新的计算机系统,可以减少大约20%的人员。

福特对自己加强应付账款部控制的计划满怀热情——直到它开始留意马自达公司(Mazda)。一个400人的部门已经让福特感到十分振奋,而马自达的应付账款部总共才5个人。数字上的绝对差异让大家感到非常震惊。福特管理层认识到,造成这一差异的绝不会是健身操、低利率之类的东西。

福特管理层一步步提高了他们的目标:应付账款部不只是要减少100名员工,而是要减少几百名员工。之后,它开始着手实现该目标。首先,管理人员对原有系统进行分析。过去,当福特采购部填写一张订购单后,发送一份给应付账款部。随后,当材料控制部收到商品,将一份收据送到应付账款部。同时,供应商将商品发票送到应付账款部。然后,应付账款部将订购单、收据和发票进行核对。如果三者一致,部门就准备付款。

该部门的绝大部分时间都用来处理不一致的情况,即订购单、收据和发票互相不符的情况。如果出现这种情况,应付账款部职员需要调查差错原因、推迟付款、制作文件,总之搞得工作一团糟。

帮助应付账款部职员提高调查效率可以改善工作,不过更好的办法应该是从根本上杜绝不一致的发生。为了实现这一目标,福特建立了"无发票处理流程"。先在采购部填写了一张订购单后,它会将该信息输入到在线数据库,不需要将该订单复印件发送给任何人。当商品到达收货部后,收货员会查看数据库,以便确定该货物是否与某个未到货的订货单一致。如果一致,他就接受商品,并将该交易输入计算机系统(如果收货部在数据库中找不到商品的记录,它会直接退货)。

按照过去的程序,会计部在向供应商付款之前,必须在收货记录、订货单和发票之间核对14个项目。新的方法只要求在订货单和收货记录之间核对3个项目——零件编号、计量单位以及供应商代码。核对可以自动完成,而且计算机可以填写支票,然后由应付账款部交给供应商。大家就不必再为发票操心,因为福特已经告诉它的供应商不要再寄发票。

福特实行这项新流程的部门减少了75%的员工,而不是保守计划下的20%。而且,因为财务记录和实物记录之间没有任何出入,材料控制变得更简单,财务信息也变得更准确。

**资料来源**:哈佛商业评论。

**问题**

福特公司是如何改造应付账款流程的?

## 【分析案例】8-2  MBL:再造保险申请流程

互惠人寿保险公司(MBL)是美国第18大人寿保险公司,它对自己的保险申请处理流程进行了再造。在此之前,MBL处理客户申请的方式和竞争对手的大同小异。这个漫长且复杂的流程包括信用调查、报价、评估、承保等。一份申请必须经过30个独立的步骤,跨越5个部门,涉及19名人员。在最佳情况下,MBL可以在24小时内处理一份申请,但更典型的申请周期是5～25天——大多数时间都用来在部门间传递信息(另一家保险公司估计,对一份处理周期为22天的申请来说,它实际占用的工作时间只有17分钟。)。这种僵化的顺序式流程带来了许多麻烦。例如,如果一位客户打算退掉现有保单,再买一份新的。老业务部首先必须委托财务部开一张以MBL为收款人的支票,然后,将该支票连同书面文件一起交到新业务部。

MBL总裁迫切希望改善客户服务,因此他要求停止这种做法,将生产率提高60%。显然,对现有流程的修修补补根本无法达到这个雄心勃勃的目标。公司下令采取强硬措施,而受命的管理小组希望技术能帮助他们实现这些措施。该小组意识到,共享数据库和计算机网络可以让一个人了解多种不同的信息,而专家系统可以帮助缺乏经验的人制订合理的决策。

基于这些认识,MBL打破了现有的工作界定和部门界限,创立了一个名为"项目经理"(casemanager)的新职位。项目经理全权负责从收到申请到开具保单的整个过程。与办事员不同的是,项目经理的工作是完全自主的,无需在主管的注视下重复完成固定任务。因此,避免了文件和责任在不同的办事员之间频繁转手,对客户询问互相推诿的现象。

项目经理可以执行与保险申请有关的所有任务,因为他们有强大的基于计算机的工作站作后盾。该工作站拥有一个专家系统,同时还连着某个大型机上的一系列自动系统。尤其是处理棘手项目,项目经理可以请求某个资深代理人或医生协助,但这些专家只是项目经理的咨询师和顾问。

授权个人处理整个申请流程对公司经营产生了巨大影响。现在,MBL最少只用4小时就可以完成一份申请,平均周期缩短到了2～5天。公司取消了100个一线办事处的职位,而且项目经理处理的新申请的数量是公司原先数量的两倍以上。

**资料来源:** 哈佛商业评论。

**问题**

MBL 公司保险申请流程的关键问题是什么?如何解决的?

 应用训练

用户通过呼叫中心或 APP 向易到用车提交需求,易到用车将需求导入数百家上游租车公司,在一分钟内回复是否可以接单,易到用车根据公司评级和服务满意度,选择某个租车公司完成上述订单,并获得分成。创业两年间,易到重新构建了租车业的生态体系,一端整合租车行业海量车源,另一端联系消费者,深度介入服务管控的链条之中,提供差异化服务。从提前两小时订车到提前一小时订车,利用易到移动客户端实现"闪派"(随叫随到);按照实际的时间和里程,先计费、后付费。长期以来,租车行业通行的做法是提前约定,整日或者月租,按小时收费。为了做到上述的"更快捷"与"更灵活",易到在分发订单信息到司机过程中,它根据设定的竞争机制和招投标机制,会将订单分发给最有优势的司机,这套算法综合考虑了价格优势、服务质量、距离远近,对供应商形成市场化的机制,由市场化的机制控制服务的质量。

从上述论述可知:流程运营指标是评价顾客价值的传递和实现能力,体现了企业已经具备的服务顾客的能力,属于静态评价指标。学习能力指标和价值创新指标是对服务流程满足顾客价值潜在能力的评价,是对流程未来发展潜力的描述,属于动态评价指标。这三个指标相辅相成,既能够对服务流程运营现状进行评价,又能够对服务流程满足未来顾客的能力进行评价。

服务流程的任务就是围绕着顾客价值这个核心特征展开,所有的流程体系设计和执行应该是基于客户导向的。

请根据上述内容,绘制一张该公司租车服务的蓝图。

# 第九章　服务有形展示

了解服务有形展示的涵义、类型以及设计。

广州景濠湾酒店坐落于广州后花园从化市中心繁华地带。四周环境优美，交通便利。距离市区只需45分钟车程。酒店实行网络智能化管理。酒店房间带有露天阳台，在露天阳台上从化市夜景尽收眼底。酒店共有各种豪华客房60多间，按照四星级标准装修。其中麻雀房9间，按摩浴缸房6间，为客人提供最贴心的服务。酒店以优质的服务，为各方宾客提供尽善尽美的享受。

酒店大堂，亮黄的灯光给人温馨的感觉。大堂左边是服务咨询台，右边是客人休息区。咨询台的工作人员统一着装，礼貌地解答顾客的各种疑问。休息区为顾客提供免费的茶水。通过一系列的服务，满足顾客的合理期望。

## 第一节　有形展示的内涵

### 一、服务有形展示的概述

服务有形展示的概念最早可以追溯到1973年，科特勒把"营销氛围"作为一种营销工具，建议"设计一种环境空间，以对顾客施加影响"。1977年，肖斯塔克引入"服务展示管理"这一术语。对于服务营销人员来说，服务展示管理就是对服务有形物以及能传递有关服务的适当信号的线索进行管理。

所谓有形展示，是指在服务市场营销管理的范畴内，一切可以传达服务特色以及优点的有形组成部分。在产品营销中心，有形展示基本上就是产品本身。而在服务营销中，有形展示的范围就较广泛。事实上，服务营销学者不仅将环境视为支持及反映服务产品质量的有力实证，而且将有形展示的内容由环境扩展至包含所有用以帮助生产服务和包装服务的一切实体产品和设施。若善于管理和利用这些有形展示，则它们可能会给顾客传达错误的信息，影响顾客对产品的期望和对质量的判断，进而破坏服务产品及企业的形象。

事实上，服务营销学者不仅将环境视为支持及反映服务产品质量的有力实证，而且将有形展示的内容由环境扩展至包含所有用以帮助生产服务和包装服务的一切实体产品和设施。这些有形展示,若善于管理和利用,则可帮助顾客感觉服务产品的特点以及提高享用服务时所获得的利益,有助于建立服务产品和服务企业的形象,支持有关营销策略的推行;反之,若不善于管理和运用,则它们可能会传达错误的信息给顾客,影响顾客对产品的期望和判断,进而破坏服务产品及企业的形象。

根据环境心理学理论,顾客利用感官对有形物品的感知及由此产生的印象,将直接影响顾客对服务产品的质量和服务企业形象的认识和评价。服务者在购买和享用服务之前,会根据有形物品所提供的信息而对服务产品做出判断。比如,一位初次光顾某家餐馆的顾客,在走进餐馆之前,餐馆的外表、门口的招牌等已经使他对之有了一个初步的印象。如果印象尚好的话,他会径直走进,而这时餐馆内部的装修、桌面的干净程度以及服务员的礼仪形象等将直接决定他是否会真的在此用餐。对于服务企业来说,借助服务过程的各种有形要素必定有助于推销有形服务产品。因此学者们提出了"有形展示"策略帮助企业开展服务营销活动。

因此,我们可以将有形展示的涵义归纳为:有形展示是指服务提供的环境、组织与顾客相互接触的场所,以及便于服务履行和沟通的有形要素。

## 二、服务有形展示的构成要素

由于服务具有不可感知性,不能实现自我展示,也不能用一些抽象的概念来推广服务产品,因此,需要借助一系列有形证据才能向顾客传递相关信息,顾客据此对服务的效用和质量作出评价和判断。

一般来说,服务企业可以利用的有形展示可以分为三种:① 环境要素。空气的质量、噪音、气氛、整洁度等都属于环境要素。这类要素的特点是通常不会立即引起顾客的注意,也不会使顾客感到格外兴奋和惊喜,但如果服务企业忽视这些因素,而使环境达不到顾客的期望和要求,则会引起顾客的失望,降低顾客对服务质量的感知和评价。② 设计要素。这类要素是顾客最易察觉和刺激因素,包括美学因素和功能因素,如建筑物风格、色彩、陈设、舒适、标识等,它们被用来改善服务产品的包装,使服务的功能和效用更加明显和突出,以建立有形的赏心悦目的服务产品形象。③ 社交要素。社交要素是指参与服务过程的所有人员,包括服务人员和顾客,他们的态度和行为都会影响顾客对服务质量的期望和评价。

服务企业通过环境、设计和社交三类有形展示的要素组合运用,将有助于实现其服务产品的有形化、具体化,从而帮助顾客感知服务产品的利益,增强顾客从服务中得到的满足感,所有这些要素在服务营销中,可能都需要根据目标顾客群体的特殊文化,如审美观、习俗、偏好的差异,作出适当地调整。

## 三、服务有形展示的意义和作用

做好有形展示管理工作,必须首先了解服务有形展示的意义和作用,如此才能发挥有形展示在服务营销策略中的作用。管理人员应该深入了解本企业该如何巧妙地利用各种有形展示,传达各种营销信息。

### (一) 有形展示的意义

服务有形展示的重要意义是支持公司的市场营销战略。在建立市场营销战略时,应特别考虑对有形因素的操作,以及希望顾客和员工产生什么样的感觉,做出什么样的反应。有形展示作为服务企业实现其产品有形化、具体化的一种手段,在服务营销过程中占有重要地位。但是,有形展示能被升华为服务市场营销组合的要素之一,它的意义及其战略功能当然不局限评估品质,具体来说主要包括以下几个方面:

**1. 通过感官刺激,有利于让顾客感受到服务给自己带来的利益**

消费者购买行为理论强调,产品的外观是否能满足顾客的感官需要将直接影响到顾客是否真正采取行动购买该产品。同样,顾客在购买无形的服务时,也希望能从感官刺激中寻求到某种东西。服务展示的一个潜在作用是给市场营销策略带来乐趣优势。努力在顾客的消费经历中注入新颖的,令人激动的,娱乐性的因素,从而改善顾客的厌倦情绪,例如,顾客期望五星级酒店的外形设计能独具特色,期望高格调的餐厅能真正提供祥和愉悦的气氛。因此,企业采用有形展示的实质是通过有形物体对顾客感官方面的刺激,让顾客感受到无形的服务所能给自己带来的利益,进而影响其对无形产品的需求。

对于以感觉为基础的服务营销战略来说,建筑可以有力地支持它,这是一个值得挖掘的资源。但是,建筑物只是"包装"的最外一圈,是最初的线索。"内层包装"——环境,顾客系统,员工的代表和工作态度是首要的,它们要么与最初信息(即建筑物所传达的)相吻合,要么让人觉得最初的信息仅是假象。

**2. 有利于引导顾客对服务产品产生合理的期望**

顾客对服务是否满意,取决于服务产品所带来的利益是否符合顾客对其的期望。但是,服务的不可感知性使顾客在使用有关服务之前,很难对该服务做出正确的理解或描述,他们对该服务的功能及利益的期望也是很模糊的,甚至是过高的。不合乎实际的期望又往往使他们错误地评价服务,及做出不利的评语,而运用有形展示则可让顾客在使用服务前能够具体地把握服务的特征和功能,较容易地对服务产品产生合理的期望,以避免因顾客期望过高而难以满足所造成的负面影响。

**3. 有利于影响顾客对服务产品的第一印象**

对于新顾客而言,在购买和享用某项服务之前,他们往往会根据第一印象对服务产品做出判断。既然服务是抽象的、不可感知的,有形展示作为部分服务内涵的载体无疑是顾客获得第一印象的基础,有形展示的好坏直接影响到顾客对企业服务的第一印象。例如,参加被宣传为豪华旅行团出去旅游的旅客,当抵达它国时,若接旅客去酒店的专车竟是残年旧物,便马上产生"货不对路"的感觉,甚至有一种可能受骗、忐忑不安的感觉。反之,若接送的专车及导游的服务能让人喜出望外,则顾客会觉得在未来随团的日子里将过得舒适愉快,进而也增强了对旅游公司服务质量的信心。

例如有些房地产公司,把房地产交易和他们能向顾客展示的各种有形因素联系在一起,形成公司的"最佳销售者系统"资料提供给顾客,以便他们据此做出判断。这些资料包括内容如下:

最佳销售者展示指导法则——它回答了销售者选择房地产公司时,经常会提出的问题。最佳销售者行动计划——针对特定物产制订的市场营销计划。最佳营销服务保证——对已经做出的服务保证所许诺的行动方案。最佳住宅增值指导——提供住宅增值的建议和方法。

选择性地利用这些材料有助于销售代理人培养顾客对公司先入为主的第一印象,诸如能力、承诺及个人服务等,通过有形因素强化语言承诺。

**4. 有利于促使顾客对服务质量产生"优质"的感觉**

服务质量的高低并非由单一因素所决定。根据对多重服务的研究,大部分顾客根据十种服务特质判断服务质量的高低,"可感知"是其中的一个重要特质,而有形展示则正是可感知的服务组成部分。与服务过程有关的每一个有形展示,例如,服务设施、服务设备、服务人员的仪态仪表,都会影响顾客感觉中的服务质量。有形展示及对有形因素的管理也会影响顾客对服务质量的感觉。优良的有形展示及管理就能使顾客对服务质量产生"优质"的感觉。因此,服务企业应强调使用适用于目标市场和整体营销策略的服务展示。通过有形因素提高质量意味着对微小的细节加以注意,可见性细节能向顾客传递公司的服务能力以及对顾客的关心。为顾客创造良好的环境,提高顾客感觉中的服务质量。

**5. 有助于顾客识别和改变对服务企业及其产品的形象**

有形展示是服务产品的组成部分,也是最能有形地、具体地传达企业形象的工具。企业形象或服务产品形象的优劣直接影响着消费者对服务产品及公司的选择,影响着企业的市场形象。形象的改变不仅是在原来形象的基础上加入一些新东西,更要打破现有的观念,所以它具有挑战性。要让顾客识别和改变服务企业的市场形象,更需提供各种有形展示,使消费者相信本企业的各种变化。

**6. 有助于培训服务员工**

从内部营销的理论来分析,服务员工也是企业的顾客。由于服务产品是"无形无质"的,从而顾客难以了解服务产品的特征与优点,那么,服务员工作为企业的内部顾客也会遇到同样的难题。如果服务员工不能完全了解企业所提供的服务,企业的营销管理人员就不能保证他们所提供的服务符合企业所规定的标准。所以,营销管理人员利用有形展示突出服务产品的特征及优点时,也可利用相同的方法作为培训服务员工的手段,使员工掌握服务知识和技能,指导员工的服务行为,为顾客提供优质的服务。

**(二)服务营销的作用**

作好有形展示管理工作,发挥有形展示在营销策略中的辅助作用,是服务企业管理人员的一项重要工作。管理人员应深入了解本企业应如何巧妙地利用各种有形展示,生动、形象地传送各种营销信息,使消费者和员工都能了解并接受。有形展示在服务营销中可发挥以下具体作用:

**1. 使消费者形成初步印象**

经验丰富的消费者受有形展示的影响较少,然而,缺乏经验的消费者或从未接受过本企业服务的消费者却往往会根据各种有形展示,对本企业产生初步印象,并根据各种有形展示,判断本企业的服务质量。服务企业应充分利用各种有形展示,使消费者形成良好的初步印象。

**2. 使消费者产生信任感**

消费者很难在作出购买决策之前全面了解服务质量。要促使消费者购买,服务企业必须首先使消费者产生信任感。为消费者提供各种有形展示,使消费者更多了解本企业的服务情况,可增强消费者的信任感。不少服务企业将一部分后台操作工作改变为前台工作。例如,旅游宾馆的厨师经常在餐厅做烹饪表演,根据顾客的特殊要求,为顾客烹调食品。向消费者展示服务工作情况,提供服务工作的透明度,使无形的服务有形化,可提高消费者对本企业的信任感。

### 3. 提高消费者感觉中的服务质量

在服务过程中,顾客不仅会根据服务人员的行为,而且会根据各种有形展示评估服务质量。与服务过程有关的每一个有形展示,例如服务设施、服务设备、服务人员的仪态仪表,都会影响顾客感觉中的服务质量。因此,服务企业应根据目标细分市场的需要和整体营销策略的安全,无微不至地作好每一项基本服务工作和有形展示管理工作。为消费者创造良好的消费环境,以便提高消费者感觉中的服务质量。

### 4. 塑造本企业的市场形象

服务企业必须向消费者提供看得见的有形展示,生动、具体地宣传自己的市场形象。单纯依靠文字宣传,是无法使消费者相信服务企业的市场形象的。在市场沟通活动中,巧妙地使用各种有形展示,可增强企业优质服务的市场形象。要改变服务企业的市场形象,更需要提供各种有形展示,使消费者相信本企业的各种变化。

### 5. 为消费者提供美的享受

服务也可通过有形展示,为消费者提供美的享受。现在,不少服务企业非常重视建筑物艺术风格和建筑物内部装饰布置,给予消费者某种特殊的美感,吸引消费者来本企业消费。但是,建筑物外表和内部装饰只能向消费者传递初步信息。服务企业更应重视服务环境、服务体系、员工的仪表和服务态度,才能使消费者享受优质服务。

采用这类营销策略的服务企业往往强调娱乐性服务,将服务场所作为舞台,将服务过程作为演出过程,给顾客一个新奇、欢乐、兴奋和有趣的服务经历。

### 6. 促使员工提供优质服务

作好有形展示管理工作,不仅可为顾客创造良好的消费环境,而且可为员工创造良好的工作环境。使员工感到管理人员关心他们的工作条件,进而鼓励他们为顾客提供优质服务。作好有形展示管理工作,可使消费者了解服务的现实情况,也可使员工了解应如何提供优质服务,满足消费者的需要和期望。这就要求管理人员通过教育和培训,使员工掌握服务知识和技能,指导员工的服务行为,关心员工的工作条件和生活。

**【资料链接】9-1　　　　　　仙踪林在上海**

提到"仙踪林",熟悉的人马上就会联想到绿藤缠绕的秋千、可爱的小兔子标志,还有醇香的奶茶。来自中国台湾的上海仙踪林餐饮有限公司于1996年踏足上海,以"仙踪林"为品牌经营正宗台式泡沫红茶店。时至今日,"仙踪林"品牌的含义,已不仅仅是好喝的泡沫红茶,而是一个集自然、休闲和茶文化为一体的多元化人文空间。

"仙踪林"进入上海市场的第一个分店就选在复旦大学旁边的五角场。复旦大学有许多学生,他们在学校时其消费观念、消费习惯还正在培育期,而且很容易接受新鲜观念和文化,他们走向社会后对"仙踪林"自然而然就容易接受。之后,"仙踪林"又在上海最贵的黄金地段淮海路上设立分店,尽管200平方米店面的月租达到了20万人民币,但其营业额增长最快,为"仙踪林"树立了良好的品牌形象。接下来,"仙踪林"在上海的繁荣地段淮海中路、福州路、四川北路、西藏南路等地设立了多个分店。"仙踪林"在上海的店址主要集中在办公区和商业区。现在很多上海人把"仙踪林"当成生活的一部分,他们并不是特意来这里,而是抱着一种休闲心态,即便是谈事情也要在轻松氛围下进行,这正是"仙踪林"的追求目标。

随着上海国际化程度的加深,上海地区的人们也趋向于国际消费习惯。因此,"仙踪林"在环境设计上追求国际化潮流,在卖场线条、空间取向上更加简洁,在大厅里有大树、秋千、各种图形、雕塑,规划比较高档,充分体现潮流化和休闲化的特征。进入"仙踪林",你马上会感觉到扑面而来的青春气息和浑然天成的绿树垂藤。置身其间,你会有点成为绿林仙子的感觉。处处可见几人合抱的"参天大树"、原木桌椅、秋千式的吊椅,三五成群的年轻男女白领,在秋千上荡来荡去聊天品茶。而在门口的吧台前,调茶师正在把滚烫的红茶与冰块混合放在不锈钢的调酒器里,手法娴熟地摇晃着,一切显得那样轻松惬意。"仙踪林"经营的奶茶,不仅原料新鲜丰富,而且含有极高的营养价值,就连装奶茶的杯子也十分新奇。坐在绿树葱茏间,手握精致新奇的杯子,轻抿醇香可口的奶茶,倚窗而望马路上来去匆匆的人群,你会感觉仿佛来到了世外桃源。试从有形展示的角度分析这个案例。

## 第二节 有形展示的类型

关于有形展示的分类,可以从不同的角度进行划分。不同类型的有形展示对消费者的心理及其判断服务产品质量的过程,有不同程度的影响。本书列出几种常见的有形展示划分方法,不同的划分方法对不同企业及同一企业在不同的环境下运用有形展示有一定的积极作用。

### 一、根据能否被顾客拥有划分

根据有形展示能否被顾客拥有来划分,可以将有形展示的类型分为边缘展示和核心展示两类。

**1. 边缘展示**

边缘展示是指顾客在购买过程中能够实际拥有的展示。这类展示很少或者根本没有价值,如电影院的入场券,它只是一种使观众接受服务的凭证。这些代表服务的物的设计,都是以顾客心中的需要为出发点,它们无疑是企业核心服务强有力的补充。

**2. 核心展示**

核心展示与边缘展示不同,在购买和享用服务的过程中不能为顾客所有。但是核心展示却比边缘展示更为重要,因为在大多数情况下,只有这种核心展示符合顾客需求时,顾客才会作出购买决定。因此可以说,边缘展示与核心展示加上其他形成服务形象的要素,都会影响顾客对服务的看法和观点。

### 二、根据构成要素划分

按有形展示的构成要素进行划分,有形展示可以分为三种类型,即物质环境、信息沟通和价格。

## （一）物质环境展示

**1. 周围环境**

这类要素通常被顾客认为是构成服务产品内涵的必要组成部分,是指消费者可能不会立即意识到的环境因素,如气温、湿度、气味和声音等。它们的存在并不会使顾客感到格外的兴奋和惊喜,但是如果失去这些要素或者这些要素达不到顾客的期望,就会削弱顾客对服务的信心。如果服务环境中缺乏消费者需要的某种环境因素,或者某种背景因素使消费者觉得不舒服,他们才会意识到服务环境中的问题。因此,可以说,良好的背景环境并不能促使消费者购买;但是较差的背景环境却会使消费者退却。

**2. 设计因素**

设计环境指刺激消费者视觉的环境因素。这类要素被用于改善服务产品的包装,以建立更好的产品形象。设计因素比周围因素更易引起顾客的注意。因此设计因素有助于培养顾客的积极感觉。设计因素又可以分为美学因素和功能因素。

**3. 社会因素**

指服务环境中的顾客和服务人员。服务环境中的顾客和服务人员的人数、外表和行为都会影响消费者的购买决策。服务人员的外貌在服务展示管理中也很重要,因为顾客一般情况下并不对服务和服务提供者进行区分。产品的展示是至关重要的,服务产品展示与有形产品展示惟一的不同是,既然服务产品很大程度上取决于人,人就必须被适当的包装。

## （二）信息沟通展示

信息沟通是另一种服务展示形式,这些来自公司本身以及其他引起注意的沟通信息通过多媒体传播、展示服务。从赞扬性的评论到广告,从顾客口头传播到公司标记,这些不同形式的信息沟通都传递着有关服务的线索,使服务和信息更具有形性(见图9.1)。

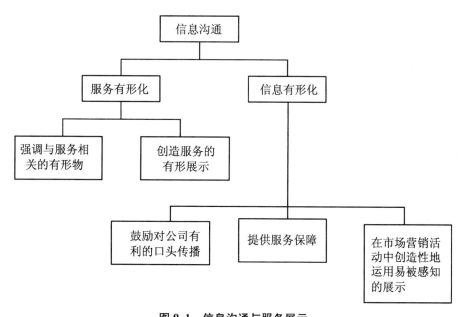

图 9.1 信息沟通与服务展示

**1. 服务有形化**

让服务更加实实在在而不那么抽象的办法之一就是在信息交流过程中强调与服务相联系的有形物,进而把与服务相联系的有形物推至信息沟通策略的前沿。

### 2. 信息有形化

信息有形化的一种方法是鼓励对公司有利的口头传播。如果顾客经常选错服务提供者，那么他特别容易接受其他顾客提供的可靠的口头信息，并据此做出购买决定。

### （三）价格

价格是使企业获得营业收入的惟一因素，其他所有因素都会使企业产生费用。因此，企业管理人员都很重视定价策略。一方面价格也是对服务水平和质量的可见性展示。价格的另一个作用是为消费者提供产品质量和服务质量的信息，增强或降低消费者对产品和服务质量的信任感，提高或降低消费者对产品和服务质量的期望。

消费者会根据服务的价格判断服务档次和服务质量。因此，对服务企业来说，价格的合理尤为重要。价格过高，会使消费者怀疑服务质量。价格过低，会使消费者怀疑服务企业的专业知识和技能。

## 三、根据性质划分

按照有形展示的性质，可把它划分为与服务工作相关的有形展示和与服务人员有关的有形展示。

### （一）与服务工作有关的有形展示

一些有形展示和服务过程有关，如交通运输服务需要车辆。在服务过程中使用服务工具和设备都会在一定程度上影响顾客感觉中的服务质量。另一些有形展示与服务结果有关，如某公司为产品做的广告，都能向客户表明服务企业的质量和专业技能。

### （二）与服务人员有关的有形展示

服务人员的服务态度、行为方式、为顾客提供的信息，都是影响服务质量的无形因素。但是与服务人员有关的各种有形展示也会直接影响顾客感觉中的服务质量。

【资料链接】9-2　　一家牛排餐馆的服务营销策略

> 一家牛排餐馆，把不同的顾客群体组合到一张桌子上，而不是像传统的那样每一方顾客都有自己的餐桌。显然，不管是好还是坏，这家牛排餐馆的"集体座位设置"鼓励顾客之间进行交流。此外，每个餐桌有各自的厨师，厨师在生产过程中同顾客进行交流。桌号都进行编号并装备了电话，这使得顾客之间能够互相通话。牛排餐馆中的超大房间使得服务人员实际上能够坐在顾客的餐桌旁，向顾客解释菜单和获得用餐指令。尽管开始时一些不熟悉该服务的顾客会感到尴尬，但是它确实提高了服务人员和顾客之间的交流数量，而又能够让他们处于简单地接受和传达指令的传统界限内。同学们可以思考一下，牛排馆涉及有形展示的哪些类型。

## 第三节　有形展示的设计

### 一、有形展示的设计

有形展示在服务营销中有着很重要的作用，服务企业应懂得突出服务的特色，使无形无质的服务变得有形和具体化,让顾客在购买服务前,能较有把握判断服务的特征及享受服务后所获得的利益。因此加强有形展示的设计和管理,对服务企业开展市场营销活动很重要。

### (一) 服务环境设计

服务环境设计是有形展示策略实施中的重点,因为顾客在购买服务时最先感受的就是来自服务环境的影响。服务环境是指企业向顾客提供服务的场所,包括影响服务过程的各种设施及许多无形的要素。

**1. 影响服务企业形象的环境因素**

(1) 实物属性。包括外部属性及内部属性。

外部属性包括:建筑造型、建筑门面、使用建筑材料、大门进口样式、载货车辆和停车站。

内部属性包括:陈设布局、色彩调配、设施装备、货架、暖气和通风设置。

(2) 气氛。服务设施的气氛会影响其形象,气氛会影响员工对顾客的态度,影响顾客的感觉及心情好坏。影响气氛的因素包括视觉、气味、声音、触觉等。

① 视觉吸引。视觉向消费者表达的信息比其他任何感觉都多,所以在进行服务环境的设计时,应该将其看做是对服务企业最为重要的可用方法。吸引消费者的三种主要的视觉刺激是大小、形状和颜色。

② 听觉吸引。声音吸引有三个角色:情绪煽动者、注意力捕捉者和告别者。有意将声音加入到服务接触中的前摄方法可以通过音乐和通知来实现。音乐可以帮助设定消费者体验,同时通知可以吸引消费者的注意力或者向他们宣传一些企业的产品。声音同样可以转移消费者体验的注意力,因此,同样应该考虑避免声音的策略。

③ 嗅觉吸引。公司的服务环境受到气味的强烈影响,服务管理者应该避免难闻的气味。

④ 触觉吸引。当消费者触摸一个产品时,该产品销售的机会就会持续地增加。

⑤ 味觉吸引。最后的感觉提示是味觉吸引,它相当于向顾客提供一些样品。在服务行业中开发服务氛围时,味觉吸引的运用取决于服务的有形程度。

**2. 理想环境设计**

理想的服务环境设计并非易事,受到的不可控因素较大,主要包括两个方面:

(1) 我们现有的对于环境因素及其影响的知识及理解程度还不够。对于一些主观问题,如空间的大小、各种设施和用品的颜色及形状等因素很难找到一个正确的答案。

(2) 每个人都有不同的爱好和需求,他们对同一种环境条件的认识和反应也各不相同。服务企业应该深入了解顾客的不同需求,根据目标顾客的实际需要进行设计从而达到满意的营销效果。

## 二、有形展示的管理

一个成功市场营销活动的关键是管理与无形服务相关的有形因素,通过服务展示管理向顾客传送适当的线索,帮助顾客购买服务。顾客会在服务环境、信息沟通和价格寻找服务的代理展示物,根据有形线索推断服务的质量价值和特点,用来指导其购买和选择。

有形展示在服务营销中具有重要地位,服务企业应善于利用组成服务的有形元素,突出服务的特色,因此,加强对有形展示的管理,努力借助这些有形的元素来改善服务质量,树立独特的服务企业形象,无疑对服务企业开展市场营销活动具有重要意义。

服务企业之所以要采用有形展示策略是因为服务产品具有不可感知的特性,一是指服务产品不可触及,即看不见摸不着;二是指服务产品无法界定,难以从心理上进行把握。因此,服务企业想要克服营销方面的难题,采用有形展示策略,也就应以这两个方面为出发点,一方面使服务有形化,另一方面使服务易于从心理上进行把握。

### (一) 服务有形化

服务有形化就是使服务的内涵尽可能地附着在某些实物上。如信用卡本身没什么价值,但是它能代表着银行为顾客所提供的各种服务。或者说服务有形化是指服务性企业借助服务过程中的各种有形要素(包括实物、数字、文字、音像、实景、事实及其他可视方式),使无形服务及企业形象具体化和便于感知的一种方法。

**1. 服务有形化的内容**

(1) 服务产品的有形化

即通过服务设施等硬件技术,如自动对讲、自动洗车、自动售货、自动取款等技术来实现服务自动化和规范化,保证服务行业的前后一致和服务质量的始终如一;通过能显示服务的某种证据,如各种票券、牌卡等代表消费者可能得到的服务利益,区分服务质量,变无形服务为有形服务,增强消费者对服务的感知能力。

(2) 服务环境的有形化

服务环境是企业提供服务和消费者享受服务的具体场所和气氛,它虽不构成服务产品的核心内容,但它能给企业带来"先入为主"的效应,是服务产品存在的不可缺少的条件。

(3) 服务提供者有形化

服务提供者是指直接与消费者接触的企业员工,其所具备的服务素质和性格、言行以及与消费者接触的方式、方法、态度等如何,会直接影响到服务营销的实现,为了保证服务营销的有效性,企业应对员工进行服务标准化的培训,让他们了解企业所提供的服务内容和要求,掌握进行服务的必备技术和技巧,以保证他们所提供的服务与企业的服务目标相一致。

**2. 服务有形化的策略**

(1) 服务内容呈现

即将服务内容具体地呈现出来,让消费者很容易知道购买该服务所能得到的利益。譬如,美国有名的旅游渡轮卡尼佛公司(Carnlval Crul se Lines)就常常在广告中展现顾客透过跳舞、餐宴或拜访奇特地点所带来的无比刺激与快乐。

(2) 发挥联想效应

即让服务与有形的物体、人、或动物一起出现。当消费者看到时,就会联想到该服务的优点。譬如,人寿保险界的大树、大伞、巨大磐石,都使人联想到保险公司的可靠与保障。

(3) 讯息有形展示

即以实际的服装、物体、装潢、包装等来传递服务本身的品质。譬如,航空公司机上服务人员的制服传递着管理制度化的讯息,同时也对乘客暗示"飞行安全",麦当劳、肯德基等速食业的服务人员也必须身着制服以传递其干净、值得信赖的讯息。

(4) 提供书面证据

即以实际的数字资料来证实公司服务内容的优越性与值得信赖。譬如,美国西北航空公司经常在广告中借由正确比较各航空公司的延误抵达时间,而凸显其因较少延误而为乘客节省的宝贵时间。

### (二) 使服务在心理上较容易把握

服务企业应考虑如何使服务更容易地为顾客所把握。通常有两个原则需要遵循:

**1. 把服务同易于让顾客接受的有形物联系起来**

运用此种方式时应注意：

（1）使用的有形物体必须是顾客认为很重要的，并且也是他们在此服务中所寻求的一部分。

（2）必须确保这些有形实物所暗示的承诺，在服务被使用的时候一定要兑现，也就是说各种产品的质量，必须与承诺中所载明的名实相符。

**2. 把重点放在发展和维护企业同顾客的关系上**

使用有形展示的最终目的是建立企业同顾客之间的长久关系。服务业的顾客，通常都被鼓励去寻找和认同服务企业中的某一个人或某一群人，而不是认同于服务本身。服务提供者的作用很重要，他们直接与顾客打交道，他们之间的关系将直接决定顾客同整个企业关系的融洽程度。

在贯彻上述这两个原则时，企业必须做到以下两点：

（1）必须确切了解目标顾客的需要，以及使用该方法想要获取的效果是什么。

（2）应确定独特的推销重点，并将此重点纳入为该服务产品的一部分，且能真正满足目标市场。

◆**思考题**

1. 有形展示有哪些类型？影响有形展示的因素有哪些？
2. 简述有形展示的差异化。
3. 简述如何进行视觉吸引，并举例说明视觉吸引的重要性。
4. 怎样进行有形展示的管理？
5. 简述有形展示的作用，并举例说明各种作用在实际情况中的运用。
6. 服务业应该如何设计和创造理想的服务环境，以提高顾客对服务的满意度？

**【分析案例】9-1　　星巴克咖啡的有形展示设计**

在星巴克的美国总部，有一个专门的设计室，专门设计全世界的星巴克店铺。他们在设计每一个门铺的时候，都会依据当地商圈的特点，去思考如何将星巴克融入其中。因此，每一家星巴克在品牌统一的基础上又尽量发挥了个性特色。

星巴克的过人之处在于既创造了统一的外观，又加入了变化，利用风格体现美感，创造了视觉冲击。与麦当劳等连锁店不同的是，星巴克结合不同地点使每家店都有自己与众不同的特色。但是丰富多彩的视觉享受、浓郁咖啡的味觉享受、美妙音乐的听觉享受是不变的经典。

星巴克室内桌椅摆放另类，表现令人舒适、有质感又有高品位的空间气氛。桌椅摆放没有过于拥挤或者过于空旷。因为过于拥挤的空间会使人感到压抑，过于空旷的空间则会使人感受不到星巴克的温馨。而星巴克在户外拥有阳台和木质沙发，配合新一代的壁画和小型舞台的设计，展现与众不同的咖啡体验。

星巴克在墙上装饰一些照片和前卫壁画。照片的色彩主要是咖啡色，而壁画充斥着原木色和橙橘色等显眼的色彩，与照片甚至整个咖啡馆形成鲜明对比。

星巴克的每一位咖啡师都是经过严格培训的，每一环节都要求做到精益求精。

星巴克中国推出的早餐系列,集法国、英国、意大利早餐文化的精髓,将传统与现代结合,创意与经典融汇,同时推荐与最之匹配的星巴克咖啡饮品,为顾客带来更进一步提升和丰富的星巴克体验。

试着从有形展示的设计方面相关知识分析星巴克的服务营销。

### 【分析案例】9-2　　哈根达斯服务的有形展示

哈根达斯作为美国冰淇淋品牌,1961年在美国纽约布朗克斯命名并上市。它亦成立了连锁雪糕专营店,在世界各国销售其品牌雪糕。哈根达斯生产的产品包括雪糕、雪糕条、雪葩及冰冻奶酪等。

哈根达斯的店面一般都不大,形象店一般都追求小巧、精致、雅观的设计,以暗红色为主,保留欧洲的设计风格,竭力营造一种轻松、舒适的具有浓厚小资情调的氛围,放着一些轻松的背景音乐。哈根达斯通过一些精致、典雅的休闲小店模式,成为顶级的冰淇淋连锁店。

哈根达斯走高端路线,作为高品质的产品,其价格可以不成比例地提高。另一方面,定价高的产品又会使消费者感觉品质的提高。

哈根达斯的冰淇淋产品通过设计成赏心悦目的形象来吸引年轻消费者的消费。

**问题**
(1) 运用有形展示的相关内容分析哈根达斯的店面设计。
(2) 简述这种设计有什么作用。

**应用训练**

假如你是某家新开业的珠宝店的经理,试站在经营者和管理者的角度从有形展示方面出发,考虑如何对这个珠宝店的内外布局进行规划?谈谈你的观点。

# 第十章　服务营销管理

了解服务营销管理的主要内容;掌握服务营销计划、组织的原则和内容;熟悉服务营销领导和控制的方法。

2013年11月11日,淘宝网等电商网站推出的"双十一网购狂欢节"热闹非凡,台前打的是"价格战",幕后打的是"物流战"。一面是飙升的销售数据的狂欢,另一面是物流、支付和售后服务面临的巨大压力。国家邮政局发布的数据显示,2013年全国快递业务量92亿件,居世界第二,仅次于美国。快递业迅猛发展,确实为消费者提供了低价、优质、高效的服务,也为商家和公众提供了实实在在的便利。但是,加盟商参差不齐,员工团队管理混乱,快递件安检松懈、粗暴分拣以及相应的常态监管的滞后与缺失,都使这一行业的发展前景充满不确定性。要保证提供的服务让消费者满意,成为企业竞争优势,必须加强企业服务营销管理。

## 第一节　服务营销计划

服务营销战略是服务企业对服务业务进行的一种长期谋划。服务企业与有形产品企业一样,其成长过程必然经历幼稚期、成长期、成熟期和衰退期等几个发展阶段。要保证服务企业的健康而迅速地成长,就必须对企业行为进行理性的、长远的、整体的谋划。服务企业千姿百态,就各个企业的个性而言,其战略方针的选择和营销组合的安排会有差别;但就其共性而言,服务企业选择战略方针及进行营销组合配搭方式则是有一定共性的。也需要在战略的基础上制订较为详细的服务营销计划。

### 一、服务营销计划的概念

服务营销计划是指,服务企业在对服务市场营销环境进行调研分析的基础上,制定服务企业及各业务单位的对营销目标以及实现这一目标所应采取的策略、措施和步骤的明确规定和详细说明。服务营销计划是服务企业的战术计划,服务营销战略对服务企业而言是"做正确的事",而服务营销计划则是"正确地做事"。在服务企业的实际经营过程中,营销计划往往碰到无法有效执行的情况,一种情况是营销战略不正确,营销计划只能是"雪上加霜",加速企业的衰败;另一种情况则是营销计划无法贯彻落实,不能将营销战略转化为有效的战术。营销计划充分发挥作用的基础是正确的战略,一个完美的战略可以不必依靠完美的战术,而从另一个角度看,营销计划的正确执行可以创造完美的战术,而完美的战术则可以弥补战略的欠缺,还能在一定程度上转化为战略。服务营销计划是一项整体性的活动,是指企业为了达到一定的服务营销目标,在综合分析企业内外部环境的基础上,对实现目标所需的战略、策略和详细计划加以定义并进行控制和反馈的过程。如果一个服务企业希望在一个竞争性的环境中生存和发展下去,它就需要设定一套营销目标,并明确地认识组织目前所处的位置和希望到达的未来位置,以及如何从目前位置到达希望的未来位置,这便需要有服务营销计划。

所以,服务企业必须在具体的顾客研究结果的基础上,把服务营销战略分解成具体计划行为,在计划的制订过程中,一定要以服务营销理念为指导。

### (一)服务营销计划的核心

服务营销计划的核心在于执行,服务的特点决定了人在其中的重要作用,服务营销计划实现得怎么样,与服务企业中各个层面对计划的理解与执行得正确得当与否有莫大关系。所有计划的核心在于执行,再好的计划没有一流的执行,营销计划将前功尽弃。

在服务营销计划执行上的第一种常犯的执行错误,为"老鼠营销"。"老鼠营销"的问题并不在于计划执行上的障碍。而是由于管理阶层在营销策略上缺乏明确的方向,以至于在计划的执行上理不清头绪。当公司领导对于营销本质与方向认识模糊时,他们就容易提出各种营销计划,以至于力量分散,难以做好任何一件事,"老鼠营销"便应运而生。第二种常犯的服务营销错误"空头承诺营销"。假设一家公司希望执行一个全国性的客户计划,以改进对主要客户的服务。它应该怎样推行这个计划呢?也许总经理会组织一次以总部为基地的全国性客户服务计划,但是,总经理的这一行为可能与销售总监产生业务上的冲突。如果他通过公司的销售部门执行这项任务也许会更好一些。事实上,人们并不了解组织不同的部门顺利执行营销计划的艺术。于是,他们便停留在从实践中学习的初级阶段。

一个完善的营销计划,并不会必然导致良好的营销活动,"老鼠营销"和"空头承诺营销"就是在营销计划中经常发生的执行问题。

### (二)服务营销计划的分类

服务营销计划的分类,与一般计划的分类类似,按照不同的标准,有不同的分类结果。

**1. 按时期长短分**

可分为长期计划、中期计划和短期计划。① 长期计划的期限一般5年以上,主要是确定未来发展方向和奋斗目标的纲领性计划。② 中期计划的期限为1~5年。③ 短期计划的期限通常为1年,如年度计划。

**2. 按涉及范围**

可分为总体服务营销计划和专项服务营销计划。① 总体服务营销计划是企业营销活动的全面、综合性计划。② 专项服务营销计划是针对某一产品或特殊问题而制订的计划,如品牌计划、渠道计划、促销计划、定价计划等。

**3. 按计划程度**

可分为战略计划、策略计划和作业计划。① 战略性计划对企业将在未来市场占有的地位及采取的措施所做的策划。② 策略计划是对营销活动某一方面所做的策划。③ 作业计划是各项营销活动的具体执行性计划,如一项促销活动,需要对活动的目的、时间、地点、活动方式、费用预算等作策划。

## 二、服务营销计划的作用

### 1. 目标指引

服务营销计划详细说明了预期的经济效益,有关部门和企业做高层管理者就可以预计未来的发展状况,既可以减少经营的盲目性,又可以使服务企业有一个明确的发展目标,便于企业采取相应的措施,力争达到预期目标。

### 2. 成本预算

有利于服务企业判断所要承担的成本费用,从而进一步精细打算,节约开支。

### 3. 责任明确

服务营销计划描述了将要采取的任务和行动,便于明确各有关服务人员的职责,使他们有目标、有步骤地去完成自己的任务。

### 4. 业务控制

有助于监测各种服务营销活动的行动和效果,从而使企业能够更加有效地控制服务营销活动,协调部门的关系。

## 三、服务营销计划的构成

### (一) 计划概要

计划概要是对主要营销目标和措施的简短摘要,目的是使高层主管迅速了解该计划的主要内容,抓住计划的要点。例如某零售商店年度营销计划的内容概要是:"本年度计划销售额为5000万元,利润目标为500万元,比上年增加10%。这个目标经过改进服务、灵活定价、加强广告和促销努力,是能够实现的。"

### (二) 状况分析

这部分主要提供与市场、服务产品、竞争、分销以及宏观环境因素有关的背景资料。具体内容有:

#### 1. 市场状况

列举目标市场的规模及其成长性的有关数据、顾客的需求状况等。如目标市场的年销售量及其增长情况、在整个市场中所占的比例等。

#### 2. 服务产品状况

列出企业产品组合中每一个品种的销售价格、市场占有率、成本、费用、利润率等方面的数据。

#### 3. 竞争状况

识别出企业的主要竞争者,并列举竞争者的规模、目标、市场份额、产品质量、价格、营销战略及其他的有关特征,以了解竞争者的意图、行为,判断竞争者的变化趋势。

#### 4. 分销状况

描述公司产品所选择的分销渠道的类型及其在各种分销渠道上的销售量。如某电信企业在电信门市、专业商店、折扣商店、网络等各种渠道上的产品销售分配比例等。

#### 5. 宏观环境状况

主要对宏观环境的状况及其主要发展趋势作出简要的介绍,包括人口环境、经济环境、技术环境、政治法律环境、社会文化环境，从中判断某种产品的命运。

### （三）拟定目标

拟定服务营销目标是企业服务营销计划的核心内容，在市场分析基础上对服务营销目标作出决策。计划应建立财务目标和服务营销目标，目标要用数量化指标表达出来，要注意目标的实际、合理，并应有一定的开拓性。

**1. 财务目标**

财务目标即确定每一个战略业务单位的财务报酬目标，包括投资报酬率、利润率、利润额等指标。

**2. 营销目标**

财务目标必须转化为营销目标。营销目标可以由以下指标构成，如销售收入、销售增长率、销售量、市场份额、品牌知名度、分销范围等。

### （四）服务营销策略与行动方案

**1. 服务营销策略**

拟定企业将采用的营销策略，包括目标市场选择和市场定位、营销组合策略等。明确企业营销的目标市场是什么市场，如何进行市场定位，确定何种市场形象；企业拟采用什么样的产品、渠道、定价和促销策略。

**2. 服务营销行动方案**

对各种服务营销策略的实施制定详细的行动方案，即阐述以下问题：将做什么？何时开始？何时完成？谁来做？成本是多少？整个行动计划可以列表加以说明，表中具体说明每一时期应执行和完成的活动时间安排、任务要求和费用开支等。使整个营销战略落实于行动，并能循序渐进地贯彻执行。

### （五）服务营销预算与控制

**1. 服务营销预算**

服务营销预算即开列一张实质性的预计损益表。在收益的一方要说明预计的销售量及平均实现价格，预计出销售收入总额；在支出的一方说明生产成本、实体分销成本和营销费用，以及再细分的明细支出，预计出支出总额。最后得出预计利润，即收入和支出的差额。企业的业务单位编制出营销预算后，送上层主管审批。经批准后，该预算就是材料采购、生产调度、劳动人事以及各项营销活动的依据。

**2. 服务营销控制**

对服务营销计划执行进行检查和控制，用以监督计划的进程。为便于监督检查，具体做法是将计划规定的营销目标和预算按月或季分别制定，营销主管每期都要审查营销各部门的业务实绩，检查是否完成实现了预期的营销目标。凡未完成计划的部门，应分析问题原因，并提出改进措施，以争取实现预期目标，使企业营销计划的目标任务都能落实。

## 四、服务营销计划执行中常见的问题

### （一）缺乏制度保障

服务营销计划被企业当作纸上的内容，实际过程中缺乏具体的要求：服务营销计划不仅是一种方法体系，同时也应该是一种制度体系，也就是说服务营销计划一旦执行，就必须按照相应的要求来加以保障。现实之中很多企业在实施服务营销计划时，并没有落实到具体的制度上,一方面服务营销人员找不到开展工作的规范,无法衡量自身业绩的好坏,另一方面部分服务人员只是满足于现状,不能按照要求开展工作。

### (二)缺乏考核约束

在服务企业的实际运作过程中,绩效考核制度是企业的基本管理制度,其他职能性的管理制度都要在此基础上发挥作用。在服务营销计划执行过程中,都是服务营销管理职能在起作用,而要充分发挥这些职能,使服务营销计划有效执行,就必须将绩效考核制度与服务营销计划的完成效果结合起来,这样才能使服务营销人员可以对自己的绩效进行评估,否则服务营销计划的执行将缺乏规范性。在实际运作中,更往往发生绩效考核制度与服务营销计划目标有差异的情况,使服务营销计划形同虚设。

### (三)缺乏过程管理

营销计划执行时只重视结果,而不重视达成结果的过程:在营销计划的执行过程中,往往最受关注的是一些硬指标,比如销售额、铺货率、知名度等,但是还有其他的一些软指标,比如市场价格体系、市场秩序、与竞争对手的对比等,往往会受到忽视,也就是说在营销计划执行时,缺乏对执行过程进行系统地管理,就算达到了硬指标,但软指标中存在的问题将会对企业造成根本性的伤害。

### (四)缺乏整合协调

(1)营销计划执行的各部门各自为战。主要表现在各个职能部门之间,如市场部门和销售部门、销售一线和销售后勤部门等,这在很大程度上依赖于营销组织架构的合理,也就是如果组织架构落后于企业发展的要求,就会限制营销计划的有效执行。

(2)不同部门对营销计划的理解不同。造成这个问题主要在于企业内部的沟通渠道不通畅,对于营销计划实施效果的衡量标准不统一。

(3)执行过程中缺乏统一的协调。这主要是在服务营销计划执行过程中,缺乏一个领导部门来推动整个计划的进行,各部门的本位主义比较严重,职能性的部门结构影响到了企业整体业绩的实现,比如对于多服务产品结构的企业而言,对于不同种类的服务产品总是缺乏管理的,各个部门只是注重各自一块职能工作的完成,而对于一个服务产品的发展过程却缺乏一个综合的管理,从而造成各个部门的专业优势并没有转化为企业的整体优势,有可能还会造成企业资源的损耗和业绩的衰退。

### (五)流程不合理

(1)服务营销计划执行过程中的业务流程过于复杂。造成企业的反应速度降低,整个业务运作过程效率低下,使营销计划的时效性不能体现。

(2)执行过程中的审批环节过多。一方面造成对市场机会的丢失,另一方面影响了服务营销人员积极性的发挥,不利于发挥主动性和灵活性,对服务营销计划执行的有效性也不能充分保证。

(3)执行过程中各部门的业务分配不合理。这主要是指部门之间的职能分配模糊,没有贯彻最大化提高效率的原则,在营销计划执行过程中出现专业技能不够或者是承揽了过多的职能,无法使营销计划得以有效执行。

### (六)缺乏系统性

(1)区域或连锁加盟分支服务营销人员的专业技能有欠缺,对总部下达的服务营销计划无法进行进一步规划,对整个区域市场缺乏整体性的计划,对各个小区域之间也缺乏系统的拓展计划,造成整体服务营销计划一到下面就开始变形,无法真正落实。

(2) 区域或连锁加盟分支服务营销人员注重结果而不注重过程，由于部分企业的销售政策导向是以销量为核心，因此区域人员也会只注重结果而不关心过程，他们采取的措施都是短期内提高销量的，但是否能满足营销计划的战略要求则不在考虑之中。

## 第二节　服务营销组织

为了成功地实施服务营销战略和营销计划，企业必须有相应的组织保证。服务营销的组合设计必须坚持服务导向的企业文化，强调倾听顾客需求与主动地深入挖掘和识别顾客需求的有机结合。一个完善的市场营销组织机构是企业市场销售活动有效进行的基础。企业的营销组织反映了企业的内部分工以及各个部门的管辖范围，是企业进行各项营销活动的基础和保障。当一个企业的市场营销计划做出来之后，一定要考虑到该市场营销计划是不是利于企业对于市场营销的管理和指导，是不是利于加快企业的市场营销决策速度，是不是利于企业长远目标和短期目标的完成。如果没有达到这个要求，就应做出相应的调整，重新确定专业的职位和专业的分工，调整企业管理权的集中或者分散程度，同时根据企业的业务内容、员工的素质、企业的计划来调整企业组织机构的数量、人员编制和管理人员的数量，提高销售人员的工作积极性。通过这种方式可以提高企业的市场营销的领导力，优化企业的资源配置，进而对市场营销进行有效的组织和管理，使企业的市场营销顺利地进行下去。

### 一、服务营销组织建设的理念和原则

#### （一）以客户为中心

以客户为中心是企业服务营销组织建设的核心理念，即根据市场情况，树立把客户利益放在第一位，以客户满意为目的的营销思想。以客户为中心不仅体现在客户开发和客户管理的环节，同时还体现在经营决策、绩效考核等方面。要充分挖掘每一个岗位、每一名员工的最大潜能，使每个服务营销人员最大限度的开发客户、维护客户，为实现组织的持续发展提供保障。

#### （二）服务领先

为顺应市场环境的变化，在市场上建立信誉高和品牌优的服务形象，同时，为了满足不同客户的需求，还要求服务营销组织培养更具专业性、更加职业化的营销人员，使得企业在激烈的市场竞争中以服务品质、人员素质取胜。因此，创建一个高起点、高品质、高服务的营销组织便成为企业营销工作的主要目标。具体对营销人员来说，需要做到把服务作为工作基础，把专业营销作为重点，营销人员的工作职责就是服务与营销相结合。

#### （三）打造良好的营销平台

在"以客户为中心"的核心理念和"服务领先"的发展战略下，对服务营销组织进行建设时，其营销组织体系的定位和职能是关键。服务营销组织必须明确营销部门的岗位职能，协调处理好营销前、营销中和营销后三个环节。服务营销组织体系不仅应该定位为业务部门，更应该定位为服务部门，即在做好对外服务的同时，为营销人员提供良好的平台和强大的后台支撑。

### (四) 以结果为导向

一个企业的品牌、一个产品的品牌运作如何算作成功,关键要从实际产品的销售上体现。从管理技术层面上来看,以经营结果为导向的管理方式,强调考核的作用,即以"按考核系数付给薪酬并实施管理"为原则,能够确保营销人员有效地去执行营销计划。

## 二、服务营销组织建设的内容

### (一) 开拓营销渠道

现在许多企业都在努力寻找并创建方便、快捷、高效的销售渠道,只有这样,企业才能够长期立于不败之地。如何通过多样化的合作渠道有效开展营销活动,实现营销组织的快速发展,是服务营销组织建设的内容之一。总之,可以通过一切可以利用的渠道,建立多方的合作关系,不断创新企业营销服务模式。

### (二) 创新服务营销模式

当今形势下,企业营销的总体思路是要以创新的思维来发现市场,并树立品牌及成本优势。具体途径为:对内通过营销创新,努力开拓国内市场;对外则以提高服务及营销手段的知识及技术含量,迎头赶上国际知识经济和绿色经济浪潮,积极参与国际营销竞争。这不仅要求企业掌握了解市场营销和社会营销等一级观念,更重要的还应积极导入整合营销、关系营销、网络营销、信息营销和文化营销等一些次级的营销概念和竞争新观念。可持续发展观念的产生和兴起,使得企业再也不可能单纯地以目标市场上的顾客满意为中心,更需注重顾客价值的实现。创新的服务营销模式使企业将各种知识、技术和技能有机整合,实现顾客所看重的价值,并把这种竞争优势体现在服务企业一系列的产品和服务之中,最终形成企业的竞争优势和核心能力。

### (三) 完善客户服务体系

哈佛商业通过研究指出:回头客可以为公司节省广告宣传或促销的成本,从而为其创造25%~85%的高额利润,同时,随着客户对公司满意度的增加,往往可以诱发客户再次进行购买。此外,由于口碑效应将直接决定公司业务的发展,所以,必须服务好现有客户、完善服务体系、与客户建立长期稳定的关系。

为适应市场的发展与需求,必须为企业建立具有个性化和创新性的产品服务模式。所以,服务体系的完善要以客户市场细分为基本点,依据不同的客户群体来为其提供具有差异化或个性化的优质服务。

### (四) 做好内部营销工作

何为内部营销,格鲁罗斯认为是在服务意识驱动下,通过一种积极的、目标导向的方法,为创造业绩做好基础,而且是在组织内部采取各种积极的、具有营销特征的、协作方式的活动和过程。在此过程中,不同部门之间的员工内部关系得以巩固,共同为外部客户提供最优异的服务。总而言之,内部营销是对服务质量体系的控制和保障。服务人员是传递和执行服务的关键角色,其服务的过程和服务的质量取决于服务人员的能力、素质和积极性,将会直接影响整个服务营销的效果。因此,只有将服务人员视为企业的客户,真正做到以人为本,充分发挥其主观能动性,才能使营销效果达到最好。

格鲁罗斯和泽丝曼尔等营销学专家的观点认为,做好内部营销主要解决的是人的问题。

(1) 做好内部营销,首先要信任尊重营销人员。打造"把员工当客户"的理念和企业文化,这并不是停留在言语或纸面上,而是要体现在企业的传统、行为和制度上。由于服务过程中的信息不对称,服务人员需要通过多方面的引导和后台支持,保障服务过程的质量,有了满意的服务人员,才可能有满意的客户。

（2）做好内部营销,涉及组织结构和流程的变化问题。既然一切以"客户为中心",那么和客户接触最多的服务人员,是和客户同样重要的人。

（3）做好内部营销,需要挖掘优秀的服务人员。一方面,需要对服务人员进行职业发展指导、提供学习机会,使其不断提高专业知识能力,提升职业发展空间；另一方面,由于客户个性化的需求,其对服务人员的要求也越来越高,这就需要有持续的培训和辅导来充实、支持和服务于营销人员。

### （五）建立营销考核体系

营销考核的主要意义在于：一方面是对服务人员成绩和付出的一种激励；另一方面也是对服务人员行为的一种鞭策,是结果的反馈。完善的营销考核体系是由考核规划、考核过程管理、考核评估和考核评估结果应用四个环节共同构成,为确保营销人员、营销团队的工作行为达到要求而进行的计划、沟通、评估和改进等管理活动的过程。

## 三、服务营销组织体系实施效果评价

### （一）整体实施效果评价

通过对营销组织体系进行设计,一方面,服务营销人员的结构进一步完善,部门分工清晰,岗位职责明确,服务部门整体运转效率得到提升；另一方面,企业的经营情况得到显著改善。

### （二）客户满意度测评

服务营销人员需要提供完善和高质量的服务,才能提高客户的忠诚度和满意度。通过客户满意度测评可以了解客户的需求、企业存在的问题以及与竞争对手之间的差异,从而有针对性地改进服务工作及服务营销组织的结构。企业可以通过以下四种方法进行客户满意度测评。

**1. 顾客满意度专项调查**

通常情况下,公司在现有的顾客中随机抽取样本,向其发送问卷或打电话询问,以了解顾客对公司及其竞争对手在运营中的各方面的印象,可作为定期调查项目。

**2. 投诉和建议制度**

企业为顾客抱怨、投诉和建议提供一切可能的渠道,做法各异。有些企业向顾客提供不同的表格,请顾客填写他们的喜悦和失望；有些企业在公共走廊上设建议箱或评议卡；有些企业通过热线电话或投资建议功能强大的呼叫中心来接受顾客的投诉电话,并且通过反应迅速的更正系统和新产品开发系统从这些电话中找到产品（或服务）改进或市场开拓的机会。

**3. 神秘购物者**

有些公司花钱雇用一些顾客公司的人员,或是消费者,有些服务行业的公司用内部人员（这些人往往是后台工作人员,他们与前台工作人员互不相识）,他们装扮成顾客,亲身经历一般顾客在消费中所需要经历的全部过程,然后向公司报告公司及其竞争产品（或服务）所具有的优点和缺点。这些神秘购物者甚至会故意提出一些问题,以测试公司的销售人员、前台服务人员和抱怨处理人员能否作出适当的处理。

**4. 研究流失的顾客**

顾客之所以会离开公司,除了一些诸如搬家、突然遭遇经济上的变化等客观原因之外,大多数的原因是因为顾客对公司不满,或是顾客不认为存在什么非得与该公司长期交易的理由。这也就是说,有些公司可能因某些事情得罪了顾客,令其感到不满;而有些公司与其竞争对手相比,在留住顾客的努力上几乎没有什么特别之处,而将其顾客吸引走的那家公司则具备更为独到的做法。公司不仅要和那些离去的顾客对话,而且还必须想办法控制顾客流失率,这些办法就来自于与流失的顾客的访谈之中。

### (三) 服务营销人员反馈效果测评

营销组织建设的一个重要功能就是为营销人员服务,而营销人员可以较为客观地评价营业部营销体系中存在的问题,从而有利于营销体系的进一步改进。同时,服务营销人员也可以据此对自身工作进行反思。

## 四、服务营销组织体系保障

服务营销组织的运行需要良好的保障措施。良好的制度不但可以规范服务营销人员的工作行为,同时,还能带来积极向上的氛围,促使营销团队的良性发展。

### (一) 各部门之间的协调关系

营销组织作为一个巨大的系统工程,不仅需要制度保障,还需要每个部门之间积极配合、共同协作。所以,营销组织中的营销部、客户服务部、业务部等部门不仅要做好本职工作,还要互相协调,以此来共同组建一支优秀的营销团队。全体员工都要意识到正确的营销观念将对营销目标的实现起到积极的作用,并且要充分认识到,只有通过自己的优质服务才能获得客户的满意度。所以,每一个部门都要尽可能地满足客户需求,提高客户满意度,并以此来指导自己的工作。

### (二) 人事制度

企业需要大力培养高素质的营销人才,为客户提供优质服务,以此提高客户的满意度和忠诚度。服务营销组织要取得成功,必须建立一个高素质的服务团队,可以利用招聘和培训两种方式相结合建立自己的营销队伍。

**1. 招聘制度**

优秀的人才是企业发展的源泉,因此,做好人员招聘工作,及时补充和更新组织的新鲜血液至关重要。在营销人员的选拔和招聘上,要对应聘人员要进行综合考查,不仅要考查其工作能力、社会经验和专业技能,更要考察其市场意识、服务意识和工作态度。

**2. 培训制度**

企业应主动地对营销人员进行持续的专业知识培训、营销技能培训,切实提高营销人员的业务素质。通过调查了解各岗位人员的培训需求,组织各部门、各岗位员工进行系统的工作前或工作中、在岗或脱产、内部培训或外部培训,以及其他各种形式的学习和培训。培训的内容应涉及业务能力、服务意识、营销技能、企业文化、创新精神、团队合作等方面,切实提高营销人员的综合素质和水平,提高服务质量,同时为营业部储备人才。

### (三) 内部管理制度

内部管理制度是指服务营销组织为促进营销活动而建立的规章制度。主要有:风险控制制度、成本控制制度、营销调研制度、信息反馈制度、日常管理制度、例会制度、过程管理制度、标杆管理制度等。

# 第三节 服务营销领导

## 一、服务营销过程中管理层普遍存在的困惑和挑战

（1）员工绩效下降找不出具体的原因；
（2）有能力的员工不能配合团队工作；
（3）下属的能力/资历超过上级时候，管理被动；
（4）员工希望获得提升，但能力或机会有限；
（5）管理者的工作越来越多，而部下却无所事事；
（6）员工频繁跳槽，企业的主管一直不断地在培养新人；
（7）员工表现出极大的工作热情，但授权后却不能完成工作目标。

## 二、服务营销中的领导者的能力要求

在企业运营中，企业家是战略营销的主要操作者，战略营销能力既是企业家的经营能力，也是管理能力。既表现为企业家对企业营销工作全局性、长远性、根本性的重大决策进行谋划的能力，也反映了对企业营销工作的整体领导、跟踪和掌控能力。既要求企业家有对营销战术的掌控能力，更需要从实际出发，不断研究和解决企业营销工作中重大战略问题的能力。

战略营销能力包括战略营销思维能力、战略营销分析能力、战略营销预见能力、战略营销决策能力、战略营销统筹能力和战略营销领导能力。这若干种子因素在战略营销能力中，各有各的位置，发挥着不同的功能，并且相互配合、相互补充，构成了战略营销能力体系。

### （一）战略营销思维能力

战略营销思维能力是战略营销能力的前提条件。战略营销思维是企业家思考问题的方式，也是企业家的行事哲学。具有战略营销思维能力的企业家，善于观察市场，善于获取各种信息；在纷繁复杂的市场信息中，能够敏锐地发现企业存在的优势和劣势，洞察外部环境带给企业的机会与威胁；能根据收集到的信息去分析问题，在综合考虑企业自身的资源和环境后，做出长远的战略决策，并加以跟踪。

战略营销思维能力不仅仅是企业家的一种先天思维能力，也需要企业家充分的知识积累。只有在广泛涉猎其他领域的知识后，才有机会形成大脑神经元的生物联系，才可以形成产生结论的大脑运动。与此同时，企业家的战略营销思维力要求企业家思考的问题不仅仅局限在营销方面。企业的营销工作是一个企业价值链的龙头，它和企业的总体战略、生产战略、财务战略、人力资源战略都紧紧相连，企业家在思考营销战略的同时，必须始终保持对其他战略的兼顾。

### （二）战略营销分析能力

分析能力指的是把客观事物的整体分解为各个部分、方面和要素，并逐个加以研究，将它们的属性、特点等分析出来的能力。客观事物都是统一性和多样性的集合体，当人们要认识一个事物时，就需要运用分析的方法，以达到把握事物本质的目的。

战略营销分析能力是构成战略营销能力的重要组成部分，分析是战略营销工作的基础。

战略营销分析主要是对与企业营销工作相关的要素进行分析。战略营销分析的内容包括寻找分析对象、运用分析方法和应用搜集数据的技术。

具备战略营销分析能力的企业家必须能够熟练的进行战略营销分析。战略营销分析主要是对战略营销宏观和微观环境进行分析。宏观环境包括对环境变化趋势分析、行业走势分析、竞争动向分析、市场机会的准确洞察和把握;微观环境包括对企业资源的评估、对消费者行为的分析、对企业渠道的衡量以及公众的分析。

在企业家的战略营销活动中,面临着一个重要的任务,就是如何在纷繁复杂的信息堆中删繁就简、由表及里、去伪存真。这个工作要求企业家天生具有对信息的敏感性,同时也要求企业家掌握现代信息处理的技术,如 SPSS、SAS 软件的分析技术,正交分析和模糊统计理论等,掌握这些信息处理原理,对企业家的战略营销分析能力有很大的提高。

### (三) 战略营销预见能力

战略营销的着眼点,不是短期得失而是营销的长期发展。所以战略营销力中需要有战略营销预见力。战略营销预见力最重要的是要有对企业内外部环境的敏感性,要善于见微知著,在市场初露端倪时,就敏锐地把握它的本质和走向。预见力来自于两个方面:一是企业家天生对市场的敏感性;二是科学预测方法的运用。

战略营销预见必须遵循三个基本点,即前提的现实性、预见的逻辑性和结论的必然性。在战略营销预见之前是战略营销分析,这种分析必须是基于市场实际情况的现实分析;其次,预见的过程必须讲求逻辑,推理必须符合逻辑规则,大前提、小前提和结论之间环环相扣,不可因果颠倒,混淆关系;最后,市场的发展,表面看来纷繁芜杂,甚至真假莫辨,但都有其客观规律性,只要掌握科学的预测方法,必然能准确预测到市场的客观结果。

需要特别提出的是,企业家的战略预见能力要和战略营销其他子能力结合起来,只有预见能力,没有决策力、统筹力和领导能力,企业的生命不会长久。

### (四) 战略营销决策能力

企业家的战略营销决策能力,最主要的是表现在复杂的营销环境下,能够为企业做出正确的战略抉择。战略营销决策既要以洞察、分析、综合、预见为前提,又要考虑决策时机、决策点和决策的方式等。从一定意义上说,战略决策力是战略分析与预见力的直接结果。

在战略营销决策能力问题上,我们既提倡决策的果敢,又排斥决策的武断。国内企业家在经营中往往会出现两个极端的决策类型:一种是"软决策",这种企业家在企业决策中,特别是在遇到重大关口时,经常犹豫不决,缺少企业家应有的胆量和魄力,以致延误有利的时机,企业往往只能小规模生存,无法发展壮大;另外一种类型是极端武断型的企业家,此类企业家在决策问题上大包大揽,事必躬亲,企业的发展方向完全取决于个人的判断,给企业发展增加了极大的风险。

企业家战略营销决策必须进行战略营销决策点的选择。企业家的战略营销决策点有:企业营销战略目标和方向决策、市场竞争战略决策、目标市场决策、产品战略决策、品牌战略决策、价格战略决策、渠道战略决策和促销战略决策。在这些决策点下又有一些分决策,企业家应根据企业的实际情况决定决策的重要程度,从而决定是否决策分权。

在战略营销决策中,由于营销工作所处的环境变化很快,个人的判断往往不够全面,一管而窥天下,容易形成偏见,而市场调查和资料收集又往往出现时间滞后的问题,所以我们提倡在营销决策中应以个人判断为主导,结合参考科学的方法。

### (五) 战略营销统筹能力

战略营销分析能力、战略营销预见能力和战略营销决策能力是一个企业家应该具备的企业营销经营能力,在具备以上三种战略营销能力之后,还应该有一种管理能力,这就是战略营销统筹能力,这是企业家的战略营销力能转换为生产力的保障。

统筹管理指从全局出发看问题,在工作的纵向上从最高点捋到最低点,在工作的横向上从一个端点捋向它的尽头,抓住纵向与横向上的结合点,从中找出工作的重点,然后以重点为坐标,外展开去,梳理工作思路。

战略营销统筹能力表现为总揽营销全局,组合局部,筹划工作的能力。做到整个企业一个方向,营销战略和其他战略一条龙,区域市场一盘棋。企业家战略营销统筹要求做好营销战略的分解、年度营销工作的分配和销售管理执行之间的协调和统一。特别当企业有多个区域市场时,如何统筹区域市场之间的营销工作,防止价格冲突、物流冲突等是企业家面对的十分棘手的问题,这方面迫切需要企业家的战略统筹能力。

### (六) 战略营销领导能力

不管是哪一个企业,都必须将其营销战略思想和决策转化为切实的执行力。对于企业家来说,在执行能力中,最重要的是领导能力。领导力是引导和影响下属实现组织目标的能力。企业家需要树立企业的愿景和目标,提炼组织文化和企业价值观。组织执行自己的战略思想,引导下属向既定的战略方向前进。

据领导特质理论,恰当的具备某种特质的个体更有可能成为有效的领导人。对中国改革开放以来的企业家进行研究发现,领导能力强的企业家无一例外地都具有一些基本特质,如自信和勇气,进取心理,智慧和天生的领导欲望。往往就是这种智商和情商的结合,才带来了企业家的领导力特质。

当然,天生的一种领导力特质还不能成为企业家领导能力的绝对源泉,企业家的领导能力还需要掌握领导的一些管理技巧。领导既是一种艺术,又是一种科学,需要企业家掌握规范的管理理论,灵活运用沟通、激励、控制等管理技巧与方法。

## 三、服务营销领导的相关理论

### (一) 仆人式领导理论

(1) 根据格林里夫(2003)的研究,仆人式领导有以下10项特征:

聆听(listening)。仆人式领导以对方为优先,定意要透过用心聆听,触及别人的心灵,了解对方的想法和需求。聆听,并伴以经常性的反思,对仆人式领导来说,非常重要。

同理心(empathy)。仆人式领袖尝试了解与同情对方,关注的不再是个人荣辱得失,而是接纳与肯定团队内其他成员付出的劳苦,并予以欣赏。

医治(healing)。疗伤之道是仆人式领导的强大武器,能够帮助他们跨越过渡转型、重组整合的各个艰难时期。仆人式领导的一项强大之力就在于他能够帮助他人以及他自己疗伤,一位经历过伤痛、并已痊愈的领袖正是人们所期待的。

醒觉(awareness)。醒觉,尤其是自我醒觉是仆人式领导的另一显著特征,他不会陶醉于过去或现在的成功,他知道有些时候需要被挑战,受搅动,才不会安于现状。

说服(persuasion)。仆人式领导不是仗着职权或威信来统御,乃是以"晓之以理,动之以情,析之佐据"的说式,劝服别人认同计划或工作,让人心服口服,而不是勉强为之。

概念化(conceptualization)。仆人式领袖敢于做梦,对他来说,再过夸张的梦想亦有成为现实的可能。尽管他的想象力天马行空,但在处理问题时,却脚踏实地,他能够巧妙地平衡"概念化"的意向与日常事务的现实情境,两者皆为必需。

先见(foresight)。人非圣贤孰能无过,仆人式领导也会犯错误,但他却能够从实践中不断汲取教训,在行动中做出反思,从而获得对未来行为决策的先见。

管家(stewardship)。人们所求于管家的,是要其有衷心。仆人式领导就怀有管家的衷心,为组织内成员服务,为组织所处的社区服务。

委身于他人成长(commitment to the growth of people)。仆人式领导用心帮助组织内的每一位成员成长,使人更强壮、更聪慧、更自由、更自主。

构建社群(building community)。仆人式领导不会"一将功成万骨枯",他要构建生生不息、基业长存的社群,并工作、服务于其中。

(2) Spear 在长期研究 Greenleaf 原著的基础上,总结了仆人式领导的十大特征:

倾听(listening)。能够主动、真诚地倾听他人的声音;

移情(empathy)。能奋力去理解他人,接受和认可他人的独特性;

治愈(healing)。有能力治愈自己及他人的创伤;

知觉(awareness)。有深刻的自我知觉,对自己的信念、价值观等有清晰的认识,能全面、系统地看待问题;

劝导(persuasion)。能主要依靠劝导而不是职位权利来进行决策,能在群体中有效地建立共识;

构想(conceptualization)。敢于梦想,能够跳出日常事务,从较长远的角度看待问题;

远见(foresight)。善于总结经验,把握现在,能够预见当前的决策对未来的影响;

管家(stewardship)。能够像管家一样忠实地为委托人管理各种事务,为了他人的需要竭诚服务;

员工成长承诺(commitment to the growth of people)。能对每一名员工的成长怀有发自内心的承诺,能够认识到自己对员工成长所肩负的重大责任;

建立社群(building community)。能够致力于在既定机构中建立富有亲密人际关系的社群。

(3) Laub 在总结仆人式领导概念的基础上,提出了一个六因素的仆人式领导模型。根据 Laub 的模型,仆人式领导包含以下内容:

重视员工(valuing people)。仆人式领导能够相信员工,把他人的需要置于自己的需要之上,能够不带成见地倾听他人意见;

推进员工成长(developing people)。仆人式领导能够为下属的学习和成长提供机会,能够鼓励和肯定下属,并能以身作则,成为下属模仿的榜样;

建立社群(building community)。仆人式领导能够与他人建立牢固的个人关系,并能与他人协调合作,尊重不同的观点与意见;

展现诚信(showing authenticity)。仆人式领导能够以开放和负责的方式对待他人,愿意向他人学习,并保持正直的品质。

(4) Daft 则提出了一个四因素的仆人式领导模型,包括以下内容:

先人后己(service before self)。仆人式领导将服务他人置于自己的利益之上,能够为坚持原则而放弃名利地位;

把倾听作为肯定他人的手段(listening as a means of affirmation)。仆人式领导能够虚

心向他人请教,善于促进他人参与决策,增进他人的信心和自我效能感。通过倾听来肯定他人;

创造信任(creating trust)。仆人式领导具有令人信任的品质,通过展现这样的品质,仆人式领导能够在下属间创造和激发信任。仆人式领导能与下属分享所有信息,以确保任何决策都能增进群体的福利。

(5) 仆人式领导的评价。仆人式领导的优势:仆人式领导是一种长期的工作、生活发展变革之道,它更能够激发社群内部的积极变化。仆人式领导常会被拿来与变革型领导(transformational leadership)做比较,后者亦重视上下协作。当二者均显示出对被领导者的深深关心时,仆人式领导更突显其服务特性,而变革型领导的诉求则是被领导者服务于组织目标。比较:Appreciative Inquiry[肯定式探询]。领导重心在组织还是被领导者,是变革型领导与仆人式领导的分水岭。

仆人式领导的局限:它不是速效药,不能看到立竿见影的效果。易被视作"软弱",听得太多、同情心有余,可能会导致优柔寡断、缺少主见。

## (二) 变革型领导理论

变革型领导理论具有很大的包容性,它对领导力的作用过程进行了广泛的描述,包含了领导过程中多层次多角度已有广泛基础的观点,是一门很有理论和实践意义的领导学理论。

总的来说,变革型领导理论把领导者和下属的角色相互联系起来,并试图在领导者与下属之间创造出一种能提高双方动力和品德水平的过程。拥有变革型领导力的领导者通过自身的行为表率,对下属需求的关心来优化组织内的成员互动。同时通过对组织愿景的共同创造和宣扬,在组织内营造起变革的氛围,在富有效率地完成组织目标的过程中推动组织的适应性变革。

"变革型领导"作为一种重要的领导理论是从政治社会学家伯恩斯(Burns)的经典著作《Leadership》开始的。在他的著作中,伯恩斯将领导者描述为能够激发追随者的积极性从而更好地实现领导者和追随者目标的个体,进而将变革型领导定义为领导者通过让员工意识到所承担任务的重要意义和责任,激发下属的高层次需要或扩展下属的需要和愿望,使下属为团队、组织和更大的政治利益超越个人利益。Bass等人最初将变革型领导划分为六个维度,后来又归纳为三个关键性因素,Avolio在其基础上将变革型领导行为的方式概括为四个方面:

**1. 理想化影响力(idealized influence)**

理想化影响力是指能使他人产生信任、崇拜和跟随的一些行为。它包括领导者成为下属行为的典范,得到下属的认同、尊重和信任。这些领导者一般具有公认较高的伦理道德标准和很强的个人魅力,深受下属的爱戴和信任。大家认同和支持他所倡导的愿景规划,并对其成就一番事业寄予厚望。

**2. 鼓舞性激励(inspirational motivation)**

领导者向下属表达对他们的高期望值,激励他们加入团队,并成为团队中共享梦想的一分子。在实践中,领导者往往运用团队精神和情感诉求来凝聚下属的努力以实现团队目标。从而使所获得的工作绩效远高于员工为自我利益奋斗时所产生的绩效。

**3. 智力激发(intelectual stimulation)**

是指鼓励下属创新、挑战自我,包括向下属灌输新观念,启发下属发表新见解和鼓励下属用新手段、新方法解决工作中遇到的问题。通过智力激发领导者可以使下属在意识、信念以及价值观的形成上产生激发作用并使之发生变化。

#### 4. 个性化关怀(individualized consideration)

个性化关怀是指关心每一个下属,重视个人需要、能力和愿望,耐心细致的倾听,以及根据每一个下属的不同情况和需要区别性地培养和指导每一个下属。这时变革型领导者就像教练和顾问,帮助员工在应付挑战的过程中成长。

具备这些因素的领导者通常具有强烈的价值观和理想,他们能成功地激励员工超越个人利益,为了团队的伟大目标而相互合作、共同奋斗。

#### 5. 变革型领导理论的评价

从变革型领导的定义可以看出,这种领导理论之所以成为目前领导学研究的热点,在于它迎合了时代发展的需求。自从马斯洛提出他的需要层次理论以后,对整个社会的许多领域都产生了深远的影响,大家更看重每个个体的高层次的需要和自我实现,更能看到人作为社会人而存在,那种把人当做动物人或经济人的看法已经很不合时宜。变革型领导理论非常重视员工自身的价值实现,把他们当做能动的人看待,鼓励他们自我实现,相信他们有无限的潜能。我们应该能够看到,在目前的一些知识型的企业里,员工的文化素质都比较高,如果领导者把他们当做机械的人看待,通常以命令的方式领导他们,效果一定不会好,所以说,变革型领导在这种经济比较发达的社会环境下,在人口文化素质比较高的情形下,是很有它诞生的意义和应用价值的。

变革型领导还有一个很好的理念,在于它对领导者本身内涵的理解。领导者的影响力包括职权影响力和个性影响力。我们都知道职权影响力不能有持久的影响作用,也不能对人的心灵深处产生深远影响,而个性影响力恰能弥补这个不足。变革型领导就是这样一种把二者结合起来并对个性影响力更倚重的理论,它强调领导对下属的模范作用,首先领导者注意自身的操行,勇于承担责任和风险,给下属做好模范带头作用,在不确定的环境里有效地指引下属们团结一心共渡难关。同时又以员工的需求为中心,充分了解下属的个性化需求,向下属提供富有挑战性的工作和智力激励,通过这些过程,领导者和下属的需求统一到团队的目标里,领导者和下级的目标合二为一,团队上下群策群力,为实现共同的目标而奋斗。

变革型领导理论并没有很长的发展历史,但 Burns 和 Bass 所提出的基础理论还是能够为大家所理解,其中一个重要的贡献是他们给变革型领导划分了几个维度,并且编制了能够用以测量之用的"变革型领导问卷",而且,这几个维度以及这个测量问卷在不同的国家中得到了论证,尽管有些许的差别,但总的来说各个国家还是具有共通性的。这就为变革型领导理论的发展打下了坚实的基础,在今后的研究中自然会沿着这个框架继续深入,所以,变革型领导理论将会非常有生命力。

变革型领导理论关注人的发展,这是个巨大的进步,在现代社会被广泛地学习和应用,但同时它还不是一个非常成熟、系统的理论,这就需要我们在理论研究和实践应用中去发展它。这个领导理论已经在招聘、甄选、晋升以及培训与发展中发挥了一些作用,同时它也可适用于改善团队发展、制定决策、质量创新和机构重组等,今后很长一段时间它都将在领导学领域起着举足轻重的作用。

## 四、提升领导能力

组织行为学家保罗·赫塞(Paul Hersey)和管理学家布兰查德(Kenneth Blanchard)在

20世纪60年代提出了情境领导理论(Situational Leadership)。该理论认为,领导者的行为要与被领导者的准备度相适应才能取得有效的领导效果。

情境理论认为,领导的有效性是领导者、被领导者、环境相互作用的函数,它可用下列公式来表达:

$$领导的有效性 = f(领导者,被领导者,环境)$$

上式告诉我们,领导的有效与否,要根据领导者本身的条件、被领导者的情况和环境(包括工作任务)条件,以及上述三者的相互关系而定。

(1) 领导者方面的条件。包括领导者的职位类别、年龄和经验;他自己的价值观念体系;他对下属的信任程度;他的领导个性(是倾向于专制的,还是倾向于民主的);对于不确定情况的安全感等。

(2) 被领导者的情况。包括被领导者的文化期望和独立性需要程度;他们的责任感;他们对有关问题的关心程度;他们对不确定情况的安全感;他们对组织目标是否理解;他们在参与决策方面的知识、经验、能力等。

(3) 组织环境方面的条件。包括组织的历史、规模;组织的价值标准和传统;工作要求、作业集体的协作经验;决策所需的时间及可利用的时间;社会环境及社会压力等。

情境理论可有两方面的应用。一方面,领导者要分析情境要素的不同状况,采取不同的领导行为,才能激励下属,实现有效管理。比如,在管理中,领导者有较高的权力,有严格的组织纪律约束和高涨的士气,有效的领导方式就是层层发布命令使下属明确任务目标。而在一个合作式的组织团体当中,以命令下达工作任务的方式就不一定奏效,领导者应注重与下属的沟通与协商一致,以保持良好的合作气氛。另一方面,组织绩效的提高,不仅有赖于领导者一方的努力,还要力争培育一个使领导能顺利工作的环境,比如,给领导者以相应的职权,进行必要的信息沟通,对决策时间的保证等。

情境领导的三大技巧是:诊断、弹性与约定领导形态。诊断是评估部属在发展阶段的需求;弹性是能轻松自在的使用不同的领导形态;约定领导形态是与部属建立伙伴关系,与部属协议他所需要的领导形态。情境领导能改善主管与部属间的沟通,增加默契的培养,并使主管能够了解部属的发展需求,给予必要的协助。

## 第四节 服务营销控制

服务营销计划的效果只有在实施的过程中才能逐渐体现出来。在实施过程中又必须通过控制系统对计划实施情况进行监控,不断诊断发生的问题及其产生的原因,以便及时采取改正措施,或改善实施过程,或调整计划本身使之更加切合实际情况。

### 一、服务营销中的标准化管理

标准化是保证服务品质的先决条件。服务企业要真正做大、做强,标准化是基础和前提。不具备标准化管理的能力,也就不具备真正的市场竞争能力,也就不可能在激烈的市场竞争中取得胜利。标准化管理是服务营销的内在要求,也是服务营销的最高境界。

无形的服务标准化使服务的好坏有了比较的依据,消费者的主观臆断因素减少,争端也相应减少。一次服务,尽管消费者主观感受不同,但因为标准一样,也就不会出现服务人员和消费者为服务质量好坏过度争执的情况。同时,企业形象也得到提升。企业标准化程度越高,管理的规范性越强,对企业内外的不可控因素预见与防范的能力也越大。在标准化管理体系之下,服务人员的离职率相对较低,离职后对企业的损失也相对较小。一个平凡的服务人员,只要按照标准化的程序从事工作,就可以尽可能地避免失误,并取得超乎个人能力的业绩。

### (一)宣传引导,强化服务标准意识

标准化管理的实施需要企业从上而下,全员参与。因此,企业要对服务标准意识进行广泛宣传,最大限度地争取员工的支持。只有充分认识到服务标准的意义所在,才能在将标准贯穿于行动始终。

### (二)技术性常规工作的标准化

服务营销企业通过对服务工具、设备、员工、信息资料、其他顾客、价目表等所有这些为顾客提供服务的有形物的服务线索的管理,增强顾客对服务的理解和认识,为顾客做出购买决定传递有关服务线索的信息。

(1)积极创造有利于服务营销的物质环境,鼓励顾客采取接近行为,促使顾客对服务质量产生"优质"的感觉。如规范服务场所的湿度、气温、声音及服务员的仪表仪态,改善服务场所设计等。

(2)鼓励对企业有利的信息沟通,规范服务提供者的言行举止,使服务生产和消费能够在轻松、愉快的环境中完成。如使用文明用语等。

(3)正确使用价格杠杆,明码实价地标明不同档次、不同质量的服务水平,满足不同层次的消费者的需求。

(4)制定要求消费者遵守的内容合理、语言文明的规章制度,以诱导、规范消费者接受服务的行为,使之与企业服务生产的规范相吻合。

### (三)按规律制定标准

标准化管理的实施不是一朝一夕的,一般经过三个阶段:明确、准确、精确。明确是解决管理规则有无的问题,准确是对岗位和流程的表述的要求,它以不让下属产生歧义为准。精确是指规则可以进行量化。很多服务企业在实施标准化管理的过程中并不能意识到这个过程,认为只要有标准、树立了标准就是标准化管理了。制定的标准很空泛,无法量化,导致员工不知道怎么做,管理者检查起来也没有尺度,企业的标准化管理严重的消而不化。比如:一些酒店的服务守则上常常要求员工"要热情对待顾客",用词含糊。沃尔玛规定是"三米之内,露出你的上八颗牙微笑",非常清晰明了,员工容易掌握,也便于管理者检查。

### (四)以顾客的需要和期望为中心制定标准

无论是产品营销还是服务营销,最终都是为了满足消费者的需要。因此,企业实施标准化管理时制定的标准也必须以顾客的需要和期望为中心。只要这样,才能从根本上提升服务质量,提高顾客的满意度。

### (五)制定具有可实现性的标准

可实现性,是指制定的标准员工经过努力可以做到。企业制定标准时必须考虑这些标准员工是否可以做到。标准过高,不切实际,员工就没有信心实现的,那么就不会去努力做到。标准最终也会夭折。标准化管理也会因此成为空谈。

### (六)健全质量控制系统,保证服务标准不折不扣执行

稳定的质量需要系统的管理。目前,因系统管理体系缺乏导致服务质量不稳定,已经成

为服务业从数量扩张到质量提升的制约因素。因此,服务业必须建立完善的质量控制系统,保证标准化管理的顺利实施。

## 二、服务质量的控制

在激烈的市场竞争中,提供良好的服务质量既是服务企业生存发展的法宝,也是企业获取竞争优势的重要手段,因此,必须对企业提供的服务质量进行全面控制。

### (一) 服务质量的认证

质量认证是产品或服务在进入市场前,依据国际通行标准或国家规定的标准和质量管理条例,由第三方认证机构进行质量检查合格后发给合格证书,以提高企业及其产品、服务的信誉和市场竞争力的行为。

服务合格认证与商品合格认证一样,在国际上是由政府或非政府的国际团体进行组织和管理的国际通行的认证制度。各国为进行认证工作都制订了一整套程序和管理制度,国际合格认证是消除国际营销活动中贸易壁垒的重要手段。

按照国际质量认证组织的 ISO 8402:1994 的定义,服务质量当指服务满足规定或潜在需要的特征和特性的总和。GB/T19004.2-ISO9004-2,该标准是世界服务质量管理经验的科学总结,是国际公认的服务质量的共同依据。服务企业应当提高服务组织各层次的人员素质、管理水平、经济效益,满足顾客和社会的需要与所要求的质量,促进服务组织进入国际市场,开展国际合作。

同时,为逐步规范服务行业行为,提高服务质量水平,适应国际化要求,省级以上技术监督部门应协同有关行业主管部门,依据 GB/T19004.2-ISO9004-2 要求服务组织应具有的服务特性(功能性、经济性、安全性、时间性、舒适性、文明性),抓紧制定行业统一的服务标准,确定管理幅度,规范管理尺度,强化管理质量,完善我国服务标准化体系,使服务行业的监督管理有章可循。

### (二) 服务质量的评价

**1. 服务质量评估体系**

服务质量评估体系是指由一系列相互联系、相互制约、相互作用的评估要素构成的科学和完整的总体,具有整体性、系统性、协调性的内涵特征,基本构成要素涉及评估目标、评估原则、评估内容、评估方法,核心强调以人为本。服务质量评估体系将以人为本作为核心,这是由于服务需求由人产生,具有多样性和多层次性,服务供给主体为人,要求遵循和满足服务需求,并实现供求平衡,因此,服务质量评估体系不仅可帮助管理者方便、准确地分析、测量、控制、评价服务质量状况,而且可以有效推进和保证服务质量全面管理。

**2. 服务质量评估体系构建原则**

(1) 科学性与实用性一致。科学性是指评估目标、内容和方法,既要建立在充分认识和系统研究的科学基础上,能够客观反映服务质量的实际现状,又要在具体实施过程中能够简便操作、简单明了、资料可靠、容易理解等。

(2) 系统性和层次性一致。服务质量涉及不同层次、不同性质要素,包括人、组织、各自行为、相互关系等,服务质量评估必须进行系统性分析和层次性考察。可根据系统结构分出层次,使评估体系结构清楚,使用方便,有效实现系统性和层次性一致。

(3) 全面性和代表性一致。服务质量要素具有多元化特征,为能客观、有效地评估服务企业的服务质量状况,通常遵循全面性原则,对构成的多要素进行综合评价。实际操作过程中,由于服务供求客观存在差异,为能及时反映局部服务质量状况,需要对代表性或典型性服务质量进行评估,力求全面性和代表性保持一致。

(4) 动态性和静态性一致。服务供求具有动态发展特征,服务质量既是目标也是过程,因此服务质量评估体系必须兼顾动态变化特点,在一定时期以内,服务质量指标及其评估内容不宜频繁地变动,应保持其相对稳定性,力求实现动态性和静态性一致。

**3. 服务质量评估体系构建步骤**

(1) 清晰界定服务对象和评估目标。服务质量评估不仅需要兼顾服务对象需求、欲望和能力,还应结合上述服务质量评估体系内涵特征要求,有的放矢地选择构建要素,并正确设置相关评估。通常,必须清晰界定服务对象和评估目标要求,重点评估客户满意度、忠诚度及其提升能力,以灵活弹性的运行机制为监管重点,不断提高整体服务质量。

(2) 基于服务链特征设计评估指标。服务质量评估体系中指标设计时,应兼顾服务链特征,按照科学理论对服务产生、维系、实现、改进、提高的全过程进行研判。从某种程度上说,服务链特征是服务质量评估体系设计的基础,通过建立服务质量评估体系全过程描述,可及时了解和掌握服务产品开发、生产、消费等全程情况,从而可全面、客观、正确、真实地反映服务质量。

(3) 整体框架力求符合相关法律法规及标准要求。服务质量内涵涉及资源优化配置及有效利用,力求实现社会、经济和个人三方利益的融合统一。设计总体框架、创建和选择相关要素时,不仅要兼顾经营业务和服务对象要求,而且必须符合相关法律法规以及规范化管理标准的要求。

**4. 服务质量评价方法——SERVQUAL 模型**

塞随莫尔、贝利、帕拉苏拉曼三人在 1988 年最早提出的 SERVQUAL 模型得到了许多营销专家的认可,被认为是适用于评估各类服务质量的典型方法。SERVQUAL 测量模型共包括 22 个条目,用来对服务质量进行评价。

塞随莫尔等人对 SERVQUAL 标尺的 22 条分析中提出了服务质量的五大属性:

(1) 可靠性(reliability)——可靠和准确地履行服务承诺的能力。

(2) 反应/响应性(responsiveness)——愿意帮助顾客并提供即刻的服务。

(3) 保证性(assurance)——是指公司及其人员使顾客感到可以信赖和信任,包括服务机构人员的知识、礼貌等等。

(4) 情感性/移情性(empathy)——是指关心顾客,给顾客以特别的人情味的对待。

(5) 可感知性/实体性(tangible)——是指实际设施、设备、人员和文字材料,这种可见的实物都对顾客留下了服务的印象。

SERVQUAL 方法建立在以上 5 个决定因素基础之上,通过对顾客服务理想预期与顾客实际体验之间的差距的比较分析来衡量。通常选用 22 个问题设计调查表格由被调查者填写感受。被调查者根据自身的情况对每个问题打分,分数的设计从 1~7,1 代表最不同意某项观点,7 代表最同意某项观点,说明他们期望的服务质量和感知的服务质量(以及顾客能接受的最低服务质量),由此来确定总的感知服务质量的分值。分值越低,表明顾客服务体验与服务预期距离越远,即顾客感知的服务质量越低。

**(三) 提升服务质量的方法**

服务质量包括两部分内容:顾客接受的事物(技术质量)和顾客接受的方式(功能质量)。技术质量主要指某项服务带给顾客的价值,包括所使用的设备和作业方法等技术层面的内容。功能质量主要指顾客在接受服务时的心理体验和感受。企业和顾客对于技术质量比较容易判别,易达成共识,企业相对容易把握顾客对技术质量的感受,但是功能质量容易受到顾客主观因素影响,是企业服务质量评价与控制的关键点。

1982年,瑞典著名服务市场营销学专家克·格鲁诺斯提出"顾客感知服务质量模型",认为顾客对服务质量的评价过程实际上就是将其在接受服务过程中的实际感觉与他接受服务之前的心理预期进行比较的结果:如果实际感受满足了顾客期望,那么顾客感知质量就是上乘的,如果顾客期望未能实现,即使实际质量以客观的标准衡量是不错的,顾客可感知质量仍然是不好的。格鲁诺斯的"顾客感知服务质量模型"的核心是"质量是由顾客来评价的",实际上是要求服务厂商从顾客的角度来评价和管理服务质量,顺应了"以客户为中心"的现代市场营销潮流。

提升感知服务质量必须遵循以下路径:

**1. 必须以顾客为向导,在准确把握顾客需求的基础上,提供匹配的服务**

对于顾客的需求,任何一个行业都有其一般的把握和判断。但是,这种把握和判断只是一种基本的和趋势性的,并不能深入到其细节。在当今个性化消费日益突出的情况下,尤其如此。这就要求服务提供者必须采用科学的方法去了解和探知顾客的需求,包括需求在功能性方面的内容,时间性方面的内容,不同人群的消费习惯和偏好等等。只有对顾客需求有了较为深入准确的把握,并以此为导向,进行相应的服务设计,才能确保感知质量。

**2. 要做好服务质量设计**

质量首先是设计出来的。无论是产品还是服务,质量的好坏主要取决于设计。设计不合理或不到位,所造成的质量缺陷是系统性和全面性的,比过程质量波动所造成的影响大得多。提升感知质量最重要的一步,就是在把握客户需求的基础上,做好质量设计。就服务而言,质量设计主要是在与提供服务有关的环境、过程、质量检验等方面的设计,包括服务包设计,服务生产过程设计,服务提供流程设计,岗位和作业设计,技术使用,沟通渠道,监测与控制方式,服务补救等。

**3. 要高度关注顾客主要接触点和关注点的质量**

必须通过调研和测试,明确识别顾客主要接触点和关注点,在识别的基础上对这些顾客主要接触点和关注点的服务内容、服务提供方式、员工操作行为以及服务环境、监控方式加以精心设计,使之达到最佳效果。实际上,让顾客能够充分感受和认知到实际质量,抓好感知质量,关键就在于此。企业必须认识到,任何时候资源都是有限的,以相对有限的资源获得较高的顾客满意度和经营绩效,在关键点上做足是唯一可行的办法。

**4. 要高度关注互动质量**

服务是在服务提供者与顾客的互动中完成和实现的。在一次服务中,有若干互动环节,每一个互动都会影响到顾客对服务质量的感知。在总体上,互动质量取决于顾客需求及行为的管理,服务提供能力,服务界面的管理,员工行为的管理及对员工的授权,服务过程的监测与控制。这其中,发挥员工的积极性和能动性,是提升互动质量的关键。因为,顾客主要接触的是服务一线的员工,员工的责任感、现场处置权(授权)则是有无和能否发挥主动性与积极性的关键。故而,高水平的互动质量,既要有良好的管理制度,也需要良好的企业文化。

**【资料链接】**

一家美国航空公司通过研究以下事项来执行服务过程质量标准：
(1) 每位顾客在取得飞机票时必须花费多少时间；
(2) 将行李从飞机上卸下来需要多少时间；
(3) 有电话进来未接听之前只应允许它响多久。
经常被人称许的麦当劳公司，对质量标准的注意事项有：
(1) 汉堡包在多少时间内要翻面多少次（经常翻面）；
(2) 未卖出的汉堡包只能保存多久（逾时即弃）；
(3) 未卖出的炸薯条只能保存多久（逾时即弃）；
(4) 收银员应当以目光接触每一位顾客，并微笑。

## 三、服务盈利的控制

### （一）盈利能力控制的内容

**1. 营销赢利率分析**

营销赢利率分析就是通过对财务报表和数据的一系列处理，把所获得利润分摊到产品、地区、渠道、顾客等方面，从而衡量出每一因素对企业最终获利的贡献大小、获利能力如何。分析步骤如下：

(1) 确定功能性费用；
(2) 将功能性费用分配给各个营销实体，即衡量由每一种渠道的销售所发生的功能支出。按每一种渠道的每一种功能的费用除以发生的次数，得出各渠道功能性费用；
(3) 为每个营销渠道编制一张损益表。

**2. 选择最佳调整方案**

根据营销赢利率分析的结果来选择最佳的调整方案。

### （二）盈利能力考察指标

取得利润是所有企业的最重要的目标之一。以下是主要盈利能力考察指标：

**1. 销售利润率**

销售利润率是指利润与销售额之间的比率，表示每销售100元使企业获得的利润，它是评估企业获利能力的主要指标之一。其公式是：销售利润率＝（本期利润÷销售额）×100%。

**2. 资产收益率**

资产收益率是指企业所创造的总利润与企业全部资产的比率，其计算公式是：资产收益率＝（本期利润÷资产平均总额）×100%。其分母之所以用资产平均总额，是因为年初和年末余额相差很大，如果仅用年末余额作为总额显然不合理。

**3. 净资产收益率**

净资产收益率是指税后利润与净资产所得的比率。净资产是指总资产减去负债总额后的净值。其计算公式是：净资产收益率＝（税后利润÷净资产平均余额）×100%。

**4. 资产管理效率**

可通过以下比率来分析：
(1) 资产周转率。资产周转率是指一个企业以资产平均总额去除产品销售收入净额而得出的比率,其计算公式是:资产周转率＝产品销售收入净额÷资产平均占用额。

资产周转率可以衡量企业全部投资的利用效率,资产周转率高说明投资的利用效率高。

(2) 存货周转率。存货周转率是指产品销售成本与产品存货平均余额之比,其计算公式是:存货周转率＝产品销售成本÷产品存货平均余额。

存货周转率是说明某一时期内存货周转的次数,从而考核存货的流动性。存货平均余额一般取年初和年末余额的平均数。一般来说,存货周转率次数越高越好,说明存货水准较低,周转快,资金使用效率较高。

资产管理效率与获利能力密切相关。资产管理效率高,获利能力相应也较高。这可以从资产收益率与资产周转率及销售利润率的关系上表现出来。资产收益率实际上是资产周转率和销售利润率的乘积:资产收益率＝(产品销售收入净额÷资产平均占用额)×(税后息前利润÷产品销售收入净额)＝资产周转率×销售利润率。

◆思考题

1. 服务营销计划的概念是什么?
2. 服务营销计划的内容是什么?
3. 服务营销组织建设的理念和原则是什么?
4. 服务营销组织建设的内容是什么?
5. 服务营销组织体系如何实施效果评价?
6. 服务营销组织体系如何进行保障?
7. 服务营销中的领导者的能力要求是什么?
8. 服务营销领导的相关理论是什么?
9. 提升领导能力流程改造的策略是什么?
10. 如何进行服务营销的标准化管理?
11. 如何进行服务质量的控制?
12. 如何进行服务盈利的控制?

## 【分析案例】　　升汇迪服务营销控制策略——销售流程控制策略

**1. 集客**

集客能力就是吸引顾客来店的能力。销售基础就是有顾客,没有顾客就没有顾客与商品车的接触,就不会有销售活动产生。"没有新闻,制造事件,没有事件,制造概念"。分析竞争对手的营销集客手段,建立完善营销信息收集、处理、交流及保密系统。除广告以外,借助店庆、车展、新车上市发布、自驾游、专题讲座等机会,策划各种活动,吸引顾客来店。

**2. 建卡**

建卡就是顾客来店,留下顾客相关信息。依据一汽大众奥迪汽车的统计,一般到店来的 100 组顾客,有 10% 的信息是无效信息。他们并不是为买车而来,进店的原因是外面的天气或者店内的活动或者人气等,另 75% 也只是意向购车用户,但不确定。即使确定购车,大多是来询价,比较有关信息或者予以参考。对于意向顾客,通过后期维护,力争签单。未签单用户,要做战败分析,研究对策。提高建卡能力,可以提高意向用户与经销商的有效沟通,从而提高成功签单机会,提高销量。

**3. 试乘试驾**

试乘试驾是动态的产品介绍,是个非常重要的环节,与成交率成正比。通过试乘试驾,顾客可以更深入地了解和掌握汽车的性能及其优势,比销售顾问的口头介绍效果好得多,销售顾问也可借机与顾客增进熟悉程度,减少顾客的戒备心理,有利于下一个环节——报价。

有效的试乘试驾须做好以下四点:

(1) 有专门的试乘试驾专员,维护车辆的完好性及整洁。

(2) 有专门的试乘试驾路线,并给予展厅公示。

(3) 必须查验顾客的驾驶执照并签订试乘试驾协议,谢绝无证驾驶,但可试乘。

(4) 试乘试驾结束,销售顾问要及时与顾客沟通,消除异议。

**4. 报价成交**

报价成交是经销商完成销售的能力,主要指标是来店成交率与人均销售效率。报价成交犹如接力赛中的最后一棒,球场中的临门一脚。比如有100组集客,又走了100组,零成交,集客能力强又有什么意义呢?报价成交能力体现的是销售顾问的能力,报价成交能力是销售的最终环节,也是经销商软实力的体现。集客量低找市场部经理,成交率低那就是销售经理的责任。

提高成交率要有策略,一个是延长顾客停留时间,使顾客对经销商及其汽车有进一步的了解。来自一汽奥迪的统计,顾客停留经销商展厅超过半小时,也就是三杯茶的时间,成交率比较高,即使当时未成交,再次回店的概率也比较高。另一策略就是,销售顾问遇到洽谈上的困难,展厅经理要及时跟进帮助销售顾问,消除顾客异议。

**5. 交车**

对于销售流程来说,交车是个重要节点。

(1) 交车区域要有专人管理,保持整洁与设施的完好;

(2) 送顾客一束鲜花或者精致礼品,并与顾客留影;

(3) 向顾客预约爱车养护讲堂培训;

(4) 向顾客推荐服务顾问,并进行第一次预约维修登记。

**6. 潜在顾客的追踪维系**

对有意向但未做出购买决策的用户,或者未来有可能购买的用户进行不同方式、不间断的沟通和跟踪,以期达成购买。潜在顾客分为两部分:一是对目标顾客群进行细分,提前掌握,提前维系,尤其注重基盘顾客的换购。今天的A4客户有可能成为明天的A6或者Q7客户。二是没有成交的A卡用户。保持电话短信联系,让顾客知道有人关注他。邀请他参加爱车养护讲堂,培养品牌认知度,感动用户以坚定购买决心。节假日或者顾客生日送上真诚的问候,感动用户。

**7. 大客户的维系**

大客户的特点是一次性购买量大,具有持续性。政府市场的购买对于拉动个人购买具有很强的引导作用,尤其以奥迪A6居多。客户为公司法人、大客户、老客户居多。大客户的维系一定要有专人,因为大客户的开发周期比较长,少则数月,多则跨年度,所以必须维系老顾客,拓展新顾客。大客户经理不能经常更换,人员的更迭,不能与客户形成良好持续的沟通,成功概率低。为了防止人员的流失,公司必须给予特别的关注和业绩考核,培养员工的忠诚度,防止人员流失造成的"人走茶凉"。

标准流程及关键点如表10.1所示。

表10.1 标准流程及关键点

| 步骤 | 关 键 点 |
|---|---|
| 集客 | 计划和目标的制订;<br>集客活动实施;<br>集客活动检查;<br>三卡一表的管理;<br>战败分析 |
| 顾客接待 | 接待前的准备工作;<br>客户来店时;<br>客户自己看车时;<br>请客户入座时;<br>顾客离开时;<br>电话应对 |
| 需求分析 | 收集顾客信息(过去用车经历);<br>确认顾客需求 |
| 产品介绍 | 展车说明的准备;<br>展车的摆放完好和整洁;<br>回答顾客疑问;<br>产品说明结束时 |
| 试乘试驾 | 试乘试驾车辆及路线准备;<br>试乘试驾前;<br>试乘试驾中;<br>试乘试驾后 |
| 报价成交 | 报价的技巧;<br>签约与定金手续;<br>履约与余款处理;<br>交车有延误时 |
| 交车 | 交车前的准备(新车PDI及资料准备);<br>交车客户接待;<br>费用说明及文件交接;<br>车辆验收及操作说明;<br>交车仪式;<br>与顾客预约爱车养护讲堂 |
| 售后跟踪 | 跟踪前的准备;<br>顾客关系维护;<br>售后服务部门中升汇迪服务营销控制策略 |

 应用训练

1. 如果你是一家教育机构,如必得考研培训学院、雷博会计资格考试培训学校,请谈一谈如何在你所在的学校组织考试培训?

2. 中国电信营销部如何对业务员的营销活动进行控制,请帮助想一下点子!

# 第十一章 服务营销的绩效

了解服务绩效的概念;理解服务营销绩效的内涵、评估方法;熟悉服务营销绩效的影响因素;掌握服务营销绩效的评估方法。

六西格玛方法最初是由摩托罗拉(Motorola)公司的工程师们在20世纪80年代中期发展起来的,以解决场内销售力量对保证申明日益增加的抱怨这一问题,该模型很快被其他的制造公司采用以减少在多种不同领域的缺陷。

结果服务公司也采取了各种各样六西格玛战略来减少存在的问题,缩短解决问题的时间,提高服务绩效。早在1990年通用资本就采用了六西格玛方法来减少出售顾客借款、信用卡保险以及支付保护的幕后成本。该公司的总裁兼首席运营官丹尼斯·内登说:"尽管六西格玛最初是为制造业设计的,但是该模式可以应用于交易服务。最明显的例子就是,必须确定通用资本发送给顾客的数百万张信用卡及其他账单准确无误,这促进我们减少调整成本。在金融业务中,最大的成本之一就是赢得顾客。如果我们为他们提供优质的服务,他们就会与我们在一起,从而减少开发顾客源的成本。"统计数据表明,六西格玛意味着要达到这样的服务水平,即每百万计的服务次数中只有3.4次缺陷。为了理解这一目标有多么严苛,我们可以想一想快递产业中的投递服务,如果要求准确率是99%,那么在300000次投递中就有3000份遗失或出现问题。如果达到了六西格玛服务水平,同样的总数中只有一份会出现问题!

服务营销绩效的内涵,可以从哪个或哪几个角度来衡量它。

# 第一节 服务营销绩效的内涵

## 一、服务营销绩效

### (一) 绩效的概念、特点与分类

**1. 绩效的概念**

"绩效"一词源于英文的 performance。除了"绩效"之外,中译文还包括"效绩"、"业绩"、"表现"、"作为"等。人们对绩效的含义认识大致可以分为两大类:一类是从工作结果的角度进行定义,认为绩效是指工作主体在一定时间与条件下完成某一任务所取得的业绩、成效、效果、效率和效益;另一类则从行为角度来定义,如认为绩效是人们所作的同组织目标相关的、可观测的事情,或是具有可评价要素的行为。事实上,这两类定义方法都有合理之处,行为与行为的结果是一个事物的两个方面,二者是不可分割的,行为是产生绩效的直接原因,而行为主体的成绩优劣,则要通过其工作的结果来评价。因而可以说,绩效的基本含义是"特定行为主体的工作和活动所取得的成就或产生的客观效果"。在一个组织内,绩效可以表现为不同的层次,不同的工作主体,其绩效的含义是不一样的,比如一个生产或运作过程、一个职能部门、一个工作团队层次,都有各自的绩效;而人力资源所关注的则是绩效评估。

**2. 绩效的特点**

一般而言,个人层面的绩效应当具有三效性,即效果性、效率性和效益性。效果性是指被评估者完成工作任务之后,取得了多少成果,取得了多好的成果,也就是绩效的外观形式;效率性是指在被评估者完成工作任务之后,成本和效益的对比情况;效益性是指被评估者的工作成果给自己、他人、集体和社会带来的利益。"三效"性是绩效的基本特点,缺一不可。

**3. 绩效的分类**

绩效从不同的角度有着不同的分类:① 从绩效评估对象(涉及的人员)的多少来分可以分为整体绩效和个体绩效。整体绩效是包括被评估者在内的一个团队的整体工作成果,个人绩效是被评估者个人的岗位工作成果。二者不能简单地叠加。② 根据绩效呈现的方式来分,可以分为显绩效和潜绩效。显绩效是那些看得见,摸得着的工作绩效,可以用数据说话,可以用成果说话的绩效。潜绩效是那些一时还不能表现出来,需要假以时日,但已经存在或已经部分存在的工作绩效。③ 按绩效评价的导向来分,可以分为结果绩效和过程绩效。结果绩效是指被评估者的工作结果,即国外所谓的"任务绩效"(Task Performance)。它是被评估者完成工作的结果或履行职务的结果,是被评估者对组织的贡献,或对组织所具有的价值,通常可以用质量、数量、时效、成本、他人的反应等因素来进行评估;过程绩效是指被评估者在工作过程中所表现出来的行为,即国外所谓的"周边绩效"或者"关系绩效"。

### (二) 服务营销的绩效

**1. 服务营销绩效的内涵**

服务营销的绩效指服务企业或服务企业内部的服务人员通过一定时期内营销努力,而为公司客户服务所取得的成绩与效果。服务营销绩效往往与服务绩效相混用,在一定语境下,两者通用。服务营销绩效既可能表现为公司利润的提升,也可能带来顾客产生的愉悦,还可能是服务企业员工所获得的成就感。服务营销绩效离不开服务企业所服务的对象,所以,服务绩效的全面考察应该是基于这三个层面进行的。然而由于顾客自身评价的动力、持续性、可追溯性差等原因,我们在谈服务营销绩效,或者进行服务营销绩效评估时更多的是站在服务企业或者服务企业员工的角度来进行评价。概念理解要从三个方面来理解,是谁的绩效,由谁来评价,评价的标准是什么。从两个维度来看,一是企业绩效维度,二是员工维度。企业维度由企业内部管理部门,如财务部门或销售部门来评价,根据公司的成本、收益和利润的因素,定量地进行评价。也可以借用有形产品营销评价中常用的财务评价因素来进行评价,如用流动比率、速动比率、负债比率、盈利比率、库存周转比率、固定资产周转率等因素进行评价。还可以用经营审计、标杆控制、平衡积分卡控制等方法进行评价与控制。考虑服务营销中人是主要因素,也可由人力资源部来评价,评价标准依据服务质量标准,并结合企业目标如果评价服务企业的绩效;员工维度,由人力资源部评价,评价标准是员工行为和员工目标任务完成的程度。这里需要注意的是,不管是企业维度的服务绩效还是员工维度的服务绩效,都要结合顾客的感受,也就是要考虑服务业的特殊性,顾客经常是参与服务过程的。

**2. 服务营销绩效的评价过程**

服务营销绩效的评价主要表现为对服务质量和效果的情况进行收集、分析、评价和反馈的过程。服务绩效评估的目的在于分析服务工作的效果,总结经验教训,发挥员工潜力,促使顾客服务计划的实施,确保服务目标的实现。服务营销绩效评价是一个目标设定、记录、评估的过程。首先,由最高管理层拟定企业的服务营销目标,而且企业服务营销目标要体现企业整体目标;其次,由各个部门制定可促进整体营销目标的具体措施,最好明确每项措施的考核标准,标准确定后,将对实际绩效与标准之间的关系采取一定措施,促使服务绩效与既定标准和目标相一致。确保每件事有人做,有人督促;最后,根据公司评估周期,收集各部门日常记录的资料,考核作为绩效评估的明确标准。绩效评估的过程必须包括制定目标或标准、检查记录、考核评价等关键环节。进行绩效评价工作,最重要的是要制定评价标准。一般来说,评价标准包括数量标准和质量标准两个方面。制定评估标准的主要目的是为了使员工明确:应该做什么?做到何种程度?因此,所定标准要合理、明确和具体。

**【资料链接】11-1**

> 一般来讲,编制绩效评估因素可采用 SMART 的原则进行设定,S 代表具体的(specific),指绩效考核要切中特定的因素;M 代表可度量的(measurable),指绩效因素要尽可能进行量化统计和分析;A 代表可实现的(attainable);R 代表现实性的(realisitic),指绩效因素是实在、可衡量和观察的;T 代表时限(time-bound),是指完成绩效因素有特定的时限。建立以客户为中心的服务营销绩效管理服务是营销绩效管理的出发点,它确保服务营销取得预期的结果。以客户为中心的指导思想下,衡量服务营销绩效成果的关键指标均体现为与客户相关的指标。

**3. 服务营销绩效评价的目的**

服务营销绩效是服务企业及服务人员完成工作的效率和效能。有效地进行绩效评价,可以充分了解服务人员的工作贡献或不足,检查服务目标的实现程度,为管理决策提供依据。一般来说,绩效考核的目的主要表现在以下几方面:

(1) 服务营销绩效评价是检查和改进服务人员工作状况的有效手段。服务企业通过对每个工作岗位上的员工的工作绩效进行定期的评价,可以检查出企业员工的工作状况,发现存在的问题,确定培训目标和计划,明确高效的工作标准,以作为营销改进决策的主要依据。

(2) 服务营销绩效评价有助于对员工的信息反馈。服务营销绩效评价的最积极目的,应该是使员工了解绩效目标与公司期望之间的关系。管理者将评价结果反馈给员工,可以使员工了解公司的目标;可以帮助员工认识自己的潜力,从而努力改善工作;可以使员工认识努力与奖酬之间的关系,激励员工提高工作效率。

(3) 服务绩效营销考核对公司政策与计划的拟订、修正具有指导意义。服务绩效考核是服务企业营销管理的主要工作之一,通过服务绩效的考核,能够使营销管理者明确服务营销工作的状况,从而为调整服务营销策略提供充分的实践依据。

(4) 服务营销绩效评估是为更好服务顾客而采取的举措。服务营销评估中涉及服务企业客户的满意度、企业员工服务顾客的频率、顾客的意见或建议等因素,通过这些可以方便服务企业改进服务,更好地服务顾客。

## 二、基于服务质量导向的服务营销绩效观

负责任的服务企业总是提供高质量的服务,追求短期利益的短视企业肯定是不长久的。20世纪70年代古典管理理论中的科学管理理论占主导,80~90年代质量提高成为优先考虑的目标。21世纪,把两者结合为顾客创造更好的服务流程和效果,为顾客或公司客户创造更高的价值成为服务业的不二选择。服务营销的绩效与服务质量紧密相关,服务质量是衡量服务营销绩效的重要维度,在某种程度上两者是同义语。那么服务质量是什么,怎么对它进行衡量与评价呢?

为了能够处理服务绩效、确认引起服务质量不足的原因,设计与实施纠正措施等问题,公司员工需要对服务质量有共同的理解。人们根据不同的语境对"质量"有不同的理解。戴维·加文(David Garvin)区分了5种不同的质量观。不同质量观有利于帮助我们解释有时候服务企业不同职能部门经理之间产生分歧的原因。

(1) 质量的先验观和与生俱来的优秀是同义词。是始终如一的标准和高成就的标志。该观点通常被应用于表演和视觉艺术,其论点是人们只能从通过反复接触获得的经验中学会认识质量。然而,从实际的角度来看,当管理者或顾客对质量有所体验时才能认识它,这样的建议不是很有用。

(2) 基于产品的观点认为质量是精确的、可测量的参数。它认为,质量方面的不同反映出产品所具有的要素或特征不同的重要性。因为该观点完全客观,因此未能解释每个客户(甚至整个细分市场)不同的品位、需求和偏好。

(3) 基于用户的观点以"质量自在人心"这一前提条件为出发点。这些定义将质量等同于最高的满意度。这一主观的、以需求为导向的观点认为,不同的客户有不同的需要和要求。

(4) 基于制造的观点是以供给为基础的,主要与工程和制造业有关。(在服务业,我们认为质量是以服务操作为驱动力的)。该观点关注符合内部发展的规格,通常由提高生产率和降低成本的目标所驱动。

(5) 基于价值的定义从业绩和价格的角度定义质量。基于业绩(或一致性)和价格之间的平衡,质量可以被定义为"买得起的优秀"。

### 三、绩效评估面临的挑战与问题

绩效评估,是组织管理中的难点,是目前服务营销绩效管理与服务营销员工绩效评估中的一个世界性难题。因此,我们在管理实践中难免会遇到各种问题。在这一节,我们将加以具体分析。

#### (一)绩效评估活动所面临的挑战

绩效评估已被公认为是管理中最为重要的基础环节,特别是个人维度的绩效。尽管在现实中,一个工作人员的行为受到各种来源(大多数是来源于相同地位的人和同事的)的反馈信息的影响,但绩效评估仍然是鼓励员工不断修正自身行为、朝着组织既定目标努力的重要机制,也是组织发现人才、使用人才、开发人力资源的基本依据。很难想象,一个组织没有了类似绩效评估的员工工作情况反馈机制,人们的行为会是怎样,是否会发生大的扭曲。经过多年的发展,绩效评估在管理中的地位逐渐上升,在美国,1997年只有89%的组织实行过绩效评估,而2008年这一数字上升到了94%。

但是,在现实中,绩效评估却并没有实行过人们对它的预期期望。事实上,它经常遭到各方面的批评,管理人员认为它复杂麻烦,容易得罪人,因而常常放宽标准谋求皆大欢喜的结果;而员工则经常控告评估结果过于主观,缺乏公正。这些显然是绩效评估活动在现实中所必须面对的挑战。

除此之外,近年来组织发展以及管理方法的最新发展趋势,对传统的绩效评估形成了更大的挑战,这些趋势表现为:

(1)为适应瞬息万变的组织内外部环境,员工的工作性质也在不断地进行调整,而工作性质的变化意味着组织和工作人员的相互承诺减少了,因此,通过绩效评估而进行的反馈以及薪酬的调整影响工作人员的可能性也降低了。

(2)为节约开支并且适应不断变化的组织目标,组织倾向于雇用大量的兼职或临时人员,这使得绩效评估对于雇主而言变得不那么重要了。

(3)无论是在私人组织还是在公共部门,合同外包等策略已成为其降低人工和管理成本的重要手段。实行某一生产环节或服务的合同外包,只要按照合同严格监控承包商的行为及产品或服务质量即可,省却了管理具体的生产和服务流程的麻烦,这显然削弱了对个人绩效考核的需求。

(4)为克服传统官僚制的等级森严、步履迟缓的弊端,现代组织更加趋向于结构的扁平化,这对于管理者对下属的传统的绩效方法提出了挑战。

(5)由于结构的扁平化,管理的幅度加大,使得每位管理者负责监控范围增大,这显然阻碍了管理者对下属工作情况的有效和及时观察。

(6)团队化是现代组织发展的又一个重要趋势。而团队化的运作方式,使得传统的以个人职位为核心的绩效评估变得不合时宜,新的趋势要求以个体职位为核心的单一评估必须向工作团队为对象的多重评估转变。这一点与传统管理者所强调的控制观念是相悖的,而且在方法上也更加难以实施。

(7)在西方,随着集体谈判制度及弱势群体保护制度的确立,使得组织奖励和惩罚措施受到相当多的局限,特别是在公共部门尤为明显。这使得绩效评估在将薪酬或惩罚行为同绩效联系一起时变得无效。

## （二）目前我国绩效评估出现的问题

**1. 理论上的困惑**

（1）个体评估与团队评估的问题

个体评估有利于明确员工个人的工作绩效，为组织的奖惩等管理决策提供依据，而且能够防止滥竽充数，但也容易使组织内部形成一种个人英雄主义的文化氛围，破坏组织的团结协作精神，甚至会出现互相拆台的恶性竞争，不利于组织整体发展；团队评估有助于培养组织内部同舟共济、共同奋斗的组织精神，却又可能造成"大锅饭"的不良局面，干多干少一个样，抑制工作人员的积极性，滋长工作人员的惰性，形成1+1＜2的结果，同样也不利于组织的发展。"鱼与熊掌不可兼得"，如何取舍就理所当然地成为绩效评估工作中的一大困惑。

（2）评估因素定性与定量的问题

定性评价的绩效评估因素具有操作方法简便、可行性等优势，但主观性较强，容易走上形式化的歧途，而且由于人们对文字的理解各有差异，其说明力、公正性颇受质疑。定量评估因素具有客观性和公正性等特征，但操作执行困难，很难大范围推广。而且工作绩效的很多方面也难以实现定量评估，如客户满意度、服务质量等等。定量评估因素的应用性限制和定性评估因素的准确性限制，使得评估因素的选择成为绩效评估工作的又一困惑。

（3）评估系统的统一与分散问题

对任何一个组织而言，在组织内部建立统一的绩效评估系统，为同层次的工作人员提供一致的竞争基础，能够保证评估系统的公平性，有利于提高组织的凝聚力。然而组织内部各不同部门的工作性质、工作特点的差异极大，建立统一的绩效评估系统很难符合各部门的实际情况。而为不同部门设立各异的评估标准，又有可能造成组织内部矛盾。如何在统一与分散之间取得平衡，形成了绩效评估的又一困惑。

（4）评估实施的强制执行与自主选择的问题

绩效评估面对的是组织全体工作人员，评估过程的实施需要得到工作人员自身的配合。由于工作人员个体偏好、文化背景等方面的差异，即使对统一规定的评估标准，不同的工作人员也会产生不一样的看法。强制工作人员使用统一规定的评估标准，可以保证同一层次工作人员绩效之间的可比性；提供多个被选方案，让员工自主选择合适自身特点的评估系统，则有助于激发员工全方位的才能，然而容易破坏员工绩效之间的可比性，形成不公正的组织氛围。目前大部分组织采取强制执行的方式实施绩效评估，但是随着高新方法的发展，组织越来越重视工作人员才能的全面发展，自主选择为工作人员个性才能提供的全面施展的舞台，必将越来越受到组织的关注。孰优孰劣，成为绩效评估工作中的另一大困惑。

**2. 实践中的误区**

（1）评估目标确立的单一化

目前大多数组织绩效评估还停留在事后评估的阶段，即当工作人员完成工作以后，再来就工作人员的工作业绩进行评价和衡量，并根据评估结果给予物质或精神的奖励或惩罚。还没有上升到全面绩效管理的层次，评估的效果也就相对有限。

（2）评估贯彻力度的微弱化

由于绩效评估是等工作人员完成以后再来进行评价，无法从根本上及时发现工作人员绩效的差距，并根据其差距提供有针对性的绩效辅导和绩效改进计划，导致工作人员对评估的认同程度很低，绩效评估的贯彻力度相当弱。因为这种评估不能让工作人员看到其对自身素质或能力发展所能提供的帮助，自然就失去了实施的群众基础。

(3) 关键业绩因素的空泛化

很多组织提取关键业绩因素过于空泛化，只是根据现成的因素库或模板生搬硬套，而没有根据组织的战略规划、业务流程、行业特性、发展阶段、组织特性、工作人员特性等进入深入的分析，导致进行评估的业绩因素具有普遍性，却不具有合适组织特性的针对性。由此必然导致评估结果的失真，并且很难获得工作人员的认同。

(4) 评估工具的随意化

评估工具有多种选择，必须根据组织特性、职位特性等进行合理的衡量和选择，不同的职位或不同的工作要求都必须选择不同的评估工具。很多组织还不善于根据职位的变化而采取不同的评估方法，由此导致评估结果的不准确性或不合理性。

(5) 评估理念更新的盲目化

很多组织热衷于追捧国际最新的管理理念和方法，而不考虑该理论和方法对组织的适用性。比如360°评估，要求组织对客户资源控制力度高，能及时采集客户的信息。如果做不到这一点，采用客户评价的360°评估就只能流于形式，强制推行也只能是浪费时间、金钱和精力，得不偿失。平衡计分卡也存在同样的毛病。

(6) 评估切入角度的片面性

很多组织推行绩效评估时，只关注单个员工的业绩评价，而忽视了对团队的评估。这种片面性可能会引发员工为了追求个人业绩而不惜牺牲同事利益的"独狼意识"；它还容易产生"木桶效应"，由于不关注团队绩效，团队成员中容易产生一个"短木板"，从而降低整个团队"业绩桶"的承重能力或使用寿命。因此，科学的绩效评估体系，应该同时兼顾组织、团队、个人三个层面的评估，并通过一定的方式来准确衡量一个人的价值和业绩。

(7) 评估结果应用的局限性

很多组织的绩效评估结果应用性很差，有的组织评估结果与其他体系毫无关联，使评估流于形式，仅仅成为书面化的"走过场"；有的组织则矫枉过正，将评估结果滥加应用，使工作人员对评估心存恐惧，不利于组织业绩的整体提高。

(8) 评估体系建设的孤立性

很多组织片面强调绩效评估的重要性，却忽视了与之相关联的其他体系，比如职位分析、职位评价、素质测评等。一个科学、合理的绩效评估体系，应该建立在完整的人力资源管理平台之上。

(9) 评估主体表现的错误性

评估者在对工作人员的绩效进行评估时，会不自觉地出现各种心理上和行为上的错误举动，例如因光环效应，评估者会把被评估者的某一特点无限放大，进而一叶障目，得出错误结论；或者事先对被评估者的人格类型进行了分类（如一位敬畏者、一个偷懒的家伙），在进行绩效评估中，就会"戴着墨镜看人"；或是犯近因性错误，对最近发生的事情和行为记忆犹新，而对远期行为逐渐淡忘，使得评估结果更多地受近期表现的影响。

此外，在实际的绩效评估过程中，按比例分配名额，轮流坐庄，老好人现象也十分严重，极大地削弱了绩效评估本身的效用。

只有深入分析绩效评估在理论上的困惑和实践中的误区，并找到有效对策，才能够更好地面对绩效评估在现实中的挑战，充分发挥出绩效评估体系在整个组织制度体系中的价值和作用。

## 第二节 企业维度的绩效评估方法

服务营销的绩效也可以最终体现为服务企业或服务营销部门的绩效,可以运用组织绩效评估方法来进行评估。组织绩效评估方法大致可以分为两类:一类是 20 世纪 90 年代以前的组织绩效评估方法,主要侧重于对经济因素的分析,可以称之为传统的组织绩效评估方法;另一类是出现在 20 世纪 90 年代以后,注重经济因素和非经济因素的有机结合,注重对组织环境、创新、知本等因素的分析,可以称之为现代组织绩效评估方法。

【资料链接】11-2

> 随着买方市场的形成,服务业面临越来越严峻的挑战,从绩效管理的视角看当今客户管理面临着这样的挑战:服务营销绩效管理的出发点是确保服务营销取得预期的结果,因此,在以客户为中心的指导思想下,衡量服务营销绩效成果的关键指标均体现为与客户相关的指标。

### 一、传统的组织绩效评估方法

传统组织绩效评估与管理方法,主要包括功效系数评估法、雷达图评估法、沃尔评估法、坐标图评估法、经济报表结构因素评估法等。

#### (一)功效系数评估法

所谓功效系数分析方法,是指根据多目标规划管理,把组织所要考核的各项因素按照多档次标准,通过功效函数转化为可以度量的评价分数,据以对被评价对象进行总体评价分析的一种方法。功效系数分析方法从经济效益状况、资产营运状况、偿债能力状况、发展能力状况四个方面(共 20 项因素)对组织绩效进行分析评价,分析因素如表 11.1 所示。

表 11.1 功效系数评估法的因素

| 分析因素 | | 基本因素 | | 修正因素 | |
|---|---|---|---|---|---|
| 分析内容 | 权数 100 | 因素 | 权数 100 | 因素 | 权数 100 |
| 经济效益状况 | 38 | 净资产收益率<br>总资产报酬率 | 25<br>13 | 资本保值增值率<br>主营业务利润率<br>盈余现金保障倍数<br>成本费用利润率 | 12<br>8<br>8<br>10 |
| 资产营运状况 | 18 | 总资产周转率<br>流动资产周转率 | 9<br>9 | 存货周转率<br>应收账款周转率<br>不良资产比率 | 5<br>5<br>8 |
| 偿债能力状况 | 20 | 资产负债率<br>已获利息倍数 | 12<br>8 | 现金流动负债比率<br>速动比率 | 10<br>10 |

续表

| 分析因素 | 基本因素 | | 修正因素 | |
|---|---|---|---|---|
| 发展能力状况 24 | 销售（营业）增长率<br>资本累计率 | 12<br>12 | 三年资本平均增长率<br>三年销售平均增长率<br>方法投入率 | 8<br>8<br>8 |

### （二）雷达图评估法

雷达图(radar chart)，又可称为戴布拉图、蜘蛛网图(spider chart)，是财务分析报表的一种。即将一个公司的各项财务分析所得的数字或比率，就其比较重要的项目集中划在一个圆形的表上，来表现一个公司各项财务比率的情况，使用者能一目了然的了解公司各项财务因素的变动情形及其好坏趋向。雷达图分析方法亦称综合经济比率分析方法，按这种方法所绘制的经济比率综合图类似雷达，故此得名。绘制雷达图的前提是经济比率的分类，通常将经济比率分为收益性比率、安全性比率、流动性比率、生产性比率、成长性比率等五类。雷达图可以用EXCEL先制作表格，然后再进行绘制。

按照雷达图方法绘制出的雷达图是三个同心圆，最小圆代表最低水平，或者同行业水平的1/2；中间圆同行业平均水平，又称作标准线；最大圆代表同行业先进水平，或者同行业水平的1.5倍。从圆心开始，以放射线的形式分别标出各大类的经济比率。评价时通常用目测判断的方法。如果组织的经济比率值接近或处于最小圆之内，说明该比率水平极差，须警惕；如果比率值接近标准线，说明该因素与同行业平均水平相当；如果比率值处在最大圆内，说明该因素水平较高，是较为理想的状态。

利用雷达图评价方法判断和评价组织绩效状况时，将组织各实际比率值所处点连接起来，形成一个多边形。如果该多边形皆处于大圆之内，表明组织的经济状况较为理想，超过同行业平均水平；如果该多边形皆处于中圆之内，表明经济状况欠佳，应当努力予以改善，以接近或者超过平均水平；如果该多边形完全处在小圆之内，表明该组织已濒临倒闭，经济状况极度恶化。

运用雷达图分析方法进行综合分析，可以将组织状况划分为稳定理想型、保守型、成长型、特殊型、积极扩大型、消极安全型、活动型、均衡缩小型等八种类型。

### （三）沃尔评估法

亚历山大·沃尔在本世纪初出版的《信用晴雨表研究》和《财务报表比率分析》中提出了信用能力指数的概念，他选择了7个财务比率，即流动比率、产权比率、固定资产比率、存货周转率、应收账款周转率、固定资产周转率和自有资金周转率，分别给定各因素的比重，然后确定标准比率（以行业平均数为基础），将实际比率与标准比率相比，得出相对比率，将此相对比率与各因素比重相乘，得出总评分。沃尔比重评分法有两个缺陷：一是选择这7个比率及给定的比重缺乏说服力；二是如果某一个因素严重异常时，会对总评分产生不合逻辑的重大影响。沃尔评分方法的因素内容与一个计算实例见表11.2。

表11.2 沃尔评估法

| 经济比率 | 比重<br>(1) | 标准比率<br>(2) | 实际比率<br>(3) | 相对比率<br>(4)=(3)÷(2) | 评分<br>(5)=(1)×(4) |
|---|---|---|---|---|---|
| 流动比率 | 25% | 2.0 | 2.33 | 1.17 | 29.25 |

续表

| 经济比率 | 比重 | 标准比率(2) | 实际比率(3) | 相对比率(4)=(3)÷(2) | 评分(5)=(1)×(4) |
|---|---|---|---|---|---|
| 净资产/负债 | 25% | 1.5 | 0.88 | 0.59 | 14.75 |
| 资产/固定资产 | 15% | 2.5 | 3.33 | 1.33 | 19.95 |
| 销售成本/存货 | 10% | 8 | 12 | 1.50 | 15.00 |
| 销售额/应收账款 | 10% | 6 | 10 | 1.67 | 16.70 |
| 销售额/固定资产 | 10% | 4 | 2.66 | 0.67 | 6.70 |
| 销售额/净资产 | 5% | 3 | 1.63 | 0.54 | 2.70 |
| 合计 | 100% | | | | 105.05 |

### (四)经济报表结构因素评估法

经济报表结构因素分析方法是指直接利用经济报表的数据进行分析或者将这些数据进行简单的加减计算后得到一些绝对因素,再对这些因素进行评价。这种方法的优点是简单易行,可以帮助经营管理者在较短的时间内发现组织经济绩效情况,但这种方法的准确性不高,组织在使用的同时应该辅助以其他方法。具体而言,这种方法包括以下两个方面:

**1. 分析资产负债表**

根据资产负债表中资产与权益组成结构的不同,企业的资产负债表一般可以分为三种类型,具体如表11.3所示。在表11.3中,A 型结构代表正常经营组织的资产负债表;B 型结构组织的资产负债表反映组织已面临风险时的经济状况,这时组织的流动资产刚好可以用来偿还流动负债,组织已经出现了亏损,并且有可能已经在侵蚀资本金,发展前景不容乐观;C 型结构的组织的流动资产已经不足以偿还流动负债,而且亏损额加大,已经把资本金全部侵蚀掉,并有可能吃掉一部分资产,这种情况下组织面临的风险已经大大加剧,已到了破产境地。

表11.3 资产负债表结构类型

| A 型结构 | | B 型结构 | | C 型结构 | |
|---|---|---|---|---|---|
| 流动资产 | 流动负债 | 流动资产 | 流动负债 | 流动资产 | 流动负债 |
| | 长期负债 | | 长期负债 | | |
| 固定资产 | 股本 | 固定资产 | 股本 | 固定资产 | 长期负债 |
| | 留存收益 | | 留存收益 | | 股本权益(负数) |

**2. 分析损益表**

在该方法下,组织收益可划分为三个不同的层次:

$$经营收益 = 经营收入 - (经营成本 + 经营费用)$$

其中

$$经营费用 = 管理费用 + 营业费用 + 销售税金及附加$$

$$经常收益 = 经营收益 - 经济费用$$

$$期间受益 = 经常收益 - 营业外收支净额$$

根据这三个层次收益状况不同,组织的经营状况可分为六种类型,具体如表11.4所示:

表 11.4 损益表类型

| 损益表类型 | A 型 | B 型 | C 型 | D 型 | E 型 | F 型 |
|---|---|---|---|---|---|---|
| 经营收益 | + | + | + | + | − | − |
| 经常收益 | + | + | − | − | − | − |
| 当期收益 | + | − | + | − | + | − |
| 说明 | 正常 | 视亏损而定 | 风险较大 | | 接近破产 | |

在表 11.4 中，A 型损益表表示组织目前处于正常经营状态，三个层次的收益均为正。B 型损益表表示组织的持续经营造成巨大的影响；反之则表明组织目前正面临比较大的风险。C 型和 D 型损益表的组织虽然其经营收益为正，但经常收益已经出现亏损，这说明组织举债规模过大，利息负担过重。此种情况，组织若不及时采取对策，必将会陷入被动的境地，即出现 E 型或 F 型损益表，此时组织的经营收益就开始亏损，经常收益和当期收益的亏损额不断扩大，组织被推到了破产的边缘。组织在运用经济报表的绝对因素进行绩效评价分析时，应将资产负债表与损益表结合起来，这样有利于经营管理者全面了解组织的经营状况，但该种分析方法对风险的描述不够具体和深入。

## 二、现代的组织绩效评估方法

现代组织绩效评估方法，主要包括 KPI 因素评估法、组织气氛评估法、平衡分卡与标杆管理评估法等。

### （一）关键绩效因素（KPI）评估法

关键绩效因素（key performance indicator，KPI）法是通过工作绩效特征的分析，提炼出最能代表组织绩效的若干关键因素体系，并以此为基础进行绩效考核的模式。KPI 因素必须是衡量组织战略实施效果的关键因素，其目的是建立一种机制，将组织战略转化为组织的内部过程和活动，以不断增强组织的核心竞争力和持续地取得高效益。

关键绩效因素是通过对组织内部流程的输入端、输出端的关键参数进行设置、取样、计算、分析，衡量组织流程绩效的一种目标式量化评估因素，是把组织的战略目标分解为可操作的工作目标的工具，是 KPI 绩效评估的基础。通过 KPI 因素的提炼可以明确部门的主要责任，并以此为基础，建立明确的切实可行的 KPI 考核评估体系。

KPI 根据其特点可以分为四种类型：数字型 KPI，时限型 KPI，项目型 KPI，混合型 KPI。通常数字型和时限型的 KPI 不进一步分解，项目型和混合型的 KPI 能进一步分解，直至所有的 KPI 都分解成为数字型或者时限型的 KPI。

建立 KPI 因素的要点在于流程性、计划性和系统性。要明确组织的战略目标，并可以利用头脑风暴法和鱼骨分析法找出组织的业务重点，也就是组织价值评估的重点。然后，再用头脑风暴法找出这些业务领域的关键业绩因素（KPI），即组织级 KPI。

各部门的主管需要依据组织级 KPI 建立部门级 KPI，并对相应部门的 KPI 进行分解，确定相关的要素目标，分析绩效驱动因素（方法、组织、人），确定实现目标的工作流程，分解出各部门的 KPI，以便评定因素体系。

KPI 因素体系确立之后，还需要设定评价标准。一般来说，不同的 KPI 其评价标准是不一样的，目前比较通用的是采用四维度评价方法，这四维度是时间，数量，质量，成本，通常对 KPI 进行评价时，并不是四个维度都需要的，可以根据 KPI 的性质选取其中一个或者多个评价维度进行评价。表 11.5 是某公司供应链管理部 KPI 承诺书,从 KPI 因素以及关键措施、团队合作等三个方面进行了承诺。

表 11.5 某组织 KPI 承诺书

结果目标承诺:

| KPI 因素 | 权重 | KPI 分数 | 与当期持平<br>80 分 | 达标<br>100 分 | 挑战<br>120 分 |
|---|---|---|---|---|---|
| 合同及时发货率 | 30% | 目标值 | 80% | 84% | 88% |
| 生产存货周转率(次/年) | 20% | 目标值 | 3.5 | 3.8 | 3.9 |
| 万元发货费用(元) | 20% | 目标值 | 510 | 450 | 390 |
| 客户合同投诉率 | 10% | 目标值 | 0.93 | 0.89 | 0.84 |
| 人均发货额(万元/人·年) | 10% | 目标值 | 655 | 882 | 970 |
| 客户满意度 | 10% | 目标值 | 78.29 | 79 | 79.3 |

团队合作:(包括但不限于)
跨部门项目人员到位率:≥98%
关键员工离职率:≥5%
组织气氛指数:≥70%

关键措施:
　　为保障以上 KPI 的达成,2002 年供应链管理部工作策略与重点承诺如下:
　　电子行业的竞争日益激烈,快速满足市场需求,保证及时供货是供应链的责任。特别是在客户需求不确定性增大和订货周期越来越短的情况下,提升供应链的快速响应能力和柔性的整体运作效率已成为公司在市场取得成功的有力武器。在 2002 年,供应链要以客户需求为目标,建立起柔性的供应链组织,应对市场变化,满足市场需求;另一方面,2002 年大量的流程和 IT 系统要切入到实际运作环节,需要开展大量的管理变革工作,保证变革的顺利实施。这两方面交织在一起对我们的工作有很大的挑战,我们要实现业务变革,保证正常业务运作均衡,我们要坚决推行变革,但又不能简单化,要结合公司的经营策略和管理要点,实事求是地认真推行,并在推行中解决问题,保证业务目标的实现。在保障市场要求的前提下,合理地降低供应链动作成本是一项日常工作。通过推行变革成果,实施管理改进,简化流程,提高人均效益。具体策略及措施如下:
　　(1)加强变革管理,逐步推进业务与组织优化和岗位角色调整。
　　(2)以客户需求为目标,从组织、人员、产能、物料等方面,不断提高供应链的柔性,提升快速响应能力,不断适应市场的变化,满足市场发货的要求。
　　(3)进一步提高采购综合竞争优势,保证供应链连续性和降低采购成本;加强采购业务规范运作和透明化,积极推动跨部门合作。
　　(4)逐步建立完善的基础数据支撑体系,通过翔实、及时的数据支持业务决策,实现精细化管理。
　　(5)加强严格管理和组织气氛建设,激活团队活力,提高组织绩效和人均效益。
　　(6)严格执行安全管理规定的各项规范,提高员工的安全意识,对安全问题实行闭环管理,持续坚持安全管理工作"三不放过原则",确保安全措施的落实,预防安全隐患。

### (二)组织气氛评估法

　　组织气氛是指在特定环境下工作的感觉,是"工作场所的氛围";它是一个复杂的综合体,包括影响个人和群体行为模式的规范、价值观、期望、政策、流程等;简言之,就是人们工作时的感觉。
　　虽然组织气氛不是组织绩效的直接内容,但它却是组织绩效的心理考核尺度,是对组织绩效的检验。世界各国的管理实践均表明组织气氛对组织绩效有着重要影响,关系到组织发展的动力源泉和持续发展。组织气氛的作用有时在短期内似乎看不出什么，但在关键时候或者以长远眼光来看却对组织起着举足轻重的作用。组织气氛分析的内容如图 11.1 所示。

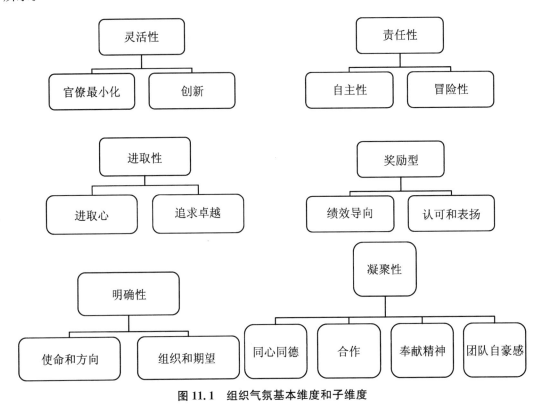

图 11.1　组织气氛基本维度和子维度

计算显著性差异个数以及低纬度个数。显著性差异，是指某维度的理想值和现实值相差 20% 以上，已经对员工激励产生了不可忽视的负面影响。低纬度，是指某维度的现实值低于 60%，即组织满足员工需求的能力如此之低，即使尚未产生显著性差异也已处在危险的边缘。

## 【分析案例】11-1

鱼骨图是由日本管理大师石川馨先生所发明出来的，故又名石川图。鱼骨图是一种发现问题"根本原因"的方法，它也可以称之为"Ishikawa"或者"因果图"。其特点是简捷实用，深入直观。它看上去有些像鱼骨，问题或缺陷（即后果）标在"鱼头"外。在鱼骨上长出鱼刺，上面按出现机会多寡列出产生生产问题的可能原因，有助于说明各个原因之间如何相互影响。如图 11.2 所示。

问题的特性总是受到一些因素的影响，我们通过头脑风暴法找出这些因素，并将它们与特性值一起，按相互关联性整理而成的层次分明、条理清楚，并标出重要因素的图形就叫特性要因图、特性原因图。因其形状如鱼骨，所以又叫鱼骨图（以下称鱼骨图），它是一种透过现象看本质的分析方法。同时，鱼骨图也用在生产中，用来形象地表示生产车间的流程。鱼骨图也称为因果图、因果分析图或石川图（根据最先提出这一工具的品质管理权威石川馨（Kaoru Ishikawa 译名）的名字命名）。

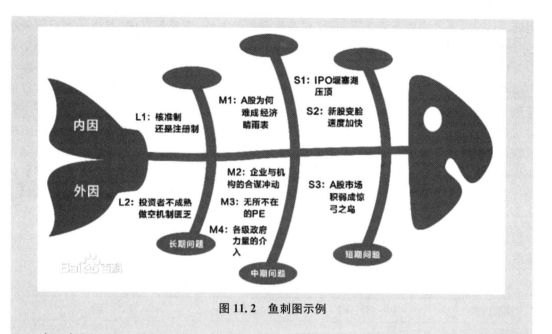

图 11.2 鱼刺图示例

请思考鱼刺图是不是也可以用来进行服务营销绩效评估,如是,请结合一个服务企业分析?

### (三) 平衡积分卡(balanced score card,BSC)评估法

平衡积分卡的核心思想是通过经济(financial)、客户(customer)、内部业务流程(internal business progress)、学习与成长(learning and growth)四个因素之间相互驱动的因果关心来展示组织的战略轨迹,实现绩效评估—绩效改进—战略实施—战略修正的目标。平衡积分卡中的每一项因素都是一系列因果关系中的一环,通过它们把相关的组织目标同战略联系在一起;而"驱动关系"一方面是指 BSC 的各方面因素必须代表业绩结果与业绩驱动因素双重涵义,另一方面 BSC 本身必须是包含业绩结果与业绩驱动因素双重因素的绩效考核系统。图 11.3 是 BSC 的四个主要因素。

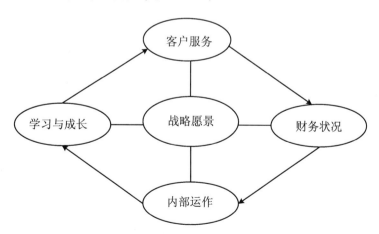

图 11.3 BSC 的四个主要因素

这四个考核因素在不同的部门会有不同的侧重,所占的比例需要仔细衡量。然后在此基础上,制定双方同意的"可测量度的效应因素(MPI)"和每项要素的权重。有效的 MPI 要

明确、可度量,不要含糊不清。比如,针对客户服务的考核,不要仅仅说"要提高客户服务水平",而应该制定具体的标准,如客户满意度提高的百分点等具体因素。同时,依据"期望理论",目标还必须是可达成的,目标有一定的合理的挑战,并且通过努力可以达成,否则就会使被考核者丧失斗志。最后,及时地设定实施的时间表也是保证目标完成的重要方法,以便管理者随时跟进。当然,有效的MPI必须是双方同意的结果。BSC带动了高层和中层主管参与,而这批管理者对公司的愿景、战略和主要表现因素拥有最全面的认识。BSC将员工绩效管理和公司的战略管理挂钩,通过持续对话,增加主管和员工之间的沟通,使其明白公司的战略和双方的期望;准确衡量员工绩效,识别表现好的员工,使之获得更好地奖赏和更佳的晋升机会。表11.6是某公司根据BSC建立的绩效因素分析模型,该模型中经济绩效因素的比重为33%(包含三个维度),客户绩效因素的比重为29%(包含二个维度),内部运作绩效因素的比重为25%(包含四个维度),学习和成长绩效因素的比重为13%(包含二个维度)。

表11.6 某组织BSC绩效评估因素一览表

| 绩效因素 | 因素内容 | 权重 | 说明 |
| --- | --- | --- | --- |
| 经济绩效因素(33%) | 1. 营业额达到22亿元,国际国内市场各50%;<br>2. 毛利率达到12.5%;<br>3. 新的辅助产业投资回报率大于5.5% | 15%<br>8%<br>10% | 1. 按旺淡季分为四个季度因素;<br>2. 每个季度因素不变;<br>3. 每个季度因素不变 |
| 客户绩效因素(29%) | 1. 大客户满意度大于80分(两次测评);<br>2. 客户投诉率及抱怨率低于2%,重大投诉为零 | 15%<br>14% | 1. 每次分数用于两个季度;<br>2. 每个季度因素不变 |
| 内部改善绩效(25%) | 1. 员工满意度大于85分;<br>2. 部门满意度大于80分;<br>3. 员工流动率低于10%,人力流动率低于5%;<br>4. 生产力水平达到30 Hre/Kps | 5%<br>5%<br>5%<br>10% | 1. 每次分数用于两个季度;<br>2. 每次分数用于两个季度;<br>3. 每个季度因素不变;<br>4. 四个季度各25%递增达成 |
| 员工学习与成长绩效(13%) | 1. 员工素质测评达到中/优良;<br>2. 员工内/外受训时间不低于20小时/30小时 | 8%<br>5% | 1. 每次分数用于两个季度;<br>2. 四个季度各25%递增达成 |

### (四) 标杆(benchmarking)管理评估法

基于标杆管理的绩效评估法是组织将自身的关键业绩行为与最强的竞争组织或那些在行业中领先的、最有名望的组织的关键行为进行考核与比较,分析这些基准组织的绩效形成的原因,并在此基础上确定组织可持续发展的关键业绩标准和绩效改进的最优策略。

**1. 标杆管理的步骤**

(1) 计划

确定对哪个流程进行标杆管理;

确定用于作比较的组织;

决定收集资料的方法并收集资料。
（2）分析
确定自己目前的做法与最好的做法之间的绩效差异；
拟定未来的绩效水准。
（3）整合
就标杆分析过程中的发现进行交流并获得认同；
确立部门目标。
（4）行动
制订行动计划；
实施明确的行动并监测进展情况。
（5）完成
处于领先地位；
全面整合各种活动；
重新调校标杆。

**2. 标杆管理的类型**

（1）内部标杆管理。以组织内部最优为基准的标杆，它是最简单且易操作的标杆管理方式之一。辨识内部绩效标杆的标准，即确定内部标杆管理的主要目标，可以做到组织内部信息共享。辨识组织内部最佳职能或流程及其实践，然后推广到组织的其他部门，不失为组织绩效提高最便捷的方法之一。除非用作外部标杆管理的基准，单独执行内部标杆管理的组织往往持有内向视野，容易产生封闭思维。因此在实践中内部标杆管理应该与外部标杆管理结合起来使用。

（2）竞争标杆管理。以竞争对象为基准的标杆管理。竞争标杆管理的木匾是与着相同市场的组织在产品、服务和工作流程等方面的绩效与实践进行比较，直接面对竞争者。这类标杆管理的实施较困难，原因在于除了公共领域的信息容易接近外，其他关于竞争组织的信息不易获得。

（3）职能标杆管理。以行业领先者或某些组织的优秀职能操作作为基准进行的标杆管理。这类标杆管理的合作常常能相互分享一些方法和市场信息，标杆的基准是外部组织（但非竞争者）及其职能或业务实践。由于没有直接的竞争者，合作者往往较愿意提供和分享方法与市场信息。

（4）流程标杆管理。以最佳工作流程为基准的标杆管理。标杆管理是类似的工作流程，而不是某项业务与操作职能或实践。这类标杆管理可以跨不同类组织进行，一般要求组织对整个工作流程和操作有很详细的了解。

## 第三节 服务营销人员绩效评估方法

上一节我们介绍了组织或企业维度的服务营销绩效评估方法，在这一节，我们主要介绍与分析服务营销人员个人绩效评估的程序、因素设计和方法。

## 一、绩效评估的程序

服务人员绩效评估的程序一般分为"横向程序"与"纵向程序"两种,具体内容包括:

### (一) 横向程序

横向程序是指按绩效评估工作的先后顺序所实现的步骤,包括:① 确定绩效评估目的与目标;② 确定绩效评估实施机构及职责;③ 确定绩效评估标准体系;④ 选定评估、反馈与辅导的时机或时间;⑤ 实施绩效评估。即对工作绩效进行考察、测定和记录;⑥ 绩效评估结果的分析、评定与原因诊断。与既定的标准对照进行分析与评判,从而获得正确的绩效评估结论与成因;⑦ 结果反馈与辅导。绩效评估的结论通常应通知被评估者,使其了解组织对自己工作的看法与评价,从而发扬优点,克服缺点。但另一方面,还需针对绩效评估结果分析中发现的问题,指导改进方法与措施。

### (二) 纵向程序

纵向程序,指绩效评估实施的具体程序。① 直接上级评估。授权直接上级评估者评估。直接上级对下属情况熟悉,而且具有一定的职权,能够利用奖惩手段来使用评估结果,使得这类评估颇具权威。但这类评估在公正性上不太可靠,因为频繁的日常直接接触,很易使主管参入个人感情色彩。为解决这一问题,可以采用同一组同类部门的主管共同评估彼此下级的办法,只有大家都同意的判断才作为评估结论,这在一定程度上避免了不公正。② 同级同事评估。同级同事对被评估的职务最熟悉、最内行,对被评估者的情况往往也很了解,但同事之间必须关系融洽,相互信任,团结一致;相互间有一定的交往与协作,而不是各自为战的独立作业。这种办法多用于专业性组织,如大学、医院、科研单位等,组织中专业性很强的部门也可使用;也可以用于那些很难由其他类别评估的职务,如中层干部。③ 被评估者本人评估。也就是自我评估。这可使被评估者本人得以陈述对自身绩效的看法,而他们也的确是最了解自己所作所为的人。自我评估能让被评估者感到满意,不满抵制少,且能有利于工作的改进。不过自我评估时,本人对评估维度及其权重的理解可能与上级、其他人不一致。④ 直属下级评估。这一方法的使用很有争议。这是因为下级担心在评估中提出上级的缺点,会被上级主管记恨而报复,所以往往过高评价,说好不说坏;下级还倾向于仅从主管上级是否照顾自己个人利益去判断其好坏,对坚持原则,严格要求而维护组织利益的上级评价不良。对上级来说,这种评估也存在不良影响,比如常常顾虑下级评估会削弱自己的威信与奖惩权,而且知道自己的评估要由下级来做,便可能在管理实践中缩手缩脚,尽量少得罪下级,使管理工作受损。⑤ 外界专家或顾问评估。专家和顾问有评估方面的专门方法与经验,理论修养也深;而且他们与组织中的人与事无个人利害关系,容易做到客观公正;此外,还可以省去评估者自己本需花费的评估时间,免去不少人际矛盾。但这种方法成本较高,有些专家对被评估专业可能不太内行。⑥ 顾客评估。由被评估者工作服务对象进行评估,这种方法具有一定的客观性,且与工作绩效的相关度较高。

## 二、绩效评估因素体系的设计

绩效评估因素是指绩效评估内容与标准相结合的具体表现形式或者操作化形式。一般来说,完整的因素结构包括评估要素、评估对象、评估主体、评估方法与评估结果联为一体,同时也成为整个绩效评估工作指向的中心。建立绩效评估因素体系需要完成两项基础性的工作,即评估因素设计和评估因素量化。绩效评估因素设计的关键在于评估标志语评估标度的设计。评估因素设计的方法包括要素拟定、标志选择和标度划分三个环节(见图11.4)。

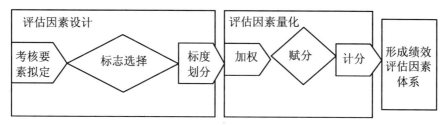

图 11.4 绩效因素体系设计图

## 三、绩效评估的方法

绩效评估的方法是绩效评估的核心内容所在。任何一种评估方法都具有其优点和缺点。美国著名的人力资源专家韦·卡肖指出:"多少年来,有些人事管理专家一直在煞费苦心地寻找一种'完美无缺'的绩效评估方法,似乎这样的方法是万能药,它能医治好组织的绩效系统所患的种种顽疾。不幸的是这样的方法并不存在……总而言之,工作绩效评估过程是一个同时包含有人和数据资料在内的对话过程。这个过程既涉及方法问题,又牵连着人的问题。"可见,任何一种绩效评估都不是十全十美的,加上评估过程中出现的各种主客观方面的问题,这种不完美程度就会更高。

### (一) 绩效评估方法的基本类型及特点

绩效评估方法可以从不同的角度加以分类。从时间上来看,可分日常评估、半年评估、年终评估、界中评估、届期评估等。从绩效评估的主体来看,绩效评估的方法可以分为上级评估、同级评估、下级评估、群众评估和360度评估。从绩效评估的客观性上来看,主要是两大类:客观绩效评估法与主观绩效评估法。

客观绩效评估法主要是对客观的、定量的因素进行评估,例如领导负责的经济因素、职工出勤率等,注重的是工作成果,而不考虑被评估者的工作行为;注重短期效果,牺牲长期因素。但是只注重成果有时也会有失公允。因为影响工作绩效的因素很多,其中被评估者自身不可控的环境性因素占据很大比重,比如宏观经济形势对组织个人工作绩效就有着相当大的影响,而客观评估法却不能关照到这些深层次的问题,使其可信度大打折扣。而且,从事复杂脑力劳动的职位,其绩效很难有效量化为直接可测因素。因而常作为主观评估法的一个补充。

主观绩效评估法主要是由评估者依据一定的标准或设计好的标准维度对被评估者进行主观评价。评价的内容包括个人品质、工作行为和工作成果等与工作绩效有关的方方面面。这类评估需凭评估者的主观判断,易受心理偏差的左右,但可通过精心设计的程序,从不同角度仔细测评被评估者创造所必需的各种重要工作行为,使可能出现的偏差尽可能地减少。此方法比较现实可行,可适用于管理与专业职位的评估。主观评估法又可进一步分为下列两类:① 相对评估法。这是较传统的评估法,是使被评估者与别人相对照而评出顺序或等级的办法,所以又可统称为比较法。② 绝对评估法。这类方法不作人际比较,而是单独地直接根据被评估职工的行为及表现来进行评定。这类评估法在实践中使用得最为普遍,并开发演变出多种不同的形式。

而从绩效评估方法设计的基础和步骤的差异,又可以把绩效评估的方法分为三类:品质基础型、行为基础型和结果基础型。

（1）品质基础型。这种评估比较细致些，通常要作维度分解，从各个不同维度分别进行评价。它主要是衡量被评估者拥有某些性质（如创造性、自主性和领导能力）的程度，而这些品质通常被认为对完成岗位工作时非常重要的。

（2）行为基础型。这种评估更加细微，不但多维，而且每个维度都设计了一个标准的尺度以供定量行的测定，根据一种工作范围和尺度来对行为进行描述，通过描述，评估者可以比较容易地评判被评估者在工作范围内的成绩。行为法包括关键事件行为核对表、固定行为等级法和行为观察等级法等。这种类型的评估较适合与绩效难于量以脑力劳动为主的管理干部和工程技术等专业工作者的考绩。

（3）结果基础型。这种方法是根据被评估者的工作结果而不是特征或行为表现来衡量其绩效的，着眼于"干出了什么"而不是"干什么"，它虽然也是多维度分解，但评估的重点在产生和贡献，而不在行为与活动。这种方法可以避免主观判断，能够减少产生偏差的可能性；而且，结果法促使被评估者对其结果负责，因而使被评估者在选择完成任务的方法上较为谨慎。最常见的结果评估法是目标管理中的评估方法。但这种评估只注重结果，不问手段，具有短期性、表面性等特点。一线职工，尤其是从事具体生产操作的体力劳动者，多用此类评估方法。表11.7是上述三种方法的优劣比较：

表11.7 不同绩效评估方法优缺点比较一览表

| 方法 | 优　点 | 缺　点 |
| --- | --- | --- |
| 品质型 | 1. 费用不高；<br>2. 使用有意义的衡量标准；<br>3. 使用方便 | 1. 很有可能产生等级错误；<br>2. 不适合被评估者咨询；<br>3. 不适合报酬分配；<br>4. 不适合提升决策 |
| 行为型 | 1. 使用特定的工作标准；<br>2. 易被被评估者和上级所接收；<br>3. 适合于提供反馈；<br>4. 报酬和提升决策较公平 | 1. 费时；<br>2. 成本较大；<br>3. 有可能产生等级错误 |
| 结果型 | 1. 很少有主观偏见；<br>2. 易被被评估者和上级所接收；<br>3. 将工作和组织工作相连；<br>4. 鼓励共同制定目标；<br>5. 适合于报酬和提升决策 | 1. 费时；<br>2. 可能鼓励短期行为；<br>3. 可能使用被污染的标准；<br>4. 可能使用有缺陷的标准 |

资料来源：亚瑟·W·小舍曼，乔治·W·勃兰德，斯科特·A·斯耐尔.人力资源管理[M].张文贤，译.大连：东北财经大学出版社，2001:255。

### （二）常用的绩效评估工具与方法

**1. 强迫选择量表**

强迫选择量表（就是FCS）以多项选择问题的形式给出与工作绩效相关的个性特征或行为，要求选择出最能反映或是最不能反映被评估者的为选项。评估者不知道什么样的选项能得高分。换句话说，评估者并不知道各选项的分值，因此在评估过程中，客观性得到保证而主观性受到控制。

**2. 混合型标准量表**

与强迫选择量表相似,这种量表不让评估者知道所评估的标准是什么,评估者只需要根据行为因素评价被评估者的表现,是优于(+)、等于(=)还是差于(-)行为因素描述的内容。这种量表的主要目的是减少诸如晕轮误差和过宽/过严误差。

**3. 自我鉴定法**

自我鉴定法,也常称为"述职报告"。这可使被评估者有机会陈述自己对工作绩效的看法,而他们也的确是最了解自己所作所为的人。自我评估能使被评估者受到重视,满意度增强,减少对评估活动的抵制,从而利于工作的改进。但是在自评时,各人对评估的内容、评估标准的理解可能与上级不一致,这主要源于归因时的偏差和过高或过低的自我评价。在实际应用中,应该将自我评估的内容进一步扩展到请被评估者对其工作环境(人、事、政策等)进行评价并使自我评估的内容标准化、程序化。

**4. 关键事件法**

关键事件法一般是由被评估者的直接领导制作一本"考绩日记"或"绩效记录"。对每一个有关被评估者的关键事件进行记载。所记载的事件既可能是好事,也可能是坏事;所记载的必须是较突出的、与工作绩效直接相关的事件,而不是一般的、琐碎的、生活细节方面的事;所记载的应是具体的事件与行为,而不是对某种品质的评判。事实上,如果所选择的事件并非是具有代表性的绩效,那么这种方法也无法做到公正与真实。

**5. 行为尺度评定量表**

即锚定等级评分法,其实质是把关键事件法和量表分析方法结合起来,将关于特别优异或特别劣等的绩效的叙述加以等级定量化,从而使绩效考核更公正,评价效果更好。史密斯和肯德尔(Smith & Kendall,1963)发现大多数评估误差并不能归咎于评估者的故意歪曲,而是在于评估者之间缺乏一个统一的程度差异。因此行为尺度评定量表可解释为给评估者直接提供了具体行为等级与考核标准的量表。行为尺度评定量表最突出的特点是每个尺度或示例都向评估者直接说明了什么样的表现是优秀,什么样的表现是令人满意,什么样的表现不合格,从而为评估提供了客观依据。

**6. 行为观察量表**

行为观察量表是将行为加总的评估量表,评估者只要把那些表示被评估者具体行为发生频率的数字简单相加就可以了。行为观察量表将注意力从行为期望中转移出来,但上级和被评估者在评估之前,必须清楚地知道被评估者在工作中应该做些什么,以及上级应该观察什么。通过具体的评估活动还能起到辅导、指导和开发被评估者的作用。

**7. 目标管理评估法**

目标管理的实质就是上级对被评估者完成预期目标(工作绩效)的情况进行考核。它既是一种有效的评估方式,也是一种有效管理的手段,因为上级与被评估者都清楚自己的目标和组织的总目标,有助于上级将每个人的具体活动统一到组织目标上来。

**8. 全方位的绩效评估法**

全方位的绩效评估法又俗称360度评估,就是向所有了解被评估者工作的有关人员,例如上级、同事、下级乃至其他部门的工作人员等,征求意见或让他们直接量化打分,然后综合评定被评估者绩效的一种方法。该评估制度由于评估主体的多元化有效避免了上级主管单方评估的主观片面性,提高了评估信度与效度,并增加了工作人员的参与意识与评估透明度。但数据收集和处理成本较高,操作难度较大,且易引起不同评估主体结果的冲突,甚至因操作不当引发彼此的钩心斗角或阿谀奉承,使评估结果失真,评估流于形式。

此外还有印象评估法、相对比较评估法、因素分解综合评估法、常模参照评估法、校标参照评估法等,这里不再一一介绍。

## 第四节 服务营销绩效评估及对策

### 一、服务营销绩效的影响因素

服务营销绩效的影响因素就是在服务营销过程中对服务营销绩效的大小产生影响的活动或事物或人。从服务营销的过程来看,服务营销研究者认为服务的本质要求从不同的角度来定义和衡量服务质量。许多服务具有无形、多面的特点,这就使评估一次服务的质量比评估一件有形产品的质量更加困难。由于顾客总是与服务生产有关,这就需要区分服务传递过程(即,克里斯琴·格伦罗斯所说的功能性质量)与服务的实际产出或结果(即,他所说的技术性质量)。格伦罗斯和其他研究者还提出,服务的质量是一次评估过程的结果,在此过程中,顾客将他们所认识的服务传递及其实际结果与他们所期望的结果进行比较。从重点顾客群的研究中,瓦拉里·蔡瑟姆尔、伦纳德·贝利和A·帕拉苏拉曼确认了客户用于评估服务质量的10大因素(见表11.8)。

表11.8 客户评估服务质量的通用因素

| 因素 | 涵义 | 问题示例 |
| --- | --- | --- |
| 信誉度 | 值得信任,可靠性,服务提供的诚实度 | 医院的信誉好吗?<br>我的股票经纪人是否可以给我施加压力购买股票?<br>维修公司保证其工作吗? |
| 安全感 | 远离危险、风险或怀疑 | 晚上使用银行的ATM是否安全?<br>我的信用卡可以防止未经授权的使用者使用吗?<br>我能确信保险公司提供完全理赔吗? |
| 可接近度 | 可接近和易于接触 | 我与主管讨论我所遇到的问题会有多容易?<br>航空公司有24小时免费电话吗?<br>酒店的地理位置方便吗? |
| 沟通 | 倾听顾客,用他们能够理解的语言给他们提供信息 | 经理是否愿意倾听我的投诉?<br>我的医生能否避免使用专业术语?<br>电工不能按约定时间来访时是否打电话告知? |
| 理解客户 | 努力了解顾客及其需求 | 酒店里有人认出我是常客吗?<br>我的股票经纪人试图决定我特定的经济目标吗?<br>搬家公司会照顾/考虑到我的安排吗? |
| 可接触性 | 有形设施、设备、人员和沟通材料的外观 | 酒店设施有吸引力吗?<br>我的会计师着装得体吗?<br>我的银行账单清晰明了吗? |

续表

| 因素 | 涵义 | 问题示例 |
|---|---|---|
| 可靠性 | 能够可靠并准确地履行所承诺的服务 | 我的律师会如其所承诺的那样给我回电话吗？<br>我的电话账单没有出错吗？<br>我的电视机一次就修好了吗？ |
| 反应灵敏度 | 愿意帮助顾客并提供及时的服务 | 出现问题时,公司能否迅速地解决？<br>我的股票经纪人愿意回答我的问题吗？<br>有线电视公司愿意约定安装人员到达的具体时间吗？ |
| 能力 | 拥有完成服务所要求的技能和知识 | 银行出纳员能够没有抱怨地处理我的交易吗？<br>我的旅行社能够获得我打电话时所需要的信息吗？<br>我的牙医看起来能够胜任吗？ |
| 礼仪 | 礼貌、尊重、周到、有亲和力的人员 | 空中小姐个人举止令人愉悦吗？<br>电话接线员接电话时一直很礼貌吗？<br>水管工踩上地毯前会脱掉脏兮兮的鞋子吗？ |

资料来源：VALARIE A ZEITHAML, PARASURAMAN A, LEONARD L BERRY. Delivering quality service: balancing customer perceptions and expectations[M]. New York: The Press, 1990.

通过进一步研究,学者们发现上述参数中有的是互相联系的,因此,他们把它们归入到5个广义的维度：

(1) 有形性,指服务企业所依托的有形元素,如设施、人员着装等。
(2) 可靠性,指服务企业具有的可依靠的、准确地履行服务的能力。
(3) 响应性,指服务企业能否及时的、有帮助的解决顾客所遇到的问题。
(4) 保证性,指服务企业在能力、礼仪、信用和安全感方面是否有保证。
(5) 公平性,指服务企业可以平等地对待每一位顾客,易于接近、沟通良好。

需要说明的是,上述影响因素因不同类型的服务营销,可以作相应的调整,特别是对生产性服务业与消费性服务业调整的幅度范围可能比较大。

## 二、服务营销绩效的评价

为了从服务绩效不同的方面来测量客户满意度,瓦拉里和她的同事们开发出服务绩效决定因素与测量模型（SERVQUAL）。通过这个调查研究工具,比较自己对服务的认识与预先期望值,顾客就能够评估一个公司的服务绩效,这是该模型建立的前提条件。现在 SERVQUAL 模型被视为通用的测量工具,广泛应用于服务行业。其基本形式是包含22种认知项和一系列期望项的数值范围,反映服务绩效的五个维度。回答者完成一系列评级,测量他们在具体服务中对特定服务企业的服务预期。表现评级低于预期,就是低绩效的表现。反之,则是高绩效的表现。SERVQUAL 模型见表11.9。SERVQUAL 模型数值范围包括五个维度:有形性、可靠性、反应敏捷度、信心度和共识。对实际调研者的回答,每个陈述都有一个7分数值表,范围从"非常赞成得7分"到"非常不同意得1分",数字2～6表示两者之间的中间状态。

表 11.9 服务绩效测量模型

| 因变量 | 自变量 | 题项 | 评分 |
|---|---|---|---|
| 服务业服务绩效 | 有形性 | 有现代化的设备 | 1 2 3 4 5 6 7 |
| | | 有形设备产生吸引人的视觉效果 | 1 2 3 4 5 6 7 |
| | | 员工外表整洁得体 | 1 2 3 4 5 6 7 |
| | | 有关服务材料(如手册、对账单)设计得美观大方 | 1 2 3 4 5 6 7 |
| | 可靠性 | 认真履行对客户作出的承诺 | 1 2 3 4 5 6 7 |
| | | 顾客有问题时,抱着真诚的态度解决顾客的问题 | 1 2 3 4 5 6 7 |
| | | 在它承诺的时间内提供服务 | 1 2 3 4 5 6 7 |
| | | 坚持记录无差错 | 1 2 3 4 5 6 7 |
| | | 公司是可靠的 | 1 2 3 4 5 6 7 |
| | 响应性 | 员工告知顾客准确提供服务的时间 | 1 2 3 4 5 6 7 |
| | | 员工为顾客提供及时服务 | 1 2 3 4 5 6 7 |
| | | 员工总是乐于帮助顾客 | 1 2 3 4 5 6 7 |
| | | 员工从不会因为太忙而忽略客户的要求 | 1 2 3 4 5 6 7 |
| | 保证性 | 员工行为给顾客带来信心 | 1 2 3 4 5 6 7 |
| | | 顾客对其交易有安全感 | 1 2 3 4 5 6 7 |
| | | 员工一如既往地对顾客彬彬有礼 | 1 2 3 4 5 6 7 |
| | | 员工具备回答顾客问题的知识 | 1 2 3 4 5 6 7 |
| | 公平性 | 关注每一个顾客 | 1 2 3 4 5 6 7 |
| | | 营业时间方便所有的顾客 | 1 2 3 4 5 6 7 |
| | | 拥有给予顾客个人关注的员工 | 1 2 3 4 5 6 7 |
| | | 员工理解其顾客具体的需求 | 1 2 3 4 5 6 7 |
| | | 优先考虑顾客利益 | 1 2 3 4 5 6 7 |

资料来源:PARASURAMAN A,VALARIE A ZEITHAML,LEONARD L BERRY. SERVQUAL:A multiple item scale for measuring consumer perceptions of service quality[J]. Journal of Retailing,1998,64:12-40.

通过上述绩效测量模型,设计问卷进行调查研究,就可以获得服务营销组织或企业的绩效表现数据。然后用 SPSS 或结构方程对数据进行处理,对绩效进行评估、定级。为了应用的简便可以用软件,做出规范的程序,第一次麻烦,后面评估起来就很方便。

### 【资料链接】11-3 在线环境下测量服务绩效

SERVQUAL 模型最初是在面对面接触的情况下开发出来的,且最初的开发在银行服务测量方面做了大量研究。针对不同的环境应当有不同的变化,所以许多使用者会根据不同的情况删除、增加或改变一些测量项,以适应其对更广泛服务业绩效的评价。那么,在现代联机环境下,需要应用具有新的测量项目的不同服务绩效维度。为了测量网上的电子服务绩效,帕拉苏拉曼、蔡瑟姆尔和玛尔赫特拉(Malhotra)创造了ESQUAL,反映网络服务的四个关键维度:效率(易于导航,交易完成迅速,登录网站迅速等),系统可用性(网站总是可用,即时登录,稳定而不崩溃等),履行交易(如约传递订单、真实地描述所提供的服务等)以及隐私保护(如保护隐私信息、不在其他网站上共享个人信息等)。

### 三、服务营销绩效改进的对策——差距模型

**【分析案例】11-2**

服务营销绩效优化解决方案包括三个层面:定位服务营销绩效管理目标;优化服务营销绩效评估体系;完善服务营销绩效评估机制。

① 定位服务营销绩效管理目标。全面理解服务营销管理目标是优化服务营销绩效的前提。企业需要区别对待短期绩效与长期绩效,区别处理核心绩效目标与辅助绩效目标,把结果管理与过程管理结合起来。② 优化服务营销绩效评估体系。从客户角度来说,服务营销的过程与结果至少同等重要。迪铭建议的服务营销绩效评估体系,一方面是从内部角度以企业服务营销过程为重点进行的过程评估,另一方面是从外部角度以客户感知结果为重点进行的状态评估。③ 完善服务营销绩效评估机制。评估机制是评估体系的执行和落实方式。迪铭根据企业现状和未来发展的需要,结合日常运营过程,结合需要专项采集的深度信息,设定合理的评估周期,形成短期长期相结合的评估体系执行方案,建立适用的服务营销绩效评估机制。

企业如果仅仅单纯关注服务营销结果,并仅对营销结果进行评估和管理,从长期来看很难达到较高的客户管理预期,并且难以实现可持续的服务营销。企业要想实现长期的客户管理目标并保持可持续的竞争能力,需要结合短期营销目标与长期目标、内部约束与外部竞争情况、短期结果与管理过程等多重角度来进行客户管理目标的设定,并且应用系统化的客户管理绩效评测方法来进行考核与持续优化。

绩效意味着始终如一地满足或超过客户的期望,管理者的任务就是平衡顾客的期望和认识,并缩小两者之间的差距。从客户需求出发到客户完成服务体验,其中会发生知识差距、标准差距、传递差距、内部沟通差距、认识差距、理解差距和服务差距,如图11.5所示。

(1) 知识差距指的是服务提供者认为客户所期望的和客户的实际需要与期望之间的差距。这种差距是服务企业层面与客户层面之间的,往往会是致命的,所以服务企业要市场细分与定位时一定要搞清楚。

(2) 标准差距指的是管理者对客户期望的认识与为服务传递而确立的绩效标准之间的差距。这种差距是企业内部管理层与操作层之间的。

(3) 传递差距指的是特定的传递标准与服务供应商对这些标准的实际表现之间的差距。

(4) 内部沟通差距指的是公司广告宣传的、销售人员所认为的产品的特征、业绩及服务绩效水平与公司实际上能够传递的服务之间的差距。

(5) 认识差距指的是实际上公司所传递的服务与客户认为他们所获得的服务之间的差距(因为他们不能准确地评估服务绩效)。

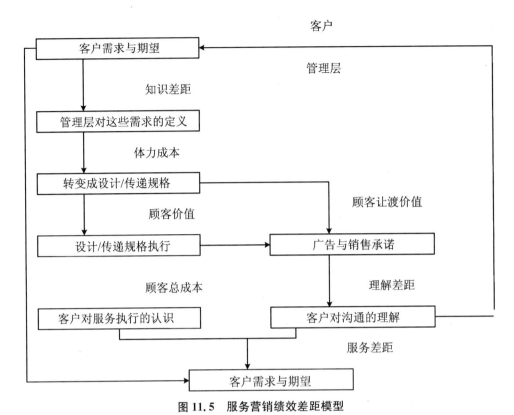

图 11.5 服务营销绩效差距模型

(6) 理解差距指的是服务供应商在沟通努力过程中(在服务传递之前)所承诺的与客户认为由这些沟通所作出的承诺之间的差距。

(7) 服务差距指的是客户期望获得的服务与他们对实际上所传递的服务的认识之间的差距。

差距(1)、(5)、(6)和(7)代表了客户与组织之间的外部差距;而差距(2)、(3)和(4)则是发生在组织内部各种功能和部门之间的内部差距。服务设计与传递过程中的任何差距都会破坏与客户之间的关系。服务差距(第 7 个差距)是最重要的,因此,提高服务绩效的最终目标是尽可能消除或缩小这一差距。然而,为了达到这个目标,服务组织通常需要努力缩小图 11.5 中所列举的其他 6 个差距。提高服务绩效要求确认引起所有差距的具体原因,然后制定缩小这些差距的策略。

解决服务绩效差距的核心战略,差距模型的优越性在于它提供了能够跨行业应用的一般认识与解决方法。我们总结一系列缩小图 11.5 中的 7 个绩效差距的一般方法,这些方法是思考如何消除组织内的具体差距的良好出发点。当然,每个公司必须找到自身客户化的方法,以确保服务绩效成为并持续作为关键的目标。

**缩小差距 1——知识差距的方法**

方法:了解客户期望的是什么。

(1) 加强市场调研的程序,包括问卷调查和访谈设计、抽样、现场实施与定期重复市场研究。

(2) 执行有效的客户反馈系统,包括客户满意度研究、投诉内容分析与专门的客户小组。

(3) 增加管理者（包括基层及高层）与客户之间的互动。
(4) 促进和鼓励一线员工与管理层之间的沟通。

**缩小差距2——标准差距的方法**

方法：建立合适的服务流程。并对标准进行详细的说明。

(1) 正确执行客户服务流程。
(2) 针对设计与再设计客户服务流程，采用严谨、系统以客户为中心的流程。
(3) 使重复的工作任务标准化以确保一致性与可靠性，并用硬技术代替人际接触，改进工作方法（软技术）。
(4) 在所有的工作单位中，建立、传播并强化可衡量的、以客户为导向的服务标准。
(5) 在每个服务传递的步骤建立一套明确的服务绩效目标，该目标要具有挑战性和现实性，明确为满足顾客期望而设计。
(6) 优先确保员工理解并接受目标、标准。

**缩小差距3——传递差距的方法**

方法：确保业绩符合标准。

(1) 确保客户服务团队主动自觉，能够符合服务标准。
(2) 通过关注员工所适合的工作提高招聘绩效；依据工作的能力和技能选拔员工。
(3) 对员工进行技术与软技能的培训以使其有效执行所分配的任务，包括人际沟通技能，特别是在有压力的情况下处理与客户的关系的技能。
(4) 明确员工的角色，并确保员工理解他们的工作如何对客户满意度起作用；教给他们关于顾客的期望、认识与问题的知识。
(5) 建立交叉功能的服务团队，提供以客户为中心的服务传递与问题解决方案。
(6) 授权给一线管理者和员工，下放组织的决策权。
(7) 衡量工作业绩，提供定期反馈，奖励那些绩效达标的客户服务团队、员工个体及管理者。
(8) 配备合适的技术、设备、支持流程与生产力。
(9) 挑选最合适的技术和设备以提高业绩。
(10) 确保在内部支持岗位上工作的员工为他们自己的内部顾客和一线人员提供优质服务。
(11) 平衡对生产能力的要求。
(12) 为服务绩效进行客户管理。
(13) 教育客户，从而使他们在有效传递服务的过程中扮演好自己的角色并承担责任。
(14) 教育、控制并消除会带给其他客户、员工、服务流程或设备产生消极影响的不良客户。

**缩小差距4——内部沟通差距的方法**

方法：保证沟通承诺是现实的。

(1) 培训负责销售和营销沟通的管理者有关运营能力的知识。
(2) 开发新的沟通项目时，从一线员工和运营人员那里获得信息。
(3) 在顾客看到广告和其他沟通信息之前，让服务供应商先预览。
(4) 使销售人员参与到运营人员与客户面对面的会谈中。
(5) 发展内部培训和激励型的广告活动，以加强理解与整合营销、运营和人力资源功能,不同的区域使服务传递标准化。

(6) 保证沟通的内容符合现实的顾客期望。

**缩小差距 5——认识差距的方法**

方法:使传递的服务绩效有形化,并就此进行沟通。

(1) 发展服务环境与所提供的服务水平相一致的有形的、显而易见的提示。

(2) 对于复杂的信用服务,在服务传递过程中使顾客知道正在进行的事情,并在服务传递后做任务报告,以便顾客能够了解到他们所获得的服务绩效。

(3) 提供有形的证明(以修理为例,让客户看到已被淘汰的损坏部件)。

**缩小差距 6——理解差距的方法**

方法:承诺要具体,将客户对沟通内容的理解进行管理。

(1) 在进行外部发布之前,预先测试所有的广告、手册、电话脚本和网站内容,以确定目标观众的理解是否符合公司的设想(如果不是,进行修改和再测试)。

(2) 保证广告内容正确地反映那些对客户最为重要的服务特征。

(3) 让客户知道什么是可能的,什么是不可能的,并告知其原因。

(4) 给顾客提供不同价格的不同服务水平,并解释其区别。

(5) 确认并及时解释业绩中的不足,强调哪些是不能为公司所控制的因素。

(6) 精确地存档。

(7) 在最前面写明任务内容和服务保证包含在协议或合同之中。

(8) 之后列明进行了哪些与具体的广告声明相关的工作。

**缩小差距 7——服务差距的方法**

方法:填补差距 1～6 以连贯地满足顾客期望。

差距 7 是前面所有的差距没有解决积累起来的结果。在差距 1～6 都被解决后,差距 7 也将得到有效的解决。

◆ **思考题**

1. 基于服务质量来考察服务营销绩效正确吗?
2. 你认为服务营销可以从哪些角度来考察?
3. 服务营销绩效的评估方法还可以用哪些?练习一下课本中的方法。
4. 服务营销绩效如果从服务人员的角度来衡量,可以采用哪些指标?
5. 服务营销绩效如果从顾客的角度来衡量,应该考虑哪些因素?

## 【分析案例】　　填补"服务差距"——改善服务营销战略质量

> 服务过程是由一系列前后相继、相互制约的行为构成的。在服务过程中,从决策者对顾客期望的认知到服务质量的规范化,再到服务信息向顾客的传递以及服务的实际执行,服务组织内部存在着四个明显的差距。这些差距极大地影响着顾客的感知服务质量,因此,理解这些差距形成的原因及其对服务营销战略质量的影响程度,是十分必要的。
>
> **服务营销战略差距 1:顾客对服务的期望与服务提供者认知之间的差距**
>
> 服务企业的管理人员可能并不确切知道顾客对服务质量的期望,因此管理人员认为的顾客期望可能与顾客的实际期望之间存在差异。这种差异的大小是由三个因素造成的。首先是调查。服务企业对调查及其他一些不能带来直接利润效果的营销工作往往重

视不够，特别是一些中小服务企业，在确定了方向、目标、服务范围及价格水平等设计质量之后，几乎从来不做市场调查。在他们看来，由于顾客参与服务过程，因此，只要"操作"出色，顾客就会满意。这种操作导向的服务观念偏离了顾客服务这个中心，使管理者不可能真正理解顾客的期望和要求。其次是内部纵向沟通，即从服务执行人员一直到企业最高当局之间的沟通。服务执行人员在与顾客的直接接触中，最了解顾客的需求和期望，他们掌握的信息要向上逐级传递，直至到达企业最高主管。在这一沟通过程中，只有保证信息渠道的健全畅通，才能使负责决策的管理人员及时、准确地掌握完备的信息，从而对顾客的服务期望作出准确的判断。第三是管理层次。在服务执行人员与最高主管之间的中间管理层次及其管理人员，既是信息的接受者又是信息的发散源。中间层次与人员越多，沟通就越困难，沟通效率就越低，其间的信息丧失率和错误率就越高。

**服务营销战略差距2：服务提供者对顾客期望的认知与服务质量规范之间的差距**

服务企业在制定具体的服务质量规范时，会因为质量管理、目标设定、任务标准化和可行性这几个原因，使管理者对顾客服务期望的认知无法充分体现在所制定的服务质量规范上。首先，服务企业会因为缺乏全面、系统的服务质量管理而使差距加大。许多服务企业容易把管理重点放在节约成本、短期利润等易于测量且效益明显的目标上，而对服务质量管理缺乏必要的重视，致使服务质量管理水平较低。其次是目标设置。目标设置是一个组织存在的前提，它不仅有利于提高组织和个人的行为水平，而且有助于组织的全面控制。大量的事实表明，能提供优质服务的公司都有一套明确的目标。顾客服务目标需要完整地反映在企业的服务质量规范之中，并以这些目标作为服务质量控制的依据。再次是任务的标准化。对顾客期望的认知向服务质量规范的转化程度还取决于任务的标准化过程。有效的任务标准化将有助于缩小这一差距，否则可能使差距进一步扩大。而且通过服务的标准化，使服务行为有统一的标准，将有助于企业进行有效的质量控制和管理。对服务的标准化主要依靠各种技术来实现，如用机器设备取代人员服务，改进服务操作方法，对员工进行标准化培训等。但服务任务的标准化是有限制的，任务的标准化决不能搞"一刀切"，而只能对那些常规性的服务项目和环节特别是顾客不参与的服务过程进行标准化。最后是可行性问题，即满足顾客一定的服务期望在经济上和技术上是否合理可行。如果管理人员认为顾客的服务期望在本公司无条件满足，那么对顾客期望的认知与服务质量规范之间的差距就会加大。

**服务营销战略差距3：服务质量规范和服务提供者实际行动之间的差距**

当服务提供者不能够或不愿意严格按照服务质量规范提供服务时，这种差距就产生了。由于它是在服务表现过程中形成的，因此也被叫做"服务表现差距"。影响服务表现差距的因素包括服务意识、团队协作、员工胜任程度、技术胜任性（公司的技术和设备水平满足一定服务质量要求的程度）、现场控制、跟踪控制、角色冲突和角色模糊等。

**服务营销战略差距4：服务提供者的实际行动与服务提供者沟通之间的差距**

服务组织在广告和促销中作出的服务承诺与实际提供的顾客服务之间的差距，往往是由于企业与顾客间的沟通发生差错或者过分夸大其承诺、滥许承诺造成的。服务提供者向顾客传递的会影响顾客的预期，当这种预期得不到满足时顾客就会失望，从而导致形象受损。为了缩小这种差距，一些服务企业采取了低"姿态"的营销沟通办法。日本一位著名的零售企业家曾说："如果顾客来我的商店购买商品时，把他要购买的商品想得太好，我就一定要想法给他泼点冷水。不然的话,虽然他在我这里购买了这个产品,回去后,他发现这个产品达不到他所期望的好处,他就会认为我们欺骗了他,这就是我们的企业走向毁灭的开始。"因此如果能适度降低顾客的服务预期,实际上就等于相对地提高了顾客的感知质量。

**资料来源:** 志天网[EB/L]. http://yanxiu.22edu.com/jixiaoguanli/jixiaokaohefang-fa/229719.html.

**问题**

1. 你认为文中的方法与课本中的哪个方法类似,有什么值得改进的吗?
2. 从服务营销绩效评估的角度来看,战略与绩效有关系吗?

**应用训练**

1. 假设一家服务企业(如银行,运输公司,证券公司,公交公司等,同学们还可以想出更多的,并任意选择)要对服务营销的绩效进行考评,请你帮助设计一个考评体系。
2. 你认为腾讯公司应该如何对其产品微信的服务进行考评?

# 第十二章 服务营销创新

了解服务创新的重要性;理解服务创新的步骤、流程;掌握网络营销服务的方法;掌握体验营销的策略。

由中国服务贸易协会、中国信息协会联合主办的"2012~2013第八届中国最佳客户服务评选"结果揭晓,国美电器凭借其领先的服务机制、差异化的服务模式和以客户为导向的服务理念,获"中国最佳服务创新奖"。

中国最佳客户服务评选是我国商界客户服务领域最具权威性的评选活动之一,拥有完整的评选体系,通过神秘客户暗访、客户满意度调查、服务支撑度评估的方式综合评定包括服务热线、网上渠道、实体服务渠道等在内的服务实力,涵盖了服务响应、服务规范、业务解决能力三大范畴的30多项指标。据了解,此次评选活动邀请了中央电视台、新华社、中新社、人民日报、中央人民广播电台等权威媒体全程参与,充分保证了调研测评过程严格、细致、客观公正。

**打造一站式服务平台**

在这项为期半年的综合测评活动中,国美客服中心凭借优异的服务质量取得极高的支持率,赢得了业内专家、行业媒体的广泛认可。国美电器客服中心相关负责人表示,国美早在2007年就成立了呼叫中心,目前400-811-3333热线是国美最主要的客户服务渠道之一,服务网络覆盖全国400多个城市,年服务消费者逾600万人次,顾客满意率高达98.97%,用户响应能力处于业界领先水平。

随着互联网经济的兴起,用户需求趋于个性化,国美呼叫中心以深化用户体验为核心,基于用户服务数据,以实体店、400热线、短信客服、微博、微信等社会化营销平台构筑起了满足各类用户需求的客户服务矩阵生态。同时,在分析用户消费行为、洞察用户消费习惯的基础上,搭建了360度触点分析模型,通过与用户进行交互,以差异化服务吸引用户并创造最佳用户体验。

此外,为满足客户差异化、个体化的需求,国美400客服热线为VIP客户、ODM客户、新客户等群体建立了不同专业倾向的专属服务模式,通过IVR系统自动识别客户来电号码,快速接入相应服务队列,提供专属服务。

**构建最佳体验服务体系**

国美呼叫中心建立了业内领先的 3 秒内应答、99%以上接通率的快速响应机制,推出家电顾问、短信名片、电话预订商品等增值服务,并首创行业顾客"区域"服务模式,全方位满足消费者需求。同时,在新 ERP 系统平台的基础上,实现了送安维全程可视化、诉求动态支持、智能知识库等一体化管理;通过供应链、物流链、信息链、服务链的有机协同,将用户需求转化为服务升级的真正动力。

为提升问题解决效率,国美打造了客服体系与门店、物流、售后等部门共同协作的一体化服务模式,并推出"需求限时回复制"、"诉求分级跟踪制"等举措。同时,国美还建立客诉处理联动机制,以客户升级投诉为切入点,重点聚焦共性、热点、典型和难点等问题的解决。

近年来国美一直致力于客户购物体验的全面提升,为更好地了解消费需求,国美通过市场调研、电话回访、入户问需、网上沟通等多种方式与用户沟通,根据消费者的需求提供最方便、最优质的家电选购方案。同时,国美根据这种需求制定包括商品选型、厂商定制产品、个性化服务、售后跟踪在内的各种计划,从而提升消费者在国美门店的购物体验和服务享受。

未来,国美客服中心将继续秉承"被信任是一种快乐"的品牌理念,通过服务监控、服务推动、服务创新、服务联动、服务平台搭建五个方面,不断创新服务模式,将优质、高效的服务送到千家万户。

了解服务创新的重要性,说说它能给国美带来哪些方面的变化。

# 第一节 服务创新服务概述

服务业越来越成为各国经济增长和国民福利提升的重要驱动。随着服务发展逻辑的兴起,服务的范畴也跨越原有的局限,在更多行业范畴中发挥重要的角色。服务创新作为服务企业发展的根本形式,在国内外得到了众多学者的关注,其研究也经历了从制造业语境到服务业语境的转变。这里根据国外已有研究成果,对服务创新的概念、制造业语境中的服务创新研究、服务语境中的服务创新研究做了综述。综述的研究范围涵盖营销、运营、战略等范畴。

## 一、服务创新研究概况

"服务创新"作为一个边界明确的研究领域正焕发出活跃的生命力。虽然关于创新的探讨可以追溯到 Schumpeter(1934)时代,但学者们对创新发生在服务领域中的关注则不到 30 年(Barra,1986,1990)。并且,早期对服务创新的探讨是制造业语境的,研究者更多的将服务作为制造业创新或产品创新的途径进行研究(Vandermerwe and Rada 1988,Quinn et al,1990,Mathe and Shapiro,1993)。直接对服务情境中创新的发生进行关注的研究则直到近十年来才开始出现(Sundbo and Gallouj,2000;Thomke,2003;Zeithaml and Bitner,2003;Gronroos,2007;Lovelock and Wirtz,2007)。

并且,过去有关服务创新的研究,其核心命题也并非从整个服务宏观框架出发来审视创新的过程、机制、模式、驱动因素以及影响因素。而是在对服务相关的诸多要素进行研究时,将创新在某个领域的发生作为了研究的部分构成而被提及。这种情况的发生在如客户管理(Zeithaml and Bitner,2003;Parasuraman et al.,1985;Berry and Parasuraman,1991;Gronroos,2007;Lovelock and Wirtz,2007),服务管理(Levitt,1972;Quinn et al.,1990,1994;Heskett et al.,1997;Lovelock,1984)以及运营管理(Chase,1981)等领域。

由此服务创新作为核心研究概念仍没有得到很好的认知(Bullingera et al.,2003;Essen,2009;Menor et al.,2002),而关于服务创新定义的探讨、理论推导以及可操作的理论模型仍是近年来学界热烈讨论的主题,大量的理论构建、实证实践及模型开发的工作仍有待完成(Chase and Apte,2007;Goldstein et al.,2002;Maglio and Spohrer,2008)。

近年来,服务创新领域的探索性研究兴起是与服务产业发展的背景紧密相关的。服务业在发达国家的兴起已经成为人们的共识,正逐步在各国的国民生产中扮演决定性角色,并成为提高社会福利及经济增长的持续驱动因素(Coombs and Miles,2000;van Ark et al,2003;Gallouj,2002;OECD,2005;European Commission,2009)。

而服务发展逻辑的兴起,更是在所有产业范围内掀起了服务化的浪潮,使得服务更被置于了市场和经济发展概念中基础而核心的位置(Lusch et al,2007;Vargo and Lusch,2004)。制造行业开始了服务化的进程,产品与服务的融合日益紧密,许多传统制造企业通过提供"服务—产品"一体的解决方案来实现企业的收益能力提升以及在多变的竞争环境中保持持续增长的能力(Johnstone et al,2009;Pawar et al,2009;Martinez et al,2010)。无论对制造业还是服务业而言,服务创新都是一个非常值得关注的领域,因为正如产品的升级和更新换代一样,服务创新是服务企业提升动态能力,获得持续增长的根本手段。同时,服务的创新过程与产品相比更是持续且振荡的;因为产品的创新往往具有明显的周期性和代际分隔,而服务的创新却几乎可以发生在任何时候和任何环节中。这是由服务具有的无形性、与顾客的共同创造性、生产与消费的同时性,以及服务的不可贮藏性(Fitzsimmons and Fitzsimmons,2000)所决定的。这种创新的即时性和持续性,更使业界和学界都对这一研究领域倾注了更大关注。

另一方面的原因也在于消费者已逐渐从被动地接受角色转变为价值共创者,消费者们具有了更强的购买和消费的主导意识。一成不变的服务提供者难以通过固有的服务流程满足差异化的顾客需求。服务创新是消费者导向的服务企业可以选择的营销努力手段之一。

## 二、服务创新的定义

谈及产品创新,研究者较容易在概念上达成共识。因为产品的生命周期具有明显的区隔和规律。即使不同种类的产品之间,产品生命周期的环节划分也是相似的,因而大多数产品之间具有相似的创新过程和驱动来源。但服务由于其诸多特殊性和自生的特异性,学界难以用一个具体的概念群或框架穷尽的一次性描述所有发生服务创新的情形。学者们根据各自研究的切入点,从不同的角度为"服务创新"下给出了不同的定义(Haukness,1998;Djellal and Gallouj,2001;Gallouj,2002;van der Aa and Elfring,2002;Tether,2005;Sundbo et al,2007)。

Gadrey(1995)认为服务创新发生在服务产品、组合创新、对现有服务内容的修正以及现有服务流程和组织的创新。Gallouj & Weistein(1997)认为服务创新可以体现为服务产出的特征变化、服务提供者的能力改变、服务提供商技术进步以及顾客能力的提升。Sirilli & Evangelista(1998)认为服务创新只体现为服务产品和流程的革新。Den Hertog(2000)的研究对服务创新定义的贡献较大,他首次提出了服务概念的创新、顾客界面创新以及服务传递过程的创新。回应前人研究,他也重申了组织革新和技术辅助手段革新的重要性。Sundo(2003)在提出服务产品创新、流程创新以及组织创新之外,还强调了市场革新的重要性。

Drejer(2004)和 Dolfsma(2004)两位学者的研究为服务创新的定义增加了创见性的内涵:外部关系创新、专业领域创新以及特别创新(ad hoc)的概念被提出。Djellal & Gallouj(2005)的研究提出了组成服务(constituent service)、中介及目标服务、服务规范创新、服务供应商能力创新等。

结合其他研究者如 DeVries(2006),Soundbo(2006)等的概念定义,服务创新被较普遍的认为是一揽子概念的集合:产品创新、流程创新、市场创新、组织创新、技术创新以及扩大化的服务。

其中 Gallouj and Weistein(1997)的概念模型是广受讨论和批判的(Drejer,2004; Windahl et al,2004; DeVries,2006; Tether and Howells,2007),因为他们的模型最早做出了关于产品和服务融合的尝试,呈现出一种综合的倾向。同时他们还定义了创新程度的六个类型,在很大程度上可以替代其他学者定义中的部分概念,这六种类型分别是:彻底创新、渐进创新、改进创新、组合创新、正规化创新以及特别创新(ad hoc)。特别创新被定义为"针对特定的问题为顾客提供社会(交互式)建构的解决方案。"(Gallouj and Weistein,1997)

综上所述,学界中对服务创新的定义集中在两个层次上:(1)创新发生的元素。用内部审视的观点看待服务,则服务可以分为产品、流程、组织、市场、技术、供应能力等诸多元素。对于特定的行业以及差异化的创新策略,服务提供者可以在一个或多个服务元素中进行创新尝试,从而获得新的服务组合,并发现获得高绩效服务表现的新的商业机会。(2)创新发生的程度及属性:这种定义方式反映了创新对固有的服务产生的影响力水平以及创新发生机制具有的形式特点。不同的市场特征和竞争环境,将影响服务提供者对创新程度的选择,同时服务提供者也将考虑服务的情境特征而选择创新的形式。

## 三、发端于产品创新研究的服务创新研究

学界对产品创新研究的产生历史要早于服务创新研究,诸如制造企业的研发行为、合作伙伴网络(供应者、竞争者或者研究机构)、市场勘察行为等对产品创新产生影响的因素都得到了较充分的讨论。对创新的过程在服务中的发生是一直存在的,但直到制造业语境中的研究者观察到服务在制造业中的兴起趋势时,服务创新才开始被纳入了讨论的范围(Barra,1986,1990)。综合来看,如果将产品创新和服务创新视为两个相互独立又交互影响的领域。则国外对产品创新和服务创新关系的探讨大致可以分为三种视角,分别是:技术主导视角、区隔视角和综合视角。

### (一) 技术主导视角

技术主导视角产生于服务创新研究诞生的早期。在这一流派中,研究者对创新的认识高度集中在技术创新的影响上。服务创新的过程似乎必须是"以技术为基础的"(Tech-based),而忽视了整个创新过程中,其他环节(诸如组织、流程、客户界面等)对创新结果可能产生的影响。

Barra(1986,1990)在他的逆向产品周期模型中首先提出了服务的生命周期模式与产品不相同的,因而他的研究也被服务创新研究者们视为该研究领域的源头(Miles,2006;Tether and Howells,2007)。Barra 认为,服务生命周期即服务的创新周期,显著的服务创新将导

出崭新的服务,意味着原有服务生命周期的终结(Linton and Walsh,2008)。基于这样的观点,barra提出服务的创新实现应当主要来源于技术能力的获得以及在信息技术方面的进步。许多的学者因而将barra的学说称为服务创新的"技术方法论"(Gallouj and Weinstein,1997;Gallouj,1998;DeVries,2006;Sundbo et al,2007)。

然而,Barra的学说对技术的集中关注遭到了后续其他学者的批评(Nightingdale,2003;Dolfsma,2004;Hipp and Grupp,2005;Howells,2006)。批评的焦点在于:① 在服务创新过程中技术的主导地位;② 他的"一体适用"假设(Salter and Tether,2006),不考虑服务之间的异质性。③ 在他的论述中,难以区分产品以及服务过程之间的区别。

Gallouj(2002)进一步的批判了这种技术作为服务创新唯一途径的论述,他辩证的提出服务创新常常是非技术层面的,如一个新的保险政策、一个新的餐馆样式,或者每个新的法律服务领域。相似的对服务创新的技术主导观点的批评还有Pavitt(1984)or Miozzo and Soete(2001)(Sundbo et al,2007)。

### (二) 区隔视角

区隔学派显然认识到了技术主导学派的缺陷,对服务创新和产品创新之间的差异进行了明确的阐述。对于两者之间的"鸿沟",区隔学派当中又分为了两种观点,一种认为区隔是可以跨越的,并且产品和服务创新之间呈现出"同化"(Assimilation)的倾向(Sirilli and Evangelista,1998;Hughes and Wood,1999;Coombs and Miles,2000;Drejer,2004;DeVries,2006;Nijssen et al,2006)。而另一种观点认为服务创新和产品创新是显著"区别"(Demarcation)的,甚至这种区别使得服务业和制造业之间是很难形成知识交换,这是服务业本身具有的异质性特点使得其创新过程在结构上极大的区别于产品创新(Fitzsimmons and Fitzsimmons,2000)。

"同化"观点的一个重要研究实例是1997年进行的第二次欧洲创新调查(CIS Ⅱ),该调查同时兼顾了大规模制造的产品和服务的定义及概念(Howells,2006)。这一流派的一些学者(Sirilli and Evangelista,1998;Hughes and Wood,1999)发现服务和制造业之间的区别似乎没有过去认为的那样大,甚至这种区别相较而言还没有服务业和制造业各自的内部区别大。但无论如何,这一流派仍然主要关注了服务创新中技术的驱动因素,因而对服务创新的描述和研究仍然是不完整的。

其他学者在(Drejer.,2004;Akamavi.,2005)进一步论述的论述中认为,因为这些研究都是使用制造业研究的框架来分析服务创新,因而它们都较为忽视了服务所具有的独特气质。

比较典型的"区别"观点研究应当是Gadrey(1995),Den Hertog(2000)or Djellal and Gallouj(2001)等人的研究,他们的研究有效洞察了制造业当中产品的创新,他们比较关注的是对服务创新行为的气质的揭示。

例如,Djellal and Gallouj's(2001)的研究力图对"服务创新的内生概念"进行讨论,他们在研究中开拓性的探讨了创新过程中顾客以及顾客界面的重要性,服务创新过程中遭遇的终止风险;并且,与经典线性创新理论形成对照的,他们探讨了服务创新的互动特征。

关于区隔研究另一个重要的学术工作来源于Den Hertog(2000).他以概念化的视角审视服务创新,进行了关于服务创新模式的分类研究。他在研究中提出了诸多新颖的观点,诸如"服务概念的创新"、"顾客界面创新"以及"服务传递过程的创新"等,为后续学者开辟了一些值得探讨的新的研究子领域。

### (三) 综合视角

在这一流派中,研究者们倾向于将服务和产品创新进行结合,而非将他们视为独立的领域分别进行研究(Gallouj and Weinstein,1997;Coombs and Miles,2000;Nightingdale,2003;Drejer,2004;Howells,2006;Nijssen et al,2006)。这种研究趋势的兴起得归因于对服务创新重要元素的阐释(如顾客参与的重要性,Sanden et al,2006),这些关注点直到现在对制造业产品创新的研究中都是被忽略的(Drejer,2004)。Gallouj and Weinstein(1997)的研究是第一个尝试该研究路径的范例,作者并没有区别"产品"这一概念应属于服务领域还是制造业领域,讨论了服务和制造业之间模糊的界限,并且清晰的阐述了一种整合的研究路径来探讨发生在两个范畴中的创新行为(虽然他们的实证研究案例是单一的基于服务行业的)。其他后续研究者 Bitran and Pedrosa(1998),Hollenstein(2003),Hipp and Grupp(2005),DeVries(2006)or Froehle and Roth(2007)也都同时关注了制造业和服务业当中发生的创新过程之间具有的联系。

概括而言,上述三种视角的发展是具有脉络关系的。服务作为创新研究的独立领域,其重要性在时间轴上由弱到强的逐渐凸显。学者们首先注意到,对于服务创新的研究不能简单套用产品创新的概念和模型;但又逐渐地认识到,服务创新过程和产品创新过程之间存在一定的共性。这种认识的趋势促使综合视角在近年来的研究中逐渐升温。首先,关注服务创新和产品创新之间的差异的研究不再显得急迫和必要。因此,区别和同化观点的研究的影响力及关联性可预见性将要下降。众多的学者研究已经转向综合流派(Coombs and Miles,2000;Drejer,2004;Miles,2006;Salter and Tether,2006;Froehle and Roth,2007)。由此,未来的研究机会在于综合适用于产品及服务研究的理论模型的构建。此外,之前 Gallouj and Weinstein(1997)的模型仅仅以服务业的材料做了检验,对这一模型制造业材料的补充也可以视为未来的研究方向。

## 四、纯粹服务语境中的服务创新研究

前文提及,早期将创新行为置于纯粹服务语境中的讨论多数将创新作为一个构建,探讨了它与更宏大主体之间的关系。例如 Parasurama(1985)等在对服务质量量化和服务质量模型的探讨中,提出服务创新可以做为服务质量提升的变革手段。Zeithaml and Bitner(2003),Lovelock and Wirtz(2007)等则将服务创新纳入客户管理的语境中进行探讨,认为基于客户各种独特和变化的需求,服务创新是满足顾客需求的重要方式,并且能够帮助获得顾客忠诚。Levitt(1972),Quinn(1990,1994);Heskett(1997)以及 Lovelock(1984)则从服务管理的角度认为服务创新能够增进客户的服务体验。

直指服务创新概念内部的研究首先来自于 Sundbo(1996,1997),他将服务创新作为一个完整的核心概念,探讨了如何对服务创新过程进行管理。Sundbo 从创新理论出发,认为战略创新范式用于解释服务创新管理是最为合适的。他采用丹麦的服务企业样本进行实证研究,给出了关于组织创新行为的模式分类。一个显著的结论是,服务企业很少具有专门的"研发部门"(R&D),并且大多数的创新举动只是非系统化的"且行且看"的过程(search-and-learn process)。Sundbo 与 Gallouj 在稍后的研究(2002)中进一步的对服务语境中的创新行为进行了剖析,认为创新在服务环境中体现为一种"松散的耦合系统"。服务系统内部的元素之间具有明显的异构特征,但在相应的创新机制规则下,能够成为一个统一的运行实践主体,并表现出完整的组织输出结果。这也揭示了组织创新机制在内部是网络式的结构,其模型必须是描述性的而非可以预先计划的。这对传统上的线性创新模型做出了批判。

与之相呼应的研究有 Chae(2011)关于服务创新模型的探讨。Chae 的服务创新模型构建在复杂系统论和混沌论(chaos theory)之上,用 Kauffman 的 NK 模型以及组织二元性理论来描述服务创新发生的机制。

Kauffman 的 NK 模型具有两个要素:N 和 K,N 代表机体中的元素或者组成构件在 SI 语境中,N 可以代表服务系统中不同的元素(例如技术能力、业务流程和其他资源)。而 K 是对系统中各元素间相互依赖程度的描述值。NK 模型用适应值曲面(fitness landscape)来呈现 N、K 之间的关系。适应值曲面用波形图表达了测量值的连续性变化,往往表现出波峰和波谷。而 K 值则决定了曲面的波动振荡程度(ruggedness of the landscape)。

低水平的 K 值(如 $K=0$)意味着平滑的曲面,当 K 值极端大时,曲面则表现出众多的波峰和波谷,呈现出混沌性和严重的不规律性。在 SI 语境中,曲面中的波峰值意味着一个服务系统创造了高的收益或者占有了较高的市场份额以及良好的客户体验。在实际情景中,服务系统的 K 值往往并不处于两个极端,而是在两者之间,因而服务创新的适应值曲面显现出"同时具有规整性和不可测性的特点"(Chae,2011)。

创新过程发生在崎岖的适应值曲面中,因而可以采用两种创新探索的方式:① 进行远程跳跃(long jump),这种跳跃意味着企业的服务系统要进行内部元素的彻底重新配置,其目的在与通过激烈的调整而获得全新而显著的服务机会,但也具有较大的风险。② 渐进爬升的探索(incremental hill-climbing search),也可以称为短期行进(short walk)。这种方式能够帮助企业获得短期成功,但却在未来不可避免地面临下滑的业绩表现,与此同时也限制了企业感知新的服务机会多的可能。这两种大相径庭的方式分别对应着短期成功(short term success)和企业的长期生存能力(long term survival)。对于企业而言,一个二元的创新进程,包含短期行进和远程跳跃可以使得公司在崎岖的曲面中进行明智的探索。

另一方面,服务系统作为一个复杂机体,其内部的元素之间是相互依赖的。如前文 Sundbo(2002)所认为的那样,服务系统是松散耦合的。由此,对任一个或多个元素进行"状态"(state)的转变能够促成整个系统的变革。作者认为服务系统至少可以被定义为三个维度上的"元素"(element):提供商维度、顾客维度以及外部环境维度(geographic/institutional)。而每一维度上,可供选择的创新策略分别对应"渐变"(mutation)和"跨界"(crossover)。那么,在三个维度上进行创新的策略组合总共有 23 种。

将服务创新过程用复杂系统的形式呈现揭示了服务创新过程的不可预测性和多维度触发的特点。因而是一个进化的动态过程。

对于这一脉络而言,未来的研究困境也许是:作为复杂系统的创新过程,对创新"元素"的选择不可能先验的完成。而试探所耗费的成本、试探失败造成的负面影响以及企业绩效的振荡都是对实际运营产生重大损害的。作者同时也承认,对"选择机制"的研究也许是未来的研究机会所在。

Matthing(2004)等在他们的研究中揭示了服务使用者(user participant)参与对服务创新过程的影响。Matting 认为,新服务的发展主要取决于对潜在客户需求的预测和理解。而为了前瞻性的获知顾客需求,应当在服务发展过程中开放的邀请顾客参与,并观察客户在真实参与中传达的需求信息。

Matthing 基于营销理论和学习导向理论,运用"服务核心"(service-center)模型发现了顾客对于服务的点子总是更具有创新性并且将使用者价值置于了更核心的位置,这却往往是专业服务开发者所欠缺的。

因而,客户导向需要持续的与顾客合作并向顾客学习,以能够响应顾客独特多样而又动态变化的需求。服务中心逻辑(service-centered logic)意味着服务的价值是与顾客共同创造的,并且由顾客基于其使用价值而定义服务的价值水平。

Moller(2008)从相似的价值共创的视角出发,认为进行服务创新实践的关键在于对价值共创以及价值获得逻辑的把握。根据前人对价值共创网络的研究,moller提出了三种服务创新策略:① 在竞争激烈的市场中提供已经成型的服务;② 在附加值服务中进行渐进的服务革新;③ 通过激进而彻底的服务革新产生新颖的服务。

这些策略的良好实施有赖于理解顾客以及服务提供者双方的角色,价值共创的双方都需要综合的感知价值共创对服务创新的驱动、支持。作者还指出了未来的研究机会在于进一步开发概念、理论以及框架从而在服务价值共创的框架下更好的探讨服务创新。

Michel(2008)的研究对于服务逻辑创新和顾客创新做出了较多的理论推进。基于服务发展逻辑,服务产品的创新应当是为顾客提供新的途径来使他们满足自身的个人需求。甚至,顾客自身对需求的感知也是不充分的,服务提供者需要帮助客户发现需求正是新的创新机会所在。

因此,服务提供商提供给客户的应当是一种共同参与的解决方案,包括实物支持、边界灵活可变的服务内容以及顾客参与。

对服务战略的研究可以视为另一个相对独立的脉络。Trigo & Vence(2011)通过对西班牙技术创新年鉴中2148进行了创新的服务公司的考察,用"潜伏组分析"(lantent class analysis)的方法论评估了西班牙经济体中进行创新的服务企业的范围。他们的研究发现,在创新过程中,外部信息的影响越发重大;与之一致的是,实证研究的结果表明服务行为的属性影响了企业的战略合作伙伴的选择以及合作强度。由此,研究者将服务创新企业之间的合作分为三大类:① 技术—科技密集型合作;② 顾客互动密集型合作;③ 独立创新者。而第三种类别的企业占到了59%,因此,相当肯定的结论是,相当大比例的西班牙服务企业并没有在创新过程中寻求外部合作。更深入的,研究者将创新的输出作为变量研究了合作伙伴的选择和创新绩效之间的关系,研究结论支持了伙伴对绩效的正相关影响。另一个有趣的发现是,在同一个行业中,存在多个合作者共存的情况。

Agarwal & Selen(2011)的研究没有集中关注服务创新过程中战略合作伙伴的选择机制;而是提出了"服务升华"(elevated service offerings,ESO)的概念,用以研究企业联盟对服务供给提升的影响。ESO意即服务企业通过合作与联盟来提升原有服务或者是提供新的服务,而这种提升的结果,是不可能分离由单一的组织可以达成的。ESO能够在服务网络和服务系统的维度上提供研究服务创新的框架。

Agarwal & Selen(2011)采用结构方程模型研究了澳大利亚449个通信行业服务提供商及其联盟组织的合作行为。其实证研究结果揭示了当下的服务创新已不再仅仅是流程和产品的革新,也应当是服务绩效和生成力的增益,甚至于服务组织形态上的创新。ESO所建构的三个检验层次——战略、生产率、绩效的相关研究结果表明,服务创新具有日益增长的复杂性和多维度的特点,同时创新的过程是重复迭代的。

综上所述,在纯粹服务语境下的服务创新研究仍在蓬勃发展之中,主要的研究具有三种导向:市场营销导向、战略导向以及运营导向。无论在哪一领域当中,服务创新的概念边界以及概念模型都仍是有待发展的。虽然学者们都提出了各自的理论建构,但仍缺乏主导性的研究框架的出现。这也正是该语境中最大的研究机会所在。进而,关于服务创新研究的量表开发、实证研究工作也仍待推进。非常重要的是,同时对制造业材料和服务业材料进行探讨的实证研究还较少出现。

## 第二节 服务创新的途径

竞争的激烈性与顾客的期望在所有的服务行业都与日俱增。因此,服务企业想要获得成功,不仅要很好地向顾客提供现有的服务,还要不断研发服务的新方法。由于只有服务的产出与流程相结合,才能创造顾客的服务体验与收益,所以服务创新也必须从这两个方面进行综合考虑。

### 一、服务创新的类型

循着上述思路,可以有多种不同的组合来进行服务创新,考虑不同行业,不同层次,不同深度,创新的类型众多,下面列举几种服务创新的类型,涵盖了从主体创新到简单的风格改变各个层次。

#### (一) 主体服务创新

针对尚未确定的市场创造新的核心服务。它通常包括新的服务特征和崭新的服务流程。如联邦快递在20世纪70年代提供的在全国范围内连夜包裹快递服务,eBay首创的网上拍卖服务等。

#### (二) 主要的流程创新

使用新的服务流程来提供现有的核心服务,通过新的模式提供额外的益处。例如,美国凤凰城大学通过以非传统方式提供本科生与研究生学位教育来与其他大学竞争。学校没有固定的中心校区,而是通过网络或租用场地进行授课。与其他大学相比,凤凰城大学的学生可以花一半的时间甚至更少的钱得到大学学位所能带来的绝大部分收益。近年来网络的快速发展成就了很多新兴企业,它们使用新的零售模式取代传统的商店模式,节省了顾客时间,也避免了交通不便。这些新模式常常带来新的以信息为基础的益处,例如更符合顾客需求的定制化方案,可以在网络聊天室内与其他顾客进行沟通,获得与购买产品相关的更多产品的建议等。

#### (三) 生产线延伸

这是企业对现有产品线的拓展。第一个在市场提供某种新产品的企业可能被视为革新者;其他企业就是跟随者,通常只能采取防御策略。这些新服务是为了满足现有顾客更广泛的需求或吸引具有不同需求的新顾客,又或两者兼备。达美(Delta)航空公司作为美国几大主要航空公司之一,深度推出单独的低成本运营服务同低成本的折扣运输航空公司(如捷蓝、西南航空公司)竞争,但这些尝试没有能够获得成功。电话公司推出了多种增值业务,如呼叫等待和呼叫转移,停机保号,学生寒假和暑假漫游不收费等创新活动,也取得不错的创新效果。在银行方面,很多银行拓展业务范围,销售理财产品、代售保险产品等等,以图以创新带来利润增长,希望借此提升与现有顾客的盈利性关联。

#### (四) 流程线延伸

这种创新的创新程度低于生产线延伸,但是通常代表了一种新的服务传递过程。这种延伸的目的是增加便利性,为顾客提供不同的服务体验,吸引那些对原有服务不感兴趣的新顾客。通常情况下,服务供应商会在现有的高接触性分销渠道的基础上,添加低接触性分销渠道,如电话银行或网络银行服务。巴诺(Barnes and Nobel),美国最大的连锁书店就通过网站增加了网上零售服务,并借此与亚马逊(Amazon.com)展开竞争。这种双渠道的运营模式现在被称为O2O模式结语电子商务企业或实体企业为人们所接受,有时也被称为"鼠标加水泥"。另外,自助服务也是员工服务之外的一种流程线延伸创新。

### (五) 附加性服务创新

附加性服务创新指的是为现有核心产品增加新的便利性或增强性的服务要素,或大幅度革新现有的附加性服务。如目前许多民营快递公司都为顾客提供随时的网络查询服务,可以跟踪快递品的位置。低技术含量的创新较为简单,例如零售店增加一个停车场地,或开始接受信用卡支付方式。许多服务交易,为了增加可信度,采用支付宝平台。多项附加性服务的改进可能为顾客带来全新的服务体验,尽管这些创新是围绕同样的核心产品展开的。主题餐厅,如热带雨林咖啡馆(Rainforest Cafe')通过提供新的服务体验来增加核心产品(食品)的竞争力。通过水族馆、活泼的鹦鹉、瀑布、玻璃丝猴子、根据环境的变化能介绍相关信息的会"说话"的树,以及定时雷电等场景布置,给顾客提供一种全新的用餐体验。

### (六) 服务改进

这是最普遍的一种创新方式,主要对现有产品进行轻微调整变化,包括对于核心产品或者现有的附加性服务的改进。

### (七) 风格变化

这是一种最简单的创新方式,通常不涉及流程或服务表现的变化。然而,风格变化的影响通常是非常明显的,能激发顾客兴趣,甚至能调动员工积极性。例如把超市的货物排列位置、方式变化一下,把零售店面粉刷成另外一种颜色,给车辆更换更新颖的色彩方案,为员工配备新的工作服,改变银行支票的图案设计,或者更换员工服务内容等。

## 二、重新设计服务流程

重新设计服务流程与第八章的服务流程再造有相同之处,在一定程度上是服务流程再造的同义语,同学们可以回顾一下第八章的服务流程再造。服务流程设计不仅关系顾客,同样也关系着服务成本、服务速度和服务效率能否达到理想的效果。提高服务效率通常要求提高服务流程的整体速度(或周期),因为创建一项服务的成本通常与每个服务流程环节的传递时间以及各环节间可能出现的无效时间相关联。流程的重新设计包括再设计服务流程,进而实现更快、更好的服务表现。为缩短整体的流程时间,分析者必须识别出每个流程环节,测量其传递时间,寻找提高服务速度的机会(或者干脆完全取消某个环节),并且消除各环节间的无效时间。同时进行多项任务而不是死板地按照次序先后进行,是被广为接受的提高流程速度的方法(一个简单的家居方面的例子是在用烤箱烘制主菜的同时烹调蔬菜,而不是等主菜烤好以后再准备蔬菜)。服务公司可以用绘制蓝图的方法来系统地规划服务运作的各个方面。

对服务流程的检查可能会引导我们创建新的服务传递方式,它可能与现有方式完全不同,从而建立全新的服务概念。可能的做法包括:取消某些附加性服务,添加新的附加性服务,建立自助性服务流程,以及重新考虑服务传递的地点与时间。图12.1通过对比提供全方位服务的餐厅,用4种餐饮服务提供方式的简单流程图来说明了这一观点。观察并比较以下餐饮服务方式前台的差异：包括一家快餐店、一家汽车餐馆、送餐上门服务，以及上门厨师服务。从顾客的角度来看，对比全方位的餐馆服务，添加了哪些服务，取消了哪些服务？这些改变对于后台的活动有哪些影响？

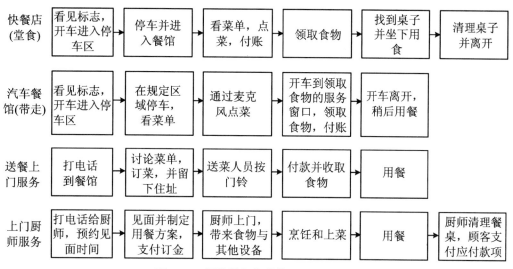

图12.1　餐饮服务传递的不同服务理念

## 三、改善实体产品是服务创新的一种方式

当产品与服务提供相同的核心利益时，它们之间是可以相互替代的。例如，如果你的草坪需要修剪，你可以购买一台草坪除草机自己动手修剪，也可以雇用一家草坪维护服务公司来干这种杂活，既无须购买设备，又能同时租赁到人力与设备。如何作出决定通常由顾客的技术、体力、时间，以及购买价格（包括运营成本）和服务费用的成本对比、放置购买来的产品的储存空间、预计使用频率等诸多要素的影响。

许多服务都可以围绕着给顾客提供购买实物性产品之外的选择，让顾客能够自己动手完成某项工作而建立起来。图12.2展示了4种汽车旅行和文字处理的不同选择。其中的3种选择为供应商提供了创造服务产品的商机。每种选择的关键在于决定是自己购买还是租用实体产品，是自己完成工作还是雇用他人来完成。另外，还可以通过增加额外的服务来提升服务的价值。

图12.2　服务作为拥有实体产品、亲自完成任务的替代性选择

任何新的实体性产品都有创造相关的物体处理服务的潜力（特别是产品价值较高、使用

年限较长时)。工业设备可能需要终身维修服务,从一开始的融资与保险、运输(可能包括安装),到接下来的维护、清洁、维修、咨询建议、故障排除、升级,直至最终的废弃处理等。历史记录显示,卡车、厂房设备、机车、电脑、喷气式发动机等类产品在销售之后的很长一段时间,其售后服务仍然是企业重要的收入来源之一。

美国卡特彼勒公司(Caterpillar),一家著名的重型挖土机与建筑设备生产商,开发了一系列的服务产品来增强其高度循环性的制造服务。这些服务包括:

(1) Cat 金融公司,负责向卡特彼勒 3/4 的产品销售提供信贷服务。

(2) Cat 保险公司,为分销商与顾客提供服务,提供针对设备损坏的保险并提供延伸的保修服务。

(3) Cat 租赁店,分销商产权所有的服务场所网络,提供以天数、星期、月份为时间单位租用卡特彼勒产品和相关设备的租赁服务。

(4) Cat 后勤供给店,为全世界范围内的顾客提供供应链管理,提供规划与项目管理服务。

(5) 设备使用培训方案集团,为设备操作者提供课程,帮助他们正确选择具体工作所需设备,熟练地使用设备以提高生产率、降低故障、降低运作成本,并且提高工作安全性。

(6) 维护与支持,根据顾客的特别需要定制个性化的顾客支持协议,从简单的预防性维护方案到复杂的整体成本控制保证。

(7) 再生产,通过使用专利技术对卡特彼勒和其他原始设备生产商的陈旧设备进行抢救、清洁、修复、重建。

## 四、利用调研来设计新的服务产品

如果一家公司开始建立一项新的服务产品,那么如何确定该项服务的服务要素与价格定位,并为目标顾客创造最大价值呢?在不征询顾客意见的情况下是很难找到答案的,因此我们需要进行调研。服务企业可以在市场调研专家的帮助下开发出服务业的新产品。例如,万豪集团在专家调研成果的启发下,创建了不同于原来的万豪酒店服务的三种新型连锁酒店原型(Courtyard,后来被称为万怡酒店)。该理念经过实际测试和调整后,万豪集团建立了一种新型连锁酒店,其广告语就是"万怡——专为商务旅行者而设"。万豪集团一直沿用这一主题,最近万怡的主打广告语是"建筑师设计了大多数酒店,而旅行勇士们设计了万怡",并提供免费的高速互联网接入服务与 24 小时的商业服务。

### 【分析案例】12-1　　根据万豪理念设计的万怡

当万豪集团意图设计一个以商务旅行者为目标群体的新型连锁酒店(后来成为万豪旗下的万怡酒店),酒店专门雇佣了市场调研专家来协助创建一个最佳设计理念。由于在每个给定的价格层面能提供的服务与附属设施是受限制的,万豪集团想了解顾客是如何进行权衡,以期达到服务与金钱之间的最佳平衡。研究的目的是让顾客对不同的酒店服务作出不同的权衡比较,从而找出顾客最重视的服务要素。万豪集团的目标是要确定在全方位服务酒店与廉价酒店之间是否存在缝隙市场,特别是在那些对全方位酒店服务需求不高的地方。如果缝隙市场存在的话,万豪管理层希望能开发出新的服务产品来填补这一空白。

来自4个大都市的60名消费者参与了这项调研。研究人员通过联合分析的复杂技术，让消费者在不同的服务特性之间进行权衡。目的是找出在特定的价格层面，哪些服务特征能带给消费者最大的效益。研究中，研究人员将50种服务特征分为7类要素（或7组服务要素组合），在具体研究竞争性产品的基础上，每类要素都包含许多不同的服务特征：

（1）外部要素——建筑形状、风景、游泳池类型与地点、酒店规模。
（2）客房特点——客房大小与装饰风格、温度控制、卫生间的类型与位置、娱乐系统以及其他附属设施。
（3）食物相关服务——餐厅的类型与地点、菜单、客房就餐服务、自动售货机、礼品店、客房内厨房。
（4）大堂服务——位置、气氛、客人类型。
（5）服务——预订、登记、退房、机场接送大巴、行李服务、信息中心、秘书类服务、租车服务、干洗服务、服务人员服务。
（6）休闲娱乐设施——桑拿、旋流温水浴、健身房、壁球与网球场、游戏厅、儿童乐园。
（7）安全类服务——保安、烟雾探测器、24小时录像监控。

对于7类要素中的每一类，研究人员都会向受访者展示不同级别服务特征的系列激励卡。例如，对于"客房特征"这一要素，卡片上列出了9种不同的服务特征。每种服务特征又分成3~5种不同的级别。比如，附属设施就包括不同级别，从"小香皂、大香皂、袋装香波、擦鞋布"到"大香皂、沐浴露、浴帽、针线包、洗发水、特殊香皂"，再到最高级别"大香皂、沐浴露、浴帽、针线包、特殊香皂、牙膏等"。

在研究的第二阶段，研究人员给受访者提供不同的酒店服务组合，每种组合都包含不同特征的不同级别服务。受访者在5分制量表上打分，给出给定价格下他们愿意选择哪些组合的酒店服务。研究人员设计了50张卡片，每位受访者要对5张卡片给出评价。

该研究为约200种服务要素的筛选提供了具体的指导建议，代表了目标顾客群体在愿意支付的价格上能够提供最高效用的服务要素。该研究的一个重要方面是，它不仅关注商务旅行者需要哪些服务，还识别出了什么样的服务是消费者喜爱但不愿意支付消费的（毕竟，希望得到某项服务与愿意为其支付这两者之间还是有区别的）。利用研究结果，设计团队就能够在特定的价位上保留目标顾客群体最需要的服务要素。

这一新型服务理念填补了该类服务产品市场的空白，在顾客愿意支付的价格和他们最希望得到的服务之间实现了很好的平衡。继万怡项目成功之后，万豪又用同样的调研方法开发了其他顾客导向型服务产品。这些产品包括露天旅店——价格适中的酒店连锁，只提供有限的客房服务；斯普林尔套房——价格适中的套房酒店，目标是为商务与度假旅游者提供独立的工作区、休息区以及用餐区。用餐区包括带有水槽、微波炉、咖啡机的餐具室。

## 五、在开发新产品方面取得成功

开发新型消费品的高失败率是众所周知的：每年开发的3万种新产品中，90%以上会以失败告终。服务产品开发也不能幸免，和制造产品开发一样都面临高淘汰率。互联网的流行激发了众多的企业家建立了大量新的.com公司来提供以网络为基础的服务,但是这些公司中的绝大多数都在最初的几年内相继失败。失败的理由多种多样,包括:无法满足某种显而易见的顾客需求,无法得到足够的收入来支付运营成本,以及表现欠佳的运作。在饭店行业中,H.T.帕萨等人发现,第一年的失败率在26%左右,在接下来的3年内将上升到60%。有趣的是,这一比率在提供不同类型的食物的饭店间有较大差异,从海鲜和汉堡类的33%到三明治与糕点类的76%,以及提供墨西哥口味食物饭店的86%。

克里斯·斯托里和克里斯托弗·伊兹伍德(Chris Storey and Christopher Easimzwood)认为,在开发新的服务产品时,核心产品开发的重要性仅仅排在第二位。发挥关键作用的是服务产品的总体质量以及确保服务质量的营销支持力度。他们强调,在这些领域内成功的要素是对于市场的了解:"如果没有对于市场、顾客、竞争对手的了解,新产品开发很难取得成功。"斯蒂芬·塔克斯和伊恩·斯图亚特(Stephen Tax and Ian Stuart)则认为,新服务的定义应取决于对现有的服务体系作出变革的程度,包括各参与方之间的互动(人员)、流程、实体性要素(如场所与设备)。他们建议用一个七步骤的规划循环,评估在一家公司的现有服务体系中添加新服务的可行性与相关风险性。

严格执行并控制新服务开发流程能在多大程度上提高新产品开发的成功率呢?斯科特·埃杰特和史蒂文·帕金森(Scott Edgett and Steven Parkinson)进行了一项研究来对比新开发的金融服务产品成功与失败方面的原因。根据他们的研究结果,三个要素对于产品的成功作出了最大贡献,按照重要程度排序,它们分别是:

(1)市场协同效应。新产品与公司现有的形象完美吻合,在满足已知顾客需求方面比同类竞争产品占有显著的优势,同时在产品首发与之后能得到公司与其分支机构的强有力支持。此外,该公司十分了解顾客的购买决策行为。

(2)组织要素。组织内部存在很好的跨部门合作和协调能力。开发人员完全了解他们的职能所在,并且清楚新产品开发对于公司的重要性。

(3)市场研究要素。科学设计的详细市场研究在开发的早期阶段已经完成,对于需要获取的信息有清晰的理解,在进行实地调研之前对产品概念下了精确定义。

另一项在金融服务公司领域所进行的旨在确定新产品成功或失败要素的调研也得到了类似的结果。在金融服务领域,获得成功的关键性要素是协同效应(即产品与公司在所需的专业知识与现有的资源方面的匹配性)和内部营销(在推出新产品之前如何支持并帮助员工了解新产品及其支持系统,以及直接竞争者的信息与各种支持)。

上述案例中万豪集团在万怡酒店项目上的成功是一个差别很大的行业范例(酒店业属于一种人员处理服务,由众多有形元素组成),这同样支持了我们的观点,即一个高度结构化的开发流程将提高复杂的服务创新的成功率。然而,值得关注的是,强调新产品开发过程的程式化有其自身的限制。瑞典的研究者博·爱德华森、哈格隆德和马特森(Bo Edwardsson,Lars Haglund and Jan Mattson)分析了电信、运输、金融服务领域的新产品开发活动,其结论如下:

诸如新产品开发这样复杂的流程是无法一步到位的。创造和革新不能仅仅依靠规划与控制。在新产品开发过程中可能会出现临时情况、混乱与内部的竞争,有必要采取特殊的处理方式来平衡创造性和正规的规划与控制两方面的需求,这样才能在新产品开发方面取得成功。

他们在瑞典随后又进行了一项研究,在顾客对服务创新中的作用方面得出了重要结论。

研究者发现,在新产品概念形成阶段,产品设计理念的质量差异巨大,这种差异源于产品概念是由专业的服务开发人员设计,还是由使用者自己创造。使用者的观点被认为更具有原创性,同时对于顾客而言也具有更高的感知价值。但总体而言,这些观点也更加难以转化为商业性的服务产品。

## 第三节 网络营销服务

随着信息技术的发展,网络营销服务应运而生。网络营销服务作为信息时代的产物,不仅推动了产品营销的发展,更创新了服务业的范围与内涵。特别是O2O的发展使产品与服务两者边界越来越模糊,产品和服务联系起来了,甚至有人预言这种方式将成为营销的主要形式。

### 一、网络营销服务概述

#### (一)概念

营销服务也就是网络营销,两者在许多语境下混合使用。网络营销服务(On-line marketing service 或 E-marketing service)就是以国际互联网络为基础,利用数字化的信息和网络媒体的交互性来辅助营销目标实现的一种新型的市场营销服务方式。简单地说,网络营销服务就是以互联网为主要手段进行的,为达到一定营销目的的一系列网络营销服务活动。

#### (二)分类

从不同的角度来看,网络营销服务可以划分为不同的类型。从其涵盖范围角度网络营销服务可以划分为广义的网络营销服务、狭义的网络营销服务和整合网络营销。广义的网络营销服务,笼统地说,网络营销服务就是以互联网为主要手段(包括 Intranet 企业内部网、EDI 行业系统专线网及 Internet 国际互联网)开展的营销服务活动。狭义的网络营销服务是指组织或个人基于开放便捷的互联网络,对产品、服务所做的一系列经营服务活动,从而达到满足组织或个人需求的全过程。整合网络营销认为:网络营销是企业整体营销战略的一个组成部分,是为实现企业总体经营目标所进行的,以互联网为基本手段营造网上经营环境的各种活动。这个定义的核心是经营网上环境,这个环境我觉得这里可以理解为整合营销所提出的一个创造品牌价值的过程,整合各种有效的网络营销手段制造更好的营销环境。

从网络建设角度来划分,可以分为非网站型网络营销、网站宣传型网络营销、门户网站型网络营销、网上交易型网络营销、交易中介型网络营销。

非网站型网络营销是指企业没有建立自己的网站,只是利用因特网的服务功能来开展网络营销服务。如利用因特网的电子邮件、邮件列表功能等发布企业产品或服务的信息,利用浏览器在因特网上查询企业所需的各种信息资源。这种类型的网络营销服务属于初级的网络营销,企业不需要投入太多的资金,也能开展很多的网络营销业务工作,投入少,见效快。缺点是没有固定的品牌形象,不容易形成消费者忠诚。

网站宣传型网络营销是指企业自己设立网站,建立网站的目的主要是利用网站宣传企业的形象、企业的文化、企业的产品或服务的种类、价格以及联系方式等信息。这种类型的网络营销服务投资少、见效快,但没有充分利用网站优势,营销功能有限。

门户网站型网络营销是指用户登录到企业门户网站，就可以得到企业提供的所有服务。企业通过门户网站把内部管理信息系统与外部的客户及供应商联系起来，在更大范围内实现信息的整合与共享。

网上交易型网络营销是指网站向网上消费者提供企业有关信息，实现信息的互联，同时可以在网站上进行商品交易，开展B2C模式的电子商务活动的网络营销。这种模式又可以细分为三种子类型：① 网上超市模式。网上超市模式是指网站经营各种商品，由网站经营者自己组织货源，并在线销售给最终消费者的营销模式。例如北京西单商场建立的"I"购物（www.igo5.com）网站。② 网上专卖店模式。网上专卖店模式是指网站主要从事某一类目前在网上容易销售的商品的营销模式。如当当网上书店（www.dangdang.com）。③ 提供交易服务模式。提供交易服务模式，指网站主要提供一些特殊的交易或服务的营销模式，如网上证券、网上游戏服务等。

交易中介型网络营销。交易中介型网络营销是指网站建立交易平台，让其他企业或个人到网站进行交易，收取中介服务费或服务器存取空间租用费等费用，开展B to B、B to C等类型的电子商务活动的营销模式。这种模式又可以进一步细分为三种子类型。① 网上商城营销模式。网上商城营销模式是指网站为每个进驻商场的企业提供网站空间或链接，存放企业的产品或服务信息，网站本身并不组织货源和进行交易的营销模式，如阿里巴巴网。② 网上拍卖营销模式。网上拍卖营销模式平台是指网站为拍卖双方提供拍卖交易，根据成交情况收取一定费用的营销模式，如易趣网。③ 提供网上信息服务营销模式。这种模式指网站向客户提供信息服务收取一定费用的营销模式，如南方人才网。

另外按其新旧形式分，可以分为：传统型的网络营销服务、与市场营销结合的网络营销服务、与手机相结合的网络营销服务。

### （三）特点

随着互联网技术发展的成熟以及互联网成本的低廉，互联网好比是一种"万能胶"将企业、团体、组织以及个人跨时空联结在一起，使得他们之间信息的交换变得"唾手可得"。市场营销中最重要也最本质的是组织和个人之间进行信息传播和交换。如果没有信息交换，那么交易也就是无本之源。正因如此，互联网具有营销所要求的某些特性，使得网络营销呈现出以下一些特点：

**1. 时域性**

营销的最终目的是占有市场份额，由于互联网能够超越时间约束和空间限制进行信息交换，使得营销脱离时空限制进行交易变成可能，企业有了更多时间和更大的空间进行营销，可每周7天，每天24小时随时随地地提供全球性营销服务。

**2. 富媒体**

互联网被设计成可以传输多种媒体的信息，如文字、声音、图像等信息，使得为达成交易进行的信息交换能以多种形式存在和交换，可以充分发挥营销人员的创造性和能动性。

**3. 交互式**

互联网通过展示商品图像，商品信息资料库提供有关的查询，来实现供需互动与双向沟通。还可以进行产品测试与消费者满意调查等活动。互联网为产品联合设计、商品信息发布以及各项技术服务提供最佳工具。

**4. 个性化**

互联网上的促销是一对一的、理性的、消费者主导的、非强迫性的、循序渐进式的，而且是一种低成本与人性化的促销,避免推销员强势推销的干扰,并通过信息提供与交互式交谈,与消费者建立长期良好的关系。

**5. 成长性**

互联网使用者数量快速成长并遍及全球,使用者多属年轻、中产阶级、高教育水准,由于这部分群体购买力强而且具有很强市场影响力,因此是一项极具开发潜力的市场渠道。

**6. 整合性**

互联网上的营销可由商品信息至收款、售后服务一气呵成,因此也是一种全程的营销渠道。另一方面,禹含网络建议企业可以借助互联网将不同的传播营销活动进行统一设计规划和协调实施,以统一的传播资讯向消费者传达信息,避免不同传播中不一致性产生的消极影响。

**7. 超前性**

互联网是一种功能最强大的营销工具,它同时兼具渠道、促销、电子交易、互动顾客服务以及市场信息分析与提供的多种功能。它所具备的一对一营销能力,正是符合定制营销与直复营销的未来趋势。

**8. 高效性**

计算机可储存大量的信息,代消费者查询,可传送的信息数量与精确度,远超过其他媒体,并能因应市场需求,及时更新产品或调整价格,因此能及时有效了解并满足顾客的需求。

**9. 经济性**

通过互联网进行信息交换,代替以前的实物交换,一方面可以减少印刷与邮递成本,可以无店面销售,免交租金,节约水电与人工成本,另一方面可以减少由于迂回多次交换带来的损耗。

**10. 技术性**

网络营销是建立在高技术作为支撑的互联网的基础上的,企业实施网络营销必须有一定的技术投入和技术支持,改变传统的组织形态,提升信息管理部门的功能,引进懂营销与计算机技术的复合型人才,未来才能具备市场的竞争优势。

## 二、网络营销服务的程序

网络营销服务既可以借鉴产品营销的程序也可以按照定位剖析、营销剖析、综合优化整合推行的程序进行。

### (一)定位剖析

(1)网站分析,对网站的本身停止解剖剖析,目的是寻觅到网站的根底成绩所在;

(2)电子商务定位,对企业网站停止电子商务定位,明白网站的地位;

(3)电子商务形式剖析,剖析网站的电子商务形式,研讨与网站相匹配的电子商务形式;

(4)行业竞争剖析,行业竞争的状况,行业网站的综合剖析;

(5)网站开展方案剖析,电子商务网站短期规划与临时开展战略的施行反应剖析等。

### (二)营销剖析

(1)关键词剖析,关键词能否恰当,关键词密度能否合理等;

(2)搜索引擎登录剖析,采用何种登录方式,登录的信息能否有效;

(3)链接相关性剖析,链接的人气能否高,能否属于相关性较大的链接;

(4) 目的市场剖析，对目的市场停止剖析，研讨目的市场与营销的关系；

(5) 产品剖析，剖析产品的特性，产品的卖点等；

(6) 营销页面剖析，营销页面设置的地位，营销页面的内容，营销页面的第一感觉等；

(7) 营销渠道剖析，所采用的营销渠道如何，新的营销渠道如何开辟；

(8) 后续产品和效劳剖析，后续产品的开发，效劳的状况反应剖析；

(9) 价钱剖析，价钱如何，合感性等。

### （三）综合优化

(1) 网站的架构优化，构造优化，电子商务运转环境优化等；

(2) 网站页面优化，页面布局优化，页面设计优化；

(3) 导航设计，导航的方便性，导航的文字优化等；

(4) 链接整理，对网站的内外链接停止处置；

(5) 标签优化设计，对相关标签停止优化设计。

### （四）整合推行

(1) 网站流量推行战略，关键还是流量成绩，这个进程中会用到许多网络营销办法；

(2) 内部链接推行，友谊链接战略的运用；

(3) 病毒式营销战略，详细的战略需求灵敏运用；

(4) 其他推行，关注网络变化，开发新的推行手腕。

## 三、网络营销服务的方法

随着网络技术的快速进步，网络营销服务的方法也在不断更新。总而言之，网络营销服务的职能的实现需要通过一种或多种网络营销服务手段，常用的网络营销服务方法除了搜索引擎注册之外还有：关键词搜索、网络广告、TMTW 来电付费广告、交换链接、信息发布、整合营销、邮件列表、许可 E-mail 营销、个性化营销、会员制营销、病毒性营销、社会化媒体营销等等。大家也可以考虑一下包含网络的整合营销。搜索引擎整合营销（SEM）中的 PPC 竞价广告和搜索引擎优化，现阶段在中国 PPC 推广主要是百度和 google 的竞价排名推广，是一种按照点击付费的推广方式，搜索引擎优化是通过对网站进行符合搜索引擎标准的方法进行优化，从而提高在百度、google 等搜索引擎上的自然排名，并获得流量，已达到推广的目的的一种推广方式，搜索引擎作为网民上网常用的功能，在未来的网络营销中将占据主流。下面简要介绍十几种常用的网络营销方法及效果。

### （一）交换链接

交换链接或称互惠链接，是具有一定互补优势的网站之间的简单合作形式，即分别在自己的网站上放置对方网站的 LOGO 或网站名称并设置对方网站的超级链接，使得用户可以从合作网站中发现自己的网站，达到互相推广的目的。交换链接的作用主要表现在几个方面：获得访问量、增加用户浏览时的印象、在搜索引擎排名中增加优势、通过合作网站的推荐增加访问者的可信度等。更重要的是，交换链接的意义已经超出了是否可以增加访问量，比直接效果更重要的在于业内的认知和认可。

### （二）网络广告

几乎所有的网络营销活动都与品牌形象有关，在所有与品牌推广有关的网络营销手段中，网络广告的作用最为直接。标准标志广告（BANNER）曾经是网上广告的主流（虽然不是唯一形式），进入 2001 年之后，网络广告领域发起了一场轰轰烈烈的创新运动，新的广告形式不断出现,新型广告由于克服了标准条幅广告条承载信息量有限、交互性差等弱点,因此获得了相对比较高一些的点击率。

### (三) 信息发布

信息发布既是网络营销的基本职能,又是一种实用的操作手段,通过互联网,不仅可以浏览到大量商业信息,同时还可以自己发布信息。最重要的是将有价值的信息及时发布在自己的网站上,以充分发挥网站的功能,比如新产品信息、优惠促销信息等。

### (四) 许可 E-mail 营销

基于用户许可的 Email 营销比传统的推广方式或未经许可的 E-mail 营销具有明显的优势,比如可以减少广告对用户的滋扰、增加潜在客户定位的准确度、增强与客户的关系、提高品牌忠诚度等。开展 E-mail 营销的前提是拥有潜在用户的 E-mail 地址,这些地址可以是企业从用户、潜在用户资料中自行收集整理,也可以利用第三方的潜在用户资源。比如国内的 51mymail,拓鹏数据库营销都是属于此类。

### (五) 邮件列表

邮件列表实际上也是一种 E-mail 营销形式,邮件列表也是基于用户许可的原则,用户自愿加入、自由退出,稍微不同的是,E-mail 营销直接向用户发送促销信息,而邮件列表是通过为用户提供有价值的信息,在邮件内容中加入适量促销信息,从而实现营销的目的。邮件列表的主要价值表现在四个方面:作为公司产品或服务的促销工具、方便和用户交流、获得赞助或者出售广告空间、收费信息服务。邮件列表的表现形式很多,常见的有新闻邮件、各种电子刊物、新产品通知、优惠促销信息、重要事件提醒服务等等。

### (六) 个性化营销

个性化营销的主要内容包括:用户定制自己感兴趣的信息内容、选择自己喜欢的网页设计形式、根据自己的需要设置信息的接收方式和接受时间等等。个性化服务在改善顾客关系、培养顾客忠诚以及增加网上销售方面具有明显的效果,据研究,为了获得某些个性化服务,在个人信息可以得到保护的情况下,用户才愿意提供有限的个人信息,这正是开展个性化营销的前提保证。

### (七) 会员制营销

会员制营销已经被证实为电子商务网站的有效营销手段,国外许多网上零售型网站都实施了会员制计划,几乎已经覆盖了所有行业,国内的会员制营销还处在发展初期,不过已经看出电子商务企业对此表现出的浓厚兴趣和旺盛的发展势头。

### (八) 网上商店

建立在第三方提供的电子商务平台上、由商家自行经营网上商店,如同在大型商场中租用场地开设商家的专卖店一样,是一种比较简单的电子商务形式。网上商店除了通过网络直接销售产品这一基本功能之外,还是一种有效的网络营销手段。从企业整体营销策略和顾客的角度考虑,网上商店的作用主要表现在两个方面:一方面,网上商店为企业扩展网上销售渠道提供了便利的条件;另一方面,建立在知名电子商务平台上的网上商店增加了顾客的信任度,从功能上来说,对不具备电子商务功能的企业网站也是一种有效的补充,对提升企业形象并直接增加销售具有良好效果,尤其是将企业网站与网上商店相结合,效果更为明显。

### (九) 病毒性营销

病毒性营销并非真的以传播病毒的方式开展营销,而是通过用户的口碑宣传网络,信息像病毒一样传播和扩散,利用快速复制的方式传向数以千计、数以百万计的受众。几乎所有的免费电子邮件提供商都采取类似的推广方法。

按接到客户有效电话的数量进行付费,英文"PayPerCall",是欧美国家出现的一种新的广告推广计费新模式,实现策划不收费,展示不收费,点击不收费,只有广告主接到客户有效电话后才收取相应费用。也就是说,按来电付费,是一种真正意义上的按效果付费的模式。

### (十) 网络视频营销

通过数码技术将产品营销现场实时视频图像信号和企业形象视频信号传输至 Internet 网上。客户只需上网登录贵司网站就能看到对贵司产品和企业形象进行展示的电视现场直播。是"遥瞰网络监控发展科技有限公司"在网站建设和网站推广中,为加强浏览者对网站内容的可信性、可靠性而独家创造的。在这以前,所有的网站建设和网站推广方式所能起的作用只是让网民从浩如瀚海互联网世界找到您;而"网络电视营销"使找到您的网民相信您!

### (十一) 论坛营销

什么是论坛营销呢?其实人们早就开始利用论坛进行各种各样的企业营销活动了,当论坛那时成为新鲜媒体的论坛出现时就有企业在论坛里发布企业产品的一些信息,其实这也是论坛营销的一种简单的方法。在这里结合网络策划的实践经验简要地说一下什么是论坛营销,论坛营销就是"企业利用论坛这种网络交流的平台,通过文字、图片、视频等方式发布企业的产品、和服务的信息,从而让目标客户更加深刻了解企业的产品和服务,最终达到企业宣传企业的品牌、加深市场认知度的网络营销活动。"

### (十二) 网络图片营销

什么是网络图片营销呢?网络图片营销其实早已经成为人们常用的网络营销方式之一,我们时常会在QQ上接收到朋友发过来的有创意图片,在各大论坛上看到以图片为主线索的帖子,这些图片中多少也参有了一些广告信息,比如:图片右下角带有网址等。这其实就是图片营销的一种方式,国内的图片营销方式,千花百样,你如果很有创意,你也可以很好地掌握图片营销。网络营销联盟:营销联盟在我国还处于萌芽阶段,在国外已经很成熟了,1996年亚马逊通过这种新方式取得了成功。联盟包括三要素:广告主、网站主和广告联盟平台。广告主按照网络广告的实际效果(如销售额、引导数等)向网站主支付合理的广告费用,节约营销开支,提高企业知名度,扩大企业产品的影响,提高网络营销质量。

### (十三) 社会化媒体营销

社会化媒体营销是个外来词汇,也称社会性营销,英文为"Social Media",简称SM。社会化媒体也是区别于传统主流形式(报纸,杂志,电视,广播),是一种新型的媒体方式,主要是通过互联网技术实现信息的分享、传播,通过不断的交互和提炼,对观点或主题达成深度或者广度的传播,其影响力往往是传统媒体不能赶超和无法达成的。

## 四、网络营销服务的岗位

网络营销外包(网站推广外包、网络推广外包),就是把原本需要企业自己雇人实现的网络营销工作以合同的方式委托给专业网络营销服务商。网络营销外包服务商以互联网为平台,在深入分析企业现状、产品特点和行业特征的基础上,为企业量身定制个性化的高性价比的网络营销方案,并全面负责方案的有效实施,同时对网络营销效果进行跟踪监控,定期为企业提供效果分析报告。网络营销服务商通过整合利用了企业内外部优势资源,通过自身专业的技术、精准的营销策略、有效的执行从而达到降低成本、提高效率、充分发挥自身核心竞争力和增强企业对外环境的应变能力的目的。

网络营销师,特指经中国电子商会网络营销师认证专家委员会评审、考核通过的复合型人才,他们能以互联网为平台,搜集、查询产品营销所需的各相关信息,加以筛选、分析和研究,进而优化设计、架构出自身企业产品的网络营销体系,并能依据市场因素变化对网络营销体系内容做相应调整。当今社会,网络逐渐成为人们生活和工作中不可或缺的服务工具,在这个基础上网络营销便逐渐开始其强大的市场作用。与此同时,市场对网络营销人才的需求也越来越大。

## 第四节 体 验 营 销

### 一、体验营销概念

体验营销(experiential marketing)是指企业通过采用让目标顾客观摩、聆听、尝试、试用等方式,使其亲身体验企业提供的产品或服务,让顾客实际感知产品或服务的品质或性能,从而促使顾客认知、形成偏好并购买的一种营销方式;这种方式以满足消费者的体验需求为目标,以服务为平台,以有形产品为载体,生产、经营高质量产品,拉近企业和消费者之间的距离。体验营销要求企业必须从消费者的感觉(sense)、情感(feel)、思考(think)、行动(act)、关联(relate)五个方面重新定义、设计营销策略。

**【资料链接】12-1**

2012年3月1日,在孟加拉国首都达卡举办了第一届世界营销峰会(World Marketing Summit)。首届世界营销峰会以"营销让世界更美好"为主题,吸引了来自32个国家的94位专家和跨国企业CMO参与,孟加拉国总理哈西娜亲自出席并为峰会揭幕。与会者围绕主题,就如何创新营销理念、工具和方法,以解决目前世界面临的各种营销挑战,进行了深入的探讨。

81岁高龄的现代营销学之父,美国西北大学凯洛格管理学院终身教授菲利普·科特勒博士提出了全新的"心灵营销(marketing for share of soul)"理论。科特勒在"心灵营销"的主旨讲演中指出,企业可以通过营销传播积极的信息,解决社会问题,树立社会责任,从而赢得人们的心灵。心灵营销就是指企业通过履行自己的社会责任,获得人们的认同,从而提升品牌价值。他在讲演中特别提到,美国的Facebook、中国的百度都是营造了极具影响力的新的营销土壤,帮助企业获得了人们的心灵。如著名运动品牌耐克利用百度平台展开的整合创新营销,便是通过与百度贴吧、百度知道等产品的全方位合作,包括联手打造特色帖吧等一系列市场推广方式,进行更为精准、立体化、全方位的合作来获取人们的心灵。更为值得关注的是,国际知名公司宝洁、宝马,甚至很多奢侈品品牌如LV、Cartier等都已经开始通过百度树立品牌形象。

科特勒咨询集团中国区总裁曹虎博士解读为,心灵份额(soulshare)是基于企业通过履行社会责任而获得的公众认可,比传统的市场份额(marketshare)、印象份额(mindshare)具有更高层次的营销意义。百度作为全球最大的中文搜索引擎,覆盖了95%的中国网民,每天响应数十亿次的搜索请求,创造了贴吧、百科、知道等优秀的知识产品,为中国企业打造了一个创新营销和获取消费者心灵的平台。过去两年来，41%的中国创业板企业通过百度提升竞争力，实现创业梦想。百度所营造的心灵营销的土壤，正在为越来越多中国企业的发展提供良好环境和创新动力。

**资料来源：** 根据 http://www.sootoo.com/content/249855.shtml 整理。

## 二、体验营销的形式

由于顾客体验的形式非常复杂，表现也十分多样化，一般可将不同的体验形式称为战略体验模块，具体可将其分为五种类型。

**1. 知觉体验**

知觉体验即感官体验，将视觉、听觉、触觉、味觉与嗅觉等知觉器官应用在体验营销上。感官体验可区分为公司与产品（识别）、引发消费者购买动机和增加产品的附加价值等。

**2. 思维体验**

思维体验即以创意的方式引起消费者的惊奇、兴趣，对问题进行集中或分散的思考，为消费者创造认知和解决问题的体验。

**3. 行为体验**

行为体验是指通过增加消费者的身体体验，指出消费者做事的替代方法、替代的生活形态与互动，丰富消费者的生活，从而使消费者被激发或自发地改变生活形态。

**4. 情感体验**

情感体验即体现消费者内在的感情与情绪，使消费者在消费中感受到各种情感，如亲情、友情和爱情等。

**5. 相关体验**

相关体验即以通过实践自我改进的个人渴望，使别人对自己产生好感；相关体验使消费者和一个较广泛的社会系统产生关联，从而建立对某种品牌的偏好。

## 三、体验营销的实施步骤

**1. 识别目标客户**

就是要针对目标顾客提供购前体验，明确顾客范围，降低成本。同时还要对目标顾客进行细分，对不同类型的顾客提供不同方式、不同水平的体验。在运作方法上要注意信息由内向外传递的拓展性。

**2. 认识目标顾客**

要深入了解目标顾客的特点、需求，知道他们担心、顾虑什么。企业必须通过市场调查来获取有关信息，并对信息进行筛选、分析，真正了解顾客的需求与顾虑，以便有针对性地提供相应的体验手段，来满足他们的需求，打消他们的顾虑。

**3. 从目标顾客角度出发，提供体验**

要清楚顾客的利益点和顾虑点在什么地方，根据其利益点和顾虑点来决定在体验式销售过程中重点展示哪些部分。

**4. 确定体验的具体参数**

要确定产品的卖点在哪里，顾客从中体验并进行评价。譬如理发，可以把后面的头发修得是否整齐，发型与脸型是否相符等作为体验的参数，这样在顾客体验后，就容易从这几个方面对产品(或服务)的好坏形成一个判断。

### 5. 让目标对象进行体验

在这个阶段,企业应该预先准备好让顾客体验的产品或设计好让顾客体验的服务,并确定好便于达到目标对象的渠道,以便目标对象进行体验活动。

### 6. 进行评价与控制

企业在实行体验式营销后,还要对前期的运作进行评估。评估总结要从以下几方面入手:效果如何;顾客是否满意;是否让顾客的风险得到了提前释放;风险释放后是否转移到了企业自身,转移了多少,企业能否承受。通过这些方面的审查和判断,企业可以了解前期的执行情况,并可重新修正运作的方式与流程,以便进入下一轮的运作。

## 【案例分析】12-2　　宜家家居的网上体验营销

### 1. 宜家家居概况

宜家家居于1943年创立于瑞典,"为大多数人创造更加美好的日常生活"是宜家一直努力的方向。宜家现已成为全球最大的家居用品零售商,在全球38个国家和地区经营310个商场,在中国内地有10家,仓储容量达30万立方米以上。

### 2. 宜家家居的网上体验营销

登陆宜家家居中国网,可以看到,无论是单件产品还是家居整体展示,都传达了一种强烈的信息,那就是"简约自然、美观实用"。除了在网站的右上方始终提供十个全站检索和高级查找服务之外,宜家还精心地为每件商品制定了"导购信息",有关产品的价格、功能、使用规则、购买程序等几乎所有信息都一应俱全。同时,网站还提供了透明的库存查询,消费者可随时查到缺货家具的到货时间。与实物店的样板间展示方式相对应,宜家在网站上也设计了一些精巧的虚拟房间,采用flash视频播放的形式来展示每个系列产品。如在暑假要结束时,为推广最新的学生家具,宜家为即将返校的大学生制作了一个专题站点,点击进入频道,一个厚纸板箱便打开,展现在网友面前的是一间井然有序并有浓郁生活气息的宿舍。点击房间里不同的家具,可以查看对每一件家具的描述,同时还能看到一些相同风格的其他物品。当然,你也可以选择观看其他不同设计风格的房间。站点还提供这些视频和背景音乐的免费下载。你还可以将这个"厚纸板箱"推荐给你的好友,只需要填写收、发件人的姓名和邮件地址,再点"发送"就OK了。2008年,宜家推出了"睡眠革命"专题活动,在许多商场建立了"舒适睡眠体验中心",力求推广"舒适、平价、个性化"的睡眠新理念。同时,宜家还推出了"睡眠革命"网站。网站内容分为"你真的睡好了吗"、"你为什么睡得不够好"、"你的个性化舒适睡眠方案"等几个版块。网友可以在站点上进行有趣的游戏测试,了解自己的睡眠状况和小知识;另外还可以在网上参与睡眠话题的讨论,并了解商场的相关活动以及宜家与央视合作的睡眠节目;通过问卷还可以获得针对游戏结果设计的睡眠方案。据统计,活动开展的短短3个月内,参与了睡眠革命并购买产品的消费者数量已超过30万。宜家的家具并不算高档,但它有风格鲜明的设计、布局精巧合理的样板间,网站也把这些优点淋漓尽致地展现在消费者面前,这就给消费者一个最大的购买理由——创意舒适。即使在虚拟的网络环境中,宜家也始终把用户体验放在第一位,这也从一个侧面解释了宜家为什么在中国如此广受欢迎。

## 四、体验营销的主要模式

体验营销的目的在于促进产品销售,通过研究消费者状况,利用传统文化、现代科技、艺术和大自然等手段来增加产品的体验内涵,在给消费者心灵带来强烈震撼的同时促成销售。体验营销主要有以下八种实施模式:

### 1. 节庆模式

每个民族都有自己的传统节日,传统的节日观念对人们的消费行为起着无形的影响,这些节日在丰富人们精神生活的同时,也深刻影响着消费行为的变化。随着节假休闲日不断增多,出现了新的消费现象——"假日消费",企业如能把握好商机,便可大大提升销量。

### 2. 感情模式

通过寻找消费活动中导致消费者情感变化的因素,掌握消费者购买行为规律及有效的营销心理方法,以激发消费者积极的情感,促进营销活动顺利进行。

### 3. 文化模式

利用传统文化或现代文化,使企业的服务与消费者的消费心理形成一种社会文化气氛,从而有效地影响消费者的消费观念,进而促使消费者自觉地接近与文化相关的商品或服务,促成消费行为的发生,甚至形成一种消费习惯和传统。

### 4. 美化模式

由于每个消费者的生活阅历不同,审美观念也不同,这种不同的要求也反映在消费行为中。人们在消费行为中求美的动机主要有两种表现:一是商品能为消费者创造出美和美感;二是商品本身存在客观的美学价值。这类商品能给消费者带来美的享受和愉悦,使消费者体验到美感,满足了审美需求。

### 5. 服务模式

对企业来说,卓越优质的服务模式,可征服广大消费者的心,取得他们的信任,同样也可使产品的销量提升。

### 6. 环境模式

消费者在感觉良好的听、看、嗅等场景中,易形成特殊偏好。因此,良好的购物环境,不但迎合了现代人文化消费的需求,也提高了服务感知的外在和主观质量,还使商品与服务的形象更加完美。

### 7. 个性模式

为满足消费者个性化需求,企业可开辟富有创意的双向沟通的分销渠道。在提升消费者忠诚度之余,也满足了消费大众参与的成就感,促进了销量上升。

### 8. 多元化经营模式

现代营销场所不仅装饰豪华,环境舒适典雅,装备现代化,而且往往集购物、娱乐、休闲为一体,使消费者在购物过程中也可娱乐休闲,消费者在悠然地调节身心的同时,往往也倾向于发生更多的购买和消费行为。

## 五、体验营销的实施策略

### 1. 设计好体验项目

企业着力塑造的顾客体验应该是经过精心设计和规划的,即企业提供的顾客体验是对顾客有价值的并且与众不同的,也就是说,体验必须具有稳定性和可预测性,此外,在设计顾客体验时,企业还须关注每个细节,尽量避免疏漏。

**2. 为顾客量身定制产品和服务**

当产品和服务被定制以后,其价值就得到了提升,提供的产品和服务与顾客的需求也最接近,大规模定制可将商品和服务模块化,从而更有效地满足顾客的特殊需求,为其提供优质价廉、充满个性化的产品和服务。此外,电子邮件、网站、在线服务、电话、传真等通信手段,使公司可迅速地了解客户的需求和偏好,为定制化创造了条件。

**3. 在服务中融入更多的体验成分**

科学技术的发展使得产品同质化越来越严重,而服务更容易被模仿,所以在服务中增加体验成分可以更好地突出个性化和差异化,更好地吸引消费者。

**4. 突出以顾客为中心**

以顾客为中心是企业实施体验营销的基本指导思想。体验营销首先要考虑体验消费的环境,然后才考虑满足这种消费环境的产品和服务,这是一种全新的营销思路,充分体现了顾客至上的思想。

**5. 注重顾客心理需求分析和产品、服务心理属性的开发**

当人们的物质生活水平达到一定程度以后,心理方面的需求就会成为其购买行为的主要影响因素。因此企业营销就应该重视顾客心理需求的分析和研究,挖掘出有价值的营销机会。为此企业必须加强产品、服务心理属性开发,重视产品的品位、形象、个性、感性等方面的塑造,营造出与目标顾客心理需求相一致的心理属性。

**6. 构造基于体验的服务价值链**

构建基于体验的服务价值链,就是将产品的研发拓展到相关领域中去,形成完整的价值链。某网络游戏的体验营销流程如图 12.3 所示。

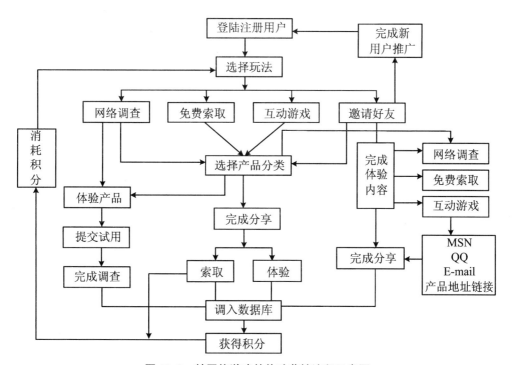

图 12.3 某网络游戏的体验营销流程示意图

总之,体验营销方式突破了"理性消费者"的传统假设,认为消费者的消费行为除了包含知识、智力、思考等理性因素以外,还包含感官、情感、情绪等感性因素。消费者在消费时是理性与感性兼具的,消费者在消费前、消费中和消费后的体验才是购买行为决策与品牌管理的关键。体验营销以拉近企业和消费者之间的距离为重要经营手段,成为企业获得竞争优势的新武器。但体验营销并不适合于所有行业和所有产品,当产品品质具备必须通过使用、感知才能判断的特性时,才可加以有效运用。在体验营销模式中,就是通过各种互动要素,如沟通(含广告)、识别、产品、品牌、环境、网站和消费者,刺激消费者的感官和情感,引发消费者的认知、思考和联想,促成其体验消费行为,并不断地传递品牌、产品和服务的价值。

## 【资料链接】12-2

营销者开展各种具有创意性的业务单元活动,应该植根于自己最优秀的品质,那些让品牌得以生存并为品牌带来名望的品质不能丢。

星巴克咖啡是体验营销的成功典范,自1971年成立后便飞速增长。星巴克将自己定义为一种新型的咖啡体验,建立了休闲的"第三度空间",而品牌创始人霍华德·舒尔茨也成为华尔街的一位英雄。自20世纪90年代开始,星巴克呈现了前所未有的品牌增长,短短20年间在全球开店超过16000家。由于增长过快,星巴克忽视了"传递优质咖啡的体验"。在它将品牌扩展到食品、音乐等领域后,2008年它的销售下降了10%。品牌重振是一件艰难的事情,然而星巴克做到了,它曾面临严峻的市场份额下降形势,但现在它的"品牌精神"(brandsoul)恢复了生机,让自己恢复了赢利和增长。

"我认为关键的问题在于,品牌增长不是一个战略性问题,而是一个战术性问题。如果将品牌增长作为一种战略,我认为品牌增长将不能持久。"星巴克创始人兼首席执行官霍华德说。2008年,霍华德重返星巴克担任首席执行官,他不失时机地将品牌重心再次聚焦到核心的咖啡业务。他让所有的星巴克店在同一天关门4个小时,对员工进行培训,让他们做好星巴克最擅长的事——提供最好的咖啡。"这对企业整个系统和公众而言都是一次冲击,但我们的确要回归品牌核心。"霍华德说。之后,星巴克不断创新核心咖啡产品,引进速溶咖啡品牌Via,推出轻度烘烤咖啡Blonde,重新注重让咖啡师亲自送咖啡的客户体验。星巴克再次成功的一个关键因素,也是我们最赞赏的一点,即他们注重消费者的咖啡体验,这一点贯穿了从咖啡师制作到客户关系建立、客户体验的整个过程。

对于所有注重振兴品牌核心的营销者而言,星巴克的经验意义重大。其中的营销精髓包括以下内容:

(1) 记住及更新(remember and refresh):回过头看看品牌出名的原因,为品牌核心赋予新的相关性。审视市场发生了哪些变化,更新核心产品,让品牌保持吸引力。

(2) 时不时地创新(renovate in waves):这是一个周期,就像春天每年会如期而至。不时地制造品牌创新的新闻——这些创新要体现品牌的总体思路,而不只是引进新的产品。

(3) 对核心进行创新(innovatethecore):不要以为创新就必须是大手笔,譬如苹果在iPad的基础上衍生出iPhone。创新可以是"小手笔",譬如对核心产品进行升级。

◆思考题

1. 怎样在服务营销中使用品牌战略？一个公司品牌，比如万豪集团，和它下属的各个旅馆子品牌之间的差异是什么？
2. 为什么新的服务产品总是容易失败？新服务成功的因素是什么？
3. 解释附加性服务在服务产品中的作用。附加性服务在实物产品上同样适用吗？如果是，那么附加性服务和营销战略有什么关系？
4. 电子服务营销的常见形式有哪些？
5. 电子商务与网络营销的相互关系是什么？
6. 体验营销的实施策略要考虑哪些问题？

【分析案例】　　　　李劲松守株待兔网上卖普洱茶

"塞翁失马，焉知非福"用在只有初中文化的普洱茶经销商李劲松身上恰如其分。2005年，生意遭受挫折的他，在思考如何东山再起时，因为爱好做起了普洱茶生意。普洱茶此时正因"猪圈事件"而面临品质诚信危机，当时淘宝和网购兴起，李劲松开始接触电子商务，并于当年5月4日开始经营二次创业的淘宝店铺"中国后街"，该店当时只是淘宝万千网店中的一个小店。李劲松所在的广西梧州是个小城市，虽然作为当地较早在网上卖普洱茶的人，也并没有感觉到先入者的轻松，创业初期，李劲松每天坚持在线18个小时以上，吃饭和睡觉都在电脑旁。即便在拥有了6个人的服务团队后，他仍坚持每天晚上在线和顾客交流。

网上做生意，难就难在顾客购买前无法接触到产品，尤其是对于普洱茶，很多顾客要看、要闻、要喝，因此李劲松坚信，只有注重顾客体验，诚信经营才能赢得顾客。每次为顾客介绍茶叶时，李劲松都会忠实于自己的真实口感，将茶叶的优点和缺点都毫不隐瞒地告诉顾客，即使这样可能也会流失掉一些顾客。"我现在的回头客保持在80%以上，网上做生意诚信很重要，我不允许自己有一个差评。"这是李劲松对自己的要求。

李劲松以兔子比作顾客，自言森林中兔子比树多，营造一个好环境，就可以坐等兔子来。他靠的是信誉的吸引力。李劲松在出售好茶的同时会附送一包茶叶样品供顾客体验品尝，假如顾客发觉样品与想象中的有差距，无需任何借口，可以把商品寄回，自己马上全额退款。"一切全凭顾客的感觉来选择购买或者离开"。他并不赞成主动去做推销或打广告，一直坚持类似守株待兔般的方法做生意。甚至面对市场的混乱，还会劝阻想进货的顾客保持冷静。"我要做好的只有一点，就是顾客来的时候就想办法留住他。""当客户真要买东西时他会第一时间想起你，那你就成功了。"

曾有买家采购了10万多元的大单，买家收到商品后主观上认定该商品为假冒伪劣商品，要求退货。李劲松二话没说，立即答应退货。在退货程序完成后，李劲松凭自己多年的茶叶知识给对方进行了专业的评论与分析，让对方感到信服，后来反而成为他稳定的回头客，这样的案例不在少数。李劲松坚持认为：在退货前给出太多解释是苍白的。在相信自己商品质量的前提下，他认为最重要的是要赢得顾客的信任。

这样一个小店不久创造了支付宝年交易额约500万元，单月最高交易额200余万元，单周最高交易额63万元的奇迹，分类商品销售额长期排在淘宝前10位。2006年夏，他开设本地实体店铺"再品香茶庄",储货 2000 余万元,在行业内已具备一定的影响力。2007 年阿里巴巴网商节中,他获得了"全国十大网商"称号。李劲松从 2008 年就开始筹备实体公司,后应朋友邀请赴渝发展。从开始就坚持高端定位,无论是普洱茶的代理选择还是会所的装修风格上,他都从顾客体验出发,进行了精心挑选和设计。2010 年 12 月 24 日,重庆儒墨冬说·茶马叙事普洱会所正式开业。2011 年,李劲松又与重庆儒墨冬说茶叶发展公司深度合作,投资打造普洱茶高端品牌,由个体经营转为公司化经营,经营上以 B to B、B to C 为主。千机变莫若抱实归一,儒墨冬说普洱会所以重情轻商为品牌形象支撑点,以先交朋友后做生意为原则,意在打造西南地区最专业的普洱茶会所,并辐射全国。

面对如此佳绩,李劲松认为成功并无秘诀可言,只是对产品质量和诚信服务的简单坚持。他认为在淘宝上开店只需要自己独树一帜的经营思路,李劲松把经营思路归纳为"天道酬勤,商道酬信"。"对自己有个正确的认识很重要,网商的评选不单纯是看你的营业额,还要考察诚信度、售后服务、销售手法等。作为草根创业的网商代表,我想以自己的行动告诉大家,没有资金和资源一样可以创业成功。"

**问题**

1. 李劲松网络营销的成功之道是什么?还存在什么不足?
2. 从体验营销角度看,该公司的普洱茶营销还可以从哪些方面加以完善?

## 应用训练

1. 举出实例说明金融服务行业的品牌策略,比如零售银行的特殊账户和保险制度等,并分析这些服务品牌的特点以及这些品牌对消费者的价值。
2. 选择一种你熟悉的服务,制作简单的流程图,并标明前台活动和后台活动。

# 参 考 文 献

[1] 刘歌.中国贸易地位继续提升[N].人民日报,2013-4-11(16).
[2] 叶万春.服务营销管理[M].北京:中国人民大学出版社,2004.
[3] 维克托·R·富克斯.服务经济学[M].许微云,译.上海:商务印书馆,1987.
[4] 克里斯托弗·H·洛夫洛克.服务营销[M].北京:中国人民大学出版社,2013.
[5] G·佩里切里.服务营销学[M].北京:对外经济贸易大学出版社,2010.
[6] 韦福祥.服务营销学[M].北京:对外经济贸易大学出版社,2009.
[7] 郭国庆.服务营销管理[M].北京:中国人民大学出版社,2009.
[8] 周琳.市场营销学[M].西安:西北工业大学出版社,2010.
[9] 菲利普·科特勒.市场营销原理[M].郭国庆,译.北京:清华大学出版社,2007.
[10] 世界经理人网站[EB/OL].http://www.ceconline.com/.
[11] 刘江.营销变革从4P到4C[J].企业销售,1995(11):34.
[12] 李帮义,张捷.市场营销管理[M].北京:科学出版社,2011:23.
[13] 余晓钟,冯彬.4P、4C、4R营销理论比较分析[J].生产力研究,2002(3):249.
[14] 钱慧敏,邵焱.4P与4C的互补作用[J].企业活力,2001(4):34-35.
[15] 林建煌.营销管理[M].上海:复旦大学出版社,2003:255.
[16] 郭国庆. 服务营销管理[M].2版.北京:中国人民大学出版社,2012.
[17] 侯清麟.市场营销学.长沙:湖南人民出版社,2012:248-250.
[18] 寿志钢.内部营销理论的拓展研究[D].武汉:武汉大学,2005.
[19] 吴晓云.服务营销管理[M].天津:天津大学出版社,2006.
[20] 郭国庆.市场营销学通论[M].4版.北京:中国人民大学出版社,2011.
[21] 韩冀东.服务营销[M].北京:中国人民大学出版社,2011.
[22] 杜兰英,芦琼莹.服务营销[M].武汉:华中科技大学出版社,2011.
[23] 李克芳,聂元昆.服务营销学[M].北京:机械工业出版社,2012.
[24] 曹礼和.服务营销[M].武汉:湖北人民出版社,2000.
[25] 郭国庆.市场营销通论[M].2版.北京:中国人民大学出版社,2003.
[26] 徐鼎亚.市场营销学[M].上海:复旦大学出版社,2000.
[27] 吴青松.现代营销学原理[M].上海:复旦大学出版社,2003.
[28] 汤姆·纳格.定价战略与战术[M].北京:华夏出版社,2013.
[29] 安贺新.服务营销管理[M].北京:化学工业出版社,2011.
[30] 周明.服务营销[M].北京:北京大学出版社,2009.
[31] 张旭.服务营销[M].北京:中国华侨出版社,2002.
[32] 朱李明,焦胜利.服务营销学[M].北京:中国商业出版社,2007.
[33] 汪纯孝,蔡浩然.服务营销与服务质量管理[M].广州:中山大学出版社,1996.
[34] 佩恩·A.服务营销[M].北京:中信出版社,1998.
[35] 泽丝曼尔.服务营销[M].张金成,白长虹,译.北京:机械工业出版社,2004.
[36] 冯丽云,程化光.服务营销[M].北京:经济管理出版社,2002.
[37] 陈祝平.服务营销管理[M].北京:电子工业出版社,2002.
[38] 张金城.互动服务营销[M].北京:机械工业出版社,2002.
[39] 张金娟.基于顾客价值的服务流程评价指标体系构建[J].价值工程,2013.
[40] 吉宗玉,徐明.服务蓝图法:一种有效的服务设计方法[J].中国纺织大学学报,1999.
[41] 王永贵.服务营销[M].北京:北京师范大学出版社,2007.

[42] 郭国庆.服务营销管理[M].北京:中国人民大学出版社,2005.
[43] 肖慧.服务营销中的标准化管理[J].现代企业教育,2007.
[44] 崔明,郑刚.当代企业家战略营销能力刍议[J].科技管理研究,2007.
[45] 包德勤.YD证券营业部营销组织建设研究[D].西安:西北大学,2010.
[46] 吴晓隽.旅游企业服务质量控制探讨[J].上海市经济管理干部学院学报,2004(5).
[47] 付亚和,许玉林.绩效管理[M].上海:复旦大学出版社,2003.
[48] 汤姆·科普兰,亚伦·多戈夫.基于预期的绩效管理[M].干胜道,译.大连:东北财经大学出版社,2005.
[49] 杨锴.服务质量的影响因素研究[J].现代管理科学,2010,(11):113-115.
[50] BAUMOL W J. Macroeconomics of unbalanced growth:the anatomy of urban crisis[J]. American Economic Review,1967(57):415-426.
[51] GRONROOS C,OJASSALO K. Service productivity Towards a conceptualization of the transformation of inputs into economic results in services[J]. Journal of Business Research,2004(57):414-423.
[52] BENNETT R,BARKENSJO A. Relationship quality,relationship marketing,and client perceptions of the levels of service quality of charitable organizations[J]. International Journal of Service Industry Management,2005,16(1):81-106.
[53] BIENSTOCK C C,DEMORANVILLE C W,SMITH R K. Organizational citizenship behavior and service quality[J]. Journal of Services Marketing,2003,17(4):357-378.
[54] YOON M H,SUH J. Organizational citizenship behaviors and service quality as external effectiveness of contact[J]. Journal of Business Research,2003(56):597-611.
[55] BABAKUS E,YAVAS U,KARATEPE O M,et al. The effect of management commitment to service quality on employees' affective and performance outcomes[J]. Journal of the Academy of Marketing Science,2003,31(3):272-286.
[56] AKAMVI R K. A research agenda for investigation of product innovation in the financial services sector [J]. Journal of Services Marketing,2005,19(6):359-378.
[57] BARRAS R. Towards a theory of innovation in services[J]. Research Policy,1986(15):161-173.
[58] BARRAS R. Interactive innovation in financial and business services:the vanguard of the service revolution [J]. Research Policy,1990(19):215-237.
[59] BERRY L,PARASURAMAN A. Marketing services:competing through quality[M]. New York: The Free Press,1991.
[60] BONGSUG CHAE. An evolutionary framework for service innovation:insights of complexity theory for service [J]. Science,2011,135(2012):813-822.
[61] BULLINGERA H,FAHNRICHB K,MEIREN T. Serviceengineering:methodical development of new service products[J]. International Journal of Production Economics,2003(85):275-287.
[62] CHAE B. Growth of business consulting and systems integration firms through integrated IT service: a service science view[J]. International Journal of Services Sciences,2009(3):40-52.
[63] CHASE R,APTE U. A history of research in service operations:what's the big idea? [J]. Journal of Operations Management,2007(25):375-386.
[64] CHASE R B. The customer contact approach to services:theoretical bases and practical extensions [J]. Journal of Operations Management,1981,29(4):698-706.
[65] COOMBS R, MILES I. Innovation,measurement and services:the new problematique[J]. Innovation Systems in the Service Economy,2000(3):83-102.
[66] DEN HERTOG P. Knowledge intensive business services as co-producers of innovation[J]. International Journal of Innovation Management,2000,4(4):491-528.

[67] DEN HERTOG P,VAN DER A W,DE JONG M W. Capabilities for managing service innovation: towards a conceptual framework[J]. Journal of Service Management,2010,21(4):490-514.

[68] DOLFSMA W. The process of new service development: Issues of formalization and appropriability ERIM report series research in management[J]. Erasmus Research Institute of Management,2004.

[69] DREJER I. Identifying innovation in surveys of services: a schumpeterian perspective [J]. Research Policy,2004(33):551-562.

[70] ESSEN A. The emergence of technology-based service systems[J]. Journal of Service Management,2009(20):98-122.

[71] GALLOUJ F,SAVONA M. Innovation in services: a review of the debate and a research agenda[J]. Journal of Evolutionary Economics,2009(19):149-172.

[72] European Commission. Challenges for EU support to innovation in services: fostering new markets and Jobs through innovation[J]. SEC,2009.

[73] FITZSIMMONS J, FITZSIMMONS M. Service Management: Operations, Strategy, Information Technology[M]. McGraw-Hill,2008.

[74] FROEHLE C,ROTH A. A resource-process framework of new service development[J]. Production and Operations Management,2007(16):169-188.

[75] GADREY J,GALLOUJ F,WEINSTEIN O. New modes of innovation: how services benefit industry [J]. International Journal of Service Industry Management,1995,6(3):4-16.

[76] GALLOUJ F,WEINSTEIN O. Innovation in services[J]. Research Policy,1997,26(4):537-56.

[77] GALLOUJ F. Innovation in the Service Economy: The New Wealth of Nations[M]. Cheltenham: Edward Elgar,2002.

[78] GOLDSTEIN S,JOHNSTON R,DUFFY J,et al. The service concept: the missing link in the service design research? [J]. Journal of Operations Management,2002(20):121-134.

[79] GRONROOS C. Service Management and Marketing: A Customer Relationship Management [M]. 3rd ed. Chichester:Wiley:2007.

[80] HESKETT J L,SASSER W E JR,SCHLESINGER L A. The Service Profit Chain[M]. New York: The Free Press,997.

[81] HIPP C, GRUPP H. Innovation in the service sector: the demand for service: specific innovation measurement concepts and typologies[J]. Research Policy,2005(34):17-35.

[82] HOWELLS J. Innovation,consumption and services: encapsulation and the combinatorial role of services[J]. The Service Industries Journal,2004,24 (1):19-36.

[83] KAUFFMAN S. At Home in the Universe: The Search for Laws of Self-Organization and Complexity[M]. New York:Oxford University Press,1995.

[84] LEVITT T. Production line approach to services[J]. Harvard Business Review,1972,50(5):41-51.

[85] LINTON J D,WALSH S T. A theory of innovation for process-based innovations such as nanotechnology[J]. Technological Forecasting and Social Change,2008,75(5):583-594.

[86] LOVELOCK C H. Services Marketing: People,Technology,Strategy[M]. Englewood Cliffs:Prentice-Hall:1984.

[87] LOVELOCK C H,WIRTZ J. Services Marketing: People,Technology,Strategy [M]. Pearson Prentice-Hall,2007.

[88] LUSCH R F,VARGO S L,WESSELS G. Towards a conceptual foundation for service science: contributions from service dominant logic[J]. IBM Systems Journal,2008,47(1):5-14.

[89] MAGLIO P,SPOHRER J. Fundamentals of service science[J]. Journal of the Academy of Marketing Science,2008,36:18-20.

[90] MARTINEZ V,BASTL M,KINGSTON J,et al. Challenges in transforming manufacturing organisations into product-service providers[J]. Journal of Manufacturing Technology Management,2010,21(4):449-469.

[91] MATTHIG J,SANDEN B,EDVARDSSON B. New service development: learning from and with customers[J]. International Journal of Service Industry Management,2004,15(5):479-498.

[92] MATHE H,SHAPIRO R D. Integrating Service Strategy in the Manufacturing Company[M]. Suffolk (UK):Chapman & Hall,1993.

[93] MATHIEU V. Service strategies within the manufacturing sector: benefits,costs and partnership[J]. International Journal of Service Industry Management,2001,12(5):451-475.

[94] MENOR L,TATIKONDA M,SAMPSON S. New service development: areas for exploitation and exploration[J]. Journal of Operations Management,2002,20:135-157.

[95] MICHEL S,BROWN S W,GALLAN A S. Service logic innovations: how to innovate customers,not products[J]. California Management Review,2008,50(3):49-65.

[96] MILES I. Innovation in services[M]//Fagerberg J,MOWERY D C,NELSON R R. The Oxford Handbook of Innovation. Oxford:Oxford University Press,2006: 433-458.

[97] MIOZZO M,SOETE L. Internationalization of services: a technological perspective[J]. Technological Forecasting and Social Change,2001(67):159-185.

[98] MOLLER K,RAJALA R,WESTERLUND M. Service innovation Myopia? A new recipe for client-provider value creation[J]. California Management Review,2008,50(3):31-48.

[99] NIGHTINGDALE P. Innovation in financial services infrastructure[M]//SHAVININA L V. The International Handbook of Innovation[M]. Oxford:Elsevier 2003:529-547.

[100] OECD. Enhancing the Performance of the Services Sector[R]. OECD,Paris,2005.

[101] PARASURAMAN A,ZEITHAML V A,BERRY L L. A conceptual model of service quality and its implications for future research[J]. Journal of Marketing,1985(49):41-50.

[102] PAVITT K. Sectoral patterns of technical change: towards a taxonomy and a theory [J]. Research Policy,1984(13):343-373.

[103] QUINN J B,DOORLEY T L,PAQUETTE P C. Beyond products: services-based strategy [J]. Harvard Business Review,1990,68(2):58-66.

[104] RENU AGARWAL,WILLEM SELEN. Multi-dimensional nature of service innovation: Operationalisation of the elevated service offerings construct in collaborative service organizations[J]. International Journal of Operations & Production Management,2011,31(11):1164-1192.

[105] SCHUMPETER J A. The Theory of Economic Development[M]. Cambridge,MA:Harvard University Press,1934.

[106] SIRILLI G,EVANGELISTA R. Technological innovation in services and manufacturing: results from Italian study[J]. Research Policy,1998(27):881-899.

[107] SUNDBO J. Modulization of service production and a thesis of convergence between service and manufacturing organisations[J]. Scandinavian Journal of Management,1994,10(3):245-266.

[108] SUNDBO J. A strategic resource based model of organizing innovation activities in service and low tech firms[J]. Technovation,1996,16(8):397-409.

[109] SUNDBO J. Management of innovation in services[J]. The Service Industries Journal,1997,17(3):432-455.

[110] SUNDBO J,GALLOUJ F. Innovation as a loosely coupled systems [M]//METCALFE J S,MILES I. Identifying Innovation Systems in the Service Economy,Measurement and Case Study Analysis. London:Kluwer Academic Press,2000:43-68.

[111] TETHER B S,TAJAR A. Beyond industry-university links: sourcing of specialist knowledge for innovation from consultants,private research organisations and the public science base[J]. Research Policy,2008,37(6-7):1079-1095.

[112] THOMKE S. R&D comes to services: Bank of America's pathbreaking experiments[J]. Harvard Business Review,2003,81(4):70-79.

[113] ALEXANDRE TRIGO,XAVIER VENCE. Scope and Patterns of Innovation Cooperation in Spanish Service Enterprise[R]. Research Policy,Article in Press,2005.

[114] VANDERMERWE S. Jumping into the customer's activity cycle: A new role for customer services in the 1990s[J]. The Columbia Journal of World Business,1993,28(2):46-65.

[115] VANDERMERWE S,RADA J. Servitization of business: adding value by adding services[J]. European Management Journal,1988,6(4):314-324.

[116] VARGO S L,LUSCH R F. Evolving to a new dominant logic for marketing[J]. Journal of Marketing,2004,68:1-17.

[117] VARGO S L,LUSCH R F. The four service marketing myths: remnant of a goods-based,manufacturing model[J]. Journal of Services Research,2004,6(4):324-335.

[118] ZEITHAML V A,BITHER M J. Services Marketing: Integrating Customer Focus across the Firm [M]. 3rd ed. McGraw-Hill,2003.